SIDDHARTH KARA

BLUTROTES KOBALT

DER KONGO UND DIE BRUTALE REALITÄT HINTER UNSEREM KONSUM

Aus dem Englischen von
Hans Freundl

HarperCollins

Die englische Originalausgabe erschien 2023 unter dem Titel
Cobalt Red. How the Blood of the Congo Powers Our Lives bei St. Martin's Press,
einem Imprint der St. Martin's Publishing Group, New York.

1. Auflage 2024

Gesetzt aus der Sabon
von GGP Media GmbH, Pößneck
Druck und Bindung von GGP Media GmbH, Pößneck
Printed in Germany
ISBN 978-3-365-00619-1
www.harpercollins.de

Druckprodukt mit finanziellem
Klimabeitrag
ClimatePartner.com/15109-2009-1001

FSC MIX Papier FSC® C014496

Für meine Tochter

INHALT

ABKÜRZUNGEN

CDM	Congo DongFang Mining
CMKK	Coopérative Minière Maadini kwa Kilimo
CMOC	China Molybdenum Company
COMAKAT	Coopérative Minière et Artisanale du Katanga
COMIAKOL	Coopérative Minière Artisanale de Kolwezi
COMIKU	Coopérative Minière KUPANGA
COMMUS	La Compagnie Minière de Musonoie Global SAS
FARDC	Forces Armées de la République Démocratique du Congo
Gécamines	La Générale des Carrières et des Mines
IDAK	Investissements Durables au Katanga
KCC	Kamoto Copper Company
KICO	Kipushi Corporation
MIKAS	La Minière de Kasombo
MUMI	Mutanda Mining Sarl
SAEMAPE	Service d'Assistance et d'Encadrement de L'Exploitation Minière Artisanale et à Petite Echelle
SAESSCAM	Service d'Assistance et d'Encadrement du Small-Scale Mining

SICOMINES	Sino-Congolaise des Mines
TFM	Tenke Fungurume Mining
UMHK	Union Minière du Haut-Katanga
ZEA	Zone d'Exploitation Artisanale

Nyama tembo kula hawezi kumaliza.
(»Du wirst niemals das Fleisch eines ganzen Elefanten verspeisen können.«)

Kongolesisches Sprichwort

EINFÜHRUNG

»Das war also die Hauptaufgabe: die Welt davon zu überzeugen, dass das Grauen im Kongo nicht nur eine unbestreitbare Tatsache, sondern weder zufällig noch vorübergehend war und auch nicht von innen heraus überwunden werden konnte ... Zu zeigen, dass es gleichzeitig ein Überleben und ein Wiederaufleben des Sklavengeistes und des Sklavenhandels war.«

E. D. Morel, History of the Congolese Reform Movement (1914)

Die Augen der Soldaten funkeln, als sie ihre Waffen auf die Dorfbewohner richten, die versuchen, in das Abbaugebiet von Kamilombe zu gelangen. Sie möchten zu ihren Angehörigen, die nur einen Steinwurf entfernt sind, dennoch wird den Dorfbewohnern der Zugang verwehrt. Was hier geschehen ist, soll niemand sehen. Es darf keine Aufzeichnungen oder Beweise geben, nur die quälenden Erinnerungen derer, die sich an diesem Ort aufhielten, an dem jede Hoffnung verloren ging. Mein Führer drängt mich, Abstand zu halten; die Situation sei unberechenbar. Vom Rand aus sind die Einzelheiten des Unfalls kaum zu erkennen. Über der Kraterlandschaft liegt ein bleierner Dunst, der das Licht nicht durchlässt. Entfernte Hügel erscheinen als vage Silhouette eines schwerfälligen Ungeheuers.

Ich trete näher heran, um zu sehen, was hier passiert ist, und schiebe mich vorsichtig in die aufgeregte Menschenmenge hinein. Ich erblicke einen Körper im Schutt. Es ist ein Kind, das regungslos in einem Inferno aus Staub und Verzweiflung liegt. Ich versuche seine Gesichtszüge zu erkennen, aber sie entziehen sich mir. Der ockerfarbene Kies, der den leblosen Körper umgibt, ist in dunklen Rottönen gefärbt, wie gebrannte Umbra oder verrostetes Metall. Bislang dachte ich, dass der Boden im Kongo seinen zinnoberroten Farbton vom Kupfer in der Erde erhält, jetzt aber frage ich mich, ob die Erde hier rot ist, weil so viel Blut auf ihr vergossen wurde.

Ich gehe näher an die Absperrung heran, um das Kind besser sehen zu können, doch die Anspannung zwischen den Soldaten und den Dorfbewohnern verschärft sich. Ein Soldat schreit mich wütend an und richtet seine Waffe auf mich. Ich sei zu nahe herangekommen und zu lange stehen geblieben. Ich werfe noch einen letzten Blick auf das Kind. Jetzt kann ich sein Gesicht sehen, das in einem grauenhaften Ausdruck des Schreckens erstarrt ist. Das ist das bleibende Bild, das ich aus dem Kongo mitnehme – das Herz Afrikas, heruntergebrochen auf die blutbefleckte Leiche eines Kindes, das nur deshalb starb, weil es nach Kobalt grub.

In der Demokratischen Republik Kongo tobt ein erbitterter Wettkampf um die schnellstmögliche Förderung von Kobalt. Dieses relativ seltene silbrige Metall ist ein wesentlicher Bestandteil fast aller heute hergestellter Lithium-Ionen-Batterien. Darüber hinaus wird es in einer Vielzahl von kohlenstoffarmen Innovationen eingesetzt, die für das Erreichen der von den Regierungen verkündeten Klimaziele von entscheidender Bedeutung sind. Die Region Katanga in der südöstlichen Ecke des Kongo verfügt über größere Kobaltvorkommen als der Rest der Erde zusammen. Diese Region ist auch reich an anderen wertvollen Metallen, darunter Kupfer, Eisen, Zink, Zinn, Nickel, Mangan, Germanium,

Tantal, Wolfram, Uran, Gold, Silber und Lithium. Diese Vorkommen waren schon immer da und schlummerten seit Äonen tief in der Erde, bevor die Nachfrage ausländischer Volkswirtschaften sie wertvoll machte. Industrielle Innovationen kurbelten die Nachfrage an, ein Material nach dem anderen wurde begehrter, und irgendwie waren sie alle in der Region Katanga zu finden. Auch der übrige Kongo ist reich an natürlichen Ressourcen. Ausländische Mächte sind in alle Winkel dieses Landes vorgedrungen, um seine reichen Vorkommen an Elfenbein, Palmöl, Diamanten, Holz, Kautschuk abzubauen … und die Menschen zu Sklaven zu machen. Nur wenige Länder sind mit einem so vielfältigen Reichtum an Ressourcen gesegnet wie der Kongo. Und kein Land der Welt wurde so stark ausgebeutet wie der Kongo.

Die heutige Jagd nach Kobalt erinnert an die exzessive Plünderung der Elfenbein- und Kautschukvorkommen des Kongo durch den belgischen König Leopold II. während seiner grausamen Herrschaft als Regent des Kongo-Freistaates von 1885 bis 1908. Historiker, die mit Leopolds Regime vertraut sind, werden zu Recht darauf verweisen, dass die damals begangenen Grausamkeiten nicht mit dem heutigen Leid zu vergleichen sind. Allerdings verloren während Leopolds Herrschaft über den Kongo nach Schätzungen bis zu 13 Millionen Menschen ihr Leben, was etwa der Hälfte der damaligen Bevölkerung der Kolonie entspricht. Die Zahl der Todesopfer, die unmittelbar durch Unfälle im Bergbau oder indirekt durch toxische Belastungen und Umweltverschmutzung in den Bergbauprovinzen verursacht wird, dürfte heute bei einigen Tausend pro Jahr liegen. Dabei ist jedoch eine entscheidende Tatsache zu berücksichtigen: Der Kolonialismus war jahrhundertelang darauf ausgerichtet, die Menschen in Afrika zu versklaven. In der Neuzeit wird die Sklaverei allgemein abgelehnt, und die grundlegenden Menschenrechte gelten im internationalen Recht als *erga omnes* und *jus cogens*. Die fortgesetzte Ausbeutung der ärmsten Menschen im Kongo durch die

Reichen und Mächtigen stellt die angebliche moralische Grundlage der heutigen Zivilisation aber infrage und wirft die Menschheit in eine Zeit zurück, in der die Menschen Afrikas nur nach ihren Wiederbeschaffungskosten bewertet wurden. Die Auswirkungen dieser moralischen Umkehrung, die selbst eine Form der Gewalt ist, reichen weit über Zentralafrika hinaus und betreffen den gesamten globalen Süden, wo eine riesige Unterschicht der Menschheit weiterhin unter sklavenähnlichen Bedingungen am untersten Ende der globalen Wirtschaftsordnung ein menschenunwürdiges Dasein fristet. Seit der Kolonialzeit hat sich weniger geändert, als wir vielleicht wahrhaben wollen.

Die brutale Realität des Kobaltabbaus im Kongo ist allen Beteiligten der Lieferkette unangenehm. Kein Unternehmen will zugeben, dass die Akkus für Smartphones, Tablets, Laptops und Elektrofahrzeuge Kobalt enthalten, das von Bauern und Kindern unter gefährlichen Bedingungen abgebaut wird. In öffentlichen Bekanntmachungen und Pressemitteilungen verweisen die Unternehmen, die an der Spitze der Kobaltkette stehen, in der Regel auf ihre Verpflichtung zur Einhaltung internationaler Menschenrechtsnormen, auf ihre Nulltoleranzpolitik gegenüber Kinderarbeit und auf die Einhaltung höchster Sorgfaltsstandards in der Lieferkette. Hier einige Beispiele:[1]

> Apple setzt sich für den Schutz der Umwelt und das Wohlergehen jener Millionen von Menschen ein, die in unsere Produktions- und Lieferkette eingebunden sind – vom Bergbau bis zu den Einrichtungen, in denen unsere Produkte montiert werden. Bis zum 31. Dezember 2021 wurden alle Schmelzwerke und Raffinerien in unserer Lieferkette einem Überprüfungsverfahren oder einem Audit durch eine dritte Partei unterzogen, das Apples Anforderungen an eine verantwortungsbewusste Beschaffung von Mineralien entspricht.

> Samsung verfolgt eine Nulltoleranzpolitik gegen Kinderarbeit, die gemäß internationalen Standards und einschlägigen nationalen Gesetzen und Vorschriften in allen Bereichen seiner weltweiten Geschäftstätigkeit untersagt ist.
>
> Die verantwortungsvollen Beschaffungspraktiken von Tesla gelten für alle Materialien und Partner in unserer Lieferkette und wir sind uns der Bedingungen bewusst, die mit dem handwerklichen Abbau von Kobalt in der Demokratischen Republik Kongo verbunden sind. Um sicherzustellen, dass die Beschaffung von Kobalt in der Lieferkette von Tesla ethischen Grundsätzen entspricht, haben wir dafür spezifische Due-Diligence-Verfahren eingeführt.
>
> Die Achtung der Menschenrechte ist für die Daimler ein grundlegender Bestandteil verantwortungsvoller Unternehmensführung. … Ziel ist es, dass unsere Produkte nur Rohstoffe und Materialien enthalten, die ohne Verletzung von Menschenrechten und Umweltstandards abgebaut oder hergestellt wurden.
>
> Glencore plc hat sich verpflichtet, das Auftreten von moderner Sklaverei und Menschenhandel in unseren Betrieben und Lieferketten zu verhindern. Wir dulden weder Kinderarbeit noch irgendeine Form von Zwangsarbeit noch Menschenhandel oder irgendeine andere Form der Sklaverei und bemühen uns, diese zu identifizieren und aus unseren Lieferketten zu entfernen.

Nachdem die Bedingungen der Kobaltförderung vermehrt in den Blickpunkt geraten sind, haben die beteiligten Unternehmen internationale Zusammenschlüsse gebildet, um sicherzustellen, dass ihre Lieferketten sauber sind. Die beiden führenden Zusammenschlüsse sind die Responsible Minerals Initiative (RMI) und die Global Battery Alliance (GBA). Die RMI fördert die verantwortungsvolle Beschaffung von Mineralien in Übereinstimmung mit den UN-Leitprinzipien für Wirtschaft und Menschenrechte. Zur Plattform der RMI gehört der Responsible Minerals Assurance Process (RMAP), der unabhängige Bewertungen von Kobaltlieferketten durch Dritte unterstützen und Kobaltabbaustätten in der Demokratischen Republik Kongo auf Kinderarbeit überwachen soll. Die GBA setzt sich für sichere Arbeitsbedingungen bei der Gewinnung von Rohstoffen für wiederaufladbare Batterien ein. Sie hat eine Aktionspartnerschaft entwickelt, um »Kinder- und Zwangsarbeit in der Kobaltwertschöpfungskette umgehend zu beseitigen«[2], und zwar durch Vor-Ort-Überwachung und Bewertungen Dritter.

Während meiner gesamten Zeit im Kongo habe ich nie etwas von Aktivitäten gesehen oder gehört, die mit einer dieser Koalitionen in Verbindung stehen, geschweige denn von Maßnahmen, die auf eine konkrete Umsetzung der Verpflichtungen der Unternehmen zu internationalen Menschenrechtsstandards, Audits durch Dritte oder eine Nulltoleranzpolitik gegenüber Zwangs- und Kinderarbeit hinweisen könnten. Im Gegenteil: In den 21 Jahren, in denen ich mich mit Sklaverei und Kinderarbeit befasse, habe ich noch nie eine so extreme Ausbeutung aus Profitgründen gesehen wie am unteren Ende der globalen Kobaltlieferketten. Die großen Unternehmen, die Produkte mit kongolesischem Kobalt verkaufen, sind Billionen wert, doch die Menschen, die diesen Rohstoff aus dem Boden holen, leben in extremer Armut und unermesslichem Leid. Sie fristen ein menschenunwürdiges Dasein in einer Umgebung, die von ausländischen Bergbauunternehmen wie eine Giftmüllhalde behandelt wird. Millionen von Bäumen wurden abgeholzt, Dutzende von Dörfern zerstört, Flüsse und Luft verschmutzt und Ackerland vernichtet. Unser alltägliches Leben wird durch eine menschliche und ökologische Katastrophe im Kongo ermöglicht.

Auch wenn das Ausmaß der Zerstörung durch den Kobaltabbau im Namen erneuerbarer Energien beispiellos ist, so ist die widersprüchliche Natur des Bergbaus doch nicht neu. Einige der bahnbrechendsten Entwicklungen in der menschlichen Zivilisation wären nicht möglich gewesen, ohne die Erde nach Mineralien und Metallen abzugraben. Die Revolution begann vor etwa 7000 Jahren, als die Menschen erstmals Feuer einsetzten, um abgebaute Materialien zu verarbeiten. Metalle wurden geschmolzen und zu Gegenständen geformt, die für den Handel, als Schmuck und Waffen verwendet wurden. Vor 5000 Jahren wurde Zinn entdeckt und mit Kupfer vermischt, um Bronze herzustellen, die erste Legierung, die härter war als ihre Bestandteile. Die Bronzezeit war geboren, und das Aufkommen der Metallverarbeitung ermöglichte rasche Fortschritte der menschlichen Zivilisation. Bronze wurde zur Herstellung von Waffen, landwirtschaftlichen Geräten und Münzen gebraucht. Die ersten Schriftzeichen entstanden, das Rad wurde erfunden, und die städtische Zivilisation entwickelte sich. In der Bronzezeit wurde auch erstmals Kobalt zum Färben von Töpferwaren verwendet. In der Eisenzeit wurde Eisenerz abgebaut und zu Stahl verhüttet, der zur Herstellung leistungsfähigerer Werkzeuge und Waffen diente. Es wurden Armeen aufgestellt und Reiche errichtet. Im frühen Mittelalter vergaben die Europäer die ersten Bergbaukonzessionen. Gegen einen Teil der Einnahmen boten Regierungen kommerziellen Unternehmen das Recht an, auf einem Grundstück Mineralien abzubauen – ein System, das bis heute fortbesteht.

Die Bergbautechnologie machte im späten Mittelalter einen großen Sprung nach vorn, als die Bergleute begannen, Schwarzpulver aus China zu verwenden, um große Felsen zu sprengen. Der Zustrom von Bodenschätzen aus der Neuen Welt, insbesondere von Gold, finanzierte einen Großteil der Renaissance und führte zur industriellen Revolution, aus der die moderne Bergbauindustrie hervorging. Der Kohleabbau trieb die Industrialisierung voran und setzte eine problematische Entwicklung in Gang, die durch Umweltverschmutzung, Verschlechterung der Luftqualität und zunehmende Klimaveränderungen geprägt war. Die industrielle Revolution hatte weitere Verbesserungen der Bergbautechnik zur Folge: Mechanische Bohrer steigerten die Effizienz beim Abbau von hartem Gestein, und die manuelle Verladung und Beförderung wurde durch elektrische Förderbänder, Grubenwagen und Schwerlastfahrzeuge ersetzt. Diese und andere technische Fortschritte ermöglichten es den Bergbauunternehmen, tiefer zu graben und in größerem Umfang als je zuvor Metalle und Mineralien zu fördern.

Im späten 20. Jahrhundert beeinflusste der Bergbau nahezu alle Aspekte des modernen Lebens. Stahl wurde für Gebäude, Häuser, Brücken, Schiffe, Züge, Fahrzeuge und Flugzeuge verwendet. Aluminium, Zinn, Nickel und andere Metalle kamen in unzähligen industriellen und privaten Zwecken zum Einsatz. Kupfer wurde für elektrische Leitungen und Schaltkreise, militärische Geschütze und Industriemaschinen genutzt. Erdölderivate bescherten uns Kunststoffe. Die Produktivitätsfortschritte in der Landwirtschaft wären ohne Maschinen aus abgebauten Materialien nicht möglich gewesen. Obwohl die heutige billionenschwere Bergbauindustrie von Kohle, Eisen, Bauxit, Phosphat, Gips und Kupfer dominiert wird, gewinnen die sogenannten strategischen Metalle oder seltenen Erden, die in modernen technischen Geräten und erneuerbaren Energieträgern verwendet werden, rasch an wirtschaftlicher und geopolitischer Bedeutung. Viele dieser strategischen Mineralien sind in Zentralafrika zu finden, darunter vor allem Kobalt.

Den größten Teil seiner Geschichte war der Bergbau auf die Ausbeutung von Sklaven und mittellosen Arbeitern angewiesen, die das Erz aus der Erde holten. Die Unterdrückten wurden zu dieser Arbeit gezwungen, sie gruben unter gefährlichen Bedingungen, ohne Rücksicht auf ihre Sicherheit und für wenig oder gar keinen Lohn. Heute werden diese Arbeitskräfte mit dem etwas sonderbaren Begriff »handwerkliche Bergleute« oder auch Kleinbergbauern oder Kleinschürfer bezeichnet, und sie schuften in einem weitgehend unsichtbaren Teil der globalen Bergbauindustrie, dem sogenannten *Artisanal and Small-Scale Mining* (ASM), dem handwerklichen bzw. Kleinbergbau oder unabhängigen Subsistenzbergbau in kleinem Maßstab. Durch das Wort *handwerklich* darf man sich nicht zu der Annahme verleiten lassen, dass es sich bei ASM um annehmliche, geregelte Bergbauaktivitäten handele, die von geschickten Handwerkern durchgeführt werden. Handwerkliche Bergleute bzw. Kleinschürfer verwenden rudimentäre Arbeitswerkzeuge, um unterschiedlichste Mineralien und Edelsteine unter schwersten Verhältnissen abzubauen. Kleinbergbau wird in mehr als 80 Ländern des globalen Südens betrieben. Da der handwerkliche Bergbau fast ausschließlich informell erfolgt, bestehen nur selten schriftliche Vereinbarungen über Löhne und Arbeitsbedingungen. In der Regel gibt es auch weder die Möglichkeit, bei Verletzungen Hilfe zu suchen, noch ein Rechtsmittel, um eine Entschädigung einzufordern. Kleinschürfer erhalten fast immer nur einen kümmerlichen Lohn, der auf Basis der Stückzahl gezahlt wird, außerdem müssen sie alle Risiken von Verletzungen, Krankheit oder Tod selbst tragen.

Obwohl dieser Kleinbergbau mit gefährlichen Arbeitsbedingungen verbunden ist, wächst der Sektor schnell. Weltweit sind etwa 45 Millionen Menschen direkt im Kleinbergbau beschäftigt, das sind etwa 90 Prozent aller Bergarbeiter. Trotz zahlreicher Fortschritte bei Maschinen und Techniken ist die Bergbauindustrie in hohem Maße auf den Einsatz von Kleinschürfern angewiesen, um die Produktion zu steigern und die Kosten niedrig zu halten. Der Beitrag des handwerklichen Bergbaus ist beträchtlich: Er macht zum Beispiel 26 Prozent des weltweiten Angebots des Metalls Tantal aus, 25 Prozent bei Zinn und Gold,

20 Prozent bei Diamanten, 80 Prozent bei Saphiren und bei Kobalt bis zu 30 Prozent.[3]

Um die Gegebenheiten des Kobaltabbaus im Kongo aufzudecken, reiste ich in das Herz der beiden Bergbauprovinzen des Landes – nach Haut-Katanga und Lualaba. Ich arbeitete wohldurchdachte Pläne aus, wie ich meine Untersuchungen durchführen wollte, aber viele musste ich gleich nach meiner Ankunft wieder verwerfen. Die Bedingungen waren in jeder Hinsicht schwierig: aggressive Sicherheitskräfte, intensive Überwachung, die Abgeschiedenheit vieler Bergbaugebiete, das Misstrauen gegenüber Außenstehenden und das schiere Ausmaß von Hunderttausenden von Menschen, die unter mittelalterlichen Bedingungen fieberhaft nach Kobalt schürfen. Zeitweise glaubte ich, in einer verqueren Zeitreise zu stecken. Die fortschrittlichsten elektronischen Geräte und Elektrofahrzeuge der Welt sind auf eine Substanz angewiesen, die von den geschundenen Händen von Bauern mit Spitzhacken, Schaufeln und Pickeln abgebaut wird. Die Arbeit der Menschen wird kleinlich bewertet, ihr Leben ist dagegen so gut wie gar nichts wert. Es gab viele blutigere Episoden in der Geschichte des Kongo als das, was dort heute im Bergbausektor geschieht, aber keine, die mit so viel Leid für so viel Profit einherging und so eng mit dem Leben von Milliarden von Menschen auf der ganzen Welt verbunden ist.

Die Feldforschung zu diesem Buch wurde auf Besuchen in den Bergbauprovinzen des Kongo in den Jahren 2018, 2019 und 2021 durchgeführt. Im Jahr 2020 waren Reisen aufgrund der Covid-19-Pandemie nicht möglich. Während die Pandemie überall auf der Welt verheerenden Schaden anrichtete, blieben die Auswirkungen auf die mittellosen Menschen, die im Bergbau tätig sind, weitgehend unbeachtet. Als die großen Minen in den Jahren 2020 und 2021 für längere Zeit geschlossen wurden, kam die Nachfrage nach Kobalt nicht zum Erliegen. Sie stieg sogar noch an, weil die Menschen auf der ganzen Welt mehr denn je auf ihre wiederaufladbaren Geräte angewiesen waren, um von zu Hause aus arbeiten oder am Schulunterricht teilnehmen zu können. Die gestiegene Nachfrage nach Kobalt zwang Hunderttausende von kongolesischen Bauern, die ohne die ein oder zwei Dollar, die sie täglich damit verdienten, nicht überleben konnten, ungeschützt in die Gräben und Stollen zu klettern, um das Kobalt abzubauen. In den Kleinbergbauminen des Kongo, wo es unmöglich war, Masken zu tragen und Abstand zu halten, verbreitete sich Covid-19 schnell. Die Kranken und Toten, die sich infiziert hatten, wurden nie gezählt, sodass die Zahl der Opfer in der Branche unbekannt ist.

Um die Zeugenaussagen in diesem Buch festzuhalten, habe ich mir viel Zeit genommen und mir die Geschichten der Menschen angehört, die in den Bergbauprovinzen leben und arbeiten. Einige sprachen für sich selbst; andere sprachen für die Toten. Bei allen Interviews mit Bergleuten und anderen Informanten habe ich die Richtlinien des Institutional Review Board (IRB) befolgt. Diese Richtlinien sollen die Quellen vor möglichen negativen Folgen aus ihrer Teilnahme an der Forschung schützen und beinhalten die Einholung einer informierten Zustimmung vor der Durchführung eines Interviews; ferner dürfen keine persönlichen Daten aufgezeichnet werden, und es muss sichergestellt werden, dass alle schriftlichen oder getippten Notizen stets im Besitz des Interviewers bleiben. Diese Verfahren sind im Kongo besonders wichtig, weil die Gefahren, die mit Gesprächen mit Außenstehenden verbunden sind, extrem hoch sind. Die meisten Arbeiter im Kleinbergbau und ihre Familienangehörigen wollten aus Angst vor Repressalien nicht mit mir sprechen.

Meine Nachforschungen in der Demokratischen Republik Kongo waren nur mit der Hilfe lokaler Führer und Übersetzer möglich, die in den örtlichen Gemeinschaften Vertrauen genossen. Sie halfen mir, Zugang zu zahlreichen Bergbaustätten und zu den Menschen zu erhalten, die dort schufteten. Alle Führer, die mit mir zusammenarbeiteten, taten dies unter erheblichem persönlichem Risiko. Die kongolesische Regierung hat in der Vergangenheit große Anstrengungen unternommen, um die Lebens- und Arbeitsbedingungen in den Bergbauprovinzen zu verschleiern. Diejenigen, die versuchen, die wahren Verhältnisse aufzudecken, wie zum Beispiel Journalisten, NGO-Mitarbeiter, Forscher oder ausländische Nachrichtenmedien, werden während ihres Aufenthalts streng überwacht. Das kongolesische Militär und andere Sicherheitskräfte sind in den Bergbauprovinzen allgegenwärtig, was den Zugang zu den Gebieten gefährlich und manchmal sogar unmöglich macht. Vermeintliche Unruhestifter müssen mit Verhaftung, Folter oder Schlimmerem rechnen. Aus Vorsicht habe ich für meine Guides und die mutigen Menschen, deren Aussagen in diesem Buch wiedergegeben werden, Pseudonyme verwendet. Alle persönlichen Beschreibungen oder Informationen, die zur Identifizierung dieser Personen genutzt werden könnten, habe ich auf ein Minimum beschränkt, weil auch solche Informationen sie und ihre Familien in Gefahr bringen könnten.

Das Ausmaß der Schäden durch den Kobaltabbau ist für die Menschen im Kongo leider keine neue Erfahrung. Der jahrhundertelange europäische Sklavenhandel, der um das Jahr 1500 begann, fügte der einheimischen Bevölkerung irreparable Schäden zu und gipfelte in der Kolonisierung des Landes durch den belgischen König Leopold II., die den Grundstein für die bis heute andauernde Ausbeutung legte. Die Beschreibungen von Leopolds Regime treffen in bestürzender Weise auch auf den heutigen Kongo zu.

Joseph Conrad verewigte die schrecklichen Verhältnisse in Leopolds Kongo-Freistaat in seiner Erzählung *Herz der Finsternis* (1899) mit vier Worten: »Das Grauen! Das Grauen!« Später beschrieb er den Kongo-Freistaat als das »abscheulichste Gerangel um Beute, das je die Geschichte des menschlichen Gewissens entstellt hat« und als ein Land, in dem »grässliche, systematische Grausamkeit gegenüber den Schwarzen die Grundlage der Verwaltung ist«. Im Jahr nach der Veröffentlichung von *Herz der Finsternis* bezeichnete E. S. Grogan, der als der erste Mensch gilt, der Afrika vom Kap bis nach Kairo durchwanderte, Leopolds Territorium als »blutsaugerisches Geschöpf«. In *The Casement Report* (1904) beschrieb Roger Casement, britischer Konsul im Kongo-Freistaat, die Kolonie als eine »wahre Hölle auf Erden«. Casements unermüdlicher Verbündeter in seinem Kampf um die Beendigung des Regimes von Leopold, E. D. Morel, schrieb, der Kongo-Freistaat sei »ein vervollkommnetes System der Unterdrückung, verbunden mit unvorstellbarer Barbarei und verantwortlich für die ungeheuerliche Zerstörung menschlichen Lebens«.[4]

Alle diese Beschreibungen treffen auch auf die heutigen Verhältnisse in den Gebieten des Kobaltbergbaus zu. Wer den dreckverschmierten Kindern in der Region Katanga auch nur eine kurze Zeit dabei zusieht, wie sie in der Erde nach Kobalt wühlen, kann schwerlich sagen, ob sie immer noch zum Wohle Leopolds oder eines großen Technologieunternehmens arbeiten.

Obwohl die Menschen im Kongo jahrhundertelang unter der Ausbeutung gelitten haben, gab es einen kurzen Moment – einen flüchtigen Lichtblitz zu Beginn der Unabhängigkeit im Jahr 1960 –, in dem sich die Entwicklung der Nation einschneidend hätte ändern können. Der erste demokratisch gewählte Premierminister des Landes, Patrice Lumumba, gab der Nation einen Ausblick auf eine Zukunft, in der das kongolesische Volk sein Schicksal selbst bestimmen, die Ressourcen des Landes zum Wohle der Menschen nutzen und die Einmischung ausländischer Mächte zurückweisen konnte, welche die Ressourcen des Landes weiter ausbeuten wollten. Es war eine kühne, antikoloniale Vision, die den Verlauf der Geschichte im Kongo und in ganz Afrika hätte verändern können. Doch Belgien, die Vereinten Nationen, die USA und die von ihnen vertretenen neokolonialen Kräfte lehnten Lumumbas Vision umgehend ab, verschworen sich zu seiner Ermordung und setzten Joseph Mobutu an seiner Stelle ein, der zu einem gewalttätigen Diktator werden sollte. 32 Jahre lang unterstützte Mobutu die westliche Agenda, sorgte dafür, dass die Bodenschätze Katangas in den Westen flossen, und bereicherte sich selbst ebenso ungeheuerlich wie die Kolonialherren vor ihm.

Von allen Tragödien, die den Kongo heimgesucht haben, ist die vielleicht größte die Tatsache, dass das Leid, das sich heute in den Bergbauprovinzen abspielt, eigentlich völlig vermeidbar wäre. Aber warum sollte man ein Problem beheben, wenn niemandem bewusst ist, dass es überhaupt existiert? Die meisten Menschen wissen nicht, was in den Kobaltminen des Kongo geschieht, weil die Realität hinter den weitverzweigten multinationalen Lieferketten verborgen ist, die dazu dienen, die Verantwortung zu verschleiern. Verfolgt man die Kette vom Kind, das in der Kobaltmine schuftet, bis zu den wiederaufladbaren Geräten und Elektroautos, die an Verbraucher in aller Welt verkauft werden, führen all ihre Glieder bis zur Unkenntlichkeit in die Irre, wie beim Hütchenspiel eines Betrügers.

Diese systematische Verschleierung des Ausmaßes der Ausbeutung mittelloser Schwarzer am unteren Ende der globalen Lieferketten reicht Jahrhunderte zurück. Nur wenige Menschen, die im England des 17. Jahrhunderts beim Frühstück saßen, wussten, dass ihr Tee mit Zucker gesüßt war, der unter unmenschlichen Bedingungen von afrikanischen Sklaven in Westindien geerntet wurde. An einem Ort, der sich weit entfernt von den britischen Frühstückstischen befand, blieben die Sklaven unter Verschluss, bis Abolitionisten den Engländern das wahre Bild der Sklaverei vor Augen führten. Die Vertreter der beteiligten Unternehmen kämpften für die Aufrechterhaltung des Systems. Sie erklärten der britischen Öffentlichkeit, nicht zu glauben, was man ihr erzählte. Sie betonten, wie human der Sklavenhandel eigentlich sei – die Afrikaner litten nicht, sondern würden vor der Grausamkeit des dunklen Kontinents »gerettet«. Sie behaupteten, dass die Afrikaner auf den Plantagen unter guten, annehmbaren Bedingungen arbeiteten. Als diese Argumente nicht mehr überzeugten, behaupteten die Sklavenhändler, sie hätten Änderungen vorgenommen, um etwaige Vergehen oder Verfehlungen auf den Plantagen zu beheben. Wer wollte schon den weiten Weg zu den Westindischen Inseln auf sich nehmen, um das Gegenteil zu beweisen, und selbst wenn, wer würde ihm glauben?

Die Wahrheit war jedoch, dass ohne die Nachfrage nach Zucker und die immensen Gewinne aus dem Zuckerverkauf das gesamte System des »Sklavenhandels für Zucker« nicht existiert hätte. Zudem kann ein System, das den Betroffenen ihre Würde nimmt, ihre Sicherheit, ihre Einkommensmöglichkeiten und ihre Freiheit, nur zu einer völligen Entmenschlichung der ausgebeuteten Menschen am unteren Ende der Kette führen.

Die Tech-Barone von heute werden Ihnen eine ähnliche Geschichte über Kobalt erzählen. Sie werden Ihnen sagen, dass sie die internationalen Menschenrechtsnormen einhielten und dass *ihre* Lieferketten sauber seien. Sie werden Ihnen versichern, dass die Arbeitsbedingungen nicht so schlecht seien, wie es erscheinen mag, und dass sie den ärmsten Menschen in Afrika Handel, Löhne, Bildung und Entwicklung brächten (sie gewissermaßen »retten«). Sie werden Ihnen auch beteuern, dass sie Missstände behoben hätten, zumindest in jenen Minen, von denen sie nach eigenen Angaben Kobalt beziehen. Denn wer würde schon in den weit entfernten Kongo reisen, um diese Aussagen zu überprüfen, und wer würde ihnen glauben, wenn sie das Gegenteil beweisen wollten?

Die Wahrheit ist jedoch, dass ohne die Nachfrage der Konzerne nach Kobalt und die immensen Gewinne, die sie durch den Verkauf von Smartphones, Tablets, Laptops und Elektrofahrzeugen erzielen, die gesamte »Blut für Kobalt«-Wirtschaft nicht existieren würde. Darüber hinaus kann das unvermeidliche Ergebnis eines ungezügelten Kampfes um Kobalt in einem verarmten und vom Bürgerkrieg zerrissenen Land nur die völlige Entmenschlichung der Menschen sein, die am unteren Ende der Kette ausgebeutet werden.

So viel Zeit ist vergangen, nur so wenig hat sich geändert.

Die Bedingungen für die Kobaltschürfer im Kongo sind nach wie vor äußerst trostlos, dennoch gibt es Anlass zur Hoffnung. Das Bewusstsein für ihre Notlage wächst und damit auch die Hoffnung, dass ihre Stimme nicht mehr im Leeren verhallt, sondern in die Herzen der Menschen am anderen Ende der Kette dringt, die endlich erkennen, dass das Kind, dessen blutüberströmte Leiche im Dreck liegt, eines der ihren ist.

1

»UNBESCHREIBLICHER REICHTUM«

> Es ist eine in jeder Hinsicht ungeheuerliche und grausame Lüge. Wäre sie nicht so entsetzlich, könnte schon ihre schiere Unverfrorenheit unterhaltsam sein.
>
> *Joseph Conrad, Brief an Roger Casement (17. Dezember 1903)*

Wir alle wissen, wie abhängig die heutige Welt von fossilen Brennstoffen ist. Erdöl, Kohle und Erdgas werden in jedem Winkel der Erde abgebaut, unter Meeren, Wüsten, Bergen und auf dem Festland. Stellen Sie sich einen Moment vor, fast drei Viertel aller fossilen Brennstoffe unter der Erdoberfläche würden stattdessen auf einem einzigen Fleck Erde von etwa 400 mal 100 Kilometern Größe gefördert. Stellen Sie sich weiter vor, dass sich innerhalb dieses Flecks Erde etwa die Hälfte des Öls in einer einzigen Stadt und ihrem Umland befände und dass die Lagerstätten so nahe an der Oberfläche lägen, dass praktisch jeder mit einer Schaufel darauf zugreifen könnte. Dies wäre sicherlich die unentbehrlichste Stadt der Welt. Große Bohrunternehmen würden in Scharen anrücken, um Ansprüche auf diese Reichtümer zu erheben. Das Gleiche gilt für die örtliche Bevölkerung im Umkreis. Man würde versuchen, mit Gewalt die Kontrolle über wertvolle Parzellen zu erlangen. Der Schutz der Umwelt würde zur Nebensache. Die regionale Verwaltung wäre durch Korruption geprägt. Die Gewinne würden ungleich verteilt, wobei die mächtigen Akteure an der Spitze der Kette den größten Nutzen hätten, während für die lokale Bevölkerung eher wenig abfallen dürfte. Genau diese Situation ist heute bei einem Mineral gegeben, das für unsere Zukunft so wichtig sein wird, wie die fossilen Brennstoffe für unsere Vergangenheit waren. Dieses Mineral ist Kobalt, und die Stadt heißt Kolwezi.

Kolwezi liegt versteckt in den dunstigen Hügeln im Südosten der Demokratischen Republik Kongo. Obwohl die meisten Menschen noch nie von Kolwezi gehört haben, könnten Milliarden von Menschen ihr tägliches Leben ohne diese Stadt nicht führen. Die Akkus fast aller Smartphones, Tablets, Laptops und Elektrofahrzeuge, die heute hergestellt werden, können ohne Kolwezi nicht wieder aufgeladen werden. Das Kobalt, das hier in der Erde gefunden wird, sorgt für maximale Stabilität und Energiedichte bei wiederaufladbaren Batterien, sodass sie mehr Ladung halten und eine längere Funktion gewährleisten können. Würde man das Kobalt aus dem Akku entfernen, müsste man sein Smartphone oder Elektroauto viel öfter an die Steckdose anschließen, und die Akkus könnten schneller in Brand geraten. Es gibt weltweit kein bekanntes kobalthaltiges Erzvorkommen, das größer, leichter zugänglich und von höherer Qualität ist als das Kobalt unter Kolwezi.

Kobalt kommt in der Natur meist in Verbindung mit Kupfer vor, und die Kupfer-Kobalt-Vorkommen im Kongo erstrecken sich in unterschiedlicher Dichte und Qualität entlang eines 400 Kilometer langen Halbmondes von Kolwezi bis ins nördliche Sambia und bilden ein Gebiet, das als Zentralafrikanischer Kupfergürtel (Copperbelt) bezeichnet wird. Der Kupfergürtel ist ein metallogenes Wunder, das enorme Mineralienreichtümer birgt, darunter zehn Prozent des weltweiten Kupfers und etwa die

Hälfte der weltweiten Kobaltreserven. Im Jahr 2021 wurden in der Demokratischen Republik Kongo insgesamt 111 750 Tonnen Kobalt abgebaut, was 72 Prozent des weltweiten Angebots entspricht. Dieser Anteil wird voraussichtlich weiter steigen, da die Nachfrage von Technologieunternehmen und Herstellern von Elektrofahrzeugen Jahr für Jahr zunimmt.[1] Man könnte meinen, Kolwezi sei eine Boomtown, in der unerschrockene Schürfer ein Vermögen machen können. Nichts könnte weiter von der Wahrheit entfernt sein. Kolwezi, wie auch der Rest des kongolesischen Kupfergürtels, ist ein Gebiet, das von dem wahnwitzigen Bemühen beherrscht wird, die Verbraucher in aller Welt mit Kobalt zu versorgen. Das Ausmaß der Zerstörung ist gewaltig, das Leid unermesslich. Kolwezi ist das neue Herz der Finsternis, ein geschundener Erbe aller kongolesischen Gräuel der Vergangenheit – Kolonialherrschaft, Kriege und Generationen der Sklaverei.

Der erste Europäer, der das Herz des afrikanischen Kontinents in einer zusammenhängenden Reise von Osten nach Westen durchquerte, der britische Leutnant Verney Lovett Cameron, schrieb am 7. Januar 1876 in der *Times* über den Kongo:

> Das Landesinnere ist zum großen Teil ein herrliches und gesundes Land von unbeschreiblichem Reichtum. Ich habe einen kleinen Brocken guter Kohle mitgenommen; auch andere Mineralien wie Gold, Kupfer, Eisen und Silber sind reichlich vorhanden, und ich bin zuversichtlich, dass durch klugen und großzügigen (nicht verschwenderischen) Kapitaleinsatz eines der großartigsten Binnenschifffahrtssysteme der Welt nutzbar gemacht werden könnte, das sich in 30 bis 36 Monaten für jeden geschäftstüchtigen Kapitalisten, der die Sache in die Hand nimmt, auszahlen dürfte.[2]

Innerhalb eines Jahrzehnts nach Camerons Schreiben plünderten »geschäftstüchtige Kapitalisten« den »unbeschreiblichen Reichtum« des Kongo. Der gewaltige Kongostrom und seine kapillaren Nebenflüsse boten den Europäern, die in das Herz Afrikas vordringen wollten, ein natürliches Navigationssystem, das es ihnen außerdem ermöglichte, wertvolle Ressourcen aus dem Landesinneren an die Atlantikküste zu transportieren. Niemand ahnte anfangs, dass der Kongo einige der größten Vorkommen nahezu aller Rohstoffe beherbergte, nach denen die Welt verlangte, oft gerade dann, wenn sich neue technische Erfindungen oder industrielle Entwicklungen etablierten – Elfenbein für Klaviertasten, Kruzifixe, falsche Zähne und Schnitzereien (in den 1880er-Jahren), Gummi für Auto- und Fahrradreifen (in den 1890er-Jahren), Palmöl für Seife (ab 1900), Kupfer, Zinn, Zink, Silber und Nickel für die Industrialisierung (ab 1910), Diamanten und Gold, um den Wohlstand zu vermehren (immer), Uran für Atombomben (1945), Tantal und Wolfram für Mikroprozessoren (ab 2000) und Kobalt für wiederaufladbare Batterien (ab 2012). Jede Neuerung entfachte eine gesteigerte Nachfrage nach den jeweiligen Ressourcen und zog stets eine neue Welle Schatzsuchender an. Das kongolesische Volk dagegen hat zu keinem Zeitpunkt in seiner Geschichte in irgendeiner Weise von der Monetarisierung der Ressourcen seines Landes profitiert. Vielmehr dienten die Einheimischen oft als Zwangsarbeiter bei der Gewinnung dieser Ressourcen, wobei sie kaum etwas verdienten, aber dafür umso mehr Leid zu ertragen hatten.

Die Gier nach Kobalt ist eine unmittelbare Folge der heutigen gerätegesteuerten Wirtschaft in Verbindung mit dem weltweiten Übergang von fossilen Brennstoffen zu erneuerbaren Energiequellen. Die Automobilhersteller steigern die Produktion von Elektrofahrzeugen rasant und unterstützen damit die Bemühungen der Regierungen, die Kohlenstoffemissionen im Rahmen des Pariser Klimaabkommens von 2015 zu reduzieren. Diese Verpflichtungen wurden auf dem Klimagipfel COP26 im Jahr 2021 bekräftigt. Die Batterien von Elektrofahrzeugen benötigen jeweils bis zu zehn Kilogramm raffiniertes Kobalt, das ist mehr als das 1000-Fache der für einen Smartphone-Akku erforderlichen Menge. So soll die Nachfrage nach Kobalt von 2018 bis 2050 voraussichtlich um fast 500 Prozent steigen[3], und es gibt keinen anderen bekannten Ort auf der Welt außer der Demokratischen Republik Kongo, wo diese Menge an Kobalt verfügbar ist.

Der Kobaltabbau an Orten wie Kolwezi steht am Beginn einer komplexen Lieferkette, die sich wie eine Krake bis zu den reichsten und mächtigsten Unternehmen der Welt erstreckt. Apple, Samsung, Google, Microsoft, Dell, LTC, Huawei, Tesla, Ford, General Motors, BMW und Daimler-Chrysler sind nur einige der Unternehmen, die ihr Kobalt teilweise, überwiegend oder komplett aus der Demokratischen Republik Kongo beziehen, und zwar über Batteriehersteller und Kobaltveredler in China, Japan, Südkorea, Finnland und Belgien. Offiziell toleriert keines dieser Unternehmen die menschenunwürdigen Bedingungen, unter denen Kobalt im Kongo gefördert wird, aber weder sie noch sonst irgendjemand unternimmt die notwendigen Anstrengungen, um diese Bedingungen zu verbessern. Tatsächlich scheint sich niemand der Verantwortung für die negativen Folgen des Kobaltabbaus im Kongo stellen zu wollen – nicht die kongolesische Regierung, nicht die ausländischen Bergbauunternehmen, nicht die Batteriehersteller und schon gar nicht die großen Technologie- und Automobilkonzerne. Die Rechenschaftspflicht verflüchtigt sich wie der Morgennebel in den Hügeln von Katanga auf dem Weg durch die undurchsichtigen Lieferketten, die das Mineral mit dem Telefon und dem Auto verbinden.

Die Mineralien- und Geldströme werden zusätzlich durch ein Netz undurchsichtiger Verbindungen zwischen ausländischen Bergbauunternehmen und kongolesischen Politikern verschleiert, von denen sich einige an den Versteigerungen der Bergbaukonzessionen des Landes bereichert haben, während Millionen Kongolesen unter extremer Armut, Nahrungsmittelknappheit und Bürgerkriegen leiden. Von 1960, als Patrice Lumumba zum ersten Premierminister des Landes gewählt wurde, bis 2019, als Félix Tshisekedi das Amt übernahm, gab es im Kongo keinen einzigen friedlichen Machtwechsel. In dieser Zeit erlebte das Land einen gewaltsamen Staatsstreich nach dem anderen, zunächst von Joseph Mobutu, der den Kongo von 1965 bis 1997 beherrschte, gefolgt von der Herrschaft Laurent-Désiré Kabilas von 1997 bis 2001 und der seines Sohnes Joseph Kabila von 2001 bis 2019. Ich verwende das Wort *herrschen,* weil Mobutu und die Kabilas das Land wie Despoten regierten, die sich an den Bodenschätzen des Landes bereicherten, während sie ihr Volk sich selbst überließen.

Heute, im Jahr 2022, kann von einer sauberen Lieferkette für Kobalt aus dem Kongo nicht die Rede sein. Alles Kobalt, das aus der Demokratischen Republik Kongo stammt, ist in unterschiedlichem Maße durch Missstände belastet wie Sklaverei, Kinderarbeit, Zwangsarbeit, Menschenhandel, gefährliche und gesundheitsschädliche Arbeitsbedingungen, erbärmliche Löhne, Verletzungen und Todesfälle sowie Umweltschäden. Obwohl es in allen Gliedern der Kette böswillige Akteure gibt, würde die Kette nicht existieren, wenn die Unternehmen an der Spitze nicht solch eine erhebliche Nachfrage nach Kobalt erzeugten. Dort, und nur dort, müssen Lösungsversuche ansetzen. Diese Lösungsversuche sind nur dann sinnvoll, wenn die Lügen der Unternehmensvertreter über die Bedingungen, unter denen Kobalt im Kongo gefördert wird, durch die von den Minenarbeitern erlebte Realität ersetzt werden. Um diese Realität zu verstehen, müssen wir in diesem Kapitel zunächst einige Grundlagen über den Kongo und die Abläufe des Kobaltabbaus vermitteln. Unsere Reise beginnt in der alten kolonialen Bergbaustadt Lubumbashi. Von dort führt eine Straße durch die Bergbauprovinzen tiefer in das Herz des Kobaltgebiets. Während wir dieser Straße folgen, werden die Bedingungen des Kobaltabbaus mit jedem Kilometer sichtbarer und greifbarer durch die Berichte der Kinder, Frauen und Männer, die nach Kobalt graben, sowie durch meine Gespräche mit Mineralienhändlern, Regierungsbeamten, multinationalen Unternehmen und anderen Interessengruppen, die von ihrer Arbeit profitieren. Wenn wir uns dem Zentrum des Kobaltabbaus in Kolwezi nähern, stoßen wir auf Zeugnisse einer dunkleren Wahrheit, einer Wahrheit, die sich nicht ergründen lässt. Ich habe sie mit eigenen Augen gesehen, am 21. September 2019 an einem Ort namens Kamilombe. Ich werde Sie dorthin mitnehmen, so wie ich mich auf den Weg gemacht habe, auf den einzigen Weg, der zur Wahrheit führt.

DAS HERZ VON AFRIKA

Die Demokratische Republik Kongo liegt im Herzen des afrikanischen Kontinents und ist ein außergewöhnliches Land mit einer höchst abwechslungsreichen Natur. Wild wuchernde Wälder, schroffe Berge, weite Savannen und reißende Flüsse prägen das Land. Im Norden grenzt das Land an die Zentralafrikanische Republik, im Nordosten an den Südsudan, im Osten an Uganda, Ruanda, Burundi und Tansania, im Süden und Südosten an Sambia, im Südwesten an Angola und im Westen an die Republik Kongo; im Westen liegt auch der Küstenstreifen, wo der Kongo in den Atlantik mündet. Stellen Sie sich einen riesigen Lehmklumpen vor, der an zwei Enden eingeklemmt ist – im Südwesten von Kinshasa bis zum Ozean und im Südosten in Form einer Halbinsel, die dem Kupfergürtel folgt. Die oberen zwei Drittel des Landes sind von tropischem Regenwald bedeckt, dem zweitgrößten der Welt nach dem Amazonasgebiet. Darin lebt die größte Menschenaffenpopulation der Erde. Südlich des Regenwalds fallen die Hochebenen in ausgedehnte Savannen ab. Die zerklüfteten Gipfel des Ruwenzori-Gebirges stehen wie Wächter an der nordöstlichen Grenze zum Rift Valley und an den großen

Seen Afrikas. Der Äquator durchschneidet das obere Drittel des Kongo, und wenn auf der einen Seite des Äquators Regenzeit ist, ist auf der anderen Seite Trockenzeit. Dies hat zur Folge, dass es im Kongo immer irgendwo regnet und das Land die höchste Gewitterhäufigkeit der Welt aufweist. Zu den wichtigsten Städten der Demokratischen Republik Kongo gehört die geschäftige Hauptstadt Kinshasa, die am südwestlichen Rand des Landes an den Ufern des Kongostroms liegt. Sie ist eine der am schnellsten wachsenden Megastädte Afrikas und die Heimat von mehr als 17 Millionen »Kinois«. Mbuji-Mayi ist die Hauptstadt der Provinz Kasaï-Oriental im südlichen Teil des Landes. In ihr befindet sich das größte Diamantenvorkommen der Welt. Die Hauptstadt der Provinz Tshopo, Kisangani, liegt in der Nähe zahlreicher Goldminen und dient als Handelszentrum im Herzen des Kongostroms. Goma liegt am südlichen Ende des Kivusees und ist die wichtigste Stadt an der gefährlichen Grenze zu Ruanda, wo Kaffee, Tee und andere landwirtschaftliche Produkte angebaut werden. Ungefähr 2300 Kilometer südöstlich von Kinshasa, am anderen Ende des Landes, liegt Lubumbashi, die Hauptstadt der Provinz Haut-Katanga und Verwaltungssitz der Bergbauprovinzen. Kolwezi ist die Hauptstadt der angrenzenden Provinz Lualaba am anderen Ende des Kupfergürtels. Abgesehen von Lubumbashi und Kolwezi sind keine der genannten Städte über Straßen oder Schienen verbunden.

Die Seele des Kongo ist sein außergewöhnlicher Fluss. Er ist der tiefste Fluss der Erde und entwässert über sein System von Nebenflüssen eine Region der Größe Indiens. Durch seine Halbmondform ist der Kongo der einzige Fluss der Welt, der den Äquator zweimal überquert. Wenn der Fluss den Atlantik erreicht, strömt er mit so viel Kraft hinein, dass er den Ozean bis zu 100 Kilometer vor der Küste mit Sedimenten anreichert. Die Quelle des Kongostroms war das letzte große Rätsel der afrikanischen Geografie, und das Bestreben der europäischen Entdecker, dieses Rätsel zu lösen, veränderte auf tragische Weise das Schicksal des Kongo und verursachte letztlich all das Leid, das heute in den Minenprovinzen herrscht.

Die südöstliche Ecke der Demokratischen Republik Kongo hieß während des größten Teils ihrer Geschichte Katanga. Die Region wurde 1891 durch König Leopold von Belgien in den Freistaat Kongo eingegliedert, bevor man um das ganze Ausmaß ihrer enormen Bodenschätze wusste. Katanga hatte schon immer eine gewisse Sonderstellung in der Demokratischen Republik Kongo. Die Menschen in Katanga verstehen sich in erster Linie als Katanganer und erst in zweiter Linie als Kongolesen. Entscheidend ist, dass die Führer Katangas nie die Prämisse akzeptierten, dass ihre Bodenschätze mit der gesamten Nation geteilt werden sollten. Vor der kongolesischen Unabhängigkeit errichteten die Belgier große Bergbaubetriebe in Katanga, und auch nach der Unabhängigkeit des Landes setzten sie alles daran, die Kontrolle über diese Region zu behalten, indem sie die Abspaltung der Provinz und die anschließende Ermordung von Premierminister Lumumba orchestrierten. Da so viel Geld auf dem Spiel steht, war die Kontrolle über Katanga stets mit blutigen Auseinandersetzungen verbunden.

Obwohl mit den reichen Bodenschätzen Katangas vielfältige Programme zur Verbesserung der Bildung von Kindern, zur Linderung der Kindersterblichkeit, zur Verbesserung der sanitären Einrichtungen und des Gesundheitswesens sowie zum Ausbau der Elektrifizierung des Landes finanziert werden könnten, fließt der größte Teil der Bodenschätze ins Ausland. Obschon die Demokratische Republik Kongo über unerschlossene Bodenschätze im Wert von Billionen Dollar verfügt, belief sich der gesamte Staatshaushalt 2021 auf magere 7,2 Milliarden Dollar. 7,2 Milliarden Dollar, ähnlich viel wie der US-Bundesstaat Idaho mit einem Fünfzigstel der Bevölkerung. Auf dem Human Development Index (Index der menschlichen Entwicklung) der Vereinten

Nationen rangiert die Demokratische Republik Kongo auf Platz 175 von 189. Mehr als drei Viertel der Bevölkerung leben unterhalb der Armutsgrenze, ein Drittel leidet unter Nahrungsmittelknappheit, die Lebenserwartung liegt bei nur 60,7 Jahren, die Kindersterblichkeit rangiert weltweit an elfter Stelle, nur 26 Prozent der Einwohner haben Zugang zu sauberem Trinkwasser und neun Prozent verfügen über elektrischen Strom. Die Schulausbildung soll bis zum Alter von 18 Jahren vom Staat finanziert werden, doch die Schulen sind unterfinanziert und müssen pro Schulkind eine Gebühr von fünf oder sechs Dollar pro Monat erheben, um ihre Kosten zu decken – ein Betrag, den sich Millionen von Menschen in der Demokratischen Republik Kongo nicht leisten können. Deshalb sind zahllose Kinder gezwungen zu arbeiten, um ihre Familien zu unterstützen, insbesondere in den Bergbauprovinzen. Obwohl sie den großen Technologie- und Autokonzernen zu unermesslichen Reichtümern verhelfen, verdienen die meisten handwerklichen Kobaltschürfer nur einen bis zwei Dollar am Tag.

VON DER GIFTIGEN MINE ZUM GLITZERNDEN SHOWROOM

Die globale Kobaltlieferkette ist der Mechanismus, der die mickrigen Tageslöhne der Kleinschürfer im Kongo in Quartalsgewinne von mehreren Milliarden Dollar an der Spitze der Kette verwandelt. Obwohl die beiden Enden der Kette in Bezug auf die menschliche und ökologische Wertschätzung kaum weiter voneinander entfernt sein könnten, sind sie dennoch durch ein kompliziertes Geflecht formeller und informeller Beziehungen miteinander verbunden. Der Knotenpunkt dieser Verbindungen liegt in einer Schattenwirtschaft am unteren Ende der Bergbauindustrie, die in die formelle Lieferkette einfließt. Diese Verschmelzung von informellem und formellem, von handwerklichem und industriellem Bergbau ist der wichtigste Aspekt der Kobaltlieferkette, den es zu beachten gilt. Trotz gegenteiliger Behauptungen ist es nahezu unmöglich, die handwerkliche Kobaltförderung von der industriellen Förderung zu trennen.

Die folgende Grafik zeigt eine Skizze der globalen Kobaltlieferkette. Die Links innerhalb des Kastens zeigen Stationen an, an denen Kobalt aus verschiedenen Quellen gemischt werden kann.

Die Basis der Kette bilden die handwerklichen Bergleute. Diese *creusers* (»Schürfer«), wie sie auch genannt werden, graben mit einfachen Werkzeugen in Gruben, Schächten und Stollen nach einem Erz namens Heterogenit, das Kupfer, Nickel, Kobalt und manchmal auch Uran enthält. Der Kleinbergbausektor im Kongo wird von einer Regierungsbehörde namens SAEMAPE reguliert, die bis 2017 SAESSCAM hieß.[4] SAEMAPE hat knapp 100 Standorte im gesamten Kupfergürtel ausgewiesen, an denen handwerklicher Bergbau betrieben werden darf, die sogenannten Zones d'Exploitation Artisanale (ZEAs).

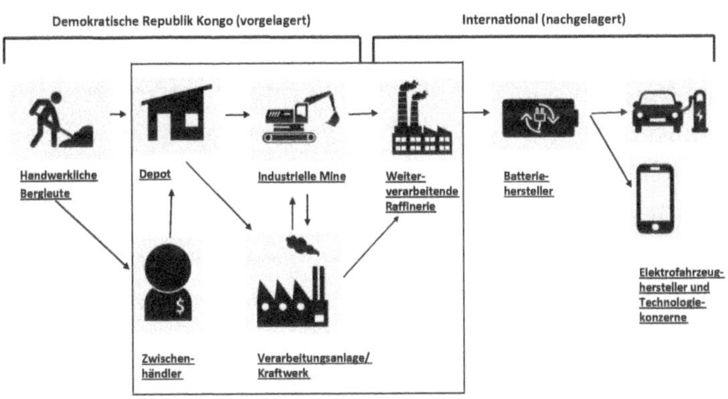

Die kleine Zahl an ZEAs reicht bei Weitem nicht aus, um die Hunderttausenden von Menschen aufzunehmen, die versuchen, ihren Lebensunterhalt mit dem Abbau von Kobalt zu verdienen. Infolgedessen schürfen Kleinbergleute in Hunderten von nicht genehmigten Abbaugebieten, die über den gesamten Kupfergürtel verteilt sind. Viele dieser Gebiete befinden sich in unmittelbarer Nähe von industriell betriebenen Minen, da die Schürfer wissen, dass sich hier unter der Erde wahrscheinlich wertvolles Erz befindet. Kleinbergbau findet auch direkt in vielen industriellen Abbaustätten statt, obwohl dies nach kongolesischem Recht verboten ist.

Handwerklich abgebautes Kobalt gelangt über ein informelles Handelssystem von *négociants* (Zwischenhändlern) und *comptoirs* (Depots), auch bekannt als *maisons d'achat* (Ankaufhäuser), in die offizielle Lieferkette. Hier haben wir sie, die undurchsichtigen Schnittstellen, die dazu dienen, Mineralien aus handwerklichen Quellen in die formelle Lieferkette zu schleusen. Négociants sind unabhängige Zwischenhändler, die in und um die Kleinschürfgebiete tätig sind und Kobalt von den Kleinschürfern aufkaufen. Dabei handelt es sich fast ausschließlich um junge kongolesische Männer, die entweder einen Festpreis pro Sack zahlen oder den Depots einen Teil des Verkaufserlöses anbieten. Nachdem die Zwischenhändler ihr Material auf Motorräder und Pick-ups verladen haben, transportieren sie das Erz zu den Depots, um es dort zu verkaufen. In einigen der größeren handwerklichen Bergbaugebiete gibt es vor Ort Depots, an welche die Kleinschürfer direkt verkaufen können.

Bei den Depots und Ankaufsstellen handelt es sich in der Regel um kleine Hütten, die mit charakteristischen rosa Planen und aufgemalten Namen wie »$ 1 000 000 Depot« der »Cuivre-Cobalt« oder auch nur mit einer Nummer (»555«) oder dem Namen des Besitzers (»Boss Xi«) werben. Es gibt Hunderte von Depots, die über die Provinzen Haut-Katanga und Lualaba verstreut sind. In keinem der Depots wird geprüft, woher das angekaufte Erz stammt und unter welchen Bedingungen es abgebaut wurde. Nachdem die Depots Erz von Zwischenhändlern oder Kleinschürfern erworben haben, verkaufen sie ihr Material an industrielle Bergbauunternehmen und Verarbeitungsbetriebe. Ab diesem Punkt ist es nicht mehr möglich, die handwerkliche von der industriellen Förderung zu unterscheiden. Obwohl das kongolesische Gesetz vorschreibt, dass Mineraliendepots nur von kongolesischen Staatsangehörigen angemeldet werden dürfen, werden fast alle Depots in den Provinzen Haut-Katanga und Lualaba von chinesischen Händlern betrieben. Auf die handwerkliche Förderung entfallen bis zu 30 Prozent des gesamten in der Demokratischen Republik Kongo geförderten Kobalts, wobei dieser Anteil auch höher sein könnte, weil sich nicht unterscheiden lässt, wie viel Material aus handwerklicher und wie viel aus industrieller Förderung stammt.

Das formelle Segment der Lieferkette beginnt mit den großen industriellen Kupfer-Kobalt-Minen, die sich über den gesamten Kupfergürtel erstrecken. Einige dieser Minen, wie Tenke Fungurume und Mutanda, sind so groß wie eine europäische Hauptstadt. Die industriellen Bergbaubetriebe in der DRK sind in der Regel als Joint Ventures zwischen der staatlichen Bergbaugesellschaft Gécamines und einem ausländischen Bergbauunternehmen strukturiert. Bei meiner letzten Zählung im November 2021 gab es in den Provinzen Haut-Katanga und Lualaba 19 große industrielle Kupfer-Kobalt-Bergbaukomplexe, von denen 15 chinesischen Bergbauunternehmen gehörten oder von ihnen finanziert wurden. Die meisten der von mir besuchten chinesischen Bergbauanlagen wurden entweder von den Streitkräften der Demokratischen Republik Kongo (FARDC) oder Eliteeinheiten der Republikanischen Garde gesichert. Andere industrielle Standorte und zahlreiche informelle Förderstätten werden von einer Reihe bewaffneter Kräfte bewacht, wie etwa der kongolesischen Nationalpolizei, der Bergbaupolizei, privaten Militärfirmen und inoffiziellen Milizen. Diese bewaffneten Sicherheitskräfte haben zwei Aufgaben: Sie sollen Schaulustige abhalten und die Mineralien sichern.

Vor der Ausfuhr aus der Demokratischen Republik Kongo müssen kobalthaltige Erze eine Vorverarbeitungsstufe durchlaufen, in der das Kobalt von anderen im Erz enthaltenen Metallen getrennt wird. Diese Verarbeitung findet zum Teil in Anlagen auf dem Gebiet der Mine statt und zum Teil in speziellen Verarbeitungsbetrieben in Kolwezi, Likasi und Lubumbashi. Bei der Vorverarbeitung wird in der Regel entweder rohes Kobalthydroxid oder Kobaltkonzentrat gewonnen. Diese halb raffinierten Formen von Kobalt werden auf Lastwagen verladen und zu den Häfen in Daressalam und Durban gefahren, um von dort zu weiterverarbeitenden Raffinerien transportiert zu werden, von denen sich die meisten in China befinden. Im Jahr 2021 produzierte China 75 Prozent des weltweit raffinierten Kobalts. Der größte Raffineriebetreiber war Huayou Cobalt mit einem Marktanteil von 22 Prozent.[5] Huayou ist Eigentümer von Congo DongFang Mining, einem der größten Kupfer-Kobalt-Bergbauunternehmen in der DRK. Die enge Einbindung chinesischer Unternehmen in die Kobaltlieferkette hat sich in den letzten Jahren beschleunigt und die Dominanz des Landes in der Batteriebranche gefestigt. Obwohl es für die Demokratische Republik Kongo von Vorteil wäre, Kobalt selbst zu kommerzieller Qualität zu veredeln und einen größeren Teil der Wertschöpfungskette unter ihre Kontrolle zu bringen, erklärte ein hoher Beamter von Gécamines: »Im Kongo haben wir nicht genügend Stromkapazitäten, um Kobalt zu veredeln.«

Vollständig raffiniertes Kobalt wird mit anderen Metallen kombiniert, um Kathoden herzustellen – den positiv geladenen Teil einer Batterie. Die weltweit größten Hersteller von Lithium-Ionen-Batterien sind CATL und BYD in China, LG Energy Solution, Samsung SDI und SK Innovation in Südkorea sowie Panasonic in Japan. Im Jahr 2021 produzierten diese sechs Unternehmen 86 Prozent der weltweit hergestellten Lithium-Ionen-Akkus, wobei allein auf CATL ein Drittel entfiel.[6] Der Großteil des Kobalts in diesen Batterien stammt aus dem Kongo.

KOBALT UND DER KUPFERGÜRTEL

Während eines Großteils der Menschheitsgeschichte war Kobalt kaum mehr als eine Farbe. Bereits im Perserreich und in der Ming-Dynastie wurde Kobalt zur Herstellung von blauen Pigmenten in der Kunst und in Töpferwaren verwendet. In der Neuzeit hat das Element eine Reihe industrieller Funktionen erlangt. Kobalt wird bei der Herstellung von Superlegierungen für Turbinen und Düsentriebwerke, als Katalysator für sauberere Kraftstoffe, in Karbiden für Schneidwerkzeuge, in Materialien für die Zahn- und Knochenchirurgie, in der Chemotherapie und in Kathoden für wiederaufladbare Batterien verwendet. Aufgrund seiner vielfältigen Einsatzmöglichkeiten hat die Europäische Union Kobalt als eines von 20 »kritischen« Metallen und Mineralien eingestuft, und die Vereinigten Staaten haben Kobalt zu einem »strategischen Mineral« erklärt. Initiativen zur Sicherung einer zuverlässigen Versorgung mit veredeltem Kobalt, die das derzeitige Monopol Chinas umgehen, sind für die USA und die EU von großer geopolitischer Bedeutung.

Durch einen geografischen Zufall verfügt der zentralafrikanische Kupfergürtel mit schätzungsweise 3,5 Millionen Tonnen über etwa die Hälfte der weltweiten Kobaltvorkommen.[7] Aber auch wenn der geografische Zufall für die enormen Kobaltreserven im Kupfergürtel verantwortlich sein mag, wäre der handwerkliche Bergbau in der Demokratischen Republik Kongo nicht in einer solch schwierigen Lage, wenn nicht ein großer Teil der Vorkommen so flach läge, dass sie praktisch mit der Schaufel zu erreichen sind. Dem zentralafrikanischen Geologieexperten Murray Hitzman zufolge sind die Kupfer-Kobalt-Vorkommen im Kupfergürtel deshalb so oberflächennah, weil sie ausschließlich in »sedimentgebundenen, schichtförmigen Lagerstätten« liegen.

Dies bedeutet, dass die kobalthaltigen Erze in getrennten Schichten von Sedimentgestein vorkommen, das ursprünglich im Wasser abgelagert wurde. Solche Lagerstätten sind die einzigen, die durch tektonische Aktivitäten an die Oberfläche gedrückt werden können, was sie für den handwerklichen Bergbau zugänglich macht. Der zentralafrikanische Kupfergürtel liegt zufällig auf der westlichen Schulter eines der spektakulärsten Beispiele dieser tektonischen Aktivität – auf dem Ostafrikanischen Graben.

Der Ostafrikanische Graben ist ein 6500 Kilometer langer Riss in der Erdoberfläche, der sich von Jordanien bis Mosambik erstreckt und durch das Auseinanderdriften dreier Erdplatten – der Nubischen Platte, der Somalischen Platte und der Arabischen Platte – verursacht wird. Die tektonische Aktivität im Graben führte vor etwa 800 Millionen Jahren dazu, dass Meerwasser in ein geschlossenes Becken in der Kupfergürtelregion eindrang. Der größte Teil des Meerwassers verdampfte, doch ein Teil der salzhaltigen Flüssigkeiten zirkulierte in den Sedimenten innerhalb des Beckens und löste Metalle aus ihnen, darunter Kupfer und Kobalt. Irgendwann vor 650 bis 500 Millionen Jahren begannen sich die Salzschichten aufgrund tektonischer Aktivitäten nach oben zu schieben und bildeten Salzdiapire oder Salzstöcke – kuppelförmige Gesteinsformationen, in denen sich ein Gesteinskern mehrere Kilometer nach oben bewegt und die Erdoberfläche durchstößt. Ein ähnlicher Prozess fand an der Golfküste der Vereinigten Staaten statt, wodurch zahlreiche Öl- und Gasfelder für Bohrungen zugänglich wurden.

Infolge der Ablagerungen im Meerwasser und der anschließenden tektonischen Aktivitäten finden sich Kupfer-Kobalt-Erze im gesamten Kupfergürtel sowohl in großer Tiefe als auch nahe an der Oberfläche. Tief unter dem schwankenden Grundwasserspiegel verbinden sich Kupfer und Kobalt mit Schwefel zu dem Mineral Carrollit, das die Hauptquelle des im Kongo industriell abgebauten Kobalts darstellt. Näher an der Oberfläche bildet sich aus der Verbindung von Wasser und Schwefel Schwefelsäure, wodurch die Erze »rosten«. Durch diese Verwitterung wird ein Sulfid in ein Oxid umgewandelt. Oxidiertes Kobalt bildet Kobalthydroxid in dem Mineral Heterogenit. Hitzman zufolge »sind die Kobalthydroxid-Erzkörper in Katanga einzigartig. Sie bilden Blöcke, die über mehrere Dutzend Meter bis zu mehreren Kilometern lang sein können und wie Rosinen in einem Kuchen schwimmen.« Kleinschürfer graben bis zu 60 Meter tiefe Stollen, um diese »Rosinen« aus Heterogenit zu bergen. Eines der größten bekannten Kobaltvorkommen liegt unter dem Stadtteil Kasulo in Kolwezi, ein labyrinthartiges Stollensystem, das weltweit seinesgleichen sucht.

DIE DUNKLE SEITE DER REVOLUTION DURCH DIE ELEKTROMOBILITÄT

Dass Kobalt in der Demokratischen Republik Kongo in großen, oberflächennahen und qualitativ hochwertigen Mengen vorkommt, beleuchtet die Angebotsseite der Gleichung, die in den Bergbauprovinzen des Landes zum Tragen kommt. Die Nachfrageseite wird durch die Tatsache bestimmt, dass Kobalt heute in fast allen Lithium-Ionen-Akkus der Welt Verwendung findet. Die Entwicklung der Lithium-Ionen-Batterien begann in den 1970er-Jahren durch die Firma Exxon, als man infolge des OPEC-Ölembargos begann, alternative Energiequellen zu erforschen. Sony produzierte Anfang der 1990er-Jahre die ersten Lithium-Ionen-Batterien im kommerziellen Maßstab, die zu dieser Zeit vor allem in der Unterhaltungselektronik eingesetzt wurden. Seinen ersten Nachfrageschub erlebte der Markt für Lithium-Ionen-Batterien mit der Smartphone- und Tablet-Revolution. Apple stellte 2007 das iPhone vor, und Android-Smartphones zogen 2008 nach. Seitdem wurden Milliarden von Smartphones verkauft, und jedes von ihnen benötigt ein paar Gramm veredeltes Kobalt in seinen Batterien. Eine ähnliche Entwicklung fand auf dem Tablet-Markt statt. Apple führte 2010 das iPad in den Handel ein, kurz darauf folgte Samsungs Galaxy Tab. Seitdem wurden Milliarden von Tablets abgesetzt, in deren Batterien jeweils bis zu 30 Gramm Kobalt enthalten sind. Nimmt man Laptops, E-Scooter, E-Bikes und wiederaufladbare Geräte der Unterhaltungselektronik hinzu, summiert sich der Kobaltbedarf all dieser Geräte – ohne die mit vier oder mehr Reifen – auf mehrere Zehntausend Tonnen pro Jahr.

Auf dem Markt für Elektrofahrzeuge ist die Nachfrage nach Kobalt indessen regelrecht explodiert. Das erste wiederaufladbare Elektrofahrzeug wurde in den 1880er-Jahren erfunden, aber erst Anfang 1900 wurden Elektrofahrzeuge in größeren Stückzahlen hergestellt. Um 1910 wurden rund 30 Prozent der Fahrzeuge in den Vereinigten Staaten von Elektromotoren angetrieben. Hätte sich dieser Trend fortgesetzt, würden wir heute alle auf einem saubereren, kühleren Planeten leben. Stattdessen beherrschten die Verbrennungsmotoren das nächste Jahrhundert der Automobilindustrie. Als Gründe für die Umstellung auf benzinbetriebene Fahrzeuge werden verschiedene Entwicklungen angeführt. Zum einen stellte die US-Regierung mit dem Federal Aid Road Act von 1916 enorme Mittel zum Ausbau der Straßeninfrastruktur bereit. Für Fahrten quer durch das Land waren größere Reichweiten erforderlich, als sie mit der damaligen Technologie der Elektrofahrzeuge erreicht werden konnten. Außerdem machte die Entdeckung großer Ölvorkommen in Texas, Kalifornien und Oklahoma den Betrieb von Autos mit Verbrennungsmotoren wesentlich billiger.

Elektrofahrzeuge fristeten ein Nischendasein, bis die Förderung erneuerbarer Energiequellen ab 2010 zu ihrer Renaissance führte. Diese Entwicklung beschleunigte sich nach dem Pariser Abkommen von 2015, in dem sich 195 Nationen auf das gemeinsame Ziel einigten, den Anstieg der globalen Durchschnittstemperaturen auf weniger als zwei Grad Celsius gegenüber dem vorindustriellen Niveau zu begrenzen. Um dieses Ziel zu erreichen, müssen die CO_2-Emissionen bis 2040 um mindestens 40 Prozent unter das Niveau von 2015 gesenkt werden. Da ungefähr ein Viertel der Kohlendioxidemissionen durch Fahrzeuge mit Verbrennungsmotoren verursacht wird, ist der Ausbau des batteriebetriebenen Verkehrs die einzige Lösung.

Im Jahr 2010 waren weltweit erst 17 000 Elektrofahrzeuge auf den Straßen unterwegs. 2021 hat sich diese Zahl bereits auf 16 Millionen erhöht. Um die Ziele des Pariser Abkommens zu erreichen, müssten bis 2030 insgesamt mindestens 100 Millionen Elektrofahrzeuge im Einsatz sein. Im Jahr 2017 wurde die noch ehrgeizigere EV30@30-Kampagne ins Leben gerufen, deren Ziel es ist, den Marktanteil von Elektrofahrzeugen bis 2030 auf 30 Prozent zu steigern. Dies würde einen weltweiten Bestand von 230 Millionen Elektrofahrzeugen erfordern, was einer Vervierzehnfachung gegenüber den Zahlen von 2021 entspräche.[8] Der Absatz von Elektrofahrzeugen könnte sogar noch weiter steigen, nachdem sich 24 Länder auf dem Klimagipfel COP26 verpflichtet haben, den Verkauf benzinbetriebener Fahrzeuge bis 2040 vollständig einzustellen. Dafür werden Millionen Tonnen Kobalt benötigt, und Hunderttausende kongolesische Frauen, Männer und Kinder werden in gefährlichen Gruben und Stollen arbeiten müssen, um die Nachfrage zu decken.

WARUM BRAUCHEN LITHIUM-IONEN-BATTERIEN KOBALT?

Um eine Masseneinführung von Elektrofahrzeugen in dem prognostizierten Umfang zu erreichen, müssen die Batterien für Elektrofahrzeuge billiger werden und eine größere Reichweite zwischen den Aufladevorgängen ermöglichen. Die Preise für Lithium-Ionen-Batterien sind stetig gesunken, weil die Hersteller von Elektrofahrzeugen versuchen, Kostengleichheit mit Verbrennerfahrzeugen zu erreichen. Gemessen am Preis pro Kilowattstunde sind die Produktionskosten für Lithium-Ionen-Batteriepacks um 89 Prozent von 1200 Dollar/kWh im Jahr 2010 auf 132 Dollar/kWh im Jahr 2021 gesunken. Man geht davon aus, dass die Produktionskosten bis 2024 die wichtige Marke von 100 Dollar/kWh erreichen werden, womit Elektroautos die Kostenparität mit herkömmlichen Autos erreichen würden.[9] Ebenso wichtig wie die Kosten ist die Reichweite, die ein Auto zwischen zwei Ladevorgängen zurücklegen kann. Um die Reichweite zu erhöhen, benötigen die Batterien eine höhere Energiedichte, und nur Lithium-Ionen-Batterien mit Kobaltkathoden sind derzeit in der Lage, eine maximale Energiedichte bei gleichbleibender thermischer Stabilität zu liefern. Um zu verstehen, warum das so ist, ist ein kurzer Überblick über die Funktionsweise von Batterien erforderlich.

Batterien sind tragbare elektrische Energiequellen, die ein chemisches Ungleichgewicht zwischen einer Kathode (positive Elektrode) und einer Anode (negative Elektrode) ausgleichen. Die Kathode und die Anode sind durch eine chemische Barriere, den Elektrolyten, voneinander getrennt. Wenn Kathode und Anode an ein Gerät angeschlossen werden, entsteht ein Stromkreis, der zu einer chemischen Reaktion führt, bei der an der Anode positive Ionen und negative Elektronen entstehen. An der Kathode findet eine entgegengesetzte Reaktion statt. Da die Natur immer ein Gleichgewicht anstrebt, wandern die positiven Ionen und negativen Elektronen von der Anode zur Kathode, aber sie nehmen unterschiedliche Wege, um ihr Ziel zu erreichen. Die Ionen fließen direkt durch den Elektrolyten zur Kathode, während die Elektronen durch den äußeren Stromkreis zur Kathode strömen. Die Elektronen können den Elektrolyten nicht durchqueren, weil dessen chemische Beschaffenheit wie eine Barriere wirkt und sie zwingt, den äußeren Kreislauf zu passieren. Dieser Elektronenfluss erzeugt die Energie, die das Gerät antreibt. Während eine Batterie elektrischen Strom erzeugt, werden die Chemikalien in ihrem Inneren allmählich »verbraucht«. Bei einer wiederaufladbaren Batterie hingegen kann die Richtung des Elektronen- und des Ionenflusses mithilfe einer anderen Energiequelle geändert werden, die alles wieder zum Ausgangspunkt zurückführt. Verschiedene Materialien haben unterschiedliche Fähigkeiten, Elektronen und Ionen freizusetzen, anzuziehen und zu speichern, und an dieser Stelle kommen Lithium und Kobalt ins Spiel.

Die Lithiumbatterie wurde zur vorherrschenden Form wiederaufladbarer Batterien, weil Lithium das leichteste Metall der Welt ist, was offensichtliche Vorteile für Verbrauchertechnologien und Anwendungen in Elektrofahrzeugen bietet. Kobalt wird in den Kathoden von Lithium-Ionen-Batterien verwendet, weil es eine einzigartige Elektronenkonfiguration besitzt, die es der Batterie ermöglicht, bei höheren Energiedichten über wiederholte Lade- und Entladezyklen hinweg stabil zu bleiben. Eine höhere Energiedichte bedeutet, dass die Batterie mehr Ladung speichern kann, das wiederum ist zur Maximierung der Reichweite eines Elektrofahrzeugs zwischen den Ladevorgängen entscheidend.

Die drei wichtigsten Arten von Lithium-Ionen-Akkus, die heute verwendet werden, sind Lithium-Kobaltoxid (LCO), Lithium-Nickel-Mangan-Kobaltoxid (L-NMC) und Lithium-Nickel-Kobalt-Aluminiumoxid (L-NCA). Lithium macht nur sieben Prozent der verwendeten Materialien in jeder Batterie aus, während der Kobaltanteil bis zu 60 Prozent betragen kann.[10] Jede Batteriechemie hat ihre Stärken und Schwächen.

LCO-Batterien besitzen eine hohe Energiedichte, wodurch sie mehr Energie pro Gewicht der jeweiligen Batterie speichern können. Diese Eigenschaft ist eine ideale Voraussetzung für den Einsatz in elektronischen Geräten wie Mobiltelefonen, Tablets und Laptops. Der Nachteil ist, dass LCO-Batterien eine kürzere

Lebensdauer und eine geringere Leistung haben, was sie für den Einsatz in Elektrofahrzeugen ungeeignet macht.

L-NMC-Batterien werden in den meisten Elektrofahrzeugen verwendet, mit Ausnahme von Tesla, das L-NCA-Batterien einsetzt. Seit 2015 geht der Trend bei diesen Batterien dahin, die Abhängigkeit von Kobalt zu verringern, indem man zu höheren Nickelanteilen übergeht.[11] Nickel ist thermisch weniger stabil als Kobalt, sodass die Stabilität und Sicherheit der Batterie mit steigendem Nickelanteil abnimmt.

Die begrenzte Verfügbarkeit und die hohen Kosten von Kobalt sind den Herstellern von Elektrofahrzeugen nicht verborgen geblieben. Batterieentwickler arbeiten an alternativen Konstruktionen, die die Abhängigkeit von Kobalt vermindern oder ganz aufheben können. Gegenwärtig jedoch weisen die meisten kobaltfreien Alternativen erhebliche Nachteile in Bezug auf Energiedichte, thermische Stabilität, Herstellungskosten und Langlebigkeit auf. Viele von ihnen sind außerdem noch ein Jahrzehnt oder mehr von der kommerziellen Produktion entfernt.

Auf absehbare Zeit wird man auf Kobalt aus dem Kongo nicht verzichten können, was bedeutet, dass sich die verheerenden Folgen des Kobaltabbaus für die Menschen und die Umwelt in den Bergbauprovinzen der Demokratischen Republik Kongo nicht vermeiden lassen werden. Selbst wenn die Batterieentwickler eines Tages einen Weg finden, wiederaufladbare Batterien ohne Kobalt zu bauen, und die Leistung oder die Sicherheit dadurch unbeeinträchtigt bliebe, wird das Elend der kongolesischen Bevölkerung nicht enden. Sicherlich schlummert noch ein weiterer Rohstoff im Boden, der durch die Weltwirtschaft wertvoll wird. Das ist seit Generationen der Fluch des Kongo. Sein unbeschreiblicher Reichtum hat dem kongolesischen Volk nichts als unsägliches Leid gebracht.

Vor mehr als einem Jahrhundert beschrieb E. D. Morel den Kongo-Freistaat als »eine riesige Sklavenplantage, auf der es nach Grausamkeit stinkt«.[12] Der Kobaltabbau ist die perfektionierte Sklavenplantage – die Arbeitskosten wurden aufgehoben, indem man die Afrikaner ans untere Ende einer Wirtschaftskette drängte, die darauf abzielt, alle Beteiligten durch ein ausgeklügeltes System der Verschleierung, verziert mit heuchlerischen Erklärungen über die Achtung der Menschenrechte, aus der Verantwortung zu entlassen. Es ist ein System der absoluten Ausbeutung für absoluten Profit. Der Kobaltabbau ist die jüngste in einer langen Geschichte von »ungeheuerlichen und grausamen« Lügen, die die Menschen im Kongo peinigen.

Wie immer wartet die Wahrheit nur darauf, enthüllt zu werden.

2

»HIER SOLLTE MAN BESSER NICHT GEBOREN SEIN«

LUBUMBASHI UND KIPUSHI

> Zu all den schändlichen und niederträchtigen Mitteln, mit denen der Mensch den Menschen ausgebeutet hat, gehört diese Abscheulichkeit, die sich Handel zu nennen wagt.
>
> *Roger Casement, Brief an das Außenministerium, 6. September 1903*

Dass man in Lubumbashi ist, merkt man sofort, wenn man dort ankommt. In der Nähe des Flughafens liegt ein riesiger Kupfer-Kobalt-Tagebau namens Ruashi.

»Sie werden direkt darüber fliegen, wenn Sie in Lubumbashi landen«, erklärte mir mein örtlicher Guide Philippe vor meiner ersten Reise.

Die Mine war nicht zu übersehen. Es handelte sich um eine gigantische Erdaushöhlung, die aus drei riesigen Gruben bestand, von denen jede einen Durchmesser von mehreren Hundert

Metern hatte. Schwere Bagger fuhren wie kleine gelbe Ameisen an den Rändern der Krater entlang. Neben den Gruben befand sich eine Aufbereitungsanlage mit zahlreichen chemischen Lagerbehältern und rechteckigen Wasserbecken. Giftige Abfälle aus der Aufbereitungsanlage wurden in einer großen quadratischen Deponie mit einer Fläche von etwa einem Quadratkilometer entsorgt. Der gesamte Komplex war mehr als zehn Quadratkilometer groß, wesentlich kleiner als einige der kolossalen industriellen Bergbaugebiete, die wir auf dem Weg nach Kolwezi sehen sollten, aber dennoch ein beeindruckender Anblick.

Wie ein kakifarbener Uluru, ein Inselberg, ragte die Erdwand der Ruashi-Mine aus dem Asphalt und beherrschte den Horizont. Unzählige Backsteinhütten in verschiedenen Rot- und Brauntönen reihten sich dicht an dicht neben der Anlage und erstreckten sich über viele Kilometer nach Westen. Die Belgier hatten hier 1910 eine Bergbaustadt namens Élisabethville gegründet, um ihre allererste Mine in Katanga, Étoile du Congo (»Stern des Kongo«), unmittelbar südlich von Ruashi zu betreiben. Der Bergbau in Ruashi begann im Jahr 1919. Die ursprüngliche Siedlung bestand aus Geschäften im Besitz von Weißen, umgeben von baumbestandenen Straßen, in denen die Europäer lebten. In der Nähe von Étoile und Ruashi wurden in einem Flickenteppich Minenarbeitersiedlungen für afrikanische Arbeitskräfte errichtet. Beide Minen sind heute noch in Betrieb, aber für viele Menschen in den umliegenden Gemeinden haben sich die Arbeits- und Lebensbedingungen seit der Ankunft der Belgier kaum verändert. Die Zeit vergeht langsam im Kongo, dennoch ändern sich die Namen mit jedem neuen Regime. Als der Freistaat Kongo von König Leopold II. an den belgischen Staat überging, wurde die Kolonie in Belgisch-Kongo umbenannt. Mit der Unabhängigkeit im Jahr 1960 erhielt das Land den Namen Republik Kongo. Anfang der 1970er-Jahre begann Joseph Mobutu eine »Afrikanisierungskampagne«, bei der alle kolonialen Namen durch afrikanische ersetzt wurden: Élisabethville wurde zu Lubumbashi, Léopoldville zu Kinshasa, Katanga zu Shaba und die Republik Kongo zu Zaire. Im Jahr 1997 stürzte Laurent Kabila nach einem bewaffneten Aufstand Mobutu und benannte das Land um in Demokratische Republik Kongo. Als gebürtiger Katanganer gab er Shaba wieder den alten Namen Katanga zurück. Nach der Ermordung von Laurent Kabila im Jahr 2001 übernahm sein Sohn Joseph die Macht und teilte später die bestehenden elf Provinzen des Landes in 26 auf. Katanga wurde in vier Provinzen gegliedert. Die beiden Provinzen in der südlichen Hälfte – Haut-Katanga und Lualaba – beherbergen sämtliche Kupfer- und Kobaltminen des Landes.

Der Name *Katanga* leitet sich ursprünglich von einem Dorf ab, das nicht weit von der ersten belgischen Siedlung Élisabethville entfernt lag. Die Ureinwohner Katangas bauten schon lange vor der Ankunft der Europäer Kupfer aus den reichhaltigen Vorkommen der Region ab. Das Kupfer aus Katanga gelangte bereits im 16. Jahrhundert über portugiesische Sklavenhändler nach Europa. Im Jahr 1859 kam der schottische Entdecker David Livingstone auf einem Treck von Südafrika nach Katanga und entdeckte dort große Kupferstücke »in Form eines Andreaskreuzes«, die in der Region als Zahlungsmittel verwendet wurden.[1] Auf derselben Reise begegnete Livingstone als erster Europäer einem Warlord namens Mwenda Msiri Ngelengwa Shitambi. Msiri tauschte mit den Europäern Kupfer gegen Feuerwaffen und baute eine beeindruckende Streitmacht auf. Er galt als gewalttätig und war berüchtigt für seine Sammlung weiß glänzender menschlicher Schädel, die der Figur Kurtz in *Herz der Finsternis* als Inspiration für seine Schädelsammlung gedient haben könnte.

Im Sommer 1867 kehrte Livingstone auf der Suche nach der Quelle des Nils nach Katanga zurück. Er berichtete von Eingeborenen, die Malachit (Kupferspat) einschmolzen, um große Kupferbarren in Form eines *I* herzustellen, von denen einige mehr als

50 Kilogramm wogen. Verney Lovett Cameron war der nächste Europäer, der Katanga erwähnte, als er 1874 zu seiner transkontinentalen Reise durch Afrika aufbrach. Auch er berichtete von großen Kupferbarren und vom Sklavenhandel, für den Msiri Katanga-Kupfer einsetzte. Im Jahr 1886 tauchte der schottische Missionar Frederick Stanley Arnot im Land auf, der den Eingeborenen von Katanga das Christentum nahebringen wollte. Arnot beschrieb die einheimische Methode des Kupferabbaus, die der Technik, mit der die Bergleute heute Kobalt schürfen, verblüffend ähnlich ist:

> Der Malachit, aus dem das Kupfer gewonnen wird, findet sich in großen Mengen auf den Gipfeln einiger kahler, zerklüfteter Hügel. Auf der Suche danach graben die Einheimischen kleine runde Schächte, die selten tiefer als 15 oder 20 Fuß sind. Sie haben keine Seitenschächte, aber wenn ein Schacht zu tief für sie wird, verlassen sie ihn und eröffnen einen anderen.[2]

Arnots Beschreibungen erregten 1886 die Aufmerksamkeit des britischen Imperialisten Cecil Rhodes, Begründer des angesehenen Rhodes-Stipendiums. Rhodes reiste von Rhodesien (Sambia), das ihm seinen Namen verdankte, nach Katanga, wo er hoffte, mit Msiri einen Vertrag unterzeichnen zu können, durch den Katanga unter britische Herrschaft gestellt werden sollte. Doch Msiri lehnte das Ansinnen ab. Als König Leopold, der 1885 seinen Freistaat Kongo gegründet hatte, von Rhodes' Bemühungen in Katanga erfuhr, entsandte er umgehend drei Trupps, um selbst einen Vertrag mit Msiri abzuschließen. Eine vom belgischen Entdecker Alexandre Delcommune geleitete Gruppe traf am 6. Oktober 1891 als erste ein. Doch wie Rhodes wurde auch Delcommune abgewiesen. Ein zweiter Feldzug sansibarischer Söldner unter der Führung des britischen Überläufers William Grant Stairs erreichte Katanga am 20. Dezember 1891. Es kam zu einem kurzen Treffen zwischen Stairs mit Msiri, doch schon am nächsten Tag zog Msiri weiter in ein Nachbardorf. Stairs schickte seine beiden vertrauenswürdigsten Männer, um mit Msiri zu verhandeln, doch als die Verhandlungen nach drei Tagen erfolglos abgebrochen wurden, erschossen die Europäer Msiri, enthaupteten ihn und steckten seinen Kopf auf einen Pfahl, damit alle Welt sehen konnte, was es bedeutete, sich gegen Leopold und seinen Kongo-Freistaat zu stellen.[3] Um die Reichtümer Katangas unter Kontrolle zu bekommen, war Blut vergossen worden. Nun gab es kein Zurück mehr.

Der dritte von Leopold entsandte Trupp traf am 30. Januar 1892 in Katanga ein, als die Flagge des Freistaats Kongo bereits in der Stadt wehte. Zu dieser Gruppe gehörte auch der belgische Geologe Jules Cornet. Cornet untersuchte das Gebiet vom 8. August bis zum 12. September 1892 eingehend und katalogisierte die Mineralvorkommen der Region, die er als eine »wahre geologische Schatzkammer« bezeichnete. Cornet war der erste Europäer, der die umfangreichen Kupfervorkommen in dem Gebiet dokumentierte, das später als Zentralafrikanischer Kupfergürtel bezeichnet werden sollte. Sogar ein in der Region vorkommendes Gestein wurde nach ihm benannt: das Cornetit. Weitere Schürfungen im Auftrag der Belgier im Jahr 1902 unter der Leitung des amerikanischen Bergbauexperten John R. Farrell führten zu einer genaueren Bewertung der Kupfervorkommen. In seinem Bericht an König Leopold erklärte Farrell:

> Es wird völlig unmöglich sein, Ihre Vorkommen an oxidierten Erzen in diesem Jahrhundert vollständig abzubauen. Die Menge des Kupfers, die Sie fördern können, ist daher ausschließlich eine Frage der Nachfrage – die Minen können jede Menge liefern. Sie können mehr Kupfer fördern und es dadurch wesentlich billiger machen als alle Minen, die gegenwärtig in Betrieb sind. Ich glaube, dass Ihre Minen die Quelle für die zukünftige Versorgung der Welt mit Kupfer sein werden.[4]

Fast das gesamte hier vorkommende Kupfer war mit Kobalt verbunden, wenngleich es noch 110 Jahre dauern sollte, bis die Revolution der wiederaufladbaren Batterien das Kobalt zehnmal wertvoller machen würde als das Kupfer.

Mit der Einnahme Katangas ist Leopold im wahrsten Sinne auf eine Goldgrube gestoßen, und die Belgier begannen rasch mit der Ausbeutung der Bodenschätze. Am 18. Oktober 1906 gründeten sie die Union Minière du Haut-Katanga (UMHK) zum Abbau der Kupfervorkommen in der Region Katanga. Der belgische Staat stattete die UMHK mit weitreichenden halbstaatlichen Befugnissen aus; sie erhielt außerdem die Erlaubnis, städtische Siedlungen mit afrikanischen Arbeitskräften zu errichten und zu verwalten, die im Bergbau eingesetzt werden sollten. Die Siedlung Élisabethville um Étoile und Ruashi wuchs schnell und verfügte bald über Hotels, ein britisches Konsulat, Sportklubs, Kneipen und einen Golfplatz am Kipoposee, der heute noch existiert. Die einheimische Bevölkerung Katangas konnte den Bedarf an Arbeitskräften für die rasch wachsenden Bergbauaktivitäten von UMHK nicht decken, sodass das Unternehmen Tausende von Arbeitern rekrutierte und Sklaven für die Arbeit in den Minen kaufte. Die afrikanischen Arbeiter wurden in behelfsmäßige Baracken gepfercht und in einem Zwangsarbeitsregime ausgebeutet, das für uns heute als eines der härtesten Systeme afrikanischer Sklaverei gilt. Die Gewinne des Unternehmens schnellten vor allem nach Beginn des Ersten Weltkriegs in die Höhe, weil Millionen von Kugeln, die britische und amerikanische Streitkräfte abfeuerten, aus Kupfer aus Katanga hergestellt wurden.[5]

Als die UMHK ihre Bergbauaktivitäten auf den gesamten Kupfergürtel ausdehnte, strömten zahlreiche Europäer nach Élisabethville. Einige verdingten sich bei der UMHK, andere gründeten Unternehmen, und wieder andere kamen, um europäische Kinder in den neu gegründeten Schulen zu unterrichten. Der Sohn eines dieser Lehrer, David Franco, ein heute in Los Angeles lebender

Hollywood-Musikkomponist, verbrachte die ersten 20 Jahre seines Lebens in Élisabethville, von 1940 bis 1960:

> Alle Aspekte unseres Lebens in Élisabethville drehten sich um die UMHK. Trotz der großen Entfernung zum Mutterland sorgte Belgien in seiner Kolonie für ein reges kulturelles Leben mit Kunst und Musik, indem es große Talente aus dem eigenen Land und aus ganz Europa in die Kolonie holte. Ein Beispiel dafür, das ich nie vergessen werde, ist ein Konzert des weltberühmten Geigers Yehudi Menuhin, das ich als Neunjähriger zusammen mit meinen Eltern besuchte. Damals war Menuhin der größte Name in der klassischen Musik. Können Sie sich das vorstellen? Ich war fasziniert von seinem Auftritt. An diesem Tag beschloss ich, Musiker zu werden.

Auch im Zweiten Weltkrieg erwies sich Katanga als unentbehrlich für die Kriegsanstrengungen der Alliierten und lieferte Gold, Zinn, Wolfram, Kobalt und mehr als 800 000 Tonnen Kupfer für die Herstellung von Munition. Der Generalgouverneur von Belgisch-Kongo, Pierre Ryckmans, erklärte im Juni 1940: »Belgisch-Kongo ist im gegenwärtigen Krieg das wichtigste Gut Belgiens. Es steht ganz im Dienst der Alliierten und damit auch des Mutterlandes. Wenn es Männer braucht, wird der Kongo sie geben; wenn es Arbeit braucht, wird der Kongo für sie arbeiten.«[6] Zehntausende Kongolesen wurden in den Kupferminen bis auf die Knochen geschunden und in den Krieg geschickt, um für Belgien und seine europäischen Verbündeten zu sterben.

Als der Kongo am 30. Juni 1960 seine Unabhängigkeit erlangte, beruhte die kongolesische Wirtschaft fast ausschließlich auf dem Abbau von Mineralien in der Provinz Katanga. Die Kupferförderung wurde weitgehend von der UMHK kontrolliert, die kein Interesse daran hatte, sich von ihren hochprofitablen Bergbauaktivitäten zu trennen. Die UMHK und das belgische Militär unterstützten einen katangischen Politiker, Moïse Tshombé, der elf Tage nach der Unabhängigkeit des Landes die Abspaltung Katangas von der Republik Kongo erklärte.

»Ich weiß noch, wie ich mitten in der Nacht aufwachte, weil Metall auf dem Beton der Straße klirrte«, erinnert sich Franco. »Ich lugte durch die Vorhänge und sah, wie Panzer durch die Straßen fuhren … Ich weckte meine Eltern und sagte ihnen: ›Wir müssen hier weg!‹ Wir gingen zu einem der Gymnasien, wo bereits viele Menschen Zuflucht suchten. Ein paar Tage später fuhren wir nach Süden zur Grenze zu Rhodesien. Wir haben alles zurückgelassen.«

Es war ein weiterer Staatsstreich, der darauf zielte, die Kontrolle über die Bodenschätze Katangas zu erlangen. Doch es würde noch mehr Blut vergossen werden, bis hin zum Generalsekretär der Vereinten Nationen.

Wer auf dem Flughafen von Lubumbashi ankommt, merkt sofort, dass man nicht nur in einem Bergbaugebiet, sondern auch in einem Polizeistaat gelandet ist. Grimmig dreinblickende Soldaten mit Kalaschnikows kontrollieren die Passagiere auf dem Rollfeld, und auch in der kleinen Ankunftshalle warten Soldaten, um ausgewählte Passagiere in einen zweiten Kontrollraum hinter einer verschlossenen Tür zu führen. Bei der zweiten Kontrolle, zu der ich fast immer ausgewählt wurde, musste ich mehrere Fragen über den Zweck meiner Reise und meinen Aufenthaltsort beantworten und verschiedene Formulare ausfüllen. Erst nach Abschluss der zweiten Kontrolle durfte ich die Halle durchqueren, um mein Gepäck zu holen.

Der Gepäckausgaberaum des Flughafens von Lubumbashi ist ungefähr so groß wie ein Klassenzimmer. Das Gepäck kommt in Metallkisten an, die von einem Traktor gezogen werden. Ein einziger Gepäckabfertiger lädt die Koffer einzeln auf das einzige Gepäckband. Eine dritte Gruppe von Soldaten durchsucht die

Koffer ausländischer Passagiere nach Gegenständen, die darauf hindeuten könnten, dass die betreffende Person ein Interesse daran hat, in Bereiche vorzudringen, die sie nicht betreten sollte, wie zum Beispiel die Bergbauanlagen. Eine vierte Gruppe von Soldaten patrouilliert am Ausgang des Terminals, wo sich eine Handvoll Taxifahrer aufhält, die neben ihren rostigen Limousinen und einer Werbetafel mit der Aufschrift WILLKOMMEN IN LUBUMBASHI stehen. An den Kontrollpunkten an der Ausfahrt des Flughafengeländes und in ganz Lubumbashi sind Soldaten postiert, die ausländische Besucher stichprobenartig durchsuchen und ihre Reisepapiere überprüfen. Diese Prozedur wiederholt sich an jedem der fünf *Péage*-Kontrollpunkte (Mautstellen) auf der Straße von Lubumbashi nach Kolwezi. Selbst mit einwandfreien Papieren sind Schikanen durch Soldaten an den Kontrollstellen an der Tagesordnung.

Die meisten meiner Reisen in die Demokratische Republik Kongo fanden während der Trockenzeit statt, um überschwemmte Straßen und Erdrutsche zu vermeiden, die den Zugang in viele der Minengebiete unmöglich machen. Der Nachteil von Reisen in der Trockenzeit besteht darin, dass die Bergbauprovinzen in eine dichte Staub- und Flugsandwolke gehüllt sind. Gebäude, Straßen, Menschen und Tiere sind mit Schmutz bedeckt. Erde und Himmel verschmelzen zu einer undeutlichen kupferfarbenen Palette. Bäume schrumpfen zu brüchigem Geäst. Kleine Seen und Nebenflüsse verwandeln sich in Rostfelder. Auch die Hitze ist in der Trockenzeit intensiver, wenngleich es sich um eine trockene Hitze handelt, weil der Kupfergürtel auf einer Höhe von 1500 bis 2000 Metern liegt. Nur eine meiner Reisen in den Kongo fiel in die Regenzeit. Als die Stürme schließlich kamen, brachen sie mit biblischem Zorn los, und das ausgedörrte Land verwandelte sich über Nacht. Das Grün explodierte auf den kargen Hügeln, die Bäume zeigten stolz ihr neues Blätterkleid, die Luft war frisch und kühl, und der weite blaue Himmel kehrte aus dem Exil zurück.

Niemand weiß, wie viele Menschen in Lubumbashi leben – oder in einer der anderen kongolesischen Städte, denn die letzte von der Regierung durchgeführte Volkszählung fand im Jahr 1984 statt. Lokale Schätzungen gehen davon aus, dass Lubumbashi mehr als zwei Millionen Einwohner hat und damit nach Kinshasa die zweitgrößte Stadt des Landes ist. Die Hauptverkehrsader von Lubumbashi heißt Straße des 30. Juni 1960, nach dem Tag der kongolesischen Unabhängigkeit. Motorräder und im Allgemeinen gut gepflegte Fahrzeuge rasen die Straße entlang. Gelbe Minibusse, überfüllt mit Fahrgästen, von denen einige auf der hinteren Stoßstange stehen, halten alle 50 Meter, um Leute ein- und aussteigen zu lassen. Reklametafeln werben für Bank- und Mobiltelefondienste. Uniformierte Kinder laufen auf dem Nachhauseweg von der Schule an Lautsprecherboxen vorbei, die vor den örtlichen Märkten die neuesten Rap- oder Dance-Songs dröhnen. Die meisten Erwachsenen kleiden sich in einem bunten, lebendigen Stil, der als *liputa* bekannt ist und eine Explosion von satten Farben und gewagten Motiven darstellt. Bei formelleren Anlässen tragen Frauen die prächtige *pagne,* ein dreiteiliges Kostüm aus Rock, Bluse und Kopftuch in leuchtenden Farben und auffälligen Mustern. In der Straße des 30. Juni 1960 gibt es zahlreiche Gotteshäuser, darunter eine Synagoge, eine Moschee und mehrere Kirchen. Die Hälfte der kongolesischen Bevölkerung ist katholisch, etwa ein Viertel ist protestantisch.

An den Hauptstraßen von Lubumbashi reihen sich kleine Geschäfte aneinander, Friseursalons, Autowerkstätten, Kioske, Bäckereien, Restaurants, Cafés und Lebensmittelläden. Die meisten Geschäfte sind niedrige einräumige Betonbauten mit handgemalten Namen an den Wänden, die sich entweder auf Gott beziehen wie »Alimentation Don de Dieu« oder auf den Namen des Inhabers wie »Julia Shopping« oder »Beatrice Boucherie«. Das beste Geschäft, um sich mit Vorräten zu versorgen, bevor man in die ländlichen Gebiete aufbricht, war für mich der Jambo Mart. Dort gab es immer eine breite Palette von Waren, die zum größten Teil aus Südafrika, China und Indien importiert wurden.

Im Kongo gibt es eine große indische Bevölkerungsgruppe, was mir sehr geholfen hat, mich in den Bergbauprovinzen zu bewegen, ohne zu viel Aufmerksamkeit zu erregen. Viele der Hotels in Städten wie Lubumbashi und Kolwezi gehören Indern oder werden von Indern geführt, und viele Inder sind in den Kongo eingewandert, um sich als Arbeiter und Händler zu verdingen. Da ich auch Inder bin, konnte ich mich auf meinen Reisen in den Kupfergürtel mit verschiedenen Geschichten tarnen. Manchmal war ich ein Geschäftsmann, der Waren importieren oder in ein Hotel investieren möchte, ein anderes Mal war ich ein Mineralienhändler, der den Kobalthandel kennenlernen wollte. Bei Regierungsvertretern war ich immer ich selbst – ein Wissenschaftler aus Amerika, der mehr über die Bedingungen im Kobaltbergbau erfahren wollte. Mein erstes Treffen mit einem Regierungsbeamten im Kongo fand am Tag nach meiner Ankunft statt.

Ich traf mich mit Mpanga Wa Lukalaba, dem Kabinettsdirektor des Gouverneurs der Provinz Haut-Katanga, am Sitz der Provinzregierung in Lubumbashi, um seine Unterstützung für meine Reisen in die Bergbaugebiete zu gewinnen. Man hatte mir gesagt, dass ich ohne seine Zustimmung in den Minen der Provinz Haut-Katanga nicht weit kommen würde. Das Treffen mit Direktor Lukalaba hatte für mich zwei Ziele: keine Alarmglocken auszulösen, die mich daran hindern könnten, in die Bergbaugebiete zu reisen, und seinen persönlichen Stempel und seine Unterschrift auf meinem *Engagement de prise en charge* (»Verpflichtungserklärung«) zu erhalten, die meinem Visum beigefügt war. Sollte die Minenpolizei oder ein Milizkommando versuchen, mich festzunehmen, konnte ich ihnen Direktor Lukalabas Stempel zeigen, um zu beweisen, dass ich die Genehmigung des Gouverneurs besaß, mich in den Bergbaugebieten zu bewegen.

Ich war auf ein langwieriges Verhör über meine Absichten vorbereitet, aber Direktor Lukalaba begrüßte mich herzlich und stellte nur eine Frage: Warum wolle ich meine Zeit in den unangenehmen Bergbaugebieten verbringen und nicht in den schöneren Teilen der Provinz? Ich erklärte, dass meines Erachtens ein zu geringer Teil des Wertes der kongolesischen Mineralien bei den handwerklichen Bergleuten verbleiben würde, und ich hoffte, dass, wenn mehr Menschen die Bedingungen, unter denen sie arbeiten, verstehen würden, dies zu Bemühungen führen könnte, diese Ungleichheit zu beseitigen. Ich hütete mich, über Themen wie Kinderarbeit zu sprechen oder mit dem Finger auf die kongolesische Regierung zu zeigen, die ihren Teil der Verantwortung dafür trägt, dass der Bevölkerung ihr gerechter Anteil an den Bodenschätzen des Landes vorenthalten wird. Nach einem angenehmen Gespräch über sein Studium in den Vereinigten Staaten holte Direktor Lukalaba seinen persönlichen Stempel aus einer Schublade seines Schreibtisches, drückte ihn auf den unteren Teil meines *prise en charge*-Dokuments und unterschrieb mit seinem Namen. Damals ahnte ich noch nicht, dass dieser Stempel und diese Unterschrift mir wahrscheinlich das Leben retten würden.

Obgleich Lubumbashi die administrative Hauptstadt des Bergbausektors der Demokratischen Republik Kongo ist, wird im Umland der Stadt selbst nur sehr wenig Bergbau betrieben, abgesehen von Ruashi und Étoile, die im Jahr 2021 zusammen etwa 8500 Tonnen Kobalt förderten.[7] Beide Minen gingen am ersten Tag des Jahres 1967 von der UMHK an Gécamines über, nachdem Mobutu den Bergbausektor des Landes verstaatlicht hatte. Die Produktion unter Gécamines war stark schwankend und wurde schließlich nach dem finanziellen Zusammenbruch des Unternehmens in den frühen 1990er-Jahren eingestellt. Die Rechte an Ruashi wurden 2012 von dem staatlichen chinesischen Bergbaugiganten Jinchuan Group erworben. Die Rechte an Étoile gingen 2003 an Chemicals of Africa (CHEMAF) über, ein Kupfer-Kobalt-Bergbauunternehmen im Besitz der in Dubai ansässigen Firma Shalina Resources. CHEMAF ist auch einer der Hauptakteure im handwerklichen Bergbausektor im Kongo. Das Unternehmen betreibt in Kolwezi in Zusammenarbeit mit der US-amerikanischen Nichtregierungsorganisation Pact eine »Modellmine« für Kleinschürfer. Zumindest tat es das, bis klar wurde, dass nicht alles so war, wie es schien.

Étoile ist nicht nur deshalb bemerkenswert, weil es die erste Mine war, die die Belgier 1911 im Kongo in Betrieb nahmen, sondern auch weil es die erste industrielle Mine im Kongo war, in der Kleinschürfer ab Ende der 1990er-Jahre offiziell zur Arbeit zugelassen wurden. Kurz nach seiner Machtübernahme im Jahr 1997 begann Laurent Kabila den Kleinbergbau in Étoile zu fördern, um die dringend benötigten Einnahmen für seine junge Regierung zu erzielen. Obwohl den Dorfbewohnern bessere Einkommen und Lebensbedingungen versprochen worden waren, erhielten sie bei der Wiederaufnahme der Produktion in Étoile nur Hungerlöhne. Handwerkliche Bergleute arbeiten bis heute in Étoile und verdienen noch immer nicht mehr.

»Sie zahlen uns so wenig«, erklärte Makaza, ein Mann aus dem nahe gelegenen Dorf Mukwemba. »Sie nehmen alle unsere Mineralien, aber sie unterstützen die Gemeinschaften nicht, die hier leben.«

Auf einem Plastikstuhl neben seiner strohgedeckten Hütte im Schatten eines hohen Avocadobaums sitzend, erzählte Makaza, dass er und seine Söhne wie viele der männlichen Dorfbewohner in Étoile als Minenarbeiter tätig seien. Makaza berichtete, dass er in der Regel zwischen 40 und 50 Kilogramm Heterogenit pro Tag produziere, indem er in den großen Gruben oder entlang der Grubenwände grabe, wofür er 2000 bis 2500 kongolesische Francs (CF) (etwa 1,10 bis 1,40 Dollar) erhalte. Auf meine Frage, wer genau ihn bezahle, antwortete Makaza: »Die Leute von

CHEMAF.« Makaza klagte, dass das geringe Einkommen nicht ausreiche, um die Bedürfnisse seiner Familie zu decken. Er äußerte auch seinen Unmut darüber, dass CHEMAF wenig zur Unterstützung der umliegenden Dörfer beitrage. Er nahm mich mit auf einen Rundgang durch sein Dorf. Die Verhältnisse waren trostlos. Es gab weder Elektrizität noch sanitäre Anlagen. Das Wasser kam aus schmalen Brunnen, die am oberen Rand von alten Jeep-Reifen eingefasst waren. Die Dorfbewohner ernährten sich von Gemüse, das auf einigen wenigen Salzwiesen angebaut wurde. Die nächstgelegene Klinik war fünf Kilometer entfernt, die nächste Schule sieben Kilometer.

Makazas Familie hatte früher in einem schöneren Dorf gelebt, in dem die grundlegenden Bedürfnisse viel besser abgedeckt gewesen waren, aber dieses Dorf wurde im Zuge der Expansion von Étoile abgerissen. Wie die meisten industriellen Minen im Kongo hat sich auch das Abbaugebiet von Étoile im Laufe der Jahre ausgedehnt und Tausende von Einwohnern vertrieben. Die Vertreibung der lokalen Bevölkerung durch die Erweiterung von Minen ist eines der größten Probleme in den Bergbauprovinzen. Je schlechter die Lebensbedingungen der Vertriebenen werden, desto größer wird ihre Verzweiflung, und genau diese Verzweiflung treibt unzählige Einheimische dazu, auf dem Land, das sie einst bewohnten, unter gefährlichen Bedingungen nach Kobalt zu schürfen. Makaza erklärte, er lebe in ständiger Angst, bei der nächsten Minenerweiterung oder dem Bau einer neuen Mine vertrieben zu werden.

»Irgendwann wird es im Kongo keinen Platz mehr für Kongolesen geben«, sagte er.

Ich erkundete einige Dörfer in der Nähe von Étoile, die ganz ähnlich aussahen wie Mukwemba. Es zeigte sich, dass eine beträchtliche Anzahl von Männern und Jungen, die vielleicht in die Tausende ging, hier in der Mine für einen Lohn von einem oder zwei Dollar am Tag nach Kobalt schürften. Ich versuchte Étoile näher zu erkunden, musste meinen ersten Versuch aber abbrechen, weil die Milizengewalt in der Gegend wieder aufflammte. Die Miliz, die sich Mai-Mai Bakata Katanga nennt, ist eine besonders gewalttätige Gruppe, die immer wieder Dörfer und Bodenschätze unter ihre Kontrolle bringt, um angeblich die Abspaltung der Provinz Katanga vom Gesamtstaat zu erreichen. Es war nicht das einzige Mal, dass meine Erkundungen in den Bergbaugebieten von örtlichen Milizen behindert wurden. Bei meinem zweiten Versuch, Étoile zu besichtigen, verweigerte mir der CHEMAF-Sicherheitsdienst am Haupteingang des Bergwerks den Zutritt. Auch das blieb nicht das einzige Mal, dass dies geschah.

Obwohl es mir nicht möglich war, das Innere der Mine von Étoile in Augenschein zu nehmen, schien klar zu sein, dass die Bewohner der Dörfer im Umkreis der Mine unter ähnlichen Bedingungen lebten wie die afrikanischen Arbeiter, welche die UMHK in den frühen 1900er-Jahren nach Élisabethville gebracht hatte, um in Étoile zu arbeiten.

Die meisten der großen handwerklichen Minen im Kongo liegen weit entfernt im Westen von Lubumbashi zwischen den Städten Likasi und Kolwezi. Bevor ich in diese Bergbaugebiete aufbrach, traf ich mich mit einer Gruppe von drei aufgeweckten Studenten der Universität Lubumbashi, die sich für die Kleinbergbaugemeinden einsetzen. Gloria, Joseph und Reine luden mich zu einem Mittagessen ein, bei dem Ugali aufgetischt wurde, ein traditionelles kongolesisches Gericht, das aus einem Eintopf und gekochten Maismehlbällchen besteht. Es ähnelte einem meiner südindischen Lieblingsgerichte, Idli und Sambar, nur wird Idli mit Reis zubereitet. Die Studenten stammten aus Lubumbashi und hatten vor, sich für Graduiertenprogramme in Europa und Kanada zu bewerben. Sie waren sich bewusst, wie viel Glück sie im Vergleich zu den meisten Menschen in ihrem Land hatten, insbesondere zu jenen in den Bergbaugemeinden. Aus ihrer Sicht beginnen die Probleme ganz oben.

»Die Regierung im Kongo ist schwach. Unsere staatlichen Institutionen sind unfähig. Das ist auch so gewünscht, damit sie vom Präsidenten für seine Ziele manipuliert werden können«, erklärte Reine.

»Der Kongo ist praktisch nur ein Bankkonto für den Präsidenten«, fügte Gloria hinzu.

Als ich die jungen Leute nach ihrer Einschätzung des Kleinbergbaus fragte, nahmen sie kein Blatt vor den Mund.

»Kabila lässt zu, dass die Ausländer die Ressourcen des Landes plündern und die Bergleute darunter leiden. Er lässt sich bestechen und verschließt die Augen, während die *creuseurs* wie Tiere gehalten werden«, erklärte Joseph.

»Kabila hat die Minen an die Chinesen verkauft«, fügte Reine hinzu. »Alles, was sie interessiert, ist Kobalt, Kobalt, Kobalt … Sie behandeln die Kongolesen wie Sklaven.«

»Es sind nicht nur die Chinesen. Alle Minenkonzerne behandeln das kongolesische Volk wie Sklaven«, sagte Gloria. »Sie denken, weil unsere Leute arm sind, könne man sie demütigen.«

»In ihren Augen sind alle Afrikaner arm. Sie stehlen unsere Rohstoffe, um uns arm zu halten!«, rief Joseph.

»Wenn ihr euch anschaut, was die Bergbaukonzerne mit unseren Wäldern und Flüssen angestellt haben, wird es euch das Herz brechen«, fügte Reine hinzu.

Gloria bekräftigte Reines Besorgnis über die von den Bergbauunternehmen verursachten Umweltschäden. Dann brachte sie eine noch größere Sorge zur Sprache:

> »Lassen Sie mich Ihnen das Wichtigste sagen, worüber niemand spricht. Die Mineralvorkommen im Kongo reichen noch 40, vielleicht 50 Jahre. In dieser Zeit wird sich die Bevölkerung des Kongo verdoppeln. Wenn unsere Rohstoffe zum Nutzen der politischen Elite an Ausländer verkauft werden, anstatt sie in die Bildung und die Entwicklung unseres Volkes

zu investieren, werden wir in zwei Generationen 200 Millionen Menschen haben, die arm und ungebildet sind und nichts mehr haben, das einen gewissen Wert besitzt. Das wird geschehen, und wenn wir dieser Entwicklung nicht Einhalt gebieten, wird es zu einer Katastrophe kommen.«

Glorias Prognose war düster. Mir drängte sich die Frage auf, ob sich die Führung des Landes der langfristigen Folgen bewusst ist, wenn sie zulässt, dass die Demokratische Republik Kongo von ausländischen Interessengruppen ausgebeutet wird, ohne dass auch die Bevölkerung davon profitiert. Mein Treffen mit den drei Studenten fand im August 2018 statt, als Joseph Kabila noch an der Macht war. Die Wahlen waren für den 30. Dezember 2018 angesetzt, nachdem sie bereits um mehr als zwei Jahre verschoben worden waren. Kabila durfte nicht mehr kandidieren, was bedeutete, dass es zum ersten Mal seit 22 Jahren ein Staatsoberhaupt geben würde, das nicht Kabila hieß. Ich fragte die Studenten, ob sie glaubten, dass sich die Situation nach den Wahlen verbessern würde.

»Kabila hat dafür gesorgt, dass [Félix] Tshisekedi gewinnt«, antwortete Joseph. »Er wird Kabilas Marionette sein. Jeder weiß das.«

Tshisekedi gewann die Wahlen tatsächlich, aber in den ersten Monaten seiner Amtszeit geschah etwas Unerwartetes: Er startete eine Antikorruptionskampagne, bei der auch einige von Kabilas Geschäften im Bergbausektor unter die Lupe genommen wurden. Einige Monate nach den Wahlen sprach ich mit Mike Hammer, dem unerschrockenen US-Botschafter in der DRK.

»Als ich zum ersten Mal in den Kongo kam und Kabila noch an der Macht war, konnte ich nicht über Korruption sprechen, weil ich sonst Gefahr lief, wegen ›Einmischung in die inneren Angelegenheiten‹ ausgewiesen zu werden«, erklärte er. »Unter Präsident Tshisekedi hat sich die Mentalität in Bezug auf Korruption geändert. Wir können jetzt darüber reden. Sie wird als ernstes Problem anerkannt, dem Priorität zukommt.«

Seither ist ein Machtkampf zwischen Tshisekedi und Kabila entbrannt. Man geht davon aus, dass Tshisekedi das Land näher an die USA heranzuführen versucht, während Kabila darum kämpft, die guten Beziehungen zu China aufrechtzuerhalten.

»Tshisekedis Vision für das Land steht im Widerspruch zu Kabilas Vision«, so Hammer. »Tshisekedi ist an amerikanischen Investitionen interessiert, weil sie bessere Arbeitsplätze bringen, den lokalen Gemeinschaften zugutekommen und die Umwelt respektieren.«

Tshisekedi verstärkte seine Bemühungen, die chinesische Hegemonie über den Bergbausektor des Landes einzudämmen, indem er im Mai 2021 ankündigte, die unter Joseph Kabila unterzeichneten Verträge mit chinesischen Bergbauunternehmen neu zu verhandeln. Ein hochrangiges Mitglied der Regierung von Präsident Tshisekedi, Sylvestre, erläuterte im August 2021 die Überlegungen der Regierung, nachdem ich ihm Anonymität zugesichert hatte:

> »Sagen wir, bei 85 Prozent der großen Bergbauverträge steht ein chinesisches Unternehmen hinter dem Geschäft. Bei den meisten dieser Geschäfte mangelte es an Transparenz. Ihr Modus Operandi bestand darin sicherzustellen, dass nichts über diese Verträge an die Öffentlichkeit dringt. Unter dem früheren Regime flossen üppige Bestechungsgelder, um dies zu erreichen. Wir wollen die Einzelheiten dieser Verträge veröffentlichen, damit wir die chinesischen Unternehmen zur Rechenschaft ziehen können.«

Im Machtkampf zwischen Tshisekedi und Kabila wird eine schicksalhafte Entscheidung mit beträchtlichen geopolitischen und wirtschaftlichen Auswirkungen getroffen werden, nämlich ob sich das Land mehr an China oder an den USA orientieren wird. Es bleibt abzuwarten, ob diese Entscheidung auch zu einer Verbesserung der Lebensbedingungen der Kleinschürfer des Landes führen wird.

Bevor ich Lubumbashi verließ, um in die Bergbaugebiete zu fahren, besuchte ich eine verlassene Gécamines-Mine am Stadtrand, die Gécamines Sud heißt. Die Mine war einst der Stolz von Lubumbashi und ein Symbol für die wirtschaftliche Stärke der Stadt. In ihrer Blütezeit beschäftigte Gécamines Sud Tausende von Einwohnern und produzierte jährlich mehrere Zehntausend Tonnen Kupfer. Der Betrieb der Mine wurde Anfang der 1990er-Jahre eingestellt, und seither liegt das Gelände brach. Im Inneren des verfallenen Bergwerks türmte sich ein 100 Meter hoher Berg aus Schlacke und Schutt neben dem hoch aufragenden Schornstein der Mineralverarbeitungsanlage. Auf ausgedehnten Feldern rostete das Metall. Alles war aschfahl und blass unter dem dunstigen Glanz der Sonne.

Gécamines Sud war ein Abbild dessen, was der Bergbau dem Kongo angetan hat – einem einstmals großen Land, das in den Ruin getrieben wurde. Aus den Ruinen wurde eine neue Art des Bergbaus geboren, die gewalttätiger und gefräßiger ist als je zuvor. Wie wir mit jedem Kilometer auf der Straße nach Kolwezi feststellen sollten, hat die Akku-Revolution eine bösartige Kraft im Kongo entfesselt, die auf der gnadenlosen Jagd nach Kobalt alles in den Boden stampft, was sich ihr in den Weg stellt.

KIPUSHI

Wir werden auf der Straße von Lubumbashi nach Kolwezi in Richtung Nordwesten reisen, um die wahren Umstände des Kobaltabbaus in der Demokratischen Republik Kongo aufzudecken. Doch zunächst machen wir einen kurzen Abstecher in eine Stadt namens Kipushi. Kipushi liegt etwa 40 Kilometer südwestlich von Lubumbashi direkt an der sambischen Grenze. Wie die meisten Städte im Kupfergürtel wurde auch Kipushi als Bergbaustadt gegründet. Hier befindet sich die riesige Kipushi-Mine, die ursprünglich Prinz-Leopold-Mine hieß, als sie 1924 von den Belgiern gegründet wurde. Zu dieser Zeit verfügte die Mine über die größten bekannten Kupfer- und Zinkvorkommen der Welt. UMHK bewirtschaftete die Mine, bis sie von Mobutu unter Gécamines verstaatlicht wurde. Gécamines führte die Mine fast drei Jahrzehnte lang weiter, bis der Betrieb etwa zur selben Zeit wie bei Gécamines Sud eingestellt wurde. Das kanadische Unternehmen Ivanhoe Mines übernahm die Mine 2011 über ein 68/32-Joint-Venture mit Gécamines namens Kipushi Corporation (KICO). Ivanhoe teilt sich zudem mit dem chinesischen Unternehmen Zijin Mining die Rechte an einer zweiten Konzession am anderen Ende des Kupfergürtels, der riesigen Kupfermine Kamoa-Kakula westlich von Kolwezi. Dort befindet sich das größte bislang unausgeschöpfte und wertigste Kupfervorkommen der Welt.

Die Straße von Lubumbashi nach Kipushi ist die wichtigste Exportroute für Kobalt und andere Mineralien aus der Demokratischen Republik Kongo. Bis 1997 war die Straße in gutem Zustand, als Laurent Kabila und seine von Ruanda und Uganda unterstützte Armee, die AFDL, in das Land einmarschierten. Die AFDL zerstörte die Straße, um Verstärkungen aus dem mit Joseph Mobutu verbündeten Sambia den Weg abzuschneiden. Im Jahr 2010 erneuerte ein chinesisches Konsortium namens SICOMINES die Straße im Rahmen eines von Joseph Kabila vermittelten Abkommens, durch das es China gelang, den größten Teil des weltweiten Kobaltmarktes unter seine Kontrolle zu bringen, bevor irgendjemand mitbekam, was passiert war. Dabei handelte es sich um eines jener zahlreichen von China auf dem afrikanischen Kontinent ausgehandelten Abkommen, die den Aufbau von Infrastruktur gegen Rohstoffe beinhalten.

Der Grundstein für Chinas Dominanz in Afrika wurde im Jahr 2000 gelegt, als Präsident Jiang Zemin die Gründung des Forums für chinesisch-afrikanische Zusammenarbeit vorschlug, um chinesische Investitionen in afrikanischen Ländern zu erleichtern. Die Beziehung wurde als Win-win-Situation angepriesen: Die Chinesen würden dringend benötigte Straßen, Dämme, Flughäfen, Brücken, Mobilfunknetze und Kraftwerke in Afrika bauen, und im Gegenzug würde sich China den Zugang zu lebenswichtigen Rohstoffen zur Unterstützung seiner wachsenden Wirtschaft sichern. Im Jahr 2006 vertiefte Präsident Hu Jintao die wirtschaftlichen Beziehungen mit einem chinesisch-afrikanischen Gipfel in Peking, an dem 48 afrikanische Staatschefs teilnahmen. Zwischen SICOMINES und Joseph Kabila wurde ein Abkommen geschlossen, in dem sich SICOMINES bereit erklärte, sechs Milliarden Dollar für den Bau von Straßen und drei Milliarden Dollar für die Verbesserung der Bergbauinfrastruktur in Katanga bereitzustellen. Das Geld sollte durch den Wert der von SICOMINES abgebauten Kupfer-Kobalt-Vorkommen zurückgezahlt werden. Für den Fall, dass sich die Vorkommen als unzureichend erweisen sollten, erklärte sich die Demokratische Republik Kongo bereit, die Darlehen durch »andere Mittel« zurückzuführen.

Die SICOMINES-Vereinbarung war schon stark umstritten, bevor die Tinte überhaupt getrocknet war. Der Internationale Währungsfonds (IWF) und die Weltbank, beides wichtige Gläubiger der Demokratischen Republik Kongo, waren nicht erfreut über die neue Schuldenlast des Kongo und die Klausel über »andere Mittel«, vor allem wenn diese zum Verlust besicherter Bergbauwerte für ihre Kredite führte. Der IWF und die Weltbank setzten Kabila unter Druck, die Bedingungen neu zu verhandeln. Im Dezember 2009 wurde die Klausel über »andere Mittel« aus der Vereinbarung gestrichen und der Gesamtkreditbetrag von neun Milliarden auf sechs Milliarden US-Dollar reduziert. Unter den neuen Bedingungen erklärte sich SICOMINES bereit,

6600 Kilometer Straße zu asphaltieren sowie zwei Krankenhäuser und zwei Universitäten in Katanga zu bauen, im Gegenzug erhielten sie Schürfrechte in zwei Abbaugebieten bei Kolwezi, nämlich Dikuluwe und Mashamba West.

Präsident Kabila bezeichnete die SICOMINES-Vereinbarung als das »Geschäft des Jahrhunderts« und machte sich die Vorteile rasch zunutze. Er gründete ein privates Unternehmen namens Strategic Projects and Investments (SPI), das Geld aus einer Reihe chinesischer Projekte erhielt, darunter auch die Mautgebühren der Lastwagen, die nach dem Bau der neuen Straße die Grenze bei Kipushi überquerten. Eine Untersuchung von Bloomberg ergab, dass SPI zwischen 2010 und 2020 Mautgebühren in Höhe von 302 Millionen Dollar kassierte und dass dies nur eines der vielen chinesischen Geschäfte war, von denen Kabila und seine Familie profitierten.[8] Das Land selbst hat durch das SICOMINES-Abkommen jedoch kaum etwas gewonnen. Die Infrastrukturprojekte verzögerten sich, die Qualität der Straßen blieb schlecht, und die ökologischen und sozialen Auswirkungen der Bauarbeiten und Fördertätigkeit von SICOMINES wurden kaum berücksichtigt. Entscheidend ist, dass das SICOMINES-Geschäft bis zur vollständigen Rückzahlung der Infrastruktur- und Bergbaudarlehen von Steuern befreit ist, was bedeutet, dass die Demokratische Republik Kongo noch viele Jahre lang keine nennenswerten Einnahmen aus dem Geschäft erzielen wird.

Ich fuhr mit meinem vertrauten Führer Philippe von Lubumbashi nach Kipushi. Wegen seines umfassenden Wissens über den Kleinbergbau war er ein idealer Begleiter bei meinen ersten Erkundungen im Bergbausektor des Kongo. Die Fahrt führte uns durch mehrere Dörfer, die sich entlang der Hauptverkehrsstraße erstrecken. Die Hütten dieser Dörfer waren die einzigen, die ich in den Bergbauprovinzen gesehen habe, die nicht rostfarben, sondern hellbraun oder kakifarben waren. In der südöstlichen Ecke des Kupfergürtels ist der Boden weniger stark mit Kupfer- und Eisenoxiden durchsetzt, sodass die Lehmziegelhütten eher wie normaler Lehm aussehen. Viele der Hütten wurden auf Plattformen errichtet, die zum Schutz vor Überschwemmungen während der Regenzeit mit zerhäckselten Ästen erhöht worden waren. Die meisten Hütten hatten entweder Stroh- oder Blechdächer. Letztere waren mit schweren Steinen befestigt. In der Ferne waren Dutzende von großen Erdhügeln und -türmen über die Landschaft verstreut, von denen einige mehr als fünf Meter hoch aufragten und mit Bäumen bewachsen waren.

»Das sind Termitenhügel«, erklärte Philippe. »Die Termiten werden vom Kupfer in der Erde angezogen. Sie bauen die Hügel an dieser Stelle. *Creuseurs* graben manchmal unter ihnen, weil sie wissen, dass es dort Kupfer und Kobalt gibt.«

Als wir uns der Grenze näherten, rumpelten mehrere mit Mineralien beladene Lastwagen die schmale Straße hinunter und wirbelten enorme Wolken aus Staub und Schotter hinter sich auf. Alle Hütten, Bäume und Dorfbewohner wurden von Sandwolken eingehüllt. Kurz nachdem wir einen verwitterten grün-weißen Bogen mit der Aufschrift BIENVENUE À LA CITÉ FRONTALIÈRE DE KIPUSHI (»Willkommen in der Grenzstadt Kipushi«) passiert hatten, war die Straße verstopft mit Sattelzügen, die im Leerlauf standen. Alle Laster waren voll beladen, ihre Fracht war mit dicken Seilen auf der Ladefläche festgeschnallt und teilweise mit blau-rosa Planen abgedeckt.

»Das nennen wir die Schwerlastgebührenstraße«, erklärte Philippe. »Jeder Lkw wird an der Grenze gewogen, und da die meisten von ihnen überladen sind, wird ihnen die Mehrladung in Rechnung gestellt.«

Weil die Straße so verstopft war, mussten wir mehrere Kilometer auf der falschen Straßenseite fahren, um den Stau zu umgehen. Immer wieder war es nötig, scharf auszuweichen, um nicht mit entgegenkommenden Fahrzeugen zusammenzustoßen. »Die

Lastwagen müssen oft drei oder vier Tage auf die Überquerung der Grenze warten«, erklärte Philippe. »Sie sind mit Erzen aus ganz Katanga beladen – Kupfer, Kobalt, Nickel und Zink aus Lualaba und Haut-Katanga, aber auch Gold, Coltan, Kassiterit und Wolframit aus Tanganjika.«

Die Provinz Tanganjika ist Teil der alten Region Katanga und liegt unmittelbar nördlich der Provinz Haut-Katanga. Es ist ein sehr gefährliches Gebiet, das von Kämpfern der Mai-Mai-Milizen beherrscht wird. Abgesehen von einigen wenigen Gruppen wie Mai-Mai Bakata Katanga sind die Mai-Mai-Milizen im Kupfergürtel von Katanga weniger aktiv, weil dieses Gebiet stärker von der Armee gesichert wird. Der Name Mai-Mai bedeutet »Wasser-Wasser« und beruht auf dem Glauben, über magische Kräfte zu verfügen, die feindliche Kugeln in Wasser verwandeln können. Die Milizen griffen ursprünglich zu den Waffen, um Joseph Mobutu gegen die Invasion von Laurent Kabila im Jahr 1997 zu unterstützen. Bald aber verkamen die Mai-Mai zu umherziehenden Banden, die ihr Territorium zu behaupten versuchten und sich über den Bergbau finanzierten. Die Provinz Tanganjika verfügt über beträchtliche Coltanvorkommen sowie über bedeutende Vorkommen von Zinn, Wolfram und Gold. Alle diese Metalle werden zur Herstellung von Mikroprozessoren benötigt. Die Mai-Mai saßen auf einer Schatztruhe, und seit der Jahrtausendwende zwingen sie die örtliche Bevölkerung mit Gewalt, diese Reichtümer für sie aus der Erde zu holen. Der Großteil der Mineralien wird über Ruanda und Uganda oder über den Grenzübergang Kipushi nach Sambia in die etablierten Lieferketten geschmuggelt.[9]

Kurz nachdem wir das Schild passiert hatten, das uns in der Grenzregion von Kipushi willkommen hieß, gelangten wir an eine Kreuzung und bogen von der »Schwerlastgebührenstraße« auf eine einspurige Straße namens Kipushi Road ab, die uns durch ein weitläufiges Gebiet mit dichter Bewaldung führte. Auf dieser Straße sah man keine anderen Fahrzeuge – es gab keine Lastwagen, kein Hupen, keine Geräusche, nur den heißen, trockenen Wind.

Philippe deutete aus dem Fenster. »In diesem Wald gibt es viel Kleinbergbau. Die Schürfer aus den Dörfern kommen morgens hierher, um zu graben.« Ich fragte, ob auch Kinder im Wald nach Erzen gruben. »Ja, natürlich«, antwortete Philippe. »Was sollen sie auch sonst tun? In den Dörfern gibt es keine Schulen. Jedes Familienmitglied muss etwas verdienen, damit die Gemeinschaft überleben kann.« Philippe und ich verbrachten anschließend einen Tag damit, diese Stätten zu erkunden. Es waren kleine Flecken aufgerissenen Geländes, die von ein paar Dutzend Kleinschürfer, darunter auch Kindern, umgegraben wurden. Gewissermaßen war das eine Miniversion dessen, was ich später in Kipushi zu sehen bekommen sollte.

Etwa zehn Minuten nachdem wir von der »Schwerlastgebührenstraße« abgebogen waren, kamen wir zu einem Sicherheitskontrollpunkt, der mit fünf FARDC-Soldaten besetzt war. Philippe schärfte mir ein, still zu sein und mein Mobiltelefon nicht zu zeigen. Die Soldaten prüften meine Dokumente, stellten eine Reihe von Fragen zu unseren Absichten und ließen uns schließlich passieren. Einige Minuten später befanden wir uns im Herzen von Kipushi, einer typischen Grenzstadt mit starker Militärpräsenz. Neben den üblichen Kirchen, Friseursalons, Kiosken und örtlichen Lebensmittelläden gab es zahlreiche Bars und Tanzklubs, die vermutlich auf das Militärpersonal ausgerichtet waren. Wir waren noch ein paar Hundert Meter von der KICO-Mine entfernt, als ich ein lautes Dröhnen hörte, das alle anderen Geräusche in der Umgebung übertönte.

»Das ist das Hauptlüftungsgebläse bei KICO, das Luft in den Hauptschacht bläst, damit die Arbeiter atmen können«, erklärte Philippe.

Ich fragte, wie tief der Schacht sei. »Mehr als 1000 Meter.«

Das KICO-Gelände war umzäunt und schwer bewacht. Wir parkten in einiger Entfernung vom Haupteingang und gingen am Rande der Anlage entlang. Im Westen befand sich ein riesiger stillgelegter Tagebau mit einem Durchmesser von mehreren Hundert Metern.

»Hier hat Gécamines die Mine ursprünglich ausgebeutet«, informierte mich Philippe. Beim Blick in die Grube konnte ich ein paar Dutzend Menschen ausmachen, die am Boden des Kraters in verschiedenen Gräben schürften. Philippe erklärte mir, dass Gécamines bereits vor Jahren den Großteil der Kupfer-, Kobalt- und Zinkvorkommen im Tagebau abschöpft hatte, aber die Bergleute immer noch nach Resten suchten – wie Vögel, die an den Knochen picken, wenn die Raubkatzen mit dem Fressen fertig sind. Jenseits der verlassenen Grube konnte ich eine riesige Kraterlandschaft erkennen, in der sich mehrere Tausend Personen bewegten.

»Das ist das Hauptgebiet des Kleinbergbaus«, erläuterte Philippe. »Es reicht bis nach Sambia.«

Ich wollte hinübergehen, um das Abbaugebiet näher zu besichtigen, aber Philippe erklärte mir, dass wir erst die Erlaubnis der Ivanhoe-Verwaltung einholen müssten. Obwohl die Kleinschürfer technisch gesehen außerhalb der KICO-Anlage gruben, versicherte mir Philippe, dass die KICO-Sicherheitsleute uns ohne Erlaubnis nicht in die Nähe des handwerklichen Abbaugebiets lassen würden.

»Sie wollen nicht, dass Journalisten Fotos machen und über die Bedingungen in der Nähe ihres Zulassungsgebiets schreiben«, erklärte Philippe.

Wir gingen zum Haupttor des KICO-Geländes, wo wir von bewaffneten Wachen empfangen wurden. Bevor wir das Gelände betreten durften, mussten wir eine Alkoholkontrolle absolvieren. Das Gelände beeindruckte durch seine Größe und seine Ausstattung. KICO hatte eine eigene Stromversorgung und verfügte über komfortable Wohneinrichtungen für Ivanhoe-Mitarbeiter aus dem Ausland sowie über ein Fitnessstudio und einen Erholungsbereich. Auf dem Gelände waren zahlreiche Lastwagen, Geländewagen, Gabelstapler und Bagger geparkt. Die kongolesischen Mitarbeiter trugen beigefarbene Uniformen mit neongelben Streifen um die Taille und an den Armen sowie gelbe Schutzhelme und Arbeitshandschuhe. Abgesehen von ein paar grünen Bäumen, die vor dem Hauptbürogebäude gepflanzt waren, bestand das gesamte Gelände aus Beton, Metall und Schotter.

Von den Wachen wurden wir in einen Konferenzraum mit einem großen quadratischen Tisch geführt. Die Wände des Raums waren mit detaillierten Plänen von Mineralvorkommen und Minenschächten bedeckt. Als die Mitarbeiter von KICO eintrafen, brachte ich meine Bitte vor, dass ich das Kleinbergbaugebiet besichtigen wolle. Nachdem ich einige Fragen nach den Gründen, der Dauer, dem Zweck und dergleichen beantwortet hatte, erhielten wir die Erlaubnis, das Kleinbergbaugebiet neben der KICO-Mine zu besuchen, allerdings nur in Begleitung eines KICO-Sicherheitsmitarbeiters. Ich hatte die Befürchtung, dass die Anwesenheit des Wachmanns uns daran hindern würde, Interviews zu führen und aufrichtige Antworten zu erhalten. Aber glücklicherweise begann er sich zu langweilen, nachdem er uns für kurze Zeit gefolgt war, und kehrte auf das Gelände zurück, sodass Philippe und ich ungehindert mit den Bergleuten sprechen konnten.

Das handwerkliche Abbaugebiet von Kipushi lag in einem offenen Abschnitt südlich der stillgelegten Gécamines-Grube. Es glich einer enormen Mondlandschaft, die sich über mehrere Quadratkilometer erstreckte – ein befremdlicher Gegensatz zu dem hochmodernen KICO-Abbaugebiet, das direkt daneben lag. KICO verfügte über Bergbaugeräte, Abbautechniken und Sicherheitsmaßnahmen aus der Ersten Welt. Die handwerkliche Stätte wirkte daneben wie aus der Zeit gefallen, bevölkert von Bauern, die mit behelfsmäßigen Werkzeugen auf die Erde einhackten. Mehr als 3000 Frauen, Kinder und Männer schaufelten, kratzten und scharrten in dem ihnen zugewiesenen Schürfgebiet unter der glühenden Sonne und unter einem Schleier aus Staub. Bei jedem Einhacken auf die Erde stieg eine kleine staubige Wolke wie ein Gespenst auf und drang in ihre Lungen.

Während wir am Rand des Geländes entlanggingen, streckte Philippe die Hand aus und reichte mir einen Stein, der etwa doppelt so groß war wie meine Faust. »Mbazi«, sagte er. Heterogenit. Ich betrachtete den Stein genau. Er hatte eine dichte, zerklüftete Textur und war verziert mit einer schönen Mischung aus Türkis und Azur, Silbereinsprengseln und orangefarbenen und roten Flecken – Kobalt, Nickel, Kupfer. Das war es. Das war das schlagende Herz der wiederaufladbaren Wirtschaft. Heterogenit kann in Form eines großen Steins vorkommen, wie jener, den mir Philippe reichte, oder in Form kleinerer Kieselsteine oder auch zu Sand verwittert. Kobalt ist giftig, wenn man es anfasst und einatmet, aber das ist nicht die größte Sorge der Kleinschürfer. Häufig enthält das Erz auch Spuren von radioaktivem Uran.

Ich ließ den Stein fallen und folgte Philippe tiefer in das Schürfgebiet. Viele Bergleute warfen mir misstrauische Blicke zu, als ich vorbeiging. Eine Mutter im Teenageralter hörte auf zu graben und stützte sich im trüben Tageslicht auf ihre Schaufel. Sie starrte mich an, als wäre ich ein Eindringling. Der Staub verschluckte den mageren Säugling, der auf ihrem Rücken festgeschnallt war und dessen Kopf in einem rechten Winkel zu seinem fragilen Körper stand. Philippe fragte, ob sie bereit sei, mit uns zu sprechen. »Und wer wird diesen Sack füllen, während ich mit euch rede?«, antwortete sie aufgebracht. Wir gingen weiter durch die Mine und trafen auf eine Gruppe von sechs Männern im Alter von acht bis 35 Jahren, die mit Schmutz und Schlamm überzogen waren.

»*Jambo*«, begrüßte Philippe die Gruppe, das Suaheli-Wort für »Hallo«.

»*Jambo*«, erwiderten sie.

Die Gruppe war in einer fünf Meter tiefen Grube zugange, die an der Oberfläche sechs oder sieben Meter und am Boden drei Meter breit war, ähnlich wie die Gruben, die Frederick Stanley Arnot 1886 beschrieben hatte. Die jüngeren Burschen arbeiteten mit kleinen Schaufeln näher an der Oberfläche, während die Männer tiefer in das lehmartige Sediment gruben. Der Boden der Grube war ungefähr 30 Zentimeter hoch mit kupferfarbenem Wasser bedeckt. Das älteste Mitglied der Gruppe hieß Faustin. Er war hager und wirkte abgehärtet. Sein Gesicht war verkniffen. Er trug Plastikschlappen, eine olivfarbene Hose, ein hellbraunes T-Shirt und eine Baseballkappe.

»Die meisten Leute, die hier graben, kommen aus Kipushi«, sagte Faustin. »Einige stammen auch aus Dörfern auf der sambischen Seite.«

Er deutete in die unbestimmte Ferne. In diesem Teil von Kipushi gab es keinen formellen Grenzübergang, nur eine unsichtbare Linie irgendwo jenseits des Kleinbergbaugebiets, die die örtliche Bevölkerung jeden Tag überquerte.

Faustin erklärte, dass er, sein Bruder, sein Schwager, seine Frau, sein Cousin und drei Kinder als Gruppe arbeiteten. »Wir arbeiten mit den Leuten, denen wir vertrauen«, erklärte er. Jeden Tag füllten sie große Bastsäcke mit Schlamm, Erde und Heterogenitsteinen, die sie aus der Grube holten. Größere Steine zerkleinerten sie mit einem Metallhammer auf Kieselsteingröße, damit mehr in jeden Sack passte. Wenn die Säcke voll waren, trugen sie diese zu nahe gelegenen Wasserbecken, um den Inhalt durch ein *kaningio* (Metallsieb) zu sieben. Die gesiebten Heterogenitsteine füllten sie dann zurück in die Säcke. Man bedurfte mehrerer solcher Zyklen pro Tag, um einen großen Bastsack mit genügend Heterogenitsteinen zu füllen.

»Am Ende eines Tages können wir drei Säcke Heterogenit gewinnen«, erklärte Faustin.

Ich fragte ihn, was sie mit den Säcken machten.

»Wir bringen sie hinüber zu KICO. Die Zwischenhändler kommen dorthin. Wir verkaufen das Kobalt an sie.«

»Und was machen die Zwischenhändler mit dem Heterogenit?«, wollte ich wissen.

»Sie transportieren die Säcke zu den Depots und verkaufen das Material an sie.«

»Warum bringt ihr das Kobalt nicht selbst zu den Depots?«

»Ich habe kein Motorrad. Manche Schürfer könnten den Transport zu den Kontoren selbst übernehmen, aber das ist ein Risiko. Wer Erze transportieren will, braucht im Kongo eine Genehmigung. Wenn die Polizei uns dabei erwischt, werden wir verhaftet«, erklärte Faustin.

Ich fragte, welche Art von Genehmigung dazu erforderlich sei. Faustin kannte die Einzelheiten nicht, er wusste nur, dass sie für die meisten Kleinschürfer zu teuer war. Philippe klärte mich über die Einzelheiten auf. »Es gibt drei verschiedene Genehmigungen zum Transport des Erzes. Der Preis hängt davon ab, wie viel Erz befördert wird und wie weit es transportiert wird. Zwischenhändler müssen etwa 80 oder 100 Dollar pro Jahr zahlen und dürfen eine Tonne Erz höchstens zehn Kilometer weit transportieren. Ein Depot muss viele Tonnen Erz transportieren, und die Entfernung darf bis zu 50 Kilometer betragen. Die Bergbaufirmen müssen Tausende von Tonnen befördern, und es können mehr als 300 Kilometer sein. Wenn sie also von Kolwezi nach Kipushi fahren, kann die Gebühr in diesem Fall Tausende von Dollar im Jahr ausmachen.«

Anscheinend sind die Gebühren für den Erztransport in erster Linie eine Geldeinnahmequelle der Regierung. Warum sonst sollte man von den Menschen verlangen, dass sie Gestein von einem Ort zum anderen fahren? Die Gebühren machten den meisten Bergleuten den direkten Zugang zu den Märkten außerdem unmöglich, weil sie den Betrag nicht bezahlen konnten. Vom Markt abgeschnitten, waren sie deshalb gezwungen, von den Négociants unterdurchschnittliche Preise für ihre harte Arbeit zu akzeptieren, was die Armut, die sie überhaupt in den Kleinbergbau getrieben hatte, noch verstärkte.

Ich fragte Faustin und die anderen Mitglieder seiner Gruppe nach ihrem Gesundheitszustand. Sie klagten über anhaltenden Husten und Kopfschmerzen. Außerdem litten sie unter kleineren Verletzungen wie Schnittwunden und Verstauchungen sowie unter Rücken- und Nackenschmerzen. Keiner von ihnen wollte jeden Tag zum Schürfen in das Bergbaugebiet kommen, aber sie hatten keine andere Wahl.

»Ich kann Ihnen nur sagen, dass es für die meisten Menschen, die hier leben, keine andere Arbeit gibt«, erklärte Faustin. »Aber jeder kann Kobalt schürfen und Geld verdienen.«

Ich rechnete nach, welche Einkünfte die Mitglieder von Faustins Gruppe erzielen konnten. Die acht Personen der Gruppe produzierten im Durchschnitt drei Säcke gewaschenes Heterogeniterz pro Tag, und jeder Sack wog durchschnittlich 40 Kilogramm. Die Händler, die zum Standort kamen, zahlten 5000 kongolesische Francs pro Sack, also etwa 2,80 Dollar. Das bedeutete ein Einkommen von etwa 1,05 Dollar pro Teammitglied und Tag. Die Kinder erhielten kein Geld, sondern arbeiteten einfach, um die Familie zu unterstützen. Das Heterogenit in Kipushi wies einen Kobaltgehalt von einem Prozent oder weniger auf, was wesentlich niedriger war als beim Heterogenit in der Nähe von Kolwezi, wo der Kobaltgehalt über zehn Prozent betragen konnte. Der niedrige Kobaltgehalt in Kipushi wirkte sich unmittelbar auf die mageren Einkünfte der in diesem Gebiet tätigen Bergleute aus.

Nachdem ich das Gespräch mit Faustins Gruppe beendet hatte, boten mir zwei der Jungen, André und Kisangi, acht und zehn Jahre alt, an, den Siebvorgang zu demonstrieren. Ich folgte ihnen aus der Grube, während sie einen mit Schutt und Steinen vollgestopften Sack aus Bast schleppten. Er wog wahrscheinlich mehr als sie selbst. Nach 30 Metern gelangten wir zu einem Reinigungsbecken, das von mehreren Gruppen Kleinschürfern genutzt wurde, um Steine aus der Erde zu sieben. Das Becken hatte einen Durchmesser von etwa sechs Metern und war einen halben Meter tief. An einem Ende befanden sich ein verrosteter Metalleimer und eine Schaufel, neben dem Eimer lag ein kupferfarbenes Metallsieb von ungefähr einem Meter mal einem Meter im Wasser. Die Wasserlache war ein fauliger blubbernder, kupferfarbener Sumpf. Jungen wie André und Kisangi, die Steine aussieben und waschen, werden *laveurs* genannt, und Frauen und Mädchen heißen *laveuses.*

Die Jungen kippten den Sack um und leerten den Inhalt von Hand auf einen großen Haufen neben dem Reinigungsbecken. André stieg mit nackten Beinen in das giftige Wasser und hob das Sieb an zwei Griffen an einem Ende auf. Das andere Ende des Siebes steckte er in die Erde am Rand des Beckens. Kisangi schaufelte den Inhalt des Sackes mit der kleinen Schippe auf das Sieb. Dann zog André das Sieb kräftig durch die Wasseroberfläche und trennte dabei Schmutz und Steine. Seine winzigen Schultern sahen aus, als würde er sich bei jedem Ruck das Gelenk auskugeln. Nach ein paar Minuten waren nur noch Kieselsteine im Sieb. André wirkte erschöpft und schaffte es kaum, das Sieb noch über Wasser zu halten, während Kisangi die Kieselsteine mit der Hand herausschaufelte und auf einen Haufen warf. Die Kinder wiederholten diesen mühsamen Vorgang noch zehn- oder fünfzehnmal, um alle Steine aus dem Sack zu holen, und sie mussten jeden Tag mehrere Säcke durchsieben. »Unsere Mutter und unsere Schwester heben die Steine auf und tun sie in diesen Eimer«, erklärte Kisangi. »Mit dem Eimer füllen sie dann einen weiteren Sack mit den Steinen.« Von der Grube über das Becken bis zum Steinsack – die Familie hatte die Arbeitsschritte unterteilt, die notwendig sind, um Kobalt aus dem Boden zu holen und für den Transport durch die Händler zu verpacken. Die Händler verkauften das Kobalt dann über unscheinbare Depots entlang der Schnellstraße und brachten es auf diese Weise in die formelle Lieferkette. So einfach war der Weg vom Waschen der Mineralien durch Kinder zur Batterie.

Philippe und ich verließen das Reinigungsbecken und gingen weiter hinein in das handwerkliche Schürfgebiet über hügelige Krater in wechselnden Brauntönen. Ein beklemmender Dunst hing in der Luft. Man sah keine Bäume und keine Vögel am Himmel. Die Erde war kahl, so weit das Auge reichte. Es schien, als hätte die Hälfte der Mädchen im Teenageralter Säuglinge auf den Rücken geschnallt. Jungen im Alter von sechs Jahren stellten sich breitbeinig hin und nahmen die ganze Kraft ihrer knochigen Arme zusammen, um mit rostigen Spaten auf die Erde einzuhacken. Andere Kinder wankten unter dem Gewicht der gefüllten Bastsäcke, die sie von den Gruben zu den Tümpeln schleppten. Ich sprach mit weiteren Familiengruppen, die alle auf ähnliche Weise arbeiteten wie Faustins Familie. Ich kam an weiteren fauligen Reinigungsbecken und an zahlreichen Gruben vorbei, in denen Männer und Jungen standen, die hackten und schaufelten. Ab und zu sah ich eine Gruppe erschöpfter Kinder, die in der prallen Nachmittagssonne auf dem Boden saßen und schmutziges Brot aßen.

Irgendwo in der Nähe der Grenze zu Sambia oder vielleicht auch auf der anderen Seite traf ich auf mehrere junge Frauen in Sarongs und T-Shirts, die in flachen Gruben standen, deren Boden etwa fünf Zentimeter hoch mit kupferfarbenem Wasser bedeckt war. Sie waren nicht miteinander verwandt, arbeiteten aber in einer Gruppe, um sich zu schützen. Sexuelle Übergriffe durch männliche Bergleute, Händler und Soldaten waren in den Bergbaugebieten an der Tagesordnung. Die Frauen erzählten, dass sie alle eine kannten, die in eine Grube gestoßen und angegriffen worden war, was wahrscheinlich die Ursache für zumindest einige der Babys war, die auf den Rücken der Teenager gebunden waren. Sexuelle Übergriffe waren in fast allen von mir besuchten handwerklichen Bergbaugebieten eine Plage. Die Frauen und Mädchen, die diesen Übergriffen ausgesetzt waren, bildeten das unsichtbare, von Gewalt gezeichnete Rückgrat der globalen Kobaltlieferkette. Niemand an der Spitze der Kette machte sich die Mühe, in Presseerklärungen eine Nulltoleranzpolitik gegenüber sexuellen Übergriffen auf die Frauen und Mädchen anzukündigen, die für ihr Kobalt schufteten. Eine junge Frau namens Priscille stand in einer der Gruben mit einer Plastikschüssel in der rechten Hand. Behände schöpfte sie mit der Schale Schmutz und Wasser und warf es auf ein Sieb einige Meter vor ihr. Ihre Bewegungen waren präzise und symmetrisch, als wäre sie eine nur für diesen Zweck konstruierte Maschine. Nachdem das Sieb mit grauem Schlamm und Sand gefüllt war, rüttelte Priscille das Sieb hin und her, bis nur noch Sand übrig blieb. Dieser Sand enthielt Spuren von Kobalt, die sie mit ihrer Plastikschüssel in einen rosafarbenen Bastbeutel schöpfte. Ich fragte Priscille, wie lange sie brauche, um einen Sack mit Sand zu füllen.

»Wenn ich zwölf Stunden lang sehr hart arbeite, kann ich jeden Tag einen Sack vollmachen«, antwortete sie.

Am Ende des Tages halfen sich die Frauen gegenseitig, ihre 50 Kilogramm schweren Säcke etwa einen Kilometer weit bis zum Eingang des Geländes zu schleppen, wo sie von den Händlern für ungefähr 0,80 Dollar pro Sack gekauft wurden. Priscille sagte, dass sie keine Familie habe und allein in einer kleinen Hütte lebe. Ihr Mann habe früher mit ihr in dieser Mine gearbeitet, aber er sei vor einem Jahr an einer Atemwegserkrankung gestorben. Sie hätten versucht, Kinder zu bekommen, aber sie hatte zweimal eine Fehlgeburt.

»Ich danke Gott, dass er mir meine Babys genommen hat«, bemerkte sie. »Hier sollte man besser nicht geboren werden.«

Am Abend beendete ich das letzte Interview und machte mich auf den Rückweg zum vorderen Teil des Schürfgebiets am Rande des KICO-Geländes. Dutzende von Bergleuten hatten Säcke mit Heterogenit vor die Mine geschleppt, um es an die Négociants zu verkaufen. Ich hatte eine Gruppe von offiziellen Mineralhändlern erwartet, vielleicht mit Regierungsuniformen oder -abzeichen. In Wirklichkeit waren es junge Männer in Jeans und Freizeithemden. Im Gegensatz zu den schmutzverkrusteten handwerklichen Bergleuten war ihre Kleidung sauber und hell. Die meisten Négociants kamen mit Motorrädern und einige mit Pick-ups, auf denen sie die Säcke zu den Depots transportierten. Hunderte von weißen, blauen, orange- und rosafarbenen Bastsäcken stapelten sich neben den Bergarbeitern. Die Händler warfen einen flüchtigen Blick in die Säcke und boten einen Festpreis an, den die Bergleute akzeptieren mussten. Philippe erzählte mir, dass Frauen für den gleichen Sack Kobalt immer weniger Geld bekommen als Männer.

»Aus diesem Grund sind die einzigen Frauen, die Sie beim Verkauf des Kobalts sehen werden, diejenigen, die für sich allein arbeiten«, erläuterte er.

Ich fragte Philippe, was passieren würde, wenn ein Bergarbeiter die untere Hälfte eines Sacks mit Erde und die obere Hälfte mit Heterogenit füllen würde.

»Die Zwischenhändler würden es im Depot entdecken. Sie würden einen Schlägertrupp mitbringen, um den Mann zu verprügeln. Niemand würde jemals wieder Kobalt von so jemandem kaufen.«

Ich schaute zu, wie einige Zwischenhändler Säcke auf ihre Motorräder luden. Sie banden die Säcke auf dem Rücksitz fest, wo sonst ein zweiter Passagier sitzen würde, und belasteten die Maschine bis an ihre Grenzen. Ein Zwischenhändler namens Eli erzählte, dass er früher für Africell in Lubumbashi Aufladekarten für Mobiltelefone verkaufte, aber sein Cousin riet ihm, sich um eine Genehmigung als Händler zu bemühen. Die jährlich zu bezahlende Gebühr betrage 150 Dollar.

»Jetzt verdiene ich an einem Tag das Zwei- oder Dreifache von dem, was ich früher verdient habe«, erzählte Eli. Ich fragte, ob ich das Genehmigungsdokument sehen könne.

»Es ist vor zwei Jahren abgelaufen!«, antwortete Eli.

»Was passiert, wenn ein Polizist Ihre Genehmigung sehen will, wenn Sie Mineralien transportieren?«

»Wir zahlen eine Geldstrafe. Vielleicht zehn Dollar, aber das kommt nicht oft vor.« Nachdem ich mit einigen weiteren Zwischenhändlern gesprochen hatte, ging ich zurück in das Schürfgebiet, um mich noch einmal umzusehen, bevor die Dunkelheit hereinbrach. Das verwüstete Gelände glich einem Schlachtfeld nach einem Luftangriff. Die Überlebenden des Tages kletterten aus den Kratern und stapften zurück zu ihren Hütten, um sich ein wenig auszuruhen, bevor sie die gleiche Tortur am nächsten Tag erneut durchliefen.

Ein einsames Mädchen stand auf einem Erdhügel, die Hände in die Hüften gestemmt, und ließ seinen Blick über das karge Land schweifen, in dem einst riesige Bäume standen. Sein goldindigoblauer Sarong flatterte im Wind, während es die menschlichen Ruinen und die verwüstete Erde betrachtete. Jenseits des Horizonts, jenseits von aller Vernunft und Moral, wachten Menschen aus einer anderen Welt auf und checkten ihre Smartphones. Keiner der Bergarbeiter, denen ich in Kipushi begegnete, hatte jemals ein solches Gerät zu Gesicht bekommen.

Nach meinem Besuch in Kipushi widmete ich mich den Depots, an welche die Zwischenhändler das von den Bergleuten geschürfte Kobalt verkauften. Die Depots stellten unscheinbare, aber wichtige Knotenpunkte zwischen der informellen und der offiziellen Kobaltversorgungskette dar. Die meisten Kobaltdepots in Kipushi sowie die kleineren handwerklichen Lagergebäude befanden sich in den nahe gelegenen Wäldern entlang der »Schwerlastgebührenstraße«. Es waren Holzhütten mit großen rosafarbenen Planen, die über die Vorderseite gezogen waren. Die Namen der Depots waren in schwarzen Buchstaben auf die Planen gemalt: $Depot, Depot Jaafar und Cu-Co – die Symbole für Kupfer und Kobalt im Periodensystem. Die Kilopreise, die die Depots für Heterogenit anboten, waren an der Vorderseite mit schwarzem Filzstift auf gefalzte Bastsäcke geschrieben und bezogen sich auf Kobaltkonzentrationen von 0,5 Prozent bis zwei Prozent, ansteigend in Zehntelprozentschritten. Ich besuchte neun Depots in einem Umkreis von sechs Kilometern nordöstlich von Kipushi, von denen bis auf zwei alle von chinesischen Agenten betrieben wurden. Keiner von ihnen war bereit, mit mir zu sprechen. Die übrigen zwei Depots wurden von Indern – Hardeep und Amit – geführt, die beide aus dem Bundesstaat Punjab stammen.

Hardeep und Amit erzählten, sie seien mit einem Arbeitsvisum in die Demokratische Republik Kongo gekommen, um im Gastgewerbe zu arbeiten. Sie hatten beide einen Universitätsabschluss und sprachen gut Englisch, aber in Indien sei es sehr schwer, einen Job zu finden, sagten sie. Der Besitzer des Hotels, in dem sie in Lubumbashi arbeiteten (den Namen des Hotels oder des Besitzers wollten sie mir nicht nennen), war zufällig auch als Mineralhändler tätig. Er vermittelte Hardeep und Amit an zwei Depots – Depot Tiger und Depot 233. Hardeep und Amit meldeten sich jeden Tag um zehn Uhr morgens in den Depots und blieben dort bis zum Sonnenuntergang. Das Geld aus ihren Geschäften bewahrten sie in einer mit einem Vorhängeschloss versehenen Metallkiste auf, die wahrscheinlich jeder leicht entwenden könnte, der es darauf anlegen würde. »Wir verwenden den Metorex, um den Reinheitsgrad des Kobalts zu bestimmen«, erklärte Hardeep. Er zeigte mir eine kleine Laser-Handpistole, die, wenn man sie auf eine Heterogenitprobe richtet, den Kobaltgehalt anzeigt.

»Die Proben aus Kipushi haben normalerweise einen Gehalt von einem Prozent«, berichtete Amit.

Am Ende eines jeden Tages fuhren Hardeep und Amit die Säcke mit dem Heterogenit zurück nach Lubumbashi. Sie sagten, dass ihr Chef das Heterogenit an einen Verarbeiter in Lubumbashi verkaufte, aber sie wussten nicht, an wen oder zu welchem Preis. Philippe zufolge gab es zwei große Bergbauunternehmen, die das Heterogenit aus Kipushi aufkauften: die Firmen Congo Dong-Fang Mining und CHEMAF. Beide Unternehmen verfügen über Kobaltverarbeitungsanlagen in Lubumbashi und betreiben zufällig die beiden einzigen »Modellstandorte« für den handwerklichen Kobaltabbau in der DRK. Auch ihnen werden wir später einen Besuch abstatten.

Die Preise, die bei Depot Tiger und Depot 233 für ein Kilogramm Heterogenit mit einem Prozent Erzgehalt gezahlt wurden, betrugen 200 kongolesische Francs (etwa 0,11 Dollar). Ein 40 Kilogramm schwerer Sack wurde also für etwa 4,40 Dollar verkauft. Die Zwischenhändler in Kipushi zahlten Faustin etwa 2,80 Dollar pro Sack. Durch die Erlaubnis, Erz zu transportieren, und den Besitz eines Transportmittels konnten die in Kipushi tätigen Zwischenhändler fast 40 Prozent des Wertes eines jeden Sacks Heterogenit einbehalten. Sie schienen ein unnötiges Glied in der Lieferkette zu sein, das den Lohn der so hart arbeitenden Menschen noch schmälerte. Ebenso unnötig schienen auch die Depots in der Lieferkette, weil sie dem System noch mehr Wert entzogen, da hier das von Kleinschürfern gewonnene Kobalt inoffiziell und nicht rückverfolgbar in die formale Lieferkette geschleust wurde. Nichts hinderte die Bergbaukonzerne daran, die Frauen, Männer und Kinder, die für sie Kobalt schürften, direkt zu bezahlen – abgesehen von dem schlechten Image, das eine direkte Verbindungen zu gefährlichen Bergbauaktivitäten, bei denen Kinder für einen Hungerlohn arbeiten, mit sich bringen würde.

In Kipushi spürte man förmlich das Gift, ein Gefühl, das ich auch mehrere Tage nach meinem Besuch nicht ganz abschütteln konnte. Der Boden, die Luft und das Wasser an diesem Ort waren anscheinend völlig verseucht, was darauf schließen lässt, dass die Bergleute die ganze Zeit, die sie in der Mine schürften, Schadstoffen ausgesetzt waren, die schwerwiegende Folgen für ihre Gesundheit haben konnten. Um diese Folgen besser zu verstehen, traf ich mich mit einem Forscher der Universität Lubumbashi namens Germain, der Daten über die Auswirkungen des Bergbaus auf die öffentliche Gesundheit und die Umwelt im Kupfergürtel sammelte. Germain war ein methodischer Forscher mit dem Geist eines Aktivisten. Er erzählte mir, dass er bei seiner Arbeit sehr vorsichtig sein müsse, da einige seiner Ergebnisse von den Bergbauunternehmen oder der kongolesischen Regierung nicht gern gesehen würden. Unter anderem berichtete er Folgendes:

> »In den von uns durchgeführten Studien wiesen die handwerklichen Bergleute mehr als vierzigmal so viel Kobalt in ihrem Urin auf wie die Kontrollgruppen. Außerdem haben sie einen fünfmal höheren Bleigehalt und einen viermal höheren Gehalt an Uran. Selbst bei den Einwohnern, die in der Nähe der Bergbaugebiete leben und nicht im handwerklichen Bergbau tätig sind, finden sich sehr hohe Konzentrationen von Spurenmetallen im Körper, darunter Kobalt, Kupfer, Zink, Blei, Cadmium, Germanium, Nickel, Vanadium, Chrom und Uran.«

Germain betonte, dass negative gesundheitliche Folgen auch Menschen betreffen, die nicht im Bergbau arbeiten und dem Schwermetall indirekt ausgesetzt sind, was insbesondere auf Kinder zutrifft: »Selbst wenn Kinder nicht in den Minen arbeiten, ist die indirekte Schwermetallexposition durch ihre Eltern für sie schlimmer als die direkte Exposition für die Erwachsenen. Das liegt daran, dass Kinder Schwermetalle nicht so gut abbauen können wie Erwachsene.« Germain fügte hinzu, dass nicht nur Menschen kontaminiert seien, sondern auch wild lebende Tiere wie Fische und Hühner, die er untersucht habe, sehr hohe Schwermetallwerte aufwiesen.

Die Schwermetallexposition der lokalen Bevölkerung und der Lebensmittelversorgung verursache im gesamten Kupfergürtel eine Reihe gesundheitlicher Probleme. So dokumentierte Germain vor Kurzem eine hohe Rate von Geburtsfehlern in den Bergbaugemeinden wie Holoprosenzephalie, Agnathia-Otozephalie, Totgeburten, Fehlgeburten und niedriges Geburtsgewicht.[10] Germain berichtete, dass in den meisten Fällen der Vater des Kindes zum Zeitpunkt der Empfängnis als Bergarbeiter gearbeitet hatte und bei der Geburt entnommene Nabelschnurblutproben hohe Kobalt-, Arsen- und Uranwerte aufwiesen. »Das Einatmen von Kobaltstaub verursacht eine Hartmetall-Lungenkrankheit, die tödlich sein kann«, so Germain. »Außerdem kann der häufige Kontakt der Kleinschürfer mit Kobalt zu akuter Dermatitis führen.«

Auch Krebserkrankungen sind in den Bergbaugemeinden auf dem Vormarsch, vor allem Brust-, Nieren- und Lungenkrebs. »Die Exposition gegenüber Nickel und Uran ist die Hauptursache für Krebs«, so Germain. Auch Bleivergiftungen sind weitverbreitet. Staubproben aus Häusern des gesamten Kupfergürtels enthielten durchschnittlich 170 Mikrogramm Blei pro Quadratmeter. Germain erklärte, der Bleistaub stamme wahrscheinlich von der Kleidung der Minenarbeiter und von der Metallverarbeitung in einigen der großen Minen. Zum Vergleich: Die US-Umweltschutzbehörde empfiehlt einen sicheren Grenzwert von 40 Mikrogramm Blei pro Quadratmeter in Wohnräumen. Werte von bis zu 170 Mikrogramm pro Quadratmeter können bei Erwachsenen neurologische Schäden, Muskel- und Gelenkschmerzen, Kopfschmerzen, Magen-Darm-Beschwerden und eine verminderte Fruchtbarkeit verursachen. Bei Kindern kann eine Bleivergiftung zu irreversiblen Entwicklungsschäden sowie zu Gewichtsverlust, Erbrechen und Krampfanfällen führen.

Germain beklagte, dass das öffentliche Gesundheitssystem im Kongo nicht in der Lage sei, das Ausmaß und die Schwere der negativen gesundheitlichen Folgen zu bewältigen, unter denen die Menschen in den Bergbaugemeinden litten. »Es gibt keine Ausbildung von Ärzten zur Diagnose und Behandlung von Gesundheitsstörungen, die durch Schwermetallvergiftungen entstehen«, erklärte er. Viele Dörfer und handwerkliche Bergbaugemeinden verfügten über keine medizinische Grundversorgung, um einfache Beschwerden, geschweige denn Krampfanfälle oder Krebs zu behandeln. Germain machte einige der Parteien für die Gesundheitsprobleme der Bergbaugemeinden verantwortlich, fand aber besonders deutliche Worte für die ausländischen Bergbaukonzerne:

> »Die Bergbauunternehmen kontrollieren die Abwässer aus ihren Verarbeitungsbetrieben nicht. Sie reinigen sie nicht, wenn sie Chemikalien auslaufen lassen. Giftiger Staub und Gase aus Bergbauanlagen und Dieselmotoren verbreiten sich über viele Kilometer und werden von der lokalen Bevölkerung eingeatmet. Die Bergbaukonzerne haben die gesamte Region verschmutzt. Alle Nutzpflanzen, Tiere und Fischbestände sind verseucht.«

Germain wies darauf hin, dass das Bergbaugesetz des Landes Bestimmungen enthalte, die die Entsorgung von Giftstoffen durch die Bergbauunternehmen eindämmen sollen, aber keine dieser Bestimmungen oder andere Gesetze zum Umweltschutz würden angemessen durchgesetzt. »Bevor sie eine Konzession erhalten, müssen die Bergbaukonzerne der Regierung einen Plan für die Abfallentsorgung vorlegen. Natürlich halten sie sich nicht an ihre

Pläne. Aber die Regierung schickt auch keine Leute, um ihre Aktivitäten zu überwachen.«

Ich fragte Germain, warum ihn seiner Meinung nach die kongolesische Regierung nicht engagiert habe, um bei der Erstellung eines umfassenderen Prüfprogramms und eines Systems zur Durchsetzung der Abfallbewirtschaftung in den großen Minen zu helfen. Er seufzte und erklärte, dass die Behörden möglichst hohe Einnahmen aus den Bergbaulizenzen erzielen wollten, was bedeutete, dass die Erzförderung maximiert werden muss. Dies führte dazu, dass die Bergbaukonzerne tun und lassen konnten, was sie wollten, solange sie ihre Lizenzgebühren zahlten. Die von Germain durchgeführten Forschungsarbeiten waren für diese Ziele eher hinderlich als förderlich. Er war sogar unter Druck gesetzt worden, die Art von Tests, die er mir beschrieben hatte, einzustellen. »Das gilt nicht nur für die ausländischen Minengesellschaften«, erklärte er. »Auch die kongolesischen Unternehmen leiten Abfälle in die Umwelt. Auch ihnen missfällt meine Arbeit.«

Germain ging verständlicherweise nicht davon aus, dass sich die negativen Auswirkungen des Bergbaus auf die öffentliche Gesundheit im Kupfergürtel bessern würden, solange man die Unternehmen nicht zwang, Mindeststandards bei Nachhaltigkeit und Umweltschutz einzuhalten. »Genau wie in Amerika«, sagte er.

»Was wäre nötig, um das zu erreichen?«, fragte ich.

Germain wollte eigentlich eine wohlüberlegte Antwort geben, doch er schwieg und zuckte nur müde mit den Schultern.

Bei meinen Reisen in den Kongo zeichnete sich schon früh ein Muster ab: Meine Streifzüge in die handwerklichen Schürfgebiete hatten sich herumgesprochen, und es dauerte nicht lange, bis einer meiner Führer angerufen oder ihm eine Nachricht in meinem Gästehaus hinterlassen wurde, um ein Treffen zu vereinbaren. Kurz nach meinem Gespräch mit Germain teilte mir

Philippe mit, dass er von einer Organisation namens Investissements Durables au Katanga (Nachhaltige Investitionen in Katanga, IDAK), gebeten worden sei, ein Treffen zu arrangieren. IDAK ist im handwerklichen Bergbausektor der Demokratischen Republik Kongo aktiv, und drei Mitglieder der Leitung dieser Organisation – Alex, Fortunat und Mbuya – trafen sich mit mir in einer Kirche in Lubumbashi. Wir saßen auf Plastikstühlen in einem Zimmer, das wie ein Lagerraum aussah. Es gab kein Licht, nur eine Tischlampe und zwei offene Fenster, durch die der Verkehrslärm hereindrang. Die IDAK-Leute schienen mir erklären zu wollen, wie wichtig ihre Organisation bei der Unterstützung der Kleinschürfer ist.

»Wir haben IDAK im Jahr 2011 gegründet, um Vertretern der lokalen Verwaltung und der nationalen Regierung, der Zivilgesellschaft und der Bergbauunternehmen ein Forum zu bieten, in dem sie die Herausforderungen des Bergbausektors diskutieren und gemeinsam nach Lösungen suchen können«, erklärte Alex. »IDAK versucht die Zusammenarbeit zwischen den Beteiligten zu verbessern und die Kapazitäten und Fähigkeiten der Zivilgesellschaft zur Unterstützung der Kleinschürfer auszubauen.«

Alex fügte hinzu, dass IDAK internationale Unterstützung bei seinen Bemühungen erhalte und ihre Geldmittel zum größten Teil von der Deutschen Gesellschaft für Internationale Zusammenarbeit (GIZ) stammten, einer Organisation der Entwicklungszusammenarbeit, die im Auftrag der deutschen Regierung tätig ist und Unternehmen in Fragen der Nachhaltigkeit und internationalen Entwicklung berät.

»Die Finanzierung wurde von deutschen Autofirmen initiiert, um ihre Kobaltlieferketten zu säubern«, erklärte Alex.

Das IDAK-Team stellte mir eine Kopie eines umfassenden Leitfadens zur Verfügung, den die Organisation 2014 veröffentlicht hatte und der ihre Empfehlungen zur sozialen Verantwortung von Unternehmen im kongolesischen Bergbausektor enthielt.

»Dieser Leitfaden beinhaltet auch einen Plan, wie man Kinderarbeit im handwerklichen Bergbau beseitigen kann«, erklärte Mbuya.

Der IDAK-Plan konzentrierte sich nicht nur auf die Kinderarbeit, sondern umfasste auch Programme zur Stärkung lokaler Gemeinschaften, zum Bau und zur Ausstattung von Schulen, zur Förderung alternativer Lebensgrundlagen und zur Verbesserung der öffentlichen Gesundheitsversorgung und der Infrastruktur. Das klang alles sehr vielversprechend, aber ich kam nicht umhin, mich zu fragen, warum sich nur so wenig änderte. Ich schilderte, was ich in Kipushi gesehen hatte: dass Hunderte von Kindern für einen Hungerlohn im Dreck wühlten, dass Tausende von Menschen giftigen Substanzen ausgesetzt waren und dass keinerlei Maßnahmen gegen diese Missstände ergriffen wurden.

»Ja, wir haben diese Probleme, aber ohne IDAK wäre die Situation noch schlimmer«, wandte Fortunat ein.

Die IDAK-Leute müssen die kaum verborgene Skepsis in meinem Gesicht gesehen haben, denn sie verbrachten noch eine weitere Stunde damit, die Bemühungen ihrer Organisation zur Verbesserung der Situation der Bergleute zu beschreiben. Immer wieder betonten sie ihre Rolle bei der Schlichtung von Konflikten zwischen Kleinbergleuten und ausländischen Bergbaukonzernen.

»Wenn es einen Streit um Land gibt, versuchen wir, die Angelegenheit konstruktiv zu lösen. Wenn es in der Mine zu einem Unfall kommt, setzen wir uns für die Rechte der verletzten Bergleute ein«, erklärte Mbuya.

Aus meinen Begegnungen mit Menschen wie Makaza in Mukwemba wusste ich, dass die Schlichtung bei Landstreitigkeiten eine wichtige Initiative ist, auch wenn mir kein einziger Fall bekannt war, in dem der Streit zugunsten der Vertriebenen gelöst worden wäre.

Ich fragte die IDAK-Vertreter, was ihrer Meinung nach das größte Hindernis bei ihren Bemühungen sei, die Kinder aus den

Minen herauszuholen. Die Antwort war nicht überraschend: »Die Armut.«

»Die Eltern sind gezwungen, ihre Kinder zur Arbeit in die Minen zu schicken. Wenn die Eltern einen guten Lohn bekommen würden, könnten die Kinder zur Schule gehen, anstatt in einer Mine zu arbeiten zu müssen«, sagte Mbuya.

Das war offensichtlich, aber warum sind »gute Löhne« so schwer zu erreichen? Könnte etwas so Einfaches wie ein angemessener Lohn nicht einige der Probleme der handwerklichen Bergleute beheben oder zumindest das Ausmaß der Kinderarbeit verringern? Nehmen wir an, die Zahlung eines angemessenen Lohns für die erwachsenen Bergleute würde dazu beitragen, dass die Kinder zur Schule gehen könnten, anstatt in den Minen zu arbeiten, dass sich die Familien im Falle von Krankheit oder Verletzung eine medizinische Versorgung leisten könnten, dass sie Geld sparen könnten, um Einkommenseinbußen oder andere Unglücksfälle zu überbrücken, und dass die Spannungen und die Gewalt in der Gemeinschaft abnehmen würden. Nehmen wir also an, ein angemessener Lohn für Erwachsene könnte all dies und noch mehr leisten – wer sollte ihn zahlen? Ausländische Minengesellschaften würden argumentieren, dass sie keine Kleinschürfer beschäftigen und deshalb keine Verantwortung tragen, obwohl das Kobalt aus dem Kleinbergbau in ihre Lieferketten einfließt und obwohl sie in einigen Fällen Kleinschürfer auf ihren Konzessionen arbeiten lassen, um die Produktion zu steigern. Die Regierung der Demokratischen Republik Kongo würde argumentieren, dass sie nicht das Geld habe, um gute Löhne oder andere Einkommensregelungen zu unterstützen, obwohl Bergbaukonzessionen für Milliarden von Dollar verkauft und jedes Jahr Lizenzgebühren und Steuern in Milliardenhöhe eingenommen werden, die zu einem nicht geringen Teil auf dem Wert der von Kleinbergbauern abgebauten Mineralien beruhen. Kobaltraffinerien, Batteriehersteller, Technologieunternehmen und Hersteller von Elektrofahrzeugen würden die Verantwortung auf die vorgelagerten Firmen abwälzen, obwohl der Kampf um Kobalt nur aufgrund ihrer Nachfrage nach Kobalt existiert. Darin liegt die große Tragödie der kongolesischen Bergbauprovinzen – niemand in der Lieferkette fühlt sich für die handwerklichen Minenarbeiter verantwortlich, obwohl sie alle von ihnen profitieren.

Mein Treffen mit IDAK zeigte, dass es auf lokaler Ebene konkrete Bemühungen gibt, gegen Missstände im handwerklichen Bergbau vorzugehen, auch wenn sich diese Bemühungen anscheinend nicht in bedeutenden Fortschritten vor Ort niederschlagen. Philippe stellte eine Theorie auf: »IDAK verfolgt die richtigen Ziele, aber solange die Regierung korrupt ist und die Chinesen Katanga beherrschen, gibt es keine Chance, diese Ziele zu erreichen. Die Chinesen zahlen Milliarden an die Regierung, und die Politiker verschließen die Augen. Organisationen wie IDAK und andere zivilgesellschaftliche Akteure dürfen nur existieren, um zu zeigen, dass es sie gibt.« Je mehr Zeit ich mit Philippe verbrachte, desto mehr bewegte mich seine tiefe Besorgnis über die Notlage der Kleinschürfer im Kongo. Nachdem sich ein gewisses Vertrauen zwischen uns eingestellt hatte, erzählte er mir, dass er früher selbst im handwerklichen Bergbau tätig gewesen war. Vier Jahre lang hatte er in der Umgebung von Likasi nach Kobalt geschürft. In dieser Zeit hatte er sich zahlreiche Verletzungen zugezogen, an Ausschlägen und Atemwegserkrankungen gelitten und sich beim Einsturz einer Grubenwand ein Bein gebrochen. Danach musste er seine Arbeit zwei Monate unterbrechen, um sich zu erholen. Als es an der Zeit war, in die Minen zurückzukehren, traf er die schwere Entscheidung, dies nicht zu tun. »Ich hätte an jenem Tag getötet werden können. Was wäre dann aus meiner Frau und meinen Kindern geworden?« Philippe zog mit seiner Familie in das Haus seines Bruders in Lubumbashi, um sich zu erholen. Er nahm Gelegenheitsjobs an, um über die Runden zu kommen, aber sein Herz blieb bei den Minenarbeitern. Für Philippe reichen die Probleme im Bergbau Generationen zurück:

> »Wenn man wirklich verstehen will, was im kongolesischen Bergbau geschieht, muss man sich zuerst mit unserer Geschichte befassen. Nach der Unabhängigkeit wurden die Minen von den Belgiern verwaltet. Sie kassierten das ganze Geld, und die Menschen hatten keinen Nutzen davon. Nach den Belgiern kam die »Afrikanisierung« durch Mobutu. Er verstaatlichte die Minen, aber auch davon profitierte nur die Regierung, nicht das Volk. Unter [Joseph] Kabila haben wir 2002 das Bergbaugesetz geschaffen, das ausländische Investitionen in den Bergbausektor gebracht hat. Sie sagten, das Bergbaugesetz würde das Leben der Kongolesen verbessern, aber das Gegenteil ist passiert; heute ist ihr Leben noch viel schlechter. Wie Sie sehen können, haben die Menschen im Kongo nie von den Minen im Kongo profitiert. Wir sind alle nur ärmer geworden.«

Philippe gründete eine Initiative zur Unterstützung der handwerklichen Bergbaugemeinden. Sie konzentrierten sich darauf, Kindern zu helfen, weiter die Schule besuchen zu können. Er war davon überzeugt, dass ein Schulabschluss der einzige Weg sei, den Teufelskreis der Armut zu durchbrechen. Er stimmte mit IDAK darin überein, dass die Armut der Hauptfaktor bei der Ausbeutung der Bergleute ist, wies aber auch auf eine andere ebenso heimtückische Kraft hin: »Es wird versucht, ein falsches Bild von den Bedingungen hier zu vermitteln. Die Minengesellschaften behaupten, es gebe hier keine Probleme. Sie sagen, sie hielten internationale Standards ein. Alle glauben ihnen, also ändert sich auch nichts.« Philippes Worte brachten mich dazu, über die Presseerklärungen der Unternehmen nachzudenken, in denen sie betonten, dass sie die internationalen Menschenrechtsstandards einhielten und in Bezug auf Kinderarbeit eine Nulltoleranzpolitik verfolgten. Die Global Battery Alliance (HBA) und die Responsible Minerals Initiative (RMI) sollten durch Vor-Ort-Bewertungen von Kobaltlieferketten und die Überwachung handwerklicher Abbaustätten bezüglich Kinderarbeit bei der Einhaltung dieser Normen helfen. Ich fragte Philippe, ob er von diesen Initiativen schon einmal gehört habe. Seine Antwort lautete:

> »Sie erzählen der internationalen Gemeinschaft von ihren Programmen im Kongo und davon, dass das Kobalt sauber sei, und das erlaubt ihren Mitgliedern zu sagen, dass alles in Ordnung sei. In Wirklichkeit verschlimmert es die Situation, weil die Unternehmen dann erklären können: ›Die GBA versichert uns, dass alles in Ordnung ist. RMI sagt, dass das Kobalt sauber ist‹. Aus diesem Grund versucht niemand, die Bedingungen zu verbessern.«

Philippe sprach von einer Nebelkerze, die von mächtigen Interessenvertretern geworfen wurde, um von den harten Zuständen abzulenken, unter denen Kobalt abgebaut wird. Je mehr Zeit ich im Kongo verbrachte, desto mehr bewahrheiteten sich seine Worte. Bis heute habe ich im Kongo noch niemanden getroffen, der mit der GBA oder der RMI in Verbindung steht, und ich habe auch nie davon gehört, dass irgendwelche Kollegen in der Demokratischen Republik Kongo Inspektionen in Kleinbergbaugebieten unter deren Banner durchgeführt hätten. Meine Versuche, mit diesen Vereinigungen über meine Erkenntnisse zu sprechen, blieben bis zum Sommer 2020 ohne Reaktion, bis sich schließlich der damalige Direktor der Global Battery Alliance, Mathy Stanislaus, zu einem Telefoninterview bereit erklärte. Wir hatten ein angenehmes Gespräch über den handwerklichen Bergbau im Kongo, und er gab mir einen Überblick über die verschiedenen Initiativen der GBA. Als ich Stanislaus darauf ansprach, was ich vor Ort gesehen hatte, räumte er ein, dass es gewisse Probleme gebe, zumindest was die Kinderarbeit betreffe.

»Nach Angaben der OECD [Organisation für wirtschaftliche Zusammenarbeit und Entwicklung] stehen bis zu 70 Prozent des Kobalts aus der DR Kongo mit Kinderarbeit in Zusammenhang. Es gibt große Informationslücken hinsichtlich der Lieferkette, deshalb müssen wir den Informationsfluss verbessern und vertrauensvoller gestalten«, erklärte er.

Fangen wir mit dem zweiten Satz an. Was genau bedeutet es, »den Informationsfluss zu verbessern«? Eine Verbesserung für die Kleinschürfer wäre eine wirklich unabhängige und objektive Bewertung der Zustände vor Ort. Eine Anpassung des Informationsflusses, die auch für alle anderen Beteiligten gilt, würde das Gegenteil bedeuten. Und wem wird überhaupt vertraut? Dasselbe Problem. Es ist unwahrscheinlich, dass Technologie-Giganten, die großen Hersteller von Elektrofahrzeugen, Bergbaukonzerne und die kongolesische Regierung demselben Informationsfluss vertrauen, dem die Bergleute vertrauen würden. Genau dies ist das Spannungsfeld, das Philippe als Hindernis für spürbare Fortschritte im handwerklichen Bergbau identifiziert hat. Der vorherrschende Informationsfluss vermittelt ein falsches Bild, nämlich dass die Bedingungen nicht so schlecht sind und dass sie überwacht werden, um Probleme zu beheben. Ein korrekterer Informationsfluss würde das Gegenteil zeigen: Die Bedingungen vor Ort sind für die Kleinschürfer gefährlich und unmenschlich, und es gibt Zehntausende von Kindern, die täglich unter diesen Bedingungen nach Kobalt graben.

Man beachte den ersten Satz, er ist der entscheidende. Wenn die OECD und ihre Mitglieder zugeben, dass 70 Prozent von 72 Prozent des weltweiten Kobaltangebots in gewisser Weise mit Kinderarbeit zusammenhängen, dann bedeutet das, dass die Hälfte des Kobalts auf der Welt in gewisser Weise mit Kinderarbeit im Kongo »in Zusammenhang steht«. Allein diese Tatsache deutet darauf hin, dass der Großteil der globalen Kobaltlieferkette davon betroffen ist, doch Kinderarbeit ist bei Weitem nicht das einzige Problem im Kleinbergbau des Kongo. Wie viel des im Kongo geförderten Kobalts steht in direktem »Zusammenhang« mit den Hunderttausenden von Kongolesen, die an den Folgen der toxischen Belastung durch Kobalt, Uran, Blei, Nickel, Quecksilber und andere Schwermetalle leiden? Wie viel davon steht mit den kleinen Kindern »in Zusammenhang«, die täglich den gefährlichen Staub in den Kleinbergbauminen einatmen? Was ist mit den schädlichen Gaswolken und den giftigen Ablagerungen, die die Luft, das Land, die Ernten, die Tiere und die Fischbestände des Kupfergürtels verseucht haben, und was ist mit den Millionen von Bäumen, die abgeholzt wurden, um Platz für die riesigen Tagebaue zu schaffen? Und vergessen wir nicht die unbekannte Zahl von Menschen, die bei Unfällen im Bergbau verletzt oder gar getötet wurden. Wenn man eine solche Liste aufstellt, wie viel Kobalt gibt es dann noch auf der Welt, das nicht mit den Missständen im Kongo in Zusammenhang steht?

Das ganze Ausmaß dieser Missstände sollte sich mir erst noch erschließen. Jeder Gedanke, dass ich in Kipushi wenigstens eine ungefähre Ahnung vom Schicksal der Kleinschürfer im Kongo bekommen haben könnte, sollte auf dem Weg nach Kolwezi schlagartig zerstört werden.

3

DIE HÜGEL BERGEN GEHEIMNISSE

LIKASI UND KAMBOVE

Der weiße Mann ist listenreich. Er kam ruhig und in Frieden mit seinem Glauben. Wir haben über seine Dummheit gelacht und ihm gestattet, zu bleiben. … Er hat ein Messer auf die Dinge gelegt, die uns zusammenhielten, und wir sind zerfallen.[1]

Chinua Achebe, Alles zerfällt (1958)

Nichts ist nach einer Reise in den Kongo noch so, wie es vorher war. Die Welt zu Hause hat ihren Sinn verloren. Es ist schwer zu begreifen, wie sie überhaupt auf demselben Planeten existieren kann. Die sortierten Gemüsekisten in Lebensmittelgeschäften wirken obszön. Helle Lichter und Toilettenspülungen erscheinen wie Hexenwerk. Saubere Luft und sauberes Wasser muten wie ein Verbrechen an. Die Zeichen von Wohlstand und Konsum wirken gewalttätig. Das meiste davon beruht schließlich auf Gewalt, die in den Geschichtsbüchern, die die Wahrheit ohnehin zu entschärfen pflegen, sorgfältig verborgen wird.

Nur selten, wenn überhaupt, werden wir mit dem unsäglichen Leid konfrontiert, das Afrika erdulden musste. Man stelle sich einmal vor, wie es für einen Menschen aus Afrika war, aus seinem Zuhause gerissen, von Ehepartner und Kindern getrennt, in Ketten gelegt, gebrandmarkt, geschlagen, vergewaltigt und eingekerkert zu werden – und dann in den verrotteten Laderaum eines Sklavenschiffes gezwungen zu werden, eingepfercht zwischen Hunderten von gequälten Männern, Frauen, Kindern und Babys. Oder wie es war, sechs Wochen in diesem Laderaum zu verbringen, ohne Platz, um aufrecht zu sitzen, Tag und Nacht in Fesseln, die tief ins Fleisch einschneiden. Oder vor Hunderten von Menschen einen Eimer als Toilette benutzen zu müssen, während das Schiff von den Wellen geschaukelt wird. Oder zu versuchen, ein trauriges, verängstigtes, fiebriges und seekrankes Kind zu trösten. Oder zu den schwerkranken, aber noch lebenden Menschen zu gehören, die wie Abfall ins Meer geworfen wurden. Oder diese Hölle zu überleben, nur um in Amerika anzukommen und in die Sklaverei verkauft zu werden, wo die eigentliche Tortur begann.

Stellen Sie sich einen Moment vor, welchen Tribut ein Mensch, eine Familie, ein Volk, ein Kontinent in den Jahrhunderten des Sklavenhandels, gefolgt von einem Jahrhundert der Kolonisierung, zahlen musste. Auf diese Weise wurden in der gesamten westlichen Welt Imperien aufgebaut und über Generationen Reichtümer angehäuft. Vielleicht ist das der größte Gegensatz zwischen unserer Welt und der afrikanischen Welt – unsere im Allgemeinen sicheren und wohlhabenden Länder könnten kaum funktionieren, ohne den Menschen in Afrika enorme Gewalt anzutun. Die katastrophale Situation in den Bergbauprovinzen des Kongo ist das jüngste Kapitel in dieser unheilvollen Geschichte.

Laut einem leitenden Manager von Congo DongFang Mining (CDM), der sich Hu nennt, werden die Menschen im Kongo und in Afrika ausgebeutet, weil sie faul seien.

»Wenn die Afrikaner härter arbeiten würden, wären sie nicht so arm. Die Chinesen haben Disziplin. Die fehlt den Afrikanern. Sie trinken und spielen. Sie erlauben ihren politischen Führern, sie auszubeuten. Das ist der Grund, warum sie so arm sind.«

Ich traf Hu im Royal Casino, einem der privaten chinesischen Klubs in Lubumbashi. Wir saßen am Pool unter freiem Himmel. Chinesische Männer tranken und rauchten, während laute Musik aus den Lautsprechern dröhnte. Kongolesen durften den Klub nicht betreten, nur die Stripperinnen, die gegen 21 Uhr erschienen.

Während er sein Bier trank, tat Herr Hu aus Chengdu seine Meinung kund. »Die Afrikaner werden immer arm sein, weil sie nicht lernen wollen. In China haben wir das beste Bildungswesen der Welt. Die Chinesen lernen sehr fleißig, und sehen Sie nur, wie schnell unser Land zu einer Weltmacht aufgestiegen ist.«

Hu zündete sich eine Zigarette an und gestikulierte mit den Händen, während er fortfuhr. »Außerdem fehlt es den Afrikanern an Managementfähigkeiten. Sie interessieren sich nicht für Details. Deshalb können sie nur Arbeiter sein. Aber selbst als Arbeiter bringen sie keine gute Leistung. Sie wollen nur Spaß haben.«

Dann legte Hu seine Gedanken zur Armut in Afrika dar. »Ich glaube, sie sind gerne arm, weil sie dann ausländische Hilfe erhalten und nicht arbeiten müssen. Wenn es ihnen nicht gefallen würde, arm zu sein, warum verbringen sie dann am Sonntag den ganzen Tag in der Kirche, anstatt zu arbeiten?«

Hu fuhr noch eine Weile so fort, und ich zwang mich, ihm weiter zuzuhören. Nach zahlreichen gescheiterten Versuchen, mit dem Management von CDM zu sprechen oder Zugang zur Mineralienverarbeitungsanlage des Unternehmens in Lubumbashi zu erhalten, war Hu der erste CDM-Manager, der sich zu einem Treffen mit mir bereit erklärt hatte. Angesichts der Position des Unternehmens als einer der wichtigsten Käufer und Exporteure von handwerklich gewonnenem Kobalt aus der Demokratischen

Republik Kongo wollte ich so viel wie möglich über die Tätigkeiten von CDM erfahren und vielleicht auch Einblick in Verträge oder Produktionsdaten erhalten, aber Hu nutzte die Gelegenheit, um mir seine Meinung über Afrikaner darzulegen. Es war, gelinde gesagt, ein frustrierendes Treffen.

Ich kann nur vermuten, dass Hu mir seine Meinung deswegen so offen mitteilte, weil er annahm, dass ich, wie so viele Inder in Afrika, genauso bigott sei wie er. Die Inder haben eine lange Geschichte auf dem afrikanischen Kontinent, die bis in die 1840er-Jahre zurückreicht, als die Briten begannen, sie nach Afrika zu verschiffen, um sie in Schuldknechtschaft beim Eisenbahnbau und auf Plantagen arbeiten zu lassen. Die Schulden wurden durch die Auferlegung exorbitanter Grundsteuern erzeugt. Wenn ein Bauer diese Steuern nicht aufbringen konnte, wurde ihm gesagt, er könne sie beim Bau von Eisenbahnstrecken in Ostafrika abarbeiten. Analphabeten wurden gezwungen, Verträge zu unterzeichnen, die sie nicht lesen konnten, in denen sie sich bereit erklärten, ihre Schulden als Arbeitsverpflichtete zu begleichen. Sie schufteten oft ein Leben lang und erhielten nur einen geringen Lohn. In Afrika bildete sich bald eine Hierarchie heraus – Afrikaner am unteren Ende, Inder und Araber darüber und Europäer an der Spitze. Die Hautfarbe bestimmte damals die Hierarchie, und das ist auch heute noch so – man muss nur die Europäer durch die Chinesen austauschen.

LIKASI

Die Strecke von Lubumbashi nach Likasi führt durch weites, offenes Gelände mit sanften Hügeln. Eine dunkle Wolke verdunkelt den Horizont. Alles ist in Kupfer und Rost getaucht. Dörfer klammern sich an den Straßenrand wie Fingerspitzen an den Rand einer Klippe. Hütten aus roten Ziegeln ragen tief in den

Busch. Frauen kochen Maniok über offenem Feuer. Kleinkinder schließen Freundschaft mit der Erde. Mädchen im Teenageralter stellen sich mit gelben Plastikbehältern am nächsten Brunnen an, um ihren Wasservorrat für den Tag aufzufüllen. Silberne Rauchschwaden steigen aus den tiefen Wäldern auf, in denen die Männer Bäume verbrennen, um Holzkohle herzustellen, ihre einzige Wärme- und Lichtquelle. Dieses Land, das die weltweit größten Vorkommen eines Elements beherbergt, das für die Herstellung der wichtigsten Form aufladbarer Energie in der Welt unerlässlich ist, wartet noch immer auf die Ankunft der Elektrizität.

Obwohl die zweispurige Autobahn, die von SICOMINES gebaut wurde, den Verkehr durch den Kupfergürtel erheblich erleichtert hat, ist die Straße nach wie vor eng und tückisch. Autos, Geländewagen und Minivans, voll besetzt mit Passagieren und mit bis zu drei Meter hohen Waren auf dem Dach, stauen sich hinter den langsam fahrenden, mit Mineralien beladenen Lastwagen und versuchen, diese zu überholen. Der Straßenrand ist übersät mit unzähligen Trümmerteilen von Fahrzeugen, deren Fahrer beim Überholen den Abstand oder die Geschwindigkeit falsch eingeschätzt haben. Ich habe einmal erlebt, wie ein mit Kobaltsäcken und Matratzen beladener Minivan auf die Gegenfahrbahn ausscherte, um einen Lastwagen zu überholen, dann nach rechts schwenkte, um einem entgegenkommenden Reisebus auszuweichen, und schließlich direkt vor meinem Jeep außer Kontrolle geriet und quer über die Autobahn schleuderte. Wir legten eine Vollbremsung hin und entgingen nur knapp dem gleichen Schicksal. Es dauerte eine Stunde, bis die Dorfbewohner das Wrack von der Straße geräumt hatten. Mit der Zeit wurde alles Wertvolle aus dem Fahrzeug entfernt – Motorteile, Sitze und Reifen –, bis nur noch Metall und Rost übrig waren.

Der Verkehr kommt an jeder der Mautstellen auf dem Highway zum Erliegen. Hagere Kinder drängen sich um die Fahrzeuge, um Gemüse, Holzkohle und Buschfleisch zu verkaufen.

Lustlose Soldaten mit Kalaschnikows befragen Passagiere, die offensichtlich nicht zu den regulären Reisenden gehören. Beamte der Direction Générale de Migration (DGM) beharren darauf, die Reisedokumente zu überprüfen. Einmal kam ein Mann in einem lindgrünen Overall, der sich »Captain Mike« nannte, am Kontrollpunkt kurz vor Likasi auf mich zu und verkündete, er sei Mitglied des kongolesischen Geheimdienstes und müsse mein Gepäck kontrollieren. Solche Scharaden sind an der Tagesordnung und erschweren oder verzögern manchmal den Abwicklungsprozess an den Kontrollpunkten. Schließlich aber geht dann doch alles seinen Gang, und die Fahrzeuge werden durchgelassen.

Kupfer lockte die Belgier in den frühen Jahren des 20. Jahrhunderts in die Hügel bei Likasi. Die enormen Vorkommen beflügelten ihre Fantasie, und sie gründeten 1917 eine Bergbaustadt namens Jadotville, benannt nach Jean Jadot, dem ersten Präsidenten von UMHK. Kupfer ist nicht das Einzige, was die Belgier in der Nähe von Likasi fanden. Am 11. April 1915 entdeckten sie auch Uran. Die Lagerstätte wies eine durchschnittliche Konzentration von 65 Prozent U308 (Triuran-Oktoxid) auf und war damit zu dieser Zeit die hochwertigste Uranquelle der Welt. UMHK erbaute daraufhin eine Uranmine namens Shinkolobwe südwestlich von Likasi. Der Weltmarkt für Uran beschränkte sich in den 1920er-Jahren auf die Verwendung in Keramikpigmenten, nicht anders als bei Kobalt. Deshalb war die Mine nicht annähernd so rentabel wie die nahe gelegenen Kupferminen und wurde schließlich 1937 geschlossen. Bald darauf jedoch entdeckte das Manhattan-Projekt Shinkolobwe als ideale Quelle für das hochwertige Uran, das zum Bau einer Atombombe benötigt wurde. Am 18. September 1942 erklärten sich die Eigentümer von UMHK in einem Büro in Midtown Manhattan bereit, Uran aus Shinkolobwe für etwa einen Dollar pro Pfund an die US-Armee zu verkaufen. Shinkolobwe lieferte ungefähr 75 Prozent des für die Bomben verwendeten Urans, die im August 1945 von der *Enola Gay* auf Hiroshima und Nagasaki abgeworfen wurden.[2] Obwohl Shinkolobwe seit Jahrzehnten nicht mehr in Betrieb ist, halten sich hartnäckig Gerüchte, dass abtrünnige Armeeangehörige und organisierte Kriminelle hier Uran abbauen und es auf dem Schwarzmarkt an Länder wie Iran, Nordkorea und Pakistan verkaufen. Einer dieser Akteure, er nennt sich Arran, beutet auch Kinder in der Kobaltmine von Tilwezembe aus, einer echten Todesfalle nur ein kurzes Stück die Straße nach Kolwezi hinunter.

Beim Spaziergang durch die Straßen von Likasi offenbart sich eine kuriose Ansammlung verfallender Gebäude, alter Art-déco-Bauten aus der Kolonialzeit und ursprünglicher Alleen, in denen einst die Belgier lebten. Das kleine Stadtzentrum ist um ein kakifarbenes, zweistöckiges Gebäude mit aquamarinfarbener Zierleiste herum gebaut, Le Mairie de Likasi (»Rathaus von Likasi«). In den Schaufenstern werden Gemüse, getrockneter Fisch aus dem nahe gelegenen Lufira-Fluss und *chai* angeboten, ein Wort, das von den Nachkommen der indischen Schuldknechte, die von den Briten nach Afrika verschleppt wurden, ins Suaheli gelangte. Von den drei großen Städten in den Bergbauprovinzen sind die Straßen in Likasi zweifellos die schlimmsten. Ständig werden sie aufgegraben, neu gepflastert und verlegt. Schwere Lastwagen verstopfen die aufgerissenen Straßen. Kinder in bunten Uniformen klettern über Steinhaufen und Gräben, um zur Schule zu gelangen. Ein einziger Unfall auf der Hauptstraße, die durch die Stadt führt, kann den Verkehr für Stunden lahmlegen.

In Likasi gibt es einige Kupfer-Kobalt-Minen und -Verarbeitungsanlagen, eine Abbruchfabrik und ein Chemiewerk, das Schwefelsäure herstellt, die zur Verarbeitung von Kupfer-Kobalt-Erzen in vielen industriellen Abbaustätten verwendet wird. Zahlreiche handwerkliche Schürfgebiete sind über eine Kette von Hügeln und Wäldern verstreut, die sich von Likasi bis zur nahe gelegenen Stadt Kambove erstrecken, deren immense Kupfervorkommen von den Geologen Jules Cornet 1892 und John R. Farrell 1902 entdeckt wurden. Viele der Kleinbergbaustandorte werden von inoffiziellen Milizeinheiten bewacht, von denen einige von den Minengesellschaften bezahlt werden. Die Einheiten bestehen in der Regel aus einem »General«, der eine Truppe von zehn bis 20 mit Kalaschnikows, Handfeuerwaffen und Macheten bewaffneten jungen Männern anführt. Die Milizen sind besonders in einigen Dörfern und Kleinbergbaustätten in der Nähe von Kambove aktiv.

»Kambove ist das am stärksten durch Gesetzlosigkeit geprägte Bergbaugebiet im Kupfergürtel«, erklärt Arthur, ein lokaler Führer. »Es ist eher vergleichbar mit den Coltan-Minen in Tanganjika.«

Als ich die Abbaugebiete in und um Likasi und Kambove erkundete, erwiesen sich die Bedingungen als noch viel schlimmer, als ich erwartet hatte.

Am frühen Morgen ist es im Kupfergürtel selbst dann kühl, wenn die Hitze in der Trockenzeit ihre Höchsttemperaturen erreicht. Sobald die Sonne untergegangen ist, sinken die Temperaturen aufgrund der Höhenlage und der fehlenden Luftfeuchtigkeit. Die Feuchtigkeit sammelt sich über Nacht und zieht bei Sonnenaufgang in silbernen Nebelschwaden wie verlorene Geister über die Hügel. In den abgelegenen Gebieten um Likasi und Kambove liegen zahlreiche Dörfer verstreut. Es gelang mir, einige davon näher zu erkunden, darunter eines, das besonders trostlos aussah. Mein Führer Arthur bat mich, den Namen des Dorfes nicht zu nennen, weil er negative Auswirkungen befürchtete, aber er sagte, ich könne Kamatanda, ein ähnliches Dorf in der Gegend, namentlich erwähnen.

»Sie können den Leuten mitteilen, dass das Dorf, das ich Ihnen zeigen werde, genauso ist, wie es in Kamatanda früher war«, sagte er.

Kamatanda lag einst in der Nähe einer alten Kupfer-Kobalt-Mine von Gécamines nördlich von Likasi. Die meisten Bewohner des Dorfes, darunter nahezu alle Kinder, gruben und wuschen Heterogenit im Zeitraum von etwa 2014 bis 2018. Dann erwarb ein chinesisches Bergbauunternehmen die Konzession und übernahm das Land auf den umliegenden Hügeln, einschließlich Kamatanda. Arthur erzählte, dass anschließend die Armee geschickt wurde und mehr als 1000 Einwohner zum Verlassen von Kamatanda zwang, ganz ähnlich wie in Makaza in der Nähe der Étoile-Mine. Die Bewohner anderer Dörfer in der Gegend lebten unter der ständigen Bedrohung, auch eines Tages ihre Häuser verlassen zu müssen. Sie beteten darum, dass in der Erde unter dem Nachbardorf nichts Wertvolles zu finden sein möge.

Um das Bergbaudorf zu erreichen, das Arthur mir zeigen wollte, fuhren wir von Likasi aus auf einer unbefestigten Straße weit in ein abgelegenes Gebiet hinein, stellten das Fahrzeug mitten im Nirgendwo ab und gingen zu Fuß einen schmalen Pfad aus Steinen und Schmutz entlang, der für den Wagen zu zerklüftet war. Der morgendliche Nebel hatte sich bereits verzogen, als wir durch dünne Büschel trockenen Gestrüpps stapften. Schon bald wich das Knirschen unter unseren Füßen einem Gewirr von Stimmen. Plötzlich tauchte das Dorf auf – eine bröckelnde Ansammlung von Hütten, aufgeschütteter Erde und einem kleinen, zwei bis drei Meter breiten Bach, der sich durch das Gelände schlängelte. In dem Dorf gab es weder Strom noch sanitäre Anlagen. Dutzende von Kindern standen im Wasser und siebten in gebückter Haltung den Schmutz aus Heterogenitkieseln. Eine Kakofonie von Lauten stieg von den Hügeln auf – das Geräusch von plätscherndem Wasser, hackenden Schaufeln und frenetischem Geschrei. Es ging zu wie in einem Bienenstock, und es war nicht möglich, sich auf eine einzelne Person zu konzentrieren. Die Dorfbewohner sahen ärmlicher aus als die Menschen, die ich in Kipushi gesehen hatte. Ihre Kleidung war verschlissener, und fast alle waren schmutzig und abgemagert. Um den Bach herum lagen Steinhaufen, weiße Bastsäcke und Müll. Wegerichbäume in der Nähe der verfallenen Hütten waren die Hauptnahrungsquelle. Auf einem kleinen Acker wuchsen Maniok und Zwiebeln. Der Bach stank widerlich nach Abwasser. Eine Handvoll bewaffneter Männer patrouillierte vor Ort. Sie trugen keine Uniformen, nur Jeans und Hemden, Baseballkappen und Turnschuhe.

Arthur führte uns zu den Bewaffneten, die manchmal auch als *Kommandos* bezeichnet werden. Er sagte, wir bräuchten ihre Erlaubnis, um mit den Bewohnern zu sprechen. Die Kommandos kannten Arthur, da er und seine Kollegen einige Dörfer in der Umgebung mit Medikamenten, Speiseöl, Mehlsäcken und anderen Gütern versorgten. Arthur wandte sich an den Anführer der Miliz, Bukasa, einen hageren Mann mit schmalem Gesicht, gelben Zähnen und blutunterlaufenen Augen. Bukasa trug Jeans, Turnschuhe und ein Adidas-T-Shirt. Auf Suaheli erklärte Arthur ihm, dass ich ein Professor aus Amerika sei, der bei der Mittelbeschaffung helfen wolle. Bukasa gestattete uns, das Dorf zu besichtigen und mit einigen Bewohnern zu sprechen, wies uns aber an, im eigentlichen Dorfgebiet zu bleiben.

Wir gingen am Bach entlang, der durch das Dorf fließt, und beobachteten den handwerklich betriebenen Bergbau in Aktion. Jungen im Alter zwischen acht und 13 Jahren schlugen mit bloßen Händen große schlammverkrustete Heterogenitbrocken gegeneinander, um die Steine zu zerkleinern. Sie hatten keine Schlägel oder Hämmer, wie die meisten der Kleinschürfer in Kipushi. Nachdem die Jungen die Steine zerkleinert hatten, reichten sie sie weiter an eine andere Gruppe von Kindern, darunter auch Mädchen, die sie im Bach wuschen. Obwohl einige der Kinder über *kaningios* verfügten, spülten die meisten die Steine mit einem zerrissenen Bastsack. Zwei Kinder hielten die Enden des Sacks, als würden sie ein Bettlaken falten. Ein anderes Kind füllte die Mitte des Sacks mit Schlamm und Steinen. Die Kinder, die den

Sack hielten, ließen diesen dann unter die Wasseroberfläche sinken. Die Jungen arbeiteten im Gleichklang, indem sie den rechten Arm schnell hoben und sinken ließen, dann den linken Arm hoben und sinken ließen. Sie bewegten sich hin und her, von rechts nach links, um so den Schlamm und Schmutz durch den Sack zu befördern. Schließlich enthielt der Sack nur noch Heterogenitsteinchen. Die Kinder füllten die Kieselsteine in andere Bastsäcke und schleppten sie zu Bukasas Truppe, die sie auf einen Hilux-Pick-up-Truck lud. Die Kommandos transportierten die Säcke schließlich in dem Lastwagen nach Likasi. Ich fragte Arthur, ob er wisse, an welche Depots in Likasi das Erz aus dem Dorf verkauft werde. Er sagte, es gebe viele, aber die wichtigsten seien das Depot Jin, das Depot Diop und das Depot Hao. Laut Arthur verkauften alle drei Depots ihr Erz an chinesische Bergbauunternehmen. Er vermutete auch, dass Bukasa und sein Team auf der Gehaltsliste einer der chinesischen Minengesellschaften standen. »Sie nennen es ›privater Sicherheitsdienst‹«, sagte er.

Ein anschließender Besuch in den Depots Hao, Jin und Diop ergab, dass dort nur wenige Geschäfte stattfanden, jedoch beschränken sich diese Beobachtungen auf einen einzigen Nachmittag. Die von mir festgestellten Transaktionen fanden zwischen den chinesischen Agenten, die die Depots betrieben, und kongolesischen Zwischenhändlern statt, die mit gefüllten Bastsäcken auf Motorrädern ankamen. Ich zählte insgesamt 26 Bastsäcke, die in den Depots gestapelt waren, und Arthur versicherte mir, dass das gesamte Heterogenit aus den drei Depots zu den Verarbeitungsbetrieben der chinesischen Bergbauunternehmen in Likasi und Lubumbashi ging. Er stellte fest: »Die Bergbaufirmen können sagen, dass sie kein Kobalt aus diesen Dörfern kaufen. Aber was glauben sie denn, wohin das Kobalt geht? Wenn es niemand kauft, warum graben sie dann danach?«

Obwohl die meisten Familien im Dorf Arthur kannten, waren nur wenige bereit, sich auf ein längeres Gespräch einzulassen.

Einige hatten zweifellos Angst, in Anwesenheit der Dorfbewohner mit einem Außenstehenden zu sprechen, andere wiederum wollten einfach nicht, dass ich ihre Arbeit behinderte. Zwei Brüder, die mit mir sprachen, waren Denis und Awilo, zehn und elf Jahre alt. Die Jungen waren gerade dabei, Steine zu waschen, als Arthur sie entdeckte. Er führte sie in einen ruhigeren Bereich, damit wir uns mit ihnen unterhalten konnten. Sie trugen braune Shorts, Flipflops aus Plastik und zerschlissene T-Shirts, eines grün, das andere azurblau. Um sich vor der Sonne zu schützen, trug Denis eine übergroße Baseballkappe mit einem chinesischen Drachenemblem auf der Vorderseite. Die Jungen wussten nicht, wer ihr Vater war. Ihre Mutter arbeitete in einem Gästehaus in Likasi. Sie besuchte sie ein- oder zweimal im Monat.

»Wir leben bei unserer Großmutter«, erzählte Denis. »Wir haben zwei ältere Brüder, aber die sind nach Sambia gegangen.«

Die Jungen stießen beim Sprechen ein metallisches Husten aus. Sie klagten über juckende und brennende Haut an den Beinen sowie über chronische Schmerzen im Rücken und im Nacken. So lange sie sich erinnern konnten, hatten sie im Dorf Steine gebrochen und gewaschen und keinen Tag die Schule besucht. Sie sagten, dass sie jeden Morgen verängstigt aufwachten, weil sie an den Fluss zurückzukehren müssten.

Denis und Awilo brachten mich zu ihrer Großmutter Solange, die auf dem Boden saß und mit einem kleinen Messer Maniok schälte. Sie trug eine saubere, aber verblichene braun-gelbe Bluse und einen Rock. Sie hatte tief liegende Augen. Ihre Finger wirkten unbeweglich und arthritisch. Ihre Haut war trocken wie rissige Erde. Solange erzählte, dass der Vater der Jungen durchgebrannt sei, um mit einer anderen Frau zusammen zu sein, als die Kinder noch klein waren. Das Gleiche sei auch ihr passiert, als sie 28 Jahre alt war, worauf sie ihre vier Kinder alleine habe großziehen müssen. Sie hatte nicht mehr in Likasi bleiben können und war in ein nahe gelegenes Dorf gezogen, in dem ihr Bruder lebte. Als sie Likasi Mitte der 1980er-Jahre verließ, gab es dort noch keinen Kleinbergbau. Die ursprünglichen belgischen Kupferminen wurden von Gécamines betrieben, und die meisten der Männer, die in Likasi und Kambove lebten, arbeiteten in diesen Minen. Nachdem Gécamines die Minen geschlossen hatte, begannen die Menschen selbst zu schürfen.

»Damals reichte das, was man mit dem Kupfer verdiente«, erzählte Solange. »Wir mussten unsere Kinder nicht zum Schürfen schicken.«

Im Jahr 2012, so Solange, habe sich alles geändert. »[Joseph] Kabila verkaufte die Minen an die Chinesen. Dieser Schritt wurde als ein großer Segen dargestellt. Sie sagten, wir sollten Kobalt schürfen und würden damit reich werden. Alle begannen zu graben, aber niemand wurde reich. Wir verdienen nicht genug, um davon leben zu können.«

Solange schälte den Maniok zu Ende und goss Wasser aus einem gelben Plastikbehälter in einen Metalltopf. Sie legte den Maniok in den Topf und entzündete dann mit einem Streichholz ein Feuer und stellte den Topf darauf. Während der Maniok kochte, wurde sie nachdenklich. »Schaut euch meine Enkelkinder an. Das ist es, was Kobalt mit den kongolesischen Kindern gemacht hat. Sie haben keine Zukunft mehr.«

Die meiste Zeit des Tages war meine Anwesenheit von den Kommandos geduldet worden, aber als ich mit einigen Kindern sprach, darunter einem Jungen namens Kiyonge, begann Bukasa mir konsternierte Blicke zuzuwerfen. Kiyonge war neun Jahre alt, relativ klein für sein Alter und trug ausgefranste schwarze Shorts und ein schmutziges Hemd mit einem Smiley-Emoji auf der Vorderseite. Er drückte ständig seine Finger auf sein linkes Auge. Ich fragte ihn, was los sei, und es stellte sich heraus, dass er ein Gerstenkorn am Augenlid hatte, das ihm offenbar ziemliche Schmerzen bereitete. Das nächstgelegene Krankenhaus befand sich in Likasi, und wenn ein Dorfbewohner krank wurde, sich verletzte oder wie in diesem Fall ein schmerzhaftes Gerstenkorn am Auge hatte, blieb ihm nichts anderes übrig, als es zu ertragen. Kiyonge hatte auch eine Haarlücke von der Größe eines Silberdollars hinter seiner rechten Schläfe. Seine Haut war mit Ausschlägen übersät, und er sprach mit der gebrochenen Stimme eines alten Mannes.

»Wir haben früher in Milele gelebt. Vor zwei Jahren brachte meine Mutter mich und meine Brüder hierher. Nach ein paar Monaten ist sie mit meinen beiden Schwestern weggegangen und nicht mehr wiedergekommen«, sagte er.

Kiyonge lebte mit seinen drei älteren Brüdern in dem Dorf. Er erzählte, dass sie nach Kobalt gruben, aber er war noch zu klein, um zu graben, also wusch er Steine im Bach.

Kiyonge zeigte uns die Hütte, in der er und seine drei Brüder lebten. Es war ein strohgedecktes Gerüst mit einer Plastikplane als Behelfsdach. Shorts und Hemden hingen zum Trocknen an einer Schnur. Innen war die Hütte etwa drei mal drei Meter groß und hatte einen harten Erdboden. Eine weiße Plastikschüssel stand in einer Ecke, und es gab einen großen Metalltopf, der von großen Steinen zum Kochen und Heizen umgeben war. Außerdem gab es einige Messer, Löffel, Plastikbehälter und ein Sammelsurium an Kleidung. Die Jungen kochten Maniok und Zwiebeln, die auf einem Feld neben dem Dorf wuchsen, um daraus Fufu zu machen, ein Grundnahrungsmittel der Armen im Kongo. Sie schliefen auf Matten auf dem Boden. In der Regenzeit hüllten sie die Hütte in so viele Plastikplanen und zerrissene Bastsäcke, wie sie finden konnten. Doch das Wasser der Regengüsse sickerte unweigerlich in die Hütte und verschlammte den Boden, auf dem sie schliefen.

»Wenn Sie mehr über Kinder erfahren wollen, die Kobalt schürfen, müssen Sie nach Milele fahren«, sagte Kiyonge. »Dort gibt es Tausende solcher Kinder. Viele der Kinder von hier werden von Paten in Dörfer wie dieses gebracht.«

Arthur erklärte, dass Kiyonge mit »Paten« Kommandos oder Wachen oder Négociants meinte. Diese waren dafür bekannt, dass sie Kinder aus anderen Dörfern und sogar aus benachbarten Provinzen in handwerkliche Schürfstellen wie Kiyonges Dorf brachten, um die Förderung anzukurbeln. Milele lag weit nördlich von Likasi. Ich konnte keinen Führer finden, der bereit war, mich dorthin zu bringen, weil das Gebiet von besonders gewalttätigen Milizen kontrolliert wurde.

Ein paar Stunden später hatte ich mit mehreren Kindern und einigen Müttern und Großmüttern des Dorfes gesprochen. Außerdem konnte ich mir ansehen, wie das Erz im Bach gewaschen und dann sortiert wurde. Es blieb nur noch eine Frage offen: Woher kam das Erz? Kiyonge erzählte, dass seine älteren Brüder in einem anderen Gebiet nach Heterogenit graben würden. Es war jenes Gebiet außerhalb des Dorfes, von dem Bukasa mich fernhalten wollte. Kiyonge sagte, es gebe einen Schleichweg durch das Gebüsch, um unentdeckt in das Gebiet zu gelangen, und beschrieb mir den Weg. Arthur und ich gingen an den verfallenen Hütten vorbei durch das Gestrüpp und gelangten schließlich in ein Areal, das so groß war wie ein Fußballfeld. Die meisten Bäume und Büsche waren abgeholzt worden, und der Boden sah aus, als hätte man ihn gepflügt. Ich sah mehrere junge Männer und Teenager auf dem Feld sowie Dutzende von Bastsäcken, die in Dreier- oder Viererstapeln angeordnet waren und jeweils in unterschiedlichem Maße mit Steinen und Erde gefüllt waren. Außerdem waren mindestens 15 Stollenöffnungen über das Feld verteilt, jede mit einem Durchmesser von etwa einem Meter. Ich fragte Arthur, wie viele Menschen unter Tage arbeiteten. Er sagte, er sei sich nicht sicher, schätze aber, es müssten mindestens 100 sein.

Es war das erste Mal, dass ich im Kongo Stollen für den Kobaltabbau sah. Es gab so viele Fragen, die ich stellen wollte: Wie tief reichten die Stollen? Wie viele Menschen waren dort unten?

Wie gelangten sie hinab und wieder nach oben? Wie brachten sie das Erz an die Oberfläche? Hatten die Stollen irgendwelche Stützen? Wie atmeten die Bergleute unter Tage?

Leider war es mir nicht möglich, den Stollenbereich weiter zu erkunden. Einige Wachen patrouillierten auf dem Gelände, und Arthur wollte nicht, dass wir noch länger blieben und riskierten, entdeckt zu werden. Nach meinen Beobachtungen an diesem Tag schien es, als gäbe es tief im Innern eines von außen unscheinbaren Hügels, fernab jeglicher Zivilisation, so etwas wie eine Ameisenkolonie von Menschen, die Stollen anlegten und wertvolles Kobalt ausgruben, es wuschen, verpackten und an die Minenunternehmen weiterleiteten, die die wiederaufladbaren Geräte und Autos der Welt herstellen. Bei all meinen Reisen in den Kongo habe ich nie etwas davon gesehen oder gehört, dass diese Unternehmen oder ihre nachgelagerten Lieferanten auch diesen Teil der Lieferkette oder einen der zahllosen ähnlichen Orte überwachen.

Je mehr Dörfer ich im Kongo besuchte, desto mehr wurde mir bewusst, wie schwierig es hier für ein Kind ist, zur Schule zu gehen. Für die meisten von uns ist Bildung eine Selbstverständlichkeit, und wir kämpfen oft mit aller Macht für die bestmögliche Ausbildung, aber Kinder wie Denis, Awilo und Kiyonge hatten keine Chance, auch nur ein paar Jahre die Grundschule zu besuchen. Einige der größeren Dörfer in der Umgebung von Likasi verfügten über Schulen, die meisten jedoch nicht, schon gar nicht in den entlegeneren Gebieten. In Likasi traf ich eine Lehrerin namens Josephine, die in einer der Dorfschulen in der Nähe der Stadt arbeitete. Sie lebte mit ihrem Mann und ihren drei Kindern in einem kleinen Haus im Missionsviertel der Stadt. Sie war Mitte 30, tatkräftig und schrieb gern Gedichte. Josephine setzte sich leidenschaftlich für die Bildung von Kindern ein und arbeitete oft monatelang ohne Bezahlung.

»Die Regierung sollte eigentlich die Gehälter der Lehrer zahlen, aber sie stellt keine Mittel zur Verfügung, sodass die Schulen Gebühren erheben müssen«, berichtete sie.

»Wie hoch sind die Gebühren?«, fragte ich.

»Fünf Dollar im Monat.«

Josephine sagte, dass die meisten Familien in den armen Dörfern rund um Likasi nicht in der Lage seien, das Schulgeld regelmäßig zu bezahlen, weshalb die Eltern ihre Kinder oft zum Arbeiten schickten. Nach Kobalt zu graben, war die sicherste Möglichkeit, jeden Tag zumindest mit etwas Geld nach Hause zu gehen. Es schien unglaublich, dass der Unterschied zwischen einer Schulbildung und gefährlicher Kinderarbeit nur eine Handvoll Dollar betrug. Ich fragte, ob ausländische Hilfe von Regierungen oder Zuschüsse von Wohltätigkeitsstiftungen helfen könnten, diese Lücke zu schließen, oder vielleicht Bargeldzahlungen an Familien unter der Bedingung, dass die Kinder in der Schule blieben. Solche Initiativen haben sich in anderen armen Ländern als wirksam erwiesen, um die Zahl der Schulabschlüsse von gefährdeten Kindern zu erhöhen.

Josephine antwortete, sie wisse von einigen Schulen, die in der Vergangenheit von UNICEF unterstützt worden seien, aber wenn die finanzielle Unterstützung auslaufe, müssten viele Kinder wieder arbeiten gehen. Bargeldzahlungen an Familien seien keine Lösung. Die nächstgelegene Schule konnte mehrere Kilometer entfernt sein, sodass es für die Kinder unmöglich war, regelmäßig zur Schule zu gehen, vor allem in den Regenmonaten. Darüber hinaus »wollen viele Kinder auch von sich aus nicht in die Schule gehen. Der Druck, arbeiten zu müssen, ist zu groß, selbst wenn sie sich das Schulgeld leisten können. Im letzten Jahr habe ich mit 36 Schülern angefangen. Nach zwei Monaten hatte ich nur noch 17. Selbst diese Kinder arbeiteten jeden Morgen, bevor sie zur Schule kamen. Sie waren immer müde und hungrig. Wie sollen sie unter diesen Bedingungen lernen?« Josephine erklärte, dass der schlechte Zustand vieler Kinder und die mangelnde Motivation der Lehrer, die oft über längere Zeit unbezahlt blieben, dazu führte, dass viele Dorfkinder, selbst wenn sie es in die Schule schafften, im Alter von 13 oder 14 Jahren nur rudimentäre Lese- und Schreibkenntnisse hätten. Für Josephine war das Bildungssystem im ländlichen Kongo völlig kaputt.

Ihre Beobachtungen waren ernüchternd. Offenbar war für arme Familien im Kongo jede Art von Einkommen wichtiger als eine Schul- oder sonstige Ausbildung. Lebensmittel, Medikamente, Reparaturen an der Hütte oder andere Ausgaben erforderten, dass jedes Familienmitglied möglichst viel verdiente, auch die Kinder. Die Vorteile einer Ausbildung waren für diejenigen, die von einem Tag zum nächsten lebten, nur theoretischer Natur und lagen zu weit in der Zukunft, vor allem wenn die Schulen nicht über die nötigen Mittel verfügten, eine angemessene Ausbildung zu gewährleisten. Kein Wunder, dass arme Familien in den Bergbauprovinzen des Kongo auf Kinderarbeit angewiesen waren, um zu überleben. Manchmal wurde man das Gefühl nicht los, dass sich die Akteure in der gesamten Kobaltkette sogar darauf verlassen. Warum sollte man den Bau von Schulen unterstützen oder kongolesischen Kindern in den Minengemeinden eine angemessene Ausbildung finanzieren, wenn die Kinder stattdessen einfach für ein paar Cent nach Kobalt schürfen konnten?

KAMBOVE

Die nächste Station auf unserer Reise war die Bergbaustadt Kambove, die etwa 25 Kilometer nordwestlich von Likasi liegt. Um Kambove besser kennenzulernen, machen wir einen kleinen Abstecher nach Paris, und zwar um den 10. Juli 1873 herum. An diesem Tag wurde Edmund Dene Morel als Sohn eines englischen Lehrers und einer französischen Beamtin geboren. Morels

Vater starb, als er vier Jahre alt war, daraufhin kehrte seine Mutter nach England zurück und zog ihn dort groß. Im Jahr 1890, etwa zur selben Zeit, als Joseph Conrad seine Reise auf dem Kongostrom begann, erhielt Morel eine Stelle bei der Liverpooler Reederei Elder Dempster. Das Unternehmen wickelte den gesamten Frachtverkehr für den Freistaat Kongo von König Leopold ab. Dempster beauftragte Morel aufgrund seiner Französischkenntnisse, die Geschäftsvorgänge der Gesellschaft mit den Belgieren zu überprüfen. Morel war mehr und mehr fasziniert von Afrika und las alles, was er über den Kontinent finden konnte. Bald stieß er auf Berichte von Missionaren im Freistaat Kongo, die von weitverbreiteten Gräueltaten berichteten. Diese Berichte wurden von Leopolds Propaganda als falsch zurückgewiesen. Wie die meisten Menschen der damaligen Zeit war Morel geneigt, einem König zu glauben.

Im Jahr 1900 fiel Morel eines Tages etwas Seltsames auf, als er die offiziellen Zahlen der Frachtbriefe von Elder Dempster mit dem Verkauf von Kautschuk durch den Freistaat Kongo auf dem Antwerpener Markt verglich. Die Kautschuklieferungen aus dem Kongo nach Belgien schienen sprunghaft anzusteigen, doch der gesamte Wert des Kautschuks, abzüglich der Transportkosten, wurde in den Büchern als Kredit ausgewiesen. Aufgrund dieser Diskrepanz vermutete Morel, dass die Arbeitskosten gleich null sein müssten. Er fragte sich, ob die Einheimischen mit Waren statt mit Geld bezahlt würden, aber die Bücher zeigten, dass der größte Teil der Importe in den Freistaat Kongo aus Waffen wie Kugelpatronen, Gewehren, Schreckschusspistolen und Handschellen bestand. Morel kam zu dem Schluss, dass »die Statistiken an sich schon ein schlüssiger Beweis dafür sind, dass die Eingeborenen des Kongo systematisch ausgeraubt werden … Durch welche Verfahren wurden also die Einwohner des Kongo zur Arbeit veranlasst, da der Handel offensichtlich keine Rolle spielte?«[3] Morel erinnerte sich an die Grausamkeiten aus den

Berichten der Missionare und kam zu dem Schluss, dass der Freistaat Kongo anscheinend darauf beruhte, dass »Millionen von Menschen in absolute Sklaverei gezwungen werden durch ein System legalisierten und mit Gewalt durchgesetzten Raubes«.[4]

Durch die Analyse der Daten deckte Morel eines der größten Menschheitsverbrechen der Geschichte auf. Er errechnete, dass in den Jahren 1895 bis 1900 eine Diskrepanz von 23,5 Millionen belgischen Franc aufgelaufen war zwischen dem angegebenen Wert der Kautschuk- und Elfenbeinexporte aus dem Kongo und dem Wert, der bei der Ankunft der Fracht in Antwerpen angegeben wurde.[5] Irgendjemand schöpfte aus diesem System »absoluter Sklaverei« enorme Gewinne ab, und dafür kam nur eine Person infrage – der belgische König Leopold II.

Morel veröffentlichte 1902 ein Buch mit dem Titel *Affairs of West Africa*, das eine scharfe Anklage gegen den Freistaat Kongo enthielt. Er wies Leopold die Verantwortung für das Ausbeutungssystem zu, der »eine Art von Sklaverei erfunden hat, die erniedrigender und grausamer ist als jede Sklaverei, die es zuvor gegeben hat«.[6] Morels Buch veranlasste das britische Unterhaus, am 20. Mai 1903 über dieses Thema zu debattieren. Daraufhin wurde Roger Casement, der britische Konsul im Freistaat Kongo, mit einer offiziellen Untersuchung beauftragt. Casement veröffentlichte Anfang 1904 den *Casement Report*, der auf seinen Nachforschungen im Kongo-Regenwald und den Aussagen der Einheimischen beruhte, die er befragt hatte. Er fand darin alles bestätigt, was die Missionare berichtet hatten und was Morel aus den Frachtdaten abgeleitet hatte.

Morel und Casement gründeten im März 1904 in England die Congo Reform Association (CRA), die sich das Ziel setzte, Leopolds Kolonialregime zu stürzen. Die CRA wurde zur ersten internationalen Menschenrechtsorganisation des 20. Jahrhunderts, angetrieben durch die Macht der Daten (Morel) und der Zeugenaussagen der Überlebenden (Casement). Joseph Conrad, Arthur

Conan Doyle, Mark Twain und Booker T. Washington gehörten zu den zahlreichen Unterstützern der Organisation. 1908 sah sich Leopold gezwungen, den Freistaat Kongo an die belgische Regierung zu verkaufen, was einem der skrupellosesten Sklavereisysteme in der Geschichte Afrikas ein Ende setzte. Zumindest schien es so.

Leopold hatte der Welt gezeigt, dass es im Kongo Reichtümer im Überfluss gab. Die Bodenschätze in Katanga waren gerade erst erschlossen worden, als die belgische Regierung die Verwaltung des Gebiets übernahm. Das Gerangel war eröffnet.

Mehr als ein Jahrhundert nach der Aufsehen erregenden Kampagne von Morel und Casement zur Beendigung der Sklaverei im Kongo floriert in den Bergbauprovinzen ein neues System des »legalisierten und mit Gewalt durchgesetzten Raubes«. Die handwerklichen Schürfgebiete in der Nähe von Kambove sind ein gutes Beispiel dafür. Die UMHK errichtete in den 1910er-Jahren die ersten Minen zum Kupferabbau in Kambove, und Gécamines errichtete die Stadt im Jahr 1968, um Unterkünfte für die Bergleute zu schaffen. Der finanzielle Zusammenbruch von Gécamines in den 1990er-Jahren führte in Kambove zu erheblichen Problemen. Die gesamte Stadt war auf die Unterstützung der Firma angewiesen, und über Nacht waren Tausende von Menschen gezwungen, ohne Arbeit oder eine alternative Einkommensquelle für sich selbst zu sorgen. Die Pleite von Gécamines förderte zwielichtige Geschäfte und Bestechung, die den kongolesischen Bergbausektor seit Jahrzehnten plagen. Nahezu jede industrielle Kupfer-Kobalt-Mine, die ich besuchte, war durch krumme Geschäfte wiederbelebt worden, bei denen die von der lokalen Bevölkerung geschaffenen Werte in die Hände von Kleptokraten und ausländischen Interessenvertretern gelenkt wurden. Das von König Leopold etablierte Ausbeutungsmodell blieb weitgehend intakt.

Dazu ein Beispiel. Im Januar 2001 verkaufte Laurent Kabila die Rechte an allen alten Gécamines-Minen im Raum Kambove an ein Bergbauunternehmen namens Kababankola Mining Company (KMC). KMC befand sich zu 20 Prozent im Besitz von Gécamines, und zu 80 Prozent gehörte es einem Unternehmen namens Tremalt Limited. Tremalt wurde von John Bredenkamp kontrolliert, einem politischen Strippenzieher aus Simbabwe, der dazu beigetragen hatte, dass simbabwische Streitkräfte im Jahr 1998 zur Unterstützung von Laurent Kabila im Kampf gegen eine Invasion ruandisch-ugandischer Streitkräfte in der Demokratischen Republik Kongo eingesetzt wurden. Dabei handelte es sich übrigens um dieselben Streitkräfte, die Kabila nur ein Jahr zuvor geholfen hatten, die Kontrolle über den Kongo von Mobutu zu übernehmen. Ohne Bredenkamps Unterstützung wäre Kabila innerhalb weniger Wochen von seinen ehemaligen Verbündeten gestürzt worden. Kabila schuldete Bredenkamp also etwas, und diese Schuld konnte er unter anderem über die KMC begleichen. Tremalt zahlte die läppische Summe von 400 000 Dollar für die Rechte an den sechs Bergbaukonzessionen um Kambove. Das Geschäft schlug hohe Wellen, und die Vereinten Nationen ordneten eine Untersuchung an. Im Oktober 2002 veröffentlichten die Vereinten Nationen einen Bericht, in dem sie feststellten, dass die für 400 000 Dollar an die KMC verkauften Konzessionen einen Marktwert von über einer Milliarde Dollar hatten – eine noch ungeheuerlichere Diskrepanz zwischen Kaufpreis und Marktwert, als sie Morel ein Jahrhundert zuvor im Freistaat Kongo aufgedeckt hatte.

Nach der UN-Untersuchung stieg Bredenkamp aus dem Geschäft aus und verkaufte Tremalt für 60 Millionen Dollar an einen israelisch-amerikanischen Geschäftsmann namens Dan Gertler, der bereits Diamanten- und Kupferminen in der DRK besaß. Gertler war seit Kindertagen mit Laurent Kabilas Sohn Joseph bekannt, der ihm bereits 1997 beim Kauf seiner ersten

Diamantenkonzession im Kongo half. Außerdem zahlte Gertler Laurent Kabila 20 Millionen Dollar für ein Monopol auf den gesamten Diamantenhandel in der Demokratischen Republik Kongo, das im September 2000 eingerichtet wurde. Wie Bredenkamp zogen auch Gertlers Unternehmungen internationale Aufmerksamkeit auf sich. Der IWF und die Weltbank überprüften einige der Sicherheiten (Diamanten), gegen die ihre Darlehen an die Demokratische Republik Kongo gewährt worden waren, ähnlich wie sie im Jahr 2009 Bedenken bezüglich des SICOMINES-Geschäfts angemeldet hatten. Bei diesen Untersuchungen kam zutage, dass Gertlers Name mehr als zweihundertmal in den *Panama Papers* auftauchte und dass viele seiner Geschäfte mit Bergbauanlagen in der Demokratischen Republik Kongo über die berüchtigten Briefkastenfirmen von Mossack-Fonseca abgewickelt wurden. Im Dezember 2017 verhängte das US-Finanzministerium Sanktionen wegen Menschenrechtsverletzungen und Korruption gegen Gertler. Doch das war nicht das Ende der dubiosen Geschäfte mit den Kambove-Minen.

Seit 2016 kontrolliert ein neues Unternehmen die Minen in Kambove – die in China ansässige Firma Huayou Cobalt. Huayou erwarb die Minen über ein Joint Venture mit Gécamines namens MIKAS. Die vorherrschende Meinung ist, dass Joseph Kabila das Huayou-Geschäft in Kambove arrangiert und dafür finanzielle Zahlungen erhalten hat. Das bisher größte Datenleak, das jemals Finanzinformationen in Afrika aufdeckte, bestätigte diesen Verdacht. Laut den Enthüllungen, die im Sommer 2021 publik wurden, fungierte eine Briefkastenfirma namens Congo Construction Company (CCC), deren Konten bei der Filiale der BGFIBank in Kinshasa geführt wurden, als Finanzvermittler zwischen chinesischen Bergbaufirmen und Kabilas Familie. Eine Schwester von Kabila besaß einen 40-prozentigen Anteil an dieser Bankniederlassung, für den sie nie etwas bezahlt hatte, und die Niederlassung wurde von einem von Kabilas Brüdern betrieben. Eine von Bloomberg durchgeführte Untersuchung ergab, dass »zwischen Januar 2013 und Juli 2018 insgesamt etwa 65 Millionen Dollar über die Konten der CCC geflossen sind, von denen 41 Millionen Dollar in bar abgehoben wurden, sodass es unmöglich ist, die Empfänger aller Gelder zu ermitteln. Aus den Bankunterlagen geht jedoch hervor, dass mindestens 30 Millionen US-Dollar durch Überweisungen oder in bar an Personen und Einrichtungen weitergeleitet wurden, die in direkter Verbindung zur Familie Kabila oder zu Unternehmen im Besitz der Präsidentenfamilie stehen«.[7] Offenbar nutzte die Familie Kabila die CCC für Zahlungen von chinesischen Minengesellschaften, um Bergbaugeschäfte im Kupfergürtel abzuschließen. Die Kabilas nutzten die Bank auch, um mindestens 138 Millionen Dollar an öffentlichen Geldern für sich selbst abzuzweigen.[8] Welche Summen Joseph Kabila aus Bergbaugeschäften und Bauaufträgen von chinesischen Firmen unterschlagen hat, wird vielleicht nie geklärt werden. Seine offensichtliche Plünderung von Bergbau- und Staatsvermögen dürfte selbst die Machenschaften König Leopolds in den Schatten stellen.

Die von MIKAS betriebenen Minen von Kambove befinden sich einige Kilometer nördlich der Stadt. Den Einheimischen zufolge werden die Minen in einem gemischten System aus Industrie und Handwerk ausgebeutet, und es gibt keine Rückverfolgung oder Klarheit darüber, welcher Anteil der Produktion auf Maschinen und welcher auf Handarbeit entfällt. Zum Zeitpunkt meines Besuchs wurden die MIKAS-Minen durch eine Kombination aus Republikanischer Garde und privaten Sicherheitsdiensten umfassend gesichert. Als ich versuchte, zu den Abbauorten zu gelangen, wurde ich an einer Straßensperre unweit der Hügel von Soldaten aufgehalten. Deshalb musste ich mich mit Interviews mit Kleinschürfern in Kambove begnügen, die angaben, in den Minen zu arbeiten.

Ich traf vier Männer und vier Jugendliche, die erzählten, sie seien als handwerkliche Bergleute in drei MIKAS-Minen nördlich von Kambove tätig. Sie berichteten, dass sie frühmorgens ihr Zuhause verließen und zu einem Sammelpunkt gingen, wo sie von MIKAS-Lastwagen abgeholt und zu den Minen gebracht wurden. Einige Menschen, die in den Hügeln in der Nähe der Minen lebten, gingen zu Fuß zu den Standorten. Nach den Aussagen der von mir befragten Arbeiter gab es zwischen 2000 und 3000 Kleinschürfer, die in den MIKAS-Minen tätig waren. Mpoyo, ein 22-jähriger Einwohner von Kambove, der in einer der MIKAS-Minen arbeitete, beschrieb das System folgendermaßen: »In Kamoya South wird hauptsächlich handwerklicher Bergbau betrieben. Manchmal setzt MIKAS auch Bagger ein, aber wie ich schon sagte, ist es hauptsächlich Kleinbergbau. Die meisten Leute schürfen in der Hauptgrube, einige auch um die Grube herum. Wir müssen nicht tief graben, weil die Grube schon ziemlich tief ist.«

Nach Angaben von Mpoyo und den anderen Befragten gibt es in den MIKAS-Minen keine Anlage zum Waschen und Sortieren des Gesteins. Die Kleinschürfer graben das Erz aus, zerkleinern es und füllen es in Plastiksäcke. Ich fragte, was mit den Säcken geschehe, nachdem sie verladen waren, und die Arbeiter erzählten mir, dass Vertreter der MIKAS-Minen die Säcke von ihnen kauften, genau wie in dem von Makaza beschriebenen System in Étoile. Tatsächlich erhielten die handwerklichen Bergleute von MIKAS auch den gleichen Betrag pro 40-Kilogramm-Sack, nämlich etwa 1,10 Dollar. Die Kleinschürfer luden die Säcke auf MIKAS-Lastwagen, die das Erz zur Verarbeitung in die MIKAS-Konzentrationsanlage in Kambove transportierten. Vom Konzentrator aus wurde das halb verarbeitete Kupfer und Kobalt wahrscheinlich zur Muttergesellschaft Huayou Cobalt exportiert.

Mpoyo und die anderen handwerklichen Bergleute gaben an, dass sie in Gruppen in den Minen arbeiteten und bei einer typischen Produktion von zwei Säcken pro Tag durchschnittlich ungefähr 2,20 Dollar verdienten. Sie erklärten, dass fast die gesamte Produktion an den vier Standorten handwerklich sei. Sie behaupteten auch, dass SAEMAPE-Beamte in den MIKAS-Minen anwesend seien und das Gewicht der Tagesproduktion feststellten, woraus sich die Höhe der Lizenzgebühren ergebe, die MIKAS an die kongolesische Regierung zahlen muss. Sollte dies zutreffen, würde es bedeuten, dass die Regierungsbehörde, die für die Aufsicht der Kleinschürfer und den Schutz ihrer Interessen zuständig ist, Teil des Systems der illegalen Ausbeutung von Kleinschürfern in den industriellen Anlagen ist. Auf ähnliche Berichte stieß ich auch an anderen Abbauorten, die auf dem Weg nach Kolwezi lagen.

Die in den MIKAS-Minen arbeitenden Bergleute gaben an, dass die Arbeitsbedingungen sehr hart seien. Sie hackten und gruben zehn bis zwölf Stunden am Tag nach Kobalt, ohne persönliche Schutzausrüstung oder andere Sicherheitsvorkehrungen. Immerhin verfügte jeder Standort über eine Krankenstation, in der kleinere Verletzungen versorgt werden könnten. Sie berichteten von chronischen Rücken- und Nackenschmerzen und Verletzungen wie Risswunden und Verstauchungen und auch davon, dass es im Mai 2018 in einer der MIKAS-Minen, in Kamoya Central, einen größeren Grubenwandeinsturz gegeben habe. Mehrere Bergleute erlitten bei dem Einsturz schwere Verletzungen wie gebrochene Beine, und einige wurden getötet, obwohl niemand genau sagen konnte, wie viele.

Wenn man davon ausgeht, dass in den MIKAS-Bergwerken oberhalb von Kambove zwischen 2000 und 3000 Bergleute arbeiten und jeder Bergmann zwei 40-Kilogramm-Säcke Erz pro Tag produziert, würde ihre Gesamtproduktion zwischen 160 und 240 Tonnen Kupfer-Kobalt-Erz pro Tag betragen. Das ist viel handwerkliche Produktion an einem industriellen Bergbaustandort, und es ist nicht der einzige. Die meisten großen Bergbaukonzessionen zwischen Likasi und Kolwezi werden von Kleinschürfern bearbeitet. In einigen Fällen entfällt die gesamte Produktion auf die Kleinschürfer.

Obwohl ich keinen Zugang zu den Kupfer-Kobalt-Minen von MIKAS nördlich von Kambove erhalten konnte, gelang es mir, eine andere große handwerkliche Mine in der Gegend von Kambove namens Tocotens zu betreten. Dabei handelt es sich um eine stillgelegte Kupfer-Kobalt-Mine von Gécamines, die sich einige Kilometer südöstlich der Stadt befindet. Kleinschürfer aus Kambove gingen jeden Tag in die Mine, um dort zu graben. Zum Zeitpunkt meines Besuchs sah ich weder Sicherheitskräfte noch bewaffnete Milizen. Auf dem Gelände waren mehrere Hundert Jugendliche und junge Männer damit beschäftigt, in und um eine große Grube herum nach Erz zu graben. Jüngere Jungen und Mädchen wuschen Steine in Spülbecken, die genauso faulig aussahen wie jene in Kipushi. Über der Mine hing eine abstoßende Dunstglocke, die sich aus dem Dreck bildete, der durch das Hacken in der Grube aufgewirbelt wurde, und aus dem Sand, den die Lastwagen ausspuckten, während sie sich ihren Weg über die schlechten Straßen von Likasi bahnten. Die handwerklichen Bergleute in Tocotens verkauften ihre Produktion an inoffizielle Depots in der Nähe der Anlage.

»Wir verkaufen das Kobalt an die Kontore«, erklärte ein Bergarbeiter namens Patoke und zeigte auf mehrere behelfsmäßige, mit rosa und weißen Planen gekennzeichnete Depots in der Nähe von Tocotens.

Wie die Depots Hao, Jin und Diop in Likasi wurden auch jene in Tocotens von chinesischen Agenten betrieben. Keiner von ihnen war bereit, mehr als ein paar Worte mit mir zu wechseln.

Obwohl es sich bei Tocotens um eine ehemalige Gécamines-Mine handelte, waren die Schürfer, die ich an dem Platz traf, zu jung, um sich an die Auswirkungen des Zusammenbruchs von

Gécamines auf Kambove zu erinnern. Der Vater von Patoke, Mbese, erinnerte sich jedoch noch gut an diese Zeit:

> »Ich habe in Tocotens für Gécamines gearbeitet. Das Unternehmen hat uns einen guten Lohn gezahlt. Sie stellten jeder Familie ein Haus zur Verfügung. Sie richteten eine Schule für unsere Kinder ein. Als wir ein weiteres Kind bekamen, gaben sie uns jeden Monat einen Sack Mehl mehr.
> Nachdem Gécamines weg war, hatten wir keinen Lohn mehr. Wir versuchten, in den Minen zu graben. Ich musste nach Lubumbashi gehen, um das Erz zu verkaufen, aber ich verdiente nur noch zehn Prozent von dem, was ich vorher bekommen hatte.«

Wie Solange schien auch Mbese den Tagen vor dem Zusammenbruch von Gécamines nachzutrauern. Waren die Dinge damals wirklich so viel besser gewesen? Zu Mbeses Zeiten bot Gécamines Zehntausenden von Menschen in den Bergbauprovinzen Arbeitsplätze mit festen Löhnen. Das Unternehmen baute Schulen und Krankenhäuser, bot Versicherungsleistungen an und förderte den Stolz seiner Mitarbeiter. Außerdem bildete das Unternehmen Hunderte von Bergbauingenieuren aus, die prestigeträchtige Arbeitsplätze mit wettbewerbsfähigen Gehältern erhielten. Einige arbeiteten später sogar für große Bergbauunternehmen im Ausland. Doch leider stand das gesamte System auf einem wackeligen Fundament. Das Unternehmen ging bankrott, was zum großen Teil auf die Entwendung von Geldern durch die Geschäftsleitung, die Bergwerksbeamten und die Regierungselite, allen voran Joseph Mobutu, zurückzuführen war. In den letzten Tagen seiner Herrschaft soll Mobutu riesige Geldsummen aus den Kassen des Unternehmens gestohlen haben. Der finanzielle Kollaps war unvermeidlich, und die Folgen für die Menschen in den Bergbauprovinzen sind bis heute spürbar, weil sie vom Vater an den Sohn weitergegeben werden, wie bei Mbese und Patoke und unzähligen anderen.

Neben Tocotens gab es noch einige andere handwerkliche Bergbaugebiete, die ich in der Nähe von Kambove besuchte. Bei den meisten handelte es sich um informelle Schürfstellen, die in den Wäldern südlich der Hauptstraße lagen. Das größte dieser Gebiete heißt Shamitumba. Es befindet sich etwa zehn Kilometer südlich von Kambove an der unbefestigten Straße, die nach Shinkolobwe führt. Ein Jahr nach meinem Besuch wurde die Stätte von der Regierung Tshisekedi geschlossen, nachdem in der Erde hohe Urankonzentrationen festgestellt worden waren. Die meisten der informellen handwerklichen Standorte in den Wäldern südlich von Kambove entstanden dadurch, dass einfache Dorfbewohner irgendwo zu graben begannen und Heterogenit fanden. Einige der Standorte bestanden aus einzelnen Schürfzonen mit einem Durchmesser von etwa 50 Metern, andere umfassten mehrere Schürfbereiche, die bis zu einigen Hundert Metern groß waren. Wie in Kipushi arbeiteten die Schürfer in diesen abgelegeneren Kleinbergbaugebieten meist in Familiengruppen, wobei Männer und ältere Jungen fünf bis sechs Meter tiefe Gräben aushoben. Ich habe an keinem dieser Standorte irgendwelche Stollen gesehen. Die Erde war in noch dunklere Kupferfarben getaucht als in Kipushi und zeigte verschiedene Schattierungen von Rost, Hellbraun und Grau. Als sich die Grabungsflächen in den umliegenden Wald ausdehnten, wurden Bäume gefällt und Gestrüpp gerodet. Aus dem Holz wurde Holzkohle hergestellt, mit der die Bergleute in ihren Dörfern heizten und kochten. Die meisten Schürfer lebten in Dörfern in umliegenden Wäldern, einige kamen jeden Tag zu Fuß oder mit dem Fahrrad aus Kambove. An diesen Standorten schürften und wuschen mehrere Tausend Menschen Heterogenit, darunter Hunderte von Kindern. Ähnlich wie in dem Dorf, das mir Arthur gezeigt hatte, wurde keiner dieser Standorte in irgendeiner Weise von den Akteuren in der Produktions- und Lieferkette überwacht oder geprüft. Ein stämmiger Bergarbeiter aus Kambove namens Kabenga schilderte, wie er in einer Gruppe arbeitete, zu der sein Bruder, sein Cousin, zwei Söhne, seine Frau und seine Tochter gehörten.

»Wir kommen hierher, weil das Erz gut ist und wir nicht zu tief graben müssen«, erzählte Kabenga. Er fügte hinzu, dass der Boden im Wald weicher sei als in anderen handwerklichen Minen um Kambove. Er schätzte auch die Tatsache, dass keine Soldaten oder Milizen vor Ort waren. Kabenga sagte, dass er am Ende des Tages drei Säcke mit gewaschenem Heterogenit auf sein Fahrrad laden könne. Er und seine Söhne bräuchten mehr als eine Stunde, um die Ladung zurück in die Stadt zu schieben.

An einigen Kleinbergbaustandorten im Wald sah ich Négociants auf Motorrädern. Sie transportierten das Heterogenit zu den Depots in Kambove für die Bergleute, die keine Fahrräder hatten und auch nicht über die körperliche Kraft und Ausdauer verfügten, drei oder vier 40 Kilogramm schwere Säcke mit Steinen über mehrere Kilometer auf einer unbefestigten Straße bergauf zu transportieren. Ich konnte es nicht nachprüfen, aber es erschien mir sehr wahrscheinlich, dass die Händler ihre Ware an Depots in Kambove verkauften. Vielleicht brachten sie die Säcke auch nach Likasi, aber das bedeutete eine zusätzliche Strecke von 25 Kilometern und höhere Benzinkosten. Außerhalb dieser Städte gab es keine weiteren Depots in der Region. Zu der Frage, wohin das Kobalt aus den Depots ging, kann ich nur sagen, dass von den mehr als 30 Depots, die ich in oder um Likasi und Kambove gesehen habe, fast alle von chinesischen Käufern betrieben wurden.

Die Hügel nördlich von Kambove in der Nähe der MIKAS-Minen waren aufgrund der Präsenz von Sicherheitskräften praktisch unzugänglich. Aber ich wollte wissen, ob es tiefer in den Hügeln im Norden oder Nordwesten handwerklich betriebene

Bergbaugebiete geben könnte und wenn ja, ob diese womöglich zugänglicher wären. Ich fragte einige Arbeiter, und Arthur berichtete, dass es zumindest ein paar Kleinbergbaugebiete in den Hügeln hinter Kambove gebe, die von Dorfbewohnern ausgebeutet würden. Er sagte, er sei erst vor etwa zwei Monaten in einem dieser Gebiete gewesen, und zu diesem Zeitpunkt hätten sich keine Milizen oder andere Sicherheitskräfte dort aufgehalten. Die Luft schien rein zu sein, also planten wir einen Besuch.

Wir fuhren von Kambove ein paar Kilometer nach Westen und bogen dann nach Norden in die Berge auf einen schmalen Pfad aus Schotter und Geröll ab. Es war eine langsame, mühsame Fahrt. Der Motor begann nach heißem Öl zu stinken, als wir uns mit niedriger Geschwindigkeit durch das unwirtliche Gelände kämpften. Wir fuhren fast eine Stunde lang, dann stellten wir den Wagen auf einer Lichtung ab und gingen zu Fuß etwa 15 Minuten tiefer in die Berge hinein. Die Bergwand war zerklüftet und felsig, und außer trockenem Gestrüpp und einigen Sträuchern gab es nur wenig Vegetation. Ich sah lediglich einen großen Baum, der auf einem benachbarten Hügel stand und dessen blasses Blattwerk sich einer Kuppel ähnlich um einen schmalen Stamm legte. Wir erreichten das Kleinbergbaugebiet, wo schätzungsweise mindestens 200 Kinder und mehrere Hundert Erwachsene in einem Flachwassergraben arbeiteten, der sich in östlicher Richtung durch die Hügel schlängelte. Nicht weit von mir entfernt kletterten zwei Mädchen aus dem Graben, die 15-jährige Nikki und die 14-jährige Chance. Nikki trug ein pfirsichfarbenes Hemd und einen schokoladenbraunen Rock, ihr Haar war zu einem Pferdeschwanz zurückgebunden. Chance hatte ein rosafarbenes Kleid mit weißen Tupfen an, das ihr bis zu den Knien reichte. Nikkis Tochter schien etwa ein Jahr alt zu sein, und Chances Sohn war höchstens ein paar Monate alt. Die Mädchen waren von den Knien abwärts mit Schlamm bedeckt, und ihre Babys wirkten schwach und kränklich.

Nikki und Chance waren die jüngsten Mütter, mit denen ich während meiner Zeit im Kongo gesprochen habe. Ich habe nie herausgefunden, wo ihre Eltern sind oder ob sie überhaupt noch leben. Während unseres kurzen Austauschs erfuhr ich, dass die Mädchen in einem Dorf lebten, das etwa 30 Minuten Fußmarsch vom Schürfgebiet entfernt war. Sie standen jeden Tag im Morgengrauen auf, um durch die Hügel zu wandern und nach Kobalt zu suchen.

»Wir graben zusammen. Wir waschen unsere Steine in diesem Wasser. Am Ende des Tages haben wir einen Sack voll«, erzählte Nikki.

Ich fragte Nikki und Chance, was sie angesichts der Abgeschiedenheit ihres Standorts mit dem Sack taten, wenn er voll war.

»Einige Männer verkaufen ihn für uns«, antwortete Nikki.

»Was sind das für Männer?«, fragte ich.

Nikkis Tochter begann zu schreien. Nikki bemühte sich, den Säugling zu trösten, indem sie ihn instinktiv in den Armen wiegte und streichelte, aber das Baby hörte nicht auf. Nikki schien zu verzweifeln, also wandte ich mich an Chance und versuchte ihr noch ein paar Fragen zu stellen, aber sie sagte, sie müsse weitergraben. Behutsam legte sie ihren schlafenden Sohn in einen Pappkarton auf den Boden und stieg vorsichtig in den Graben hinunter. Nikki gelang es nicht, ihre Tochter zu trösten. Sie versuchte sie zu stillen, aber das Baby weigerte sich. Sein Schreien wurde zu einem Kreischen. Hatte es eine Kolik? Hatte es die Windeln voll? Wie konnte man ein Baby unter solchen Umständen versorgen, vor allem wenn die Mutter selbst noch ein Kind war? Arthur gab mir ein Zeichen, dass wir weiter in den Graben hineingehen sollten. Als wir weitergingen, warf ich einen Blick in den Karton, in dem der Sohn von Chance lag. Sein winziger Brustkorb hob und senkte sich schnell, während er unter der brütenden Sonne schlief und unbekannte Gefahren in seine winzigen Lungen einatmete.

Entlang des Grabens, in dem die Bergleute arbeiteten, gingen wir tiefer in den Berg und sahen zu, wie die Leute in Gruppen von vier oder fünf Personen Steine schaufelten und wuschen. Nur wenige der Bergleute wollten beobachtet werden, und noch weniger waren bereit zu reden. Schließlich trafen wir auf eine Gruppe von Jungen im Alter von zwölf bis 17 Jahren. Der Älteste, Peter, trug blaue Jeans, Plastiklatschen und ein rotes Hemd mit den aufgestickten Buchstaben *AIG* auf der Vorderseite. Man stelle sich vor: Da gräbt auf einem abgelegenen Hügel tief in den Bergbauprovinzen des Kongo ein Kind nach Kobalt und trägt ein schlammiges Hemd mit dem Logo eines riesigen amerikanischen Finanzdienstleisters, der während der Finanzkrise 2008 mit 180 Milliarden Dollar gerettet werden musste. Man stelle sich vor, was selbst ein Prozent dieses Geldes an einem Ort wie diesem bewirken könnte, wenn es für die Menschen ausgegeben würde, die es benötigen, und nicht von ihren Ausbeutern gestohlen würde.

Peter war überraschend energiegeladen und offen für ein Gespräch mit uns. Er erzählte, dass die Jungen in seiner Gruppe seine Brüder und Cousins seien, die ursprünglich aus einem Dorf in der Nähe der Stadt Manono stammten, die einige Hundert Kilometer nördlich im Herzen des Coltan-Gebiets liegt. In Manono waren vor Kurzem ebenfalls Lithiumvorkommen entdeckt worden, die mehrere ausländische Bergbauunternehmen aufgrund der steigenden Nachfrage nach dem Metall zur Herstellung von Lithium-Ionen-Akkus ausbeuten wollten. Manono hatte den Ruf, der nördliche Zipfel des *Triangle de la Mort* zu sein. Die beiden anderen Städte, die dieses »Todesdreieck« bilden, sind Mitwaba und Pweto. Sie werden so genannt, weil die in der Region operierenden Mai-Mai-Milizen berüchtigt sind, die örtliche Bevölkerung mit besonders brutalen Methoden zum Schürfen nach Coltan und Gold zu zwingen. In Berichten aus dem Gebiet ist von Folter, Mord und abgehackten Händen und Füßen die Rede – Techniken, die seit Leopolds Terrorkommandos über Generationen weitergegeben wurden.

»Vor zwei Jahren holten uns die Mai-Mai von zu Hause ab und brachten uns zu einer Kobaltmine in der Nähe von Milele«, erzählte Peter.

Milele ist jener Ort, den Kiyonge, der Junge mit dem Gerstenkorn im Augenlid, als Heimat Tausender Kinder, die nach Kobalt graben, erwähnt hatte.

»Die Mai-Mai verkauften uns an einen Libanesen namens Ahmad. Er ließ uns graben und nahm das ganze Geld. Er sagte, wir müssten ihn dafür bezahlen, dass er uns nach Milele gebracht hatte. Wir sind von dort weggelaufen und schließlich nach Kambove gekommen«, erzählte Peter.

Dass ich hier ein zweites Mal von Kinderhandel in Milele hörte, wieder von Kindern aus Likasi und Kambove, schien mehr als nur ein Zufall zu sein. Diesmal wollte ich so viel wie möglich über diese Vorgänge erfahren und legte mir eine Reihe von Fragen zurecht: Wie viele Mai-Mai-Milizen waren in das System des Kinderhandels verwickelt? Wie viele Leute gab es, die wie Ahmad Kinder von den Milizen kauften? Wie viele Kinder waren aus Peters Dorf in der Nähe der Stadt Manono entführt worden? Wie viele Kinder insgesamt schürften nach Kobalt in Milele, als Peter dort lebte?

Doch bevor ich die erste Frage stellen konnte, hörte man einen lauten Krach jenseits der Hügel, gefolgt von Schreien und Schüssen. Peter sprang in den Graben. Ich drehte mich um und sah sieben mit Kalaschnikows und Handfeuerwaffen bewaffnete Männer auf uns zustürmen. Die Männer schossen in die Luft. Arthur und ich waren schnell umzingelt. Sie richteten ihre Waffen auf uns und schrien wie Tobsüchtige, mit blutunterlaufenen Augen und nach Alkohol stinkend. Sie wollten wissen, ob wir Fotos gemacht hätten, verlangten unsere Handys zu sehen. Sie rissen mir meinen Rucksack von den Schultern, schubsten mich herum und begannen meine Sachen zu durchwühlen. Einer von ihnen entdeckte mein Notizbuch und begann darin zu blättern. Glücklicherweise verstand er kein Englisch.

Die Situation drohte außer Kontrolle zu geraten. Ich blickte besorgt zu Arthur. Sein Gesicht war bleich geworden, aber er sagte mit ruhiger und fester Stimme zu mir, ich solle den Männern mein *Engagement de prise en charge* mit dem Stempel und der Unterschrift von Mr. Lukalaba zeigen. Inzwischen war der Inhalt meines Rucksacks im Dreck verstreut, also suchte ich nach der Mappe, in der ich das Dokument aufbewahrt hatte, und entdeckte sie unter dem Stiefel eines der Waffenträger. Ich holte die Papiere heraus und legte sie dem Mann mit der schwarzen Baskenmütze vor, in der Annahme, er sei der Anführer der Miliz. Arthur deutete auf die Unterschrift von Lukalaba und erklärte, dass wir unter dem Schutz des Gouverneurs stünden. Der Mann mit der Baskenmütze schnauzte uns an, aber Arthur blieb ruhig. Die Unterschrift schien die Männer ein wenig zu besänftigen, und sie befahlen uns, sofort zu verschwinden, verlangten aber noch einmal, mein Smartphone auf Fotos zu untersuchen. Ich lenkte ihre Aufmerksamkeit auf ein Album, das keine aktuellen Bilder enthielt, was sie zufriedenzustellen schien. Die Miliz verfolgte uns, als wir weggingen, und feuerte noch ein paar Schüsse in die Luft ab.

Als wir das Schürfgebiet verließen, warf ich einen letzten Blick auf Nikki. Ihre Tochter hatte sich endlich beruhigt und schlief auf ihrem Rücken, während sie im Graben schürfte. Nikki starrte mich ausdruckslos und kalt an ..., dann flackerte etwas in ihren Augen auf, und ihr Gesichtsausdruck wandelte sich zu dem eines verängstigten Kindes. Unsere Blicke trafen sich. Ich glaube, wir wussten beide, dass sie verloren war.

IN DER WILDNIS

Das Erlebnis in den Hügeln nordwestlich von Kambove hatte mich erschüttert, aber es gab noch ein weiteres Gebiet im Raum Likasi und Kambove zu erkunden – in der entlegenen Wildnis nahe der sambischen Grenze. Man sagte mir, dass es dort einige große Minen für Kupfer, Kobalt und Gold gebe, die etwa 30 Kilometer südlich der Autobahn lägen, sowie zahlreiche handwerkliche Schürfgebiete, die in den Bergen verstreut zu finden seien. Nur wenige Wissenschaftler, wenn überhaupt, hatten sich jemals in dieses Gebiet gewagt. Nicht einmal die Einheimischen wussten genau, wo sich die meisten der handwerklichen Minen befanden. Die Region wurde vom Militär gesichert, und für den Zugang war eine formelle Genehmigung erforderlich. Ich erfuhr, dass ich mich am besten an das SAEMAPE-Büro in Likasi wenden solle, um eine Erlaubnis zu erhalten.

Als ich die SAEMAPE-Außenstelle in Likasi aufsuchte, traf ich dort auf zwei freundliche junge Männer, Jean und Pathé. Sie trugen mehr als 16 Monate nach der Umbenennung von SAESSCAM in SAEMAPE noch immer ihre grau-orangene SAESSCAM-Montur, weil die Mitarbeiter in den Bergbauprovinzen noch nicht mit neuen Uniformen ausgestattet worden waren. Derartige bürokratische Verzögerungen waren in der Demokratischen Republik Kongo gang und gäbe. Die offiziellen staatlichen Ausweise, mit denen jeder Bürger der DRK seine Staatsangehörigkeit nachweisen kann, sind seit 1997 nicht mehr aktualisiert worden, als das Land noch Zaire hieß. Infolgedessen verwenden die meisten Menschen ihre Wahlbenachrichtigungen als Ausweisersatz. Warum die Kongolesen immer noch ihre zairischen Personalausweise von 1997 haben? Weil die Ausgabe neuer Personalausweise eine neue Volkszählung erforderte; die letzte fand im Jahr

1984 statt. Ich erklärte Jean und Pathé, dass ich in den Kongo gekommen sei, um im Rahmen eines Forschungsprojekts mehr über den Kleinbergbau zu erfahren, und dass ich gespannt darauf sei, einige der abgelegeneren Schürfstätten in der Bergwildnis zu erkunden. Sie zeigten sich überraschenderweise sehr hilfsbereit, vielleicht aus Langeweile, denn sie saßen anscheinend den ganzen Tag nur in ihren Büros. Sie sagten mir, dass sie erst noch einige Telefonate führen müssten, also zog ich mich kurz zurück. Später erfuhr ich, dass sie die Erlaubnis erhalten hatten, mich zu einer industriellen Goldmine namens Kimpese tief in den Bergen zu bringen und zu einem handwerklichen Schürfgebiet, das auf dem Weg dorthin lag. Die Erlaubnis war jedoch nur für uns drei erteilt worden. Die Exkursion nach Kimpese war die einzige, die ich ohne einen Führer meines Vertrauens in ein Bergbaugebiet unternahm, und sie verlief nicht wie geplant. Jean und Pathé holten mich am nächsten Morgen mit einem mittelgroßen Geländewagen ab. Jean war schlank mit tief liegenden Augen und hatte die Angewohnheit, beim Sprechen das Ende eines jeden Wortes zu verschlucken. Pathé war kleiner, bedächtiger, hatte ein kräftiges Kinn und schmale Wangen. Beide stammten aus Lubumbashi und waren Absolventen der dortigen Universität. Sie erklärten, dass Kimpese rund 30 Kilometer südlich der Autobahn liege. Der Plan war, zuerst nach Kimpese zu fahren und dann den Kleinbergbau auf dem Rückweg zu besuchen.

»Ungefähr auf halbem Weg nach Kimpese gibt es ein kleines Dorf an der Straße. Von diesem Dorf aus müssen wir etwa einen Kilometer zu Fuß gehen, um das Schürfgebiet zu erreichen«, erklärte Jean.

Ein paar Kilometer westlich von Kambove bogen wir auf eine unbefestigte Straße in Richtung Süden ab. Sie als »Schotterstraße« zu bezeichnen, wäre etwa so, als würde man den Kongo eine demokratische Republik nennen. Sie war noch schwieriger zu befahren als der Weg, den Arthur und ich genommen hatten, um in das Bergbaugebiet zu gelangen, aus dem wir von den Milizionären vertrieben worden waren. Es war eher eine Piste aus zerklüfteten Felsen, tiefen Löchern und Erdhügeln, die eigentlich nicht mit dem Wagen befahrbar war. Mit gemächlichem Tempo kämpften wir uns durch das Gelände. Ein paar ebene Stellen boten unseren geschundenen Rücken eine kleine Pause.

»Es ist nicht möglich, schwere Maschinen nach Kimpese zu bringen«, erklärte Jean. »Sie werden also nur kleine Aushubgeräte sehen.«

Ich fragte, wie viele Menschen an dem Ort arbeiteten. Jean sagte, dass in Kimpese ungefähr 3000 Menschen tätig seien und dass sie »mit handwerklichen Techniken« gruben.

Ich wagte die Frage zu stellen, ob in Kimpese auch Kinder arbeiteten. Ohne zu zögern, antwortete Pathé: »Ja, es gibt auch Kinder hier.«

»Wie viele?«

Sie wussten es nicht.

Ich war überrascht, dass ein Vertreter von SAEMAPE das Vorhandensein von Kinderarbeit an einer offiziellen Bergbaustätte zugab, zumal sich die meisten Regierungsmitarbeiter, mit denen ich bisher zusammengetroffen war, große Mühe gaben, die Existenz von Kinderarbeit im Kleinbergbau zu leugnen oder herunterzuspielen. Ein hochrangiger Parlamentarier in Kinshasa sagte mir einmal, dass die internationale Gemeinschaft das Problem der Kinderarbeit in den handwerklichen Minen im Kongo falsch einschätze. Seiner Meinung nach handele es sich in Wirklichkeit um Pygmäen, die hier eingesetzt würden.

Je weiter wir in die Berge fuhren, desto stärker wurde das Gefühl der Abgeschiedenheit und Isolation. Außer Felsen, Erde und Bäumen war absolut nichts zu sehen. Ich fragte, wo diese vielen Menschen eigentlich lebten, die in Kimpese arbeiten.

»Es gibt Dörfer in den Bergen«, antwortete Pathé. »Einige Leute leben auch in der Mine selbst.«

»Wer bezahlt sie für die Arbeit, die sie leisten?«

»Die Armee bezahlt sie.«

Ich fragte, was die Armee mit den Erträgen aus der Mine mache. Wie aufs Stichwort fuhr in diesem Augenblick ein Lastwagen mit chinesischer Aufschrift, beladen mit Säcken voller Erz, den Feldweg in die entgegengesetzte Richtung hinunter. Wir mussten ins Gebüsch ausweichen, um einen Zusammenstoß zu vermeiden. Pathé deutete auf den Lastwagen und sagte: »Die chinesischen Firmen haben Vereinbarungen mit der Armee und kaufen den größten Teil des Erzes.«

Nachdem wir schon eine gute Stunde auf der holprigen Piste unterwegs waren, begann der Geländewagen ein lautes Schleifgeräusch von sich zu geben. Wir hielten an, und Jean kroch unter das Fahrzeug, um das Problem zu untersuchen. Er entdeckte einen großen Stein, der in der Radachse eingeklemmt war. Wir versuchten ungefähr eine halbe Stunde lang, ihn zu entfernen, aber er steckte fest. Ich fragte, wie weit es noch bis Kimpese sei, und Pathé schätzte 15 oder 16 Kilometer – zu weit für einen Fußmarsch. Das Dorf in der Nähe des Abbaugebiets, das wir besuchen durften, lag noch ein oder zwei Kilometer weiter, also beschlossen wir, die Fahrt mit dem Auto fortzusetzen. Pathé holte ein Satellitentelefon hervor und sorgte dafür, dass ein anderes Fahrzeug uns in ein paar Stunden abholen sollte.

Als wir die unbefestigte Straße über die Hügel hinuntergingen, war alles still, nur der Hauch von glühender, heißer Luft wehte durch die Bäume. Die Luft war völlig frei von Feuchtigkeit. Wenn ich blinzelte, verdampfte der Film auf meinen Augen sofort wie Nebel auf heißen Kohlen. Endlich erreichten wir ein kleines Dorf, das aus 30 strohgedeckten Holzhütten bestand, die an der westlichen Seite der Straße standen. Unmittelbar hinter den Hütten fiel das Terrain fast senkrecht in ein Tal ab. Auf der anderen Seite der Straße lag ein steiler, dicht bewaldeter Hang. Das Dorf hatte keinen Strom, und die einzige Wasserquelle war ein Brunnen am Rand der Siedlung, der sich zwischen zwei Jakarandabäumen befand. Ein einsames Kind, vielleicht drei Jahre alt, das eine blassbraune Kutte anhatte, schlurfte träge über den Boden und starrte auf seine Füße. Hinter dem Mädchen saßen zwei Soldaten auf Plastikstühlen. Sie trugen die unverwechselbare Uniform der Republikanischen Garde – Militärkleidung, schwarze Stiefel und rote Barette. Neben ihnen lagen mehrere Stapel gefüllter Bastsäcke. Sie hatten die Aufsicht über eine behelfsmäßige Mautstelle, die aus einem langen Holzpfahl bestand, der mit zwei senkrechten Ästen an beiden Seiten der Straße gestützt wurde. Mit zehn Dollar war sie die teuerste Mautstelle, die ich in den Bergbauprovinzen gesehen habe.

Als wir ankamen, hielt sich nur eine Handvoll Frauen und Kinder im Dorf auf. Die meisten Einwohner waren im handwerklichen Schürfgebiet beschäftigt. Bei näherer Betrachtung sahen die Hütten eher wie Schlafsäle aus, in denen jeweils zwei oder drei Familien wohnten, was darauf schließen ließ, dass in dieser abgelegenen Siedlung einige Hundert Menschen lebten. Ich fragte Jean und Pathé, ob es möglich sei, mit einigen der Dorfbewohner zu sprechen, bevor wir zum Schürfplatz gingen. Sie schienen zu zögern, waren aber schließlich mit einem einzigen Gespräch einverstanden. Nachdem sie mit einigen Frauen des Dorfes gesprochen hatten, wählten sie eine junge Mutter namens Marline aus. Wir trafen uns in ihrer Hütte und setzten uns auf den Boden. Die Habseligkeiten der Familien, die sich die Hütte mit Marline teilten, bestanden aus drei Plastikbehältern mit Wasser, einer großen Plastikschüssel, einem Stapel Maniok, Metalltöpfen zum Kochen, Messern und Besteck sowie Kleidung, die sich in zwei Ecken stapelte. An einer der Wände hing ein kleines, verblasstes Jesus-Poster, und in den Ecken der Hütte hingen zahlreiche Spinnweben. Eine kleine braune Eidechse klebte an einer der Wände und starrte auf die bunte Ansammlung von Besuchern.

Marline war 20 Jahre alt und hielt ein Baby auf dem Schoß. Sie trug einen verblichenen roten Rock und eine grüne Bluse. Ihr Haar war kurz geschnitten, und sie sprach mit einer weichen, belegten Stimme. Obwohl sie nur einen Meter vor mir entfernt saß, wusste ich, dass es mehrere unüberwindliche Schranken zwischen uns gab. Zum einen war sie von Jean und Pathé ausgewählt worden. Obwohl sie zugegebenermaßen sehr offen über die Tatsache gesprochen hatten, dass es in Kimpese Kinder gab, hatten sie vielleicht trotzdem jemanden ausgewählt, von dem sie wussten, dass er das sagen würde, was sie hören wollten. Jean und Pathé waren schließlich anwesend und übersetzten nach eigenem Ermessen aus dem Suaheli. Zudem würde Marline zweifellos auch die Anwesenheit der Republikanischen Garde berücksichtigen, wenn sie entschied, was sie sagen sollte und was nicht. Außerdem war ich mir bewusst, dass ich den Rest des Tages mit Jean und Pathé würde verbringen müssen und dass wir nur noch einen Besuch vor Ort machen konnten, weil Kimpese nicht mehr infrage kam. Ich musste mit meinen Fragen also vorsichtig sein, damit sie nicht auf die Idee kamen, dass es besser wäre, nach Likasi zurückzukehren und andere vor mir zu warnen.

Ich fragte Marline, woher sie stamme. Sie antwortete, dass die Menschen, die in der Siedlung lebten, alle aus einem Dorf nicht weit von Kambove kamen. Sie erklärte, dass die Dorfbewohner »mit der Armee« in die Siedlung gekommen seien, um in den nahe gelegenen Schürfgebieten zu arbeiten. Normalerweise gehe sie jeden Tag zum Bergwerk, aber ihre Tochter sei kürzlich krank geworden, sodass sie im Dorf geblieben sei, um sie zu pflegen. Ich fragte sie, wie der Kleinbergbau in ihrem Dorf funktioniere. Marline antwortete, dass die Dorfbewohner normalerweise den ganzen Tag in der Mine arbeiteten und Säcke mit Kobalt zurückbrachten, bevor es dunkel wurde. Jeden Samstag kam ein Lastwagen ins Dorf, auf den die Säcke verladen wurden. Die Käufer zahlten ihnen einen Wochenlohn von 15 000 kongolesischen

Francs (etwa 8,30 Dollar) für Männer und 10 000 Francs (etwa 5,50 Dollar) für Frauen. Artikel, die sie in der vorangegangenen Woche in der Stadt bezahlt hatten, wie Mehl, Speiseöl, Gemüse und Bier, würden ebenfalls von den Käufern mitgebracht. Ich fragte, wer die Käufer seien. Marline antwortete, dass es normalerweise die Armee sei.

Eine Gruppe von Frauen und Kindern aus dem Dorf sowie die beiden Soldaten der Republikanischen Garde versammelten sich um Marlines Hütte, während wir miteinander sprachen. Jean und Pathé schienen keine Lust zu haben, sich weiter vor Publikum zu unterhalten, also schlugen sie vor, dass wir uns auf den Weg zur Mine machen sollten. Als ich aufstand, schaute ich zu Marline und ihrem Baby hinüber und wünschte mir, ich könnte einen sicheren Ort finden, um ihr die Fragen zu stellen, die ich wirklich stellen wollte: Hatten die Dorfbewohner eine Wahl gehabt, als sie mit dem Militär hierherkamen? Wie viele andere Siedlungen wie diese gab es in den Bergen? Haben die Soldaten sie mit Gewalt zum Graben gezwungen? Stand es ihnen frei, in ihre Heimatdörfer zurückzukehren, wenn sie es wünschten? Was geschah, wenn sie in der Mine verletzt wurden? Mit jedem Tag, den ich im Kongo verbrachte, schien die Liste der unbeantworteten Fragen länger zu werden.

Wir begannen unseren Marsch den Hang hinauf durch die Bäume in Richtung der Mine. Der Wald war trocken und dürr, aber ein schmaler Pfad, den die Dorfbewohner auf dem Hin- und Rückweg zum Schürfgebiet ausgetreten hatten, erleichterte uns den Aufstieg. Wir waren noch keine zehn Minuten vorangekommen, als wir den ersten Schuss hörten. Zwei weitere Schüsse folgten kurz hintereinander. Schnelle Schritte näherten sich knirschend durch das Gebüsch. Die Soldaten der Republikanischen Garde aus dem Dorf kamen auf uns zugerannt. Sie sprachen mit Jean und Pathé in barschem Ton, dann eilten sie den Hügel hinauf.

»Es hat einen Unfall gegeben«, erläuterte Jean.

»Was ist passiert?«

»Ein Junge ist gestürzt. Er ist mit dem Kopf auf einem Stein aufgeschlagen.«

»Geht es ihm gut?«

»Er ist tot.«

Die Armee riegelte das Gebiet ab. Man befahl uns zu gehen.

Jean und Pathé brachten mich direkt zum Geländewagen, ohne auf dem Rückweg im Dorf haltzumachen. Als ihre Kollegen mit dem zweiten Fahrzeug eintrafen, kehrte ich mit Jean nach Likasi zurück, während die anderen an der Reparatur des kaputten Wagens arbeiteten. Am nächsten Tag erkundigte ich mich, ob es möglich sei, noch einmal nach Kimpese oder vielleicht zu einer anderen handwerklichen Bergbaustätte in den Bergen zu fahren, aber ich erhielt keine Erlaubnis. Ich konnte weder in das abgelegene Gebiet nahe der sambischen Grenze noch in die Hügel um Likasi und Kambove zurückkehren, aber ich hatte genug gesehen, um zu dem Schluss zu kommen, dass sich in diesen Hügeln eine geheime Welt des Kleinbergbaus verbarg, die noch bedrückender war als die sichtbaren Standorte wie Kipushi und Tocotens. Tausende Tonnen Kobalt wurden über diese Schattenwirtschaft in die offizielle Lieferkette eingespeist, und zwar von einer ausgebeuteten Bevölkerung, die unter Bedingungen lebte, die bisweilen an Sklaverei erinnerten.

Am Abend erzählte ich Arthur von den Ereignissen des Tages. Er hatte sich Sorgen wegen dieser Reise gemacht und war erleichtert, dass ich wohlbehalten zurückgekehrt war. Die gesamte unwirtliche Region, die sich bis zur Grenze zu Sambia erstreckt, war selbst für die Einheimischen ein schwarzes Loch. Arthur war nicht sicher, wie viele Minen sich in diesem Gebiet verbargen. »Es könnten 50, 100 oder 200 sein. Einige Standorte werden einige Monate lang ausgebeutet, bis das Erz erschöpft ist. Größere Stätten wie Kimpese aber gibt es schon seit Jahren.«

Ich fragte Arthur, ob er glaube, dass die Armee die Dorfbewohner zwangsweise in die Siedlung umgesiedelt habe, um nach Kobalt zu graben.

»Niemand will da draußen leben! Aber es gibt dort Kobalt und Gold, also nimmt die Armee die ärmsten Leute und lässt sie graben.«

Ich fragte Arthur, ob er in der Stadt etwas über den Unfall gehört habe, aber es war nichts darüber berichtet worden. Er vermutete, dass das Kind wahrscheinlich in den Bergen beerdigt würde, wie so viele andere, die in den Minen gegraben haben und spurlos verschwunden sind.

Arthur nahm einen großen Schluck Bier und starrte bedrückt vor sich hin. »Wofür ist dieses Kind gestorben?«, fragte er. »Für einen Sack Kobalt? Ist das alles, was ein kongolesisches Kind wert ist?«

4

KOLONIE DER WELT

> Das große geschichtliche Drama Afrikas bestand nicht so sehr in seiner zu späten Fühlungnahme mit der übrigen Welt als vielmehr in der Art und Weise, wie dieser Kontakt zustande kam; dass sich Europa in dem Augenblick »ausgedehnt« hat, als es den skrupellosesten Geldleuten und Industriekapitänen in die Finger fiel; dass unser Unglück es wollte, dass wir auf unserem Weg ausgerechnet diesem Europa begegnet sind, und dass Europa vor der menschlichen Gemeinschaft Rechenschaft abzulegen hat für den höchsten Leichenberg der Geschichte.[1]
>
> *Aimé Césaire, Rede über den Kolonialismus (1951)*

Von allen Risiken und Gefahren, denen man im Kongo begegnet, ist die Geschichte vielleicht die bedrohlichste. Sie ist eine Kraft, die so unerbittlich ist wie der große Fluss, der sich das Land untertan macht, und wie der Fluss trübt sie alles auf ihrem Weg. Mein Freund Philippe sagte mir auf meiner ersten Reise in den Kongo, dass ich erst dann wirklich verstehen könne, was in den Bergbauprovinzen geschieht, wenn ich die Geschichte des Landes verstehe. Aber wo soll man anfangen? Es gibt nicht den einen Ausgangspunkt, schon gar nicht in einem Land mit einer so epischen und tragischen Vergangenheit wie dem Kongo, aber wenn wir versuchen wollen, einen Ort und eine Zeit zu bestimmen, die wir als Beginn dieser Reise bezeichnen könnten, könnten wir unseren Blick auf die Mündung des Kongoflusses im Jahr 1482 richten. Alles, was im 21. Jahrhundert in Katanga geschieht, ist das Ergebnis einer unerbittlichen Abfolge von Ereignissen, die an diesem Ort und zu dieser Zeit ihren Anfang nahm. Die Entwicklung war jedoch nicht unumkehrbar. Zu Beginn der Unabhängigkeit im Jahr 1960 gab es einen kurzen Moment der Hoffnung, dass das Schicksal des Kongo auch anders hätte aussehen können ..., aber diese Hoffnung wurde zerstört, bevor sie überhaupt eine Chance bekam. Dafür hat die Geschichte gesorgt. Mehr als jeder König oder Sklavenhändler, jeder Kriegsherr oder Kleptokrat herrscht die Geschichte über den Kongo und verdunkelt das Land wie ein aufziehender Sturm, ehe der erste Blitz den Himmel zerreißt.[2]

INVASION UND SKLAVENHANDEL: 1482–1884

Die Geschichte beginnt auf der Iberischen Halbinsel im frühen 15. Jahrhundert mit dem Zeitalter der Entdeckungen, das man aus der Sicht der »Entdeckten« besser als Zeitalter der Invasion bezeichnen sollte. Prinz Heinrich der Seefahrer von Portugal schickte Schiffe auf die Suche nach afrikanischem Gold. Die unwirtlichen Gewässer Westafrikas erwiesen sich für die europäischen Schiffe als unbefahrbar, bis die Portugiesen in den 1440er-Jahren die Karavelle entwickelten – ein wendiges Schiff mit Lateinersegeln, das imstande war, gegen den Wind zu kreuzen. Die Karavelle brachte die Europäer zum ersten Mal über die Kanarischen Inseln hinaus: 1445 passierten sie die Mündung des Senegalflusses, 1462 erreichten sie Sierra Leone, und 1473 segelten sie über den Golf von Guinea hinaus und entdeckten, dass sich die Küste Afrikas abermals nach Süden erstreckte. Nach dieser wichtigen Erkenntnis segelte ein Entdecker namens Diego Cão weiter nach Süden als jeder andere Europäer und ging 1482 in der Loangobucht nahe der Mündung des Kongostroms vor Anker. Das Zeitalter der Invasion schloss die Erkundung des globalen Südens ab, als Christoph Kolumbus 1492 Amerika erreichte und Vasco da Gama 1498 um Afrika herum nach Indien segelte.

Als Diego Cão die Mündung des Kongostroms erreichte, war er der erste Europäer, der auf das Volk des Königreichs Kongo traf. Irgendwann fragte er nach dem Namen des mächtigen Flusses, der den Ozean noch mehr als 100 Kilometer von der Küste entfernt braun färbt. Die Bewohner des Kongo antworteten mit *nzere* (»der Fluss, der alle anderen verschluckt«), aber Cãos Kartograf verhörte sich und notierte den Namen des Flusses als »Zaire«. Cão kehrte nach Portugal zurück und berichtete über seine Entdeckungen. Innerhalb nur weniger Jahre hatten die Portugiesen eine Sklavenhandelsmission in der Loangobucht errichtet. Von den frühen 1500er-Jahren bis zum Ende des Sklavenhandels im Jahr 1866 wurde von hier aus ein Viertel der 12,5 Millionen Menschen, die aus Afrika entführt und versklavt wurden, über den Atlantik verschifft.

Während der gesamten Zeit des atlantischen Sklavenhandels blieben die Europäer weitgehend auf die Küsten Afrikas beschränkt und hatten praktisch keine Kenntnis vom Landesinneren. Einer der Ersten, die Wege ins Innere Afrikas suchten, war David Livingstone. Der 1813 in Schottland geborene Livingstone reiste 1841 nach Kapstadt, um den Einheimischen das Christentum zu predigen. Er war hungrig nach Abenteuern und versuchte 1849, die Kalahariwüste zu durchqueren. Als er 1851 als erster Europäer den Sambesifluss sah, wurde ein neuer Traum geboren: Gab es einen schiffbaren Fluss, der von der Küste Afrikas ins Innere des Kontinents führte? Die Existenz eines solchen Flusses konnte Livingstones Traum erfüllen, »Handel und Christentum«

nach Afrika zu bringen, was seiner Meinung nach zur endgültigen Beseitigung der Sklaverei beitragen würde.

Livingstone setzte seine Erkundungen fort und fand 1856 heraus, dass der Sambesi doch kein Wasserweg von der Küste ins Landesinnere war. Während seiner Reisen überstand Livingstone 27 Malariaanfälle dank seiner Entdeckung der lindernden Eigenschaften von Chinin. Jahrhundertelang hatte die Malaria die europäische Erforschung des afrikanischen Binnenlandes verhindert. Auch wenn Chinin kein Heilmittel für Malaria bot, sorgte es doch dafür, dass die Krankheit nicht gleich ein Todesurteil war. Chinin erwies sich als die erste von zwei entscheidenden Neuerungen, die die europäische Kolonialisierung Afrikas erleichterten. Die zweite Entwicklung hatte mit Wasserdampf zu tun. Ab den 1850er-Jahren revolutionierte die Dampfmaschine das Transportwesen. Dampfschiffe transportierten Waren schnell und kostengünstig auch über raue Gewässer. Sie konnten auch stromaufwärts fahren und ermöglichten dadurch die Erkundung von Flüssen auf dem afrikanischen Kontinent. Der Sambesi erwies sich zwar als nicht schiffbar von der Küste ins Landesinnere, die Europäer hofften jedoch, dass der Nil mithilfe der Dampfkraft befahrbar sein würde.

Von 1859 bis 1871 erforschte Livingstone das Gebiet der Großen Seen entlang des östlichen Kongo auf der Suche nach der Quelle des Nils. Im März 1871 kam er am Ufer des Lualabaflusses in einem Dorf namens Nyangwe an, das am Rande des kongolesischen Regenwaldes lag. Arabische Sklavenhändler verweigerten ihm die Weiterreise über Nyangwe hinaus, und Livingstone kehrte niedergeschlagen nach Ujiji im Westen Tansanias zurück. Zu diesem Zeitpunkt hatte man schon seit mehreren Jahren nichts mehr von Livingstone gehört, und es bestand großes Interesse daran herauszufinden, ob er noch am Leben war. Die Bemühungen des amerikanischen Journalisten Henry Morton Stanley, der sich aufmachte, um Livingstones Schicksal aufzudecken, besiegelten letztlich das Schicksal des Kongo.

Stanley wurde als uneheliches Kind einer jungen Frau in Wales geboren. Er wuchs in einem Waisenhaus auf, machte sich auf den Weg nach Amerika, kämpfte auf beiden Seiten des Bürgerkriegs und fand schließlich eine Anstellung als Journalist beim *New York Herald*. Als Livingstone in Ostafrika verschwand, erkannte Stanley seine Chance, berühmt zu werden. Er schlug dem *Herald* vor, seine Suche nach Livingstone zu dokumentieren, ein Vorläufer der Vermisstenshows, wie wir sie heute aus dem Reality-TV kennen. Er wollte Berichte aus der Region senden und entweder Livingstone selbst oder Beweise für seinen Tod finden. Im November 1871 stöberte Stanley Livingstone schließlich krank und erschöpft in Ujiji auf. Angeblich sprach er dabei die berühmten Worte: »Dr. Livingstone, nehme ich an?« Stanley verbrachte vier Monate mit Livingstone; er betrachtete ihn als den Vater, den er nie hatte.

Stanley empfand es als Verpflichtung, Livingstones Werk zu vollenden und die Quelle des Nils zu entdecken. Am 17. Oktober 1876 bekam er zum ersten Mal den Lualabafluss zu Gesicht, der am anderen Ende des Kongoflusses liegt, den Diego Cão fast vier Jahrhunderte zuvor entdeckt hatte. In all dieser Zeit war es niemandem gelungen, den Kongo von seiner Quelle bis zur Atlantikküste zu verfolgen. Stanley wagte sich mit einem Dampfschiff flussabwärts und erreichte schließlich Nyangwe, wo Livingstone 1871 von arabischen Sklavenhändlern daran gehindert worden war, weiter vorzudringen.[3] Dieses Problem löste Stanley, indem er einen der größten arabischen Sklavenhändler Afrikas, Tippu Tip, dafür bezahlte, ihn auf der Reise zu begleiten. Tip sollte diese Gelegenheit später nutzen, um sein Sklavenhandelsimperium anschließend auf den oberen Kongo auszudehnen.

Stanley drang in den oberen Kongo vor und passierte am 7. Februar 1877 sieben Katarakte an einem Ort, den er Stanley Falls (Boyoma Falls) nannte. Hier hörte Stanley, dass ein einheimischer Stamm den Fluss *ikuta yacongo* nannte. Er erkannte, dass der

Lualabafluss nicht die Quelle des Nils war. Es war der Kongofluss. Stanley kämpfte sich trotz widriger Bedingungen voran und erreichte im März 1877 den Beginn eines 320 Kilometer langen Abschnitts mit Katarakten, den er Stanley Pool (Malebo Pool) nannte – jene Stelle, an der das heutige Kinshasa entstehen sollte. Stanley und die überlebenden Mitglieder seiner Expedition erreichten schließlich am 10. August 1877 die Mündung des Kongoflusses bei Boma. Damit bewies Stanley, dass der Kongo in drei Abschnitten von der Küste bis tief ins afrikanische Binnenland schiffbar war. Livingstones Traum ging in Erfüllung, für die Menschen im Kongo dagegen wurde er zum Albtraum.

Im Jahr 1877 hatten Großbritannien, Frankreich, Deutschland, Portugal, Spanien und Italien bereits den größten Teil des afrikanischen Kontinents unter sich aufgeteilt. Lediglich die riesige Mitte des Kontinents war noch nicht vergeben. Stanleys Reise machte den Kongo in Europa bekannt, und König Leopold II. von Belgien nutzte die Gelegenheit. Er gründete eine Holdinggesellschaft mit dem Namen Association Internationale du Congo (AIC), deren einziger Anteilseigner er selbst war. Der erklärte Zweck der AIC war die Umsetzung von Livingstones Traum, das Christentum und den Handel in das Herz Afrikas zu bringen. Leopold bot Stanley einen Job an: Er sollte in den Kongo zurückkehren und im Namen der AIC Verträge mit den örtlichen Stämmen aushandeln.

Bei Stanleys Bemühungen, Verträge für die AIC zu schließen, spielten zum ersten Mal Batterien eine Rolle bei der Ausbeutung der kongolesischen Bevölkerung. George Washington Williams, ein afroamerikanischer Geistlicher, der in den Kongo gereist war, deckte Stanleys List auf, mit der er die Stammesführer einschüchtern wollte, damit sie seine Verträge unterzeichneten. Er schrieb darüber in einem *Offenen Brief an seine Erlauchte Majestät Leopold II:*

> Man hatte in London eine Anzahl elektrischer Batterien gekauft, die man unter dem Mantel am Arm befestigte und die mit einem Rippenband in Verbindung standen, das über die Handfläche des weißen Bruders verlief. Wenn dieser dem schwarzen Bruder einen herzlichen Händedruck gab, war der schwarze Bruder sehr überrascht, seinen weißen Bruder so stark vorzufinden, dass er ihn fast von den Füßen riss, als er ihm die Hand der Freundschaft reichte. Als sich der Eingeborene nach dem Kraftunterschied zwischen ihm und seinem weißen Bruder erkundigte, wurde ihm gesagt, dass der Weiße Bäume ausreißen und die erstaunlichsten Kraftakte vollbringen könne.

Bis Anfang 1884 hatte Stanley mehr als 400 Verträge mit Eingeborenenstämmen abgeschlossen und dadurch Zugriff auf ausgedehnte Gebiete im Kongo erlangt. Die Stammesführer begriffen nicht, dass sie die Autorität über ihr Land an die AIC abtraten, und sie verstanden sicherlich auch die Sprache nicht, in der das Abkommen abgefasst war. Nichtsdestotrotz hatte Leopold nun, was er brauchte, um den Kongo auf dem Berliner Kongress, einer Konferenz der europäischen Großmächte, als sein Eigentum zu reklamieren.

Am 15. November 1884 trafen sich die großen europäischen Kolonialmächte in Berlin, um über die Aufteilung Afrikas zu beraten. Leopolds Abgesandte stellten die Gebiete der AIC als Freihandelszone vor und legten fest, dass der Kongofluss für die Schifffahrt zollfrei bleiben sollte. Die Konferenz endete mit der Unterzeichnung des Berliner Vertrags, der die Bedingungen für die europäische Aufteilung Afrikas festlegte. Leopold löste die AIC auf und erklärte sich am 29. Mai 1885 zum persönlichen Eigentümer und Königssouverän des *Congo Vrijstaat,* des Freistaates Kongo. Sein neuer persönlicher Besitz in Afrika war sechsundsiebzigmal so groß wie der Staat Belgien.

DIE KOLONISIERUNG: 1885–1960

Leopold setzte eine rigide kolonialistische Maschinerie in Gang, die darauf abzielte, die Ressourcen des Kongo maximal auszubeuten und aus der kongolesischen Bevölkerung die maximale Arbeitsleistung herauszuholen. Er heuerte eine Söldnerarmee an, die Force Publique, um die einheimische Bevölkerung in die Sklaverei zu zwingen. Zunächst ging es Leopold um Elfenbein, aber aufgrund der massenhaften Wilderei von Elefanten in Afrika fielen die Elfenbeinpreise bald in den Keller. Leopolds gesamtes Experiment stand kurz vor dem Scheitern, als eine neue Erfindung ihn gerade noch rechtzeitig rettete – der Gummireifen. Im Jahr 1885 konstruierte der deutsche Ingenieur Carl Benz ein Fahrzeug mit einem Verbrennungsmotor und eisenbeschlagenen Holzrädern, das für langsame Geschwindigkeiten ausgelegt war. Um höhere Geschwindigkeiten zu erreichen, entwickelte der schottische Erfinder John Boyd Dunlop 1888 einen luftgefüllten Gummireifen, auch Luftreifen genannt. Mit dem Aufschwung der Automobilindustrie wuchs entsprechend die Nachfrage nach Gummi. So wie die Demokratische Republik Kongo mit den weltweit größten Kobaltreserven gesegnet ist, die zur Deckung der Nachfrage für die heutige Elektroauto-Revolution benötigt werden, verfügte Leopolds Kongo über Millionen von Quadratkilometern mit Kautschukbäumen, die es ermöglichten, die Nachfrage für die erste automobile Revolution zu decken.

Leopolds Force Publique zwang die einheimische Bevölkerung, den Saft der Kautschukbäume tief im Inneren des kongolesischen Regenwaldes zu gewinnen. Die Söldner schlugen die Eingeborenen mit der Schikotte, einer das Fleisch zerfetzenden Peitsche aus geflochtener Nilpferdhaut. Sie entführten die Frauen und Kinder der Dorfbewohner und zwangen sie, alle zwei Wochen drei bis vier Kilo Gummisaft zu liefern. Kehrten sie aus dem Wald zurück, ohne ihre Quote erfüllt zu haben, wurden ihren Angehörigen die Hände, Nasen oder Ohren abgehackt. Die Kautschukexporte aus dem Freistaat Kongo stiegen zwischen 1890 und 1904 um das 96-Fache und machten ihn bald zur profitabelsten Kolonie Afrikas.

Joseph Conrad wurde Zeuge der Gräueltaten von Leopolds Regime, als er am 13. Juni 1890 eine Reise auf dem Kongofluss unternahm. Er führte ein Tagebuch in zwei kleinen schwarzen Heften, in denen er jene Eindrücke festhielt, aus denen später seine Anklageschrift über die koloniale Schändung Afrikas, die Erzählung *Herz der Finsternis,* entstehen sollte. »Die Belgier sind schlimmer als die sieben Plagen Ägyptens«, schrieb Conrad in einem Brief an Roger Casement, mit dem er in Matadi Bekanntschaft geschlossen hatte, bevor er sich flussaufwärts wagte. Die Wahrheit über den Freistaat Kongo blieb der Welt verborgen, bis E. D. Morels Enthüllungen im Jahr 1900 die Briten dazu veranlassten, Roger Casement zu beauftragen, die erste Untersuchung über Menschenrechtsverletzungen des 20. Jahrhunderts durchzuführen.

Casement brach am 5. Juni 1903 flussaufwärts auf. Im Verlauf von mehr als drei Monaten untersuchte er die Lebens- und Arbeitsverhältnisse der einheimischen Bevölkerung und dokumentierte die Aussagen von Überlebenden, die von Mord, Sklaverei und Verstümmelung durch Leopolds Force Publique berichteten. Casement veröffentlichte am 8. Januar 1904 seinen Bericht und gründete zusammen mit Morel die Congo Reform Association, um Leopolds Regime ein Ende zu bereiten.[4] Leopold sah sich gezwungen, den Freistaat Kongo am 15. November 1908 an die belgische Regierung zu verkaufen. Das brachte ihm eine stattliche Summe von mehreren Hundert Millionen Dollar ein, zusätzlich zu dem, was er bereits an der Kolonie verdient hatte. Nun übernahm die belgische Regierung die Kontrolle über »Belgisch-Kongo« und setzte das von Leopold eingeführte System der

Zwangsarbeit zur Kautschukgewinnung fort. Als die Weltmarktpreise für Kautschuk zu fallen begannen, überlegten die Belgier, wie sie die Kolonie gewinnbringend halten konnten. Da kam die Entdeckung der Mineralienvorkommen in Katanga gerade recht.

Ab 1911 setzte die Union Minière du Haut-Katanga (UMHK) auf Zwangsarbeit, um die lokale Bevölkerung zum Abbau von Kupfer und anderen Mineralien in Katanga heranzuziehen. Die Kupferproduktion stieg von 100 000 Tonnen im Jahr 1940 auf 280 000 Tonnen im Jahr 1960, was zehn Prozent der Weltproduktion entsprach. Weiter im Norden verkauften die Belgier ein 75 000 Quadratkilometer großes Regenwaldgebiet mit Palmölbäumen an die Gebrüder Lever, die für ihre neue Seifenrezeptur Palmöl benötigten. Nach Leopolds Vorbild setzten die Gebrüder Lever bei der Gewinnung von Palmöl Zwangsarbeiter im Rahmen eines Quotensystems ein. Die Gewinne, die sie damit erwirtschafteten, trugen zum Aufbau des multinationalen Konzerns Unilever bei.

Das Blutbad des Zweiten Weltkriegs zeigte den Afrikanern, dass ihre europäischen Kolonialherren nicht so aufgeklärt waren, wie sie sich selbst darstellten, und förderte die Entstehung einer antikolonialen Stimmung auf dem gesamten Kontinent. In den späten 1950er-Jahren fand die Bewegung für die Unabhängigkeit von Belgisch-Kongo, die von dem charismatischen Patrice Lumumba angeführt wurde, verstärkten Zulauf.

DIE HOFFNUNG WIRD GEBOREN UND STIRBT: 1958 BIS JANUAR 1961

Nachdem der Kongo jahrhundertelang unter Sklaverei und Kolonialismus gelitten hatte, bot sich ihm mit der Unabhängigkeit die einmalige Chance, als Land der Freiheit und Selbstbestimmung wiedergeboren zu werden. Vier Persönlichkeiten traten an die Spitze des kongolesischen Kampfes für die Unabhängigkeit. Das war zum einen Patrice Lumumba, ein charismatischer Anführer aus einfachen Verhältnissen. Ihm zur Seite stand sein enger Freund und Verbündeter Joseph Mobutu. Die dritte Persönlichkeit, Joseph Kasa-Vubu, war ein populärer kongolesischer Freiheitskämpfer, und schließlich Moïse Tshombé, der Vorsitzende einer politischen Partei, die sich für die Autonomie von Katanga einsetzte.

Die ersten Wahlen im Kongo fanden kurz vor der Unabhängigkeit statt – Lumumba wurde zum Premierminister und Kasa-Vubu zum Präsidenten gewählt. Am Tag der Unabhängigkeit fand in Léopoldville eine feierliche Zeremonie statt. Der belgische König Baudouin erklärte stolz: »Die Unabhängigkeit des Kongo ist die Krönung des Werkes, das durch die Größe König Leopolds II. ersonnen, von ihm mit unerschütterlichem Mut in Angriff genommen und von der belgischen Regierung mit Beharrlichkeit fortgesetzt wurde.« Ein aufgebrachter Lumumba gab darauf eine Antwort, in der die Wut von Millionen von Afrikanern zum Ausdruck kam, die durch die »Größe« ihrer Kolonialherren versklavt worden waren. Er prangerte die »erniedrigende Sklaverei« an, die den Kongolesen von den Belgiern aufgezwungen worden war, und lobte den kongolesischen Freiheitskampf »unter Tränen, Feuer und Blut«. Er warnte, dass das kongolesische Volk niemals die »zermürbende Arbeit vergessen wird, die uns für einen Lohn abverlangt wurde, der es uns nicht erlaubte, unseren Hunger zu stillen … oder unsere Kinder mit all der Liebe aufzuziehen, die sie verdienen«, und dass das kongolesische Volk unter dem Deckmantel von Gesetzen, die »grausam und unmenschlich« waren, »den Raub unserer Rohstoffe miterleben« habe müssen. Lumumba beendete seine aufrührerische Rede mit einer Erklärung an den belgischen König: *»Nous ne sommes plus vos singes«* – »Wir sind nicht mehr eure Affen.«[5]

Elf Tage nach der Unabhängigkeit setzten die Belgier einen dreisten Plan um, der es ihnen ermöglichen sollte, die Kontrolle darüber zu behalten, was im Kongo das Wichtigste für sie war –

die Bodenschätze von Katanga. Sie erklärten ihre Unterstützung für Moïse Tshombé, der angekündigt hatte, dass er die Provinz Katanga vom Kongo abspalten würde. Die UMHK unterstützte die Regierung von Tshombé finanziell, und belgische Truppen vertrieben die kongolesische Armee aus Katanga. Mit chirurgischer Präzision hatten die Belgier die Provinz Katanga wie eine Hand vom Körper der Nation abgetrennt und damit auch der Regierung 70 Prozent ihrer Einnahmen entzogen. Das Land war verkrüppelt, bevor es überhaupt eine Chance bekam.

Lumumba wandte sich schriftlich an die Vereinten Nationen und bat um Hilfe bei der Vertreibung der Belgier und der Wiedervereinigung des Landes. Die UNO reagierte mit der größten militärischen Operation seit ihrer Gründung, um das Land zu stabilisieren, aber die UN-Truppen waren nicht befugt, die belgischen Streitkräfte zu vertreiben. Deshalb bat Lumumba die Sowjetunion um Hilfe. Die Möglichkeit, dass der Kongo und insbesondere Katanga unter sowjetischen Einfluss geraten könnten, veranlasste die Vereinigten Staaten, die Vereinten Nationen und Belgien, sich mit Hochdruck um Lumumbas Sturz zu bemühen. Am 18. August 1960 traf sich US-Präsident Dwight Eisenhower mit seinem Nationalen Sicherheitsrat, um die Lage im Kongo zu erörtern, und erklärte, dass die USA »diesen Kerl loswerden« müssten.[6] Die CIA schlug vor, Lumumba mittels einer mit Kobragift versetzten Zahnpasta zu ermorden; letztlich verständigte man sich auf den Plan, Lumumbas Freund und Armeechef Joseph Mobutu dafür zu gewinnen, ihn zu stürzen.

Am 14. September 1960 gab Joseph Mobutu bekannt, dass er die Regierungsgewalt übernommen habe. Mobutu hatte die Armee hinter sich und genoss die logistische und finanzielle Unterstützung der Vereinigten Staaten, der Vereinten Nationen und Belgiens. Mobutu vertrieb die sowjetischen Truppen und stellte Lumumba unter Hausarrest. Am 27. November 1960 gelang es Lumumba zu fliehen. Die USA, die UNO und Belgien beauftragten ihre Nachrichtendienste, bei seiner Wiederergreifung zu helfen. Gegen Mitternacht am 1. Dezember 1960 wurde Lumumba von Mobutus Truppen festgesetzt und inhaftiert. Seine Anhänger organisierten eine Gegenoffensive und besetzten nach kurzer Zeit die Hälfte des Landes. Die neue Kennedy-Regierung befürchtete, dass Lumumba wieder an die Macht kommen könnte, und überredete Belgien, Lumumba in die belgische Festung Élisabethville zu bringen und dort hinzurichten.

Patrice Lumumba wurde am 16. Januar 1961 nach Élisabethville geflogen, in ein abgelegenes Herrenhaus gebracht und von sechs Belgiern und sechs Katanganern gefoltert, unter Beteiligung von Moïse Tshombé und seines Stellvertreters Godefroid Munongo. Die Ironie der Geschichte ist, dass Munongo der Enkel von König Msiri war. 1891 hatten belgische Söldner im Auftrag Leopolds Msiri ermordet, um die Kontrolle über Katanga zu erlangen, und genau 70 Jahre später schloss sich Msiris Enkel den Belgiern an, um Lumumba umzubringen und Katanga abermals an die Belgier zu übergeben. Nachdem sie Lumumba stundenlang gefoltert hatten, erschossen ihn Tshombé und die Belgier. Sie zerstückelten die Leiche und warfen die Teile in Fässer mit Schwefelsäure. Lumumbas Schädel, Knochen und Zähne wurden zu Staub zermahlen und auf der Rückfahrt im Freien verstreut, bis auf einen Zahn, den der belgische Leiter der Polizei von Katanga als Souvenir mitnahm.

DIE HÖLLE AUF ERDEN: 1961–2022

Nachdem die nationalistische Bedrohung ausgeschaltet war, entsandten die Vereinten Nationen Truppen, um Katanga zur Wiedervereinigung mit der Republik Kongo zu zwingen, was Lumumba immer angestrebt hatte. Im März 1961 trafen sich Kasa-Vubu, Tshombé und andere kongolesische Führer zur Beratung über die

Zukunft des Landes. Sie einigten sich darauf, eine Konföderation souveräner Staaten zu gründen, die die Republik Kongo ersetzen sollte. Die UNO und die USA forderten einen vereinigten Kongo, woraufhin sich UN-Generalsekretär Dag Hammarskjöld separat mit Kasa-Vubu verständigte, der nun das Abkommen ablehnte und dafür finanzielle Unterstützung erhielt. Tshombé fühlte sich verraten und griff die UN-Truppen in Katanga an. In den Straßen von Élisabethville kam es zu heftigen Kämpfen. Hammarskjöld flog nach Élisabethville, um ein Friedensabkommen mit Tshombé auszuhandeln, aber sein Flugzeug wurde am 18. September 1961 beim Landeanflug auf den Flughafen abgeschossen. Hartnäckig halten sich Gerüchte, dass Tshombé den Abschuss angeordnet haben soll.

Die UMHK unterstützte weiterhin ein unabhängiges Katanga, indem sie Minensteuern direkt an die Regierung von Tshombé zahlte. Tshombés Streitkräfte bekämpften die UNO in Katanga noch zwei weitere Jahre, bis Präsident Kennedy zur Unterstützung der UNO-Offensive US-Kampfflugzeuge schickte. Tshombé gab sich am 14. Januar 1963 geschlagen. Nach dreieinhalb Jahren heftiger Auseinandersetzungen wurde der Kongo schließlich wiedervereinigt, und im Mai 1965 fanden Neuwahlen statt, aus denen Kasa-Vubu als Präsident hervorging. Kasa-Vubus Präsidentschaft war allerdings nur von kurzer Dauer: Am 24. November 1965 führte Joseph Mobutu seinen zweiten Staatsstreich durch und übernahm die vollständige Kontrolle über die Regierung.

Mobutu regierte den Kongo 32 Jahre lang auf die gleiche Weise wie Leopold – als persönliche Bereicherungsmaschine. Am 31. Dezember 1966 verstaatlichte er die UMHK unter Gécamines, und mehrere Bergbaukonzessionen gingen direkt in seinen Besitz über. Er zweigte Milliarden von Dollar aus den Mineralexporten des Landes auf seine persönlichen Bankkonten ab und wurde in den 1980er-Jahren zu einem der zehn reichsten Menschen der Welt. Am 27. Oktober 1971 benannte Mobutu das

Land in Republik Zaire um, weil er glaubte, dass dies der ursprüngliche Name des Kongoflusses während der Zeit des Königreichs Kongo gewesen sei, während es sich in Wirklichkeit wie oben erwähnt um die falsche Wiedergabe des Wortes *nzere* durch einen portugiesischen Kartografen handelte.

Mobutu blieb trotz offenkundiger Korruption jahrzehntelang an der Macht, weil er sich für die Sache der USA im Kampf gegen den Kommunismus einsetzte. Das brachte ihm die unerschütterliche Unterstützung der Präsidenten Nixon, Bush, Reagan und Clinton ein. Die Bodenschätze Katangas flossen in den Westen, und die Erlöse landeten auf Mobutus Bankkonten. Doch was Katanga gibt, kann es auch wieder nehmen. Die Kupferpreise erreichten im April 1974 einen Höchststand von 1,33 Dollar pro Pfund und stürzten im Juni 1982 auf 0,59 Dollar pro Pfund ab, als die Länder mit niedrigeren Produktionskosten ihre Förderung erhöhten. Die Kupferproduktion von Gécamines erreichte 1988 ihren Höhepunkt mit fast 480 000 Tonnen, fünf Jahre später sank sie auf 30 000 Tonnen. Nach dem Zusammenbruch der Sowjetunion 1991 verlor auch Mobutu für den Westen an Bedeutung. Ein Völkermord im benachbarten Ruanda erwies sich als Katalysator für seinen endgültigen Sturz.

Am 6. April 1994 wurde ein Flugzeug mit dem ruandischen Präsidenten Juvénal Habyarimana (einem Hutu) an Bord im Anflug auf den internationalen Flughafen von Kigali abgeschossen. Die Hutus gaben den Tutsi die Schuld, worauf es zu einem Massaker kam. Nach 100 Tagen hatte die Hutu-Kampforganisation Interahamwe mindestens 800 000 Tutsi umgebracht. Mehr als zwei Millionen flohen aus Ruanda in die Region Kivu im Osten von Zaire. Die Interahamwe errichtete in den beiden Kivu-Provinzen einen Ministaat mit Sitz in der Nähe von Goma und führte weiterhin Angriffe auf die Tutsi durch. Der Niedergang Zaires unter Mobutu ermöglichte es seinen vergleichsweise kleinen Nachbarländern, eine Invasion in Erwägung zu ziehen. Der

Chef der ruandischen Armee und heutige Präsident Ruandas, Paul Kagame, nutzte die Gelegenheit. Gemeinsam mit Uganda organisierte er einen Angriff auf die Kivu-Provinzen, wobei er sich eines katanganischen Strohmanns und langjährigen Gegners von Mobutu bediente – Laurent-Désiré Kabila.

Kabila schloss mehrere Rebellengruppen zu einer Armee namens AFDL zusammen und sicherte sich an der Spitze eines Bataillons die Kontrolle über Katanga. Er ließ sich im Hotel Karavia in Lubumbashi nieder und arrangierte Treffen mit westlichen Investmentbanken, mit der Firma De Beers und Bergbauunternehmen aus Amerika und Europa, um die Kriegsbeute aufzuteilen. Die übrigen AFDL-Truppen unter der Führung von Kagames loyalem Adjutanten James Kabarebe marschierten nach Westen in Richtung Kinshasa. Der altersschwache Mobutu floh nach Marokko, wo er schließlich im Exil starb. Kabila wurde am 29. Mai 1997 als Präsident der Demokratischen Republik Kongo vereidigt. Er stellte sich selbst als den rechtmäßigen Nachfolger von Patrice Lumumba dar und versprach, dem kongolesischen Volk Freiheit und Wohlstand zu bringen.

Wie Mobutu und Leopold vor ihm errichtete auch Laurent Kabila im Kongo ein kleptokratisches System der persönlichen Bereicherung. Kabila schloss Geschäfte mit ausländischen Bergbauunternehmen ab und leitete das Geld auf seine persönlichen Konten um. Er beging jedoch einen fatalen Fehler, als er sich mit denjenigen Kräften anlegte, die ihn an die Macht gebracht hatten. Am 26. Juli 1998 befahl Kabila allen ruandischen und ugandischen Truppen, sich aus dem Land zurückzuziehen. Ruanda und Uganda bauten umgehend neue Rebellenarmeen unter der Führung von James Kabarebe auf, die den Auftrag bekamen, Kabila zu stürzen. Eine Woche später marschierte Kabarebe zum zweiten Mal in den Kongo ein.

Was dann am 2. August 1998 und in den Jahren danach folgte, wurde als »Afrikanischer Weltkrieg« bekannt, eine Explosion der

Gewalt, an der neun afrikanische Nationen und 30 Milizen beteiligt waren, die die Demokratische Republik Kongo verwüstete und in deren Verlauf mindestens fünf Millionen kongolesische Bürger den Tod fanden. Kabarebe entführte eine Boeing 727 vom Flughafen in Goma und brachte damit seine Truppen bis vor die Tore Kinshasas, wo er zum Angriff auf die Hauptstadt ansetzte. Im letzten Augenblick gelang es Kabila, sich die militärische Unterstützung Simbabwes zu sichern, die er sich mit der Überlassung von Bergbauanlagen erkaufte, wozu auch das berüchtigte Tremalt-Geschäft mit den Minen bei Kambove gehörte. Zu den Truppen aus Simbabwe kamen Soldaten aus Namibia, Angola, dem Sudan und Tschad, die alle im Gegenzug Anteile an den Bodenschätzen Katangas erhielten. Armeen aus Ruanda, Uganda und Burundi übernahmen die Kontrolle über den Ostkongo und marschierten quer durch das Land auf Kinshasa zu. Zwei Jahre lang tobte der Krieg, bevor die UNO Friedenstruppen entsandte, um die Lage zu stabilisieren.

Laurent Kabila wurde am 16. Januar 2001 von einem seiner Leibwächter ermordet. Sein Sohn Joseph Kabila, der die Nachfolge antrat, erbte ein Land in Trümmern. Um die Wirtschaft des Landes wieder anzukurbeln, führte Joseph Kabila 2002 ein neues Bergbaugesetz ein, das ausländische Investitionen anlocken sollte. Zudem leitete Kabila einen Friedensprozess zur Beendigung des Konflikts mit Ruanda und Uganda ein. Mit einem am 17. Dezember 2002 unterzeichneten Abkommen verpflichteten sich Ruanda und Uganda zum Rückzug aller Truppen aus der DRK. In der Folge sicherten sich diese Länder Einflussbereiche im Kongo, um die Ausbeutung der Bodenschätze fortzusetzen. Die ruandischen Streitkräfte erlangten die Kontrolle über den Coltanhandel in den Kivu-Provinzen, die ugandischen Truppen übernahmen die Herrschaft über den Goldhandel und lieferten sich mit den Ruandern einen erbitterten Kampf um die Kontrolle der lukrativen Diamantenminen im Kongo.

Während der Konflikt im Ostkongo tobte, konzentrierte sich Kabila darauf, Geld zu verdienen, indem er in Katanga Bergbaugeschäfte abschloss. Er sicherte sich 2009 das SICOMINES-Geschäft, das den Weg für die Übernahme Katangas durch China ebnete. Kabila vermittelte noch viele weitere Geschäfte mit chinesischen Bergbauunternehmen und erhielt dafür Schmiergelder, die über seine Konten bei der BGFIBank flossen. Die zweite Amtszeit Kabilas als Präsident endete im Dezember 2016, doch er hielt sich noch zwei weitere Jahre an der Macht, bevor am 30. Dezember 2018 endlich Wahlen stattfanden. Dabei wurde Kabilas handverlesener Nachfolger, Félix Tshisekedi, zum Sieger erklärt. Trotz der Zweifel an der Glaubwürdigkeit der Ergebnisse war Tshisekedis Amtseinführung am 25. Januar 2019 die erste friedliche Machtübergabe im Kongo seit der Unabhängigkeit des Landes im Jahr 1960.

Obwohl viele Leute im Kongo befürchteten, dass Tshisekedi die Interessen von Joseph Kabila fördern würde, leitete er bereits wenige Monate nach seinem Amtsantritt eine Antikorruptionskampagne in die Wege, die auf den Bergbausektor abzielte. Er äußerte sich kritisch über einige der von chinesischen Bergbauunternehmen verursachten Schäden und bemühte sich um engere Beziehungen zu den Vereinigten Staaten. Dem US-Botschafter Mike Hammer zufolge waren die Menschenrechte ein wichtiger Bestandteil seiner Agenda: »Als Präsident Tshisekedi im Januar 2019 an die Macht kam, ging es in einem meiner ersten Gespräche mit ihm um unsere Bedenken in Bezug auf Menschenhandel und Kinderarbeit. Er versicherte mir, dass er sich für die Menschenrechte einsetzen werde.« Zum selben Thema fügte ein westlicher Diplomat inoffiziell hinzu: »Präsident Tshisekedi will die Praxis der umfassenden Ausbeutung seines Landes durch die Chinesen nicht fortsetzen, während Kabila und seine Kumpane von den Chinesen abhängig sind, weil diese ihre Taschen füllen.«

Tshisekedi übt weiterhin Druck auf chinesische Bergbauunternehmen aus, damit sie Transparenz, Arbeitsgesetze und Nachhaltigkeitspraktiken verbessern. Kabila, der mit Tshisekedis Vorgehen unzufrieden ist, soll mit chinesischen Geldgebern im Hintergrund darauf hingearbeitet haben, bei den Wahlen 2023 erneut anzutreten, um die Herrschaft über das Land zurückzugewinnen oder den Sieg eines anderen Kandidaten zu sichern, der seine Agenda unterstützt.*

Die Bühne für den nächsten Kampf um die Kontrolle der Reichtümer Katangas ist also vorbereitet. Wird der westlich orientierte Tshisekedi seine Macht konsolidieren können, oder wird Kabila das Land zurückerobern und es weiter in Richtung China treiben? Der Fluss des Kobalts steht auf dem Spiel und damit die Kontrolle über unsere wiederaufladbare Zukunft. Wer kann schon sagen, dass sich das Leben der kongolesischen Bevölkerung in jedem Fall verbessern würde? Von dem Moment, als die Europäer mit Diego Cão 1482 in den Kongo vorstießen, wurde das Herz Afrikas zur Kolonie der Welt. Patrice Lumumba bot eine flüchtige Chance auf ein anderes Schicksal, doch die neokoloniale Maschinerie des Westens machte ihm den Garaus und ersetzte ihn durch jemanden, der dafür sorgte, dass den Europäern weiterhin die Reichtümer des Landes zuflossen. Kobalt ist dabei nur der jüngste Schatz, den zu plündern sie gekommen waren.

* Aus den Präsidentschaftswahlen am 20.12.2023 ging der Amtsinhaber Félix Tshisekedi als Sieger hervor (Anm. d. Red.).

5

»WENN WIR NICHT GRABEN, HABEN WIR NICHTS ZU ESSEN«

TENKE FUNGURUME, MUTANDA UND TILWEZEMBE

> Diese Verwirklichung einer großen menschlichen Tragödie wird in dem Maße lebendig und historisch beständig sein, in dem wir in der Lage sind, uns eine mentale Vorstellung von den Opfern zu machen, und zwar eine möglichst genaue Vorstellung.
>
> *E. D. Morel, History of Congo Reform Movement (1914)*

Von Likasi aus nach Westen zu reisen, kann sehr beschwerlich sein. Die Straße ist oft verstopft, und an den Mautstellen stauen sich die Fahrzeuge. Lastwagen rumpeln die schmale Straße hinunter, voll beladen mit Mineralien. »Wenn man auf halber Strecke zwischen Likasi und Kolwezi an der Straße sitzt und beobachtet, wie viele Lastwagen mit Kupferkathoden und Kobaltkonzentrat vorbeifahren, kann man daran den Zustand der Weltwirtschaft bestimmen«, bemerkte Asad Khan, Geschäftsführer eines kongolesischen Bauunternehmens namens Big Boss Congo. »Wenn die Wirtschaft boomt, sind die Straßen voll mit Lastwagen, die aus den Minen kommen.« Diesen Maßstäben entsprechend, ging es der Weltwirtschaft während meiner Besuche in der DRK sehr gut. Die Straßen waren voller Lastwagen mit großen Rädern, verbeulter Pick-ups, verrosteter Autos, stotternder Motorräder und ramponierter Fahrräder, die säckeweise Kupfer und Kobalt beförderten. Die Treibstoffvorräte konnten oft nicht mit der Nachfrage Schritt halten, was zur Jagd nach »Gaddafis« führte, eine Bezeichnung für Gauner, die in Zeiten knapper Vorräte Benzin in Plastikbehältern horten, um es dann mit einem saftigen Aufschlag weiterzuverkaufen, wenn die Bestände der Tankstellen zur Neige gehen. Während meiner Feldforschung im Kongo war ich mehr als einmal auf der Jagd nach solch einem Gaddafi.

Westlich von Likasi haben der starke Verkehr und die regen Bergbauaktivitäten zu einer gefährlichen Luftverschmutzung geführt. Eine dicke Wolke aus Abgasen, Staub und Asche hängt über dem Land. Himmel und Erde berühren sich vage über den Hügeln an einer unbestimmten und unerreichbaren Grenze. Die Dörfer entlang der Straße sind mit Schutt übersät, den der Wind herbeigeweht hat. Zwischen den Hütten huschen Kinder wie Staubbällchen umher. Es sind keine Blumen zu sehen. Keine Vögel am Himmel. Es gibt keine ruhig fließenden Bäche. Keine angenehme Brise. Die Schönheiten der Natur sind allesamt verschwunden. Alle Farben wirken blass und ausgedünnt. Es bleiben nur die Bruchstücke des Lebens.

Dies ist die Provinz Lualaba, wo Kobalt König ist.

Die Strecke zwischen Likasi und Kolwezi führt an zwei der größten industriellen Minen Afrikas vorbei – Tenke Fungurume und Mutanda. Die dritte große Mine vor Kolwezi ist Tilwezembe. Sie ist vielleicht der größte Industriestandort, der fast vollständig als handwerkliches Schürfgebiet bearbeitet wird. Das Modell gemischter industrieller und handwerklicher Förderung in Étoile bei Lubumbashi und in den MIKAS-Minen nördlich von Kambove hat dazu geführt, dass auch viele der industriellen Minen in der Provinz Lualaba zunehmend handwerklich betrieben werden. Die Konzerne, die an der Spitze der Kobaltkette stehen, stützen ihren Ruf auf die undurchlässige Mauer, die angeblich zwischen industrieller und handwerklicher Förderung besteht. Dabei sind solche Aussagen so abwegig wie die Behauptung, man könne von der Mündung des Kongoflusses aus das Wasser der verschiedenen Nebenflüsse unterscheiden.

TENKE FUNGURUME

75 Kilometer nordwestlich von Likasi liegt das größte Bergbaugebiet im Kongo: Tenke Fungurume (TFM). Die Mine ist nach den beiden Städten benannt, die das westliche (Tenke) und südliche (Fungurume) Ende der Konzession begrenzen. TFM erstreckt sich über ein Gebiet von mehr als 1500 Quadratkilometern, eine Fläche etwas größer als der Großraum London. Tausende von Menschen lebten einst in Dörfern im Konzessionsgebiet, wurden aber vertrieben, als die Rechte 2006 an ein Joint Venture zwischen dem US-amerikanischen Bergbauunternehmen Phelps Dodge (57,75 Prozent), der Tenke Mining Company (24,75 Prozent) und Gécamines (17,5 Prozent) verkauft wurden. Im Jahr 2007 fusionierte Phelps Dodge mit dem in Phoenix ansässigen Bergbaugiganten Freeport-McMoRan (56 Prozent), und die Tenke Mining Corp wurde von Lundin Mining (24 Prozent) übernommen, für Gécamines blieben 20 Prozent übrig.

Im Jahr 2016 verkaufte Freeport seinen Anteil an TFM für 2,65 Milliarden Dollar an China Molybdenum (CMOC). Der Verkauf bedeutete das Ende der Präsenz von Bergbauunternehmen mit Sitz in den USA in der Demokratischen Republik

Kongo und machte den Weg frei für die chinesische Übernahme der Kupfer-Kobalt-Minen im Kongo. Dass Freeport ein so wertvolles Bergbauprojekt verkaufte, gerade als die Kobaltrevolution Fahrt aufnahm, war ein rätselhafter Schritt. Einer der leitenden Angestellten, der die TFM-Konzession für Freeport verwaltete und der nicht namentlich genannt werden wollte, lieferte eine Erklärung: »Der Grund, warum wir TFM verkauft haben, war rein finanzieller Natur. Freeport befand sich mit einer Öl- und Gasinvestition in Schieflage, was die Finanzlage des Unternehmens erheblich belastete. Es gab Verpflichtungen gegenüber dem Markt, die Schulden innerhalb eines Jahres zu halbieren, und die einzige Möglichkeit, dies zu erreichen, war der Verkauf von Vermögenswerten.«

CMOC baute seine Anteile an TFM im Jahr 2019 aus und kontrolliert derzeit 80 Prozent der Mine. Außerdem investierte CMOC später 550 Millionen Dollar in den Erwerb eines 95-prozentigen Anteils an einer noch unerschlossenen Kupfer-Kobalt-Lagerstätte namens Kisanfu in der Nähe von TFM und positionierte das Unternehmen damit für die kommenden Jahre als einen der weltweit führenden Kobaltproduzenten. Im Jahr 2021 zahlte der weltgrößte Hersteller von Lithium-Ionen-Batterien, das chinesische Unternehmen CATL, 137,5 Millionen Dollar, um einen 25-prozentigen Anteil an Kisanfu zu erwerben und damit die chinesische Vorherrschaft in der Lieferkette für wiederaufladbare Batterien weiter auszubauen.

TFM produzierte im Jahr 2021 die beeindruckende Menge von 15 700 Tonnen Kobalt[1], wobei die kongolesische Regierung CMOC im Februar 2022 offiziell beschuldigte, die Fördermenge zu niedrig angegeben zu haben, um seine Steuer- und Lizenzgebührenzahlungen zu verringern.[2]

Die geschäftige Stadt Fungurume ist der wichtigste Zugang zu TFM. Die Anwohner drängen sich auf der Schnellstraße und tragen zusätzlich zur Verkehrsüberlastung in der Gegend bei. Außerdem wird die Straße von Händlern frequentiert, die Holzkohle, Buschfleisch oder Handyaufladung anbieten. Wenn man in Fungurume umherwandert, bekommt man den Eindruck, dass sich die Stadt viel zu schnell entwickelt hat. Die Bevölkerung ist von 50 000 Einwohnern im Jahr 2007 auf mehr als eine Viertelmillion im Jahr 2021 angewachsen, was zu einer erheblichen Belastung der Infrastruktur, des Wohnungsangebots und der Arbeitsplätze geführt hat. Entlang der unbefestigten Wege der Stadt reihen sich kleine Geschäfte aneinander, darunter Bäckereien, Autowerkstätten, Friseurläden, Restaurants und ein großer Basar, auf dem man Kleidung, Töpfe und Pfannen, Plastikbehälter, getrockneten Fisch und Gemüse kaufen kann. In Fungurume gibt es einige Schulen, von denen die größte ein zweistöckiges rosafarbenes Gebäude ist, das durch einen schwarzen Metallzaun geschützt wird. Die meisten Häuser sind Ein- oder Zweizimmerziegelbauten mit Metalldächern. Stapel mit gehacktem Holz liegen an zahlreichen Stellen in der Stadt verstreut. Blassgrüne Rasenflächen bilden einen zaghaften Kontrast zu den dominierenden Rot- und Brauntönen der Ziegel und der Erde. Die Einheimischen versammeln sich um jene Häuser, deren Bewohner eine Satellitenschüssel besitzen, um Fußballspiele anzuschauen. Musik dröhnt aus Lautsprechern, die vor den Geschäften im Dreck stehen, und erzeugt eine Kakofonie von Geräuschen. Die Frauen sind in Farben gekleidet, die einmal geleuchtet haben, aber durch die Sonne und den Staub allmählich verblasst sind. Männer rauchen, trinken und zocken. Außer den ganz jungen Leuten lächelt niemand.

Der Haupteingang zum TFM-Gelände befindet sich westlich von Fungurume. Vor der Einfahrt zur Mine gibt es zwei schwer bewachte Kontrollpunkte. Der erste Kontrollpunkt hat ein Metalltor, das mit Stacheldraht umzäunt ist. Ein kleiner Bach mit fauligem, schlammigem Wasser fließt unter einer Brücke neben dem Zaun hindurch. Bei jedem Besuch sah ich Frauen, die ihre Kleidung im Bach wuschen, während Kinder in der Nähe schwammen. Etwa 250 Meter nördlich des ersten Kontrollpunkts befindet sich ein zweiter, stärker bewachter Sicherheitsposten. Ein Schild begrüßt die Besucher mit den Worten WILLKOMMEN IM BERGWERK TENKE FUNGURUME auf Englisch, Französisch und Mandarin. Durch das zweite Tor fahren Sicherheitsjeeps mit schmutzigen rosafarbenen Flaggen auf Metallstangen hin und her. Obwohl CMOC behauptet, sich an die kongolesischen Gesetze zu halten und keinen handwerklichen Bergbau in der TFM-Konzession zuzulassen, habe ich bei jedem Besuch Dutzende von Bergleuten gesehen, die in den Grubenwänden der Mine schürften, auch direkt hinter dem zweiten Kontrollpunkt.

Auf der TFM-Konzession wird so viel handwerklicher Bergbau betrieben, dass einige Kilometer westlich von Fungurume ein ganzes Dorf mit Kleinschürfern entstanden ist, Fungurume 2 genannt. Eines Nachmittags saß ich in diesem Dorf und sah zu, wie Dutzende von Motorrädern, beladen mit Säcken voller Erz, über die unbefestigten Wege tief in das TFM-Gelände fuhren. Man sagte mir, dass es sich um Zwischenhändler handle, die handwerklich abgebautes Kobalt von den Schürfern in der TFM-Konzession angekauft hatten und ihre Ladungen an Depots in der Gegend verkaufen wollten. Nach Angaben der Einheimischen wird ein Großteil des Erzes von den Lagern direkt an CMOC verkauft.

Hinter dem zweiten Kontrollpunkt führt die Straße weiter nach Norden in das ausgedehnte Konzessionsgebiet von TFM. Die Minenschächte ragen hoch über die Landschaft hinaus. Abseits der Hauptstraße liegen einige Industriegebiete, und weiter nördlich befindet sich ein Wohnkomplex für ausländische Arbeiter. Der Wohnkomplex besteht aus mindestens 200 Einzelhäusern, die an von Bäumen gesäumten Straßen liegen, dazu gehören Tennisplätze, eine Sporthalle und ein Schwimmbad. Im

Norden schließt sich ein Bürokomplex an, und noch ein Stück weiter nördlich gibt es eine private Landebahn für Firmenjets. Jenseits dieses Punktes besteht der größte Teil des Bergbaugebiets aus Wildnis. Eine zweite Straße führt vom Hauptwohnkomplex nach Westen in Richtung der Stadt Tenke, die etwa halb so groß ist wie Fungurume. In der Nähe von Tenke befindet sich die riesige Kupfer-Kobalt-Verarbeitungsanlage von TFM. Sie verwendet ein zweistufiges Verfahren, das als Solvent Extraction-Electrowinning (SX-EW) bezeichnet wird – eine metallurgische Technik zur Herstellung von Kupferkathoden und Kobalthydroxid. Die bei der Verarbeitung verwendeten giftigen Lösungsmittel und Säuren werden angeblich verantwortungsvoll entsorgt. Mein Besuch in Tenke hat jedoch das Gegenteil bewiesen.

Die Wahrheit über die Vorgänge in der und um die TFM-Mine erfährt man am besten, wenn man mit den Bewohnern von Fungurume spricht. Das Verhältnis zwischen Fungurume und TFM als vergiftet zu bezeichnen, wäre noch gelinde ausgedrückt.

»Sie haben uns aus unseren Häusern vertrieben«, erzählte Samy, ein älterer Mann mit fleckiger Haut. »Wir haben drei Generationen lang auf diesem Land gelebt, bis die Bergbauunternehmen kamen. Wir haben Gemüse angebaut und Fische gefangen. Sie haben uns rausgeworfen, und jetzt finden wir nicht mehr genug zu essen für unsere Familien. Wir haben hier keine Arbeit. Wovon sollen wir denn leben?«

Viele Bewohner von Fungurume äußerten sich ähnlich wütend über die Vertreibung aus dem Bergbaugebiet im Jahr 2006. Sie sagten, sie seien praktisch nicht vorgewarnt worden und hätten keine Entschädigung oder Unterstützung bei der Umsiedlung erhalten. Einer meiner Übersetzer, Olivier, beschrieb die Situation sehr anschaulich:

»Stellen Sie sich vor, ein Bergbaukonzern kommt an den Ort, an dem Sie leben, und wirft Sie raus. Sie zerstören Ihr gesamtes Hab und Gut, bis auf das, was Sie mit Ihren bloßen Händen tragen können. Dann bauen sie eine Mine, weil es im Boden Erze gibt, und halten Sie durch Soldaten fern. Was können Sie tun, wenn es niemanden gibt, der Ihnen hilft? Vielleicht würden Sie es für Ihr Recht halten, an den Ort zurückzukehren, an dem Sie bisher gelebt haben, und selbst nach den Mineralien zu graben. So denken auch die Menschen in Fungurume.«

Das Schürfen nach Kobaltresten auf dem TFM-Gelände wurde für viele Menschen in Fungurume zur einzigen Möglichkeit, ihren Lebensunterhalt zu verdienen. Der Geschäftsführer von Freeport, der die Gründe für den Verkauf der Konzession erläuterte, gab dies auch zu: »Es hat hier schon immer illegale Bergleute gegeben, vor allem in den nichtaktiven Bergbauzonen auf den Hügeln. Sie kamen oft in Wellen hierher. Wir hatten einen brüchigen Waffenstillstand. Wenn sie den industriellen Abbau nicht stören, wenn sie niemanden behelligen, lassen wir sie gewähren. Wir hatten eine Sicherheitstruppe, aber man muss sich überlegen, wo man eingreift. Man kann nicht überall in der Konzession sein.« Der »brüchige Waffenstillstand« zwischen Freeport und Fungurume wurde nach der Übernahme durch CMOC eher zu einem schwelenden Konflikt. Eine große Anzahl Kleinschürfer wagte sich weiterhin auf die Konzession, und von Zeit zu Zeit wies CMOC seine Sicherheitskräfte an, den Zugang zu unterbinden, wenn es zu viele wurden. Als die Sicherheitskräfte von CMOC des Ansturms nicht mehr Herr wurden, wurde die Armee zu Hilfe gerufen. Es kam zum offenen Konflikt.

Ein solcher Gewaltausbruch ereignete sich im August 2021, als die Bewohner von Fungurume zu randalieren begannen, weil der Zugang zur Mine blockiert war. Eine Gruppe von Menschen versammelte sich auf der Autobahn, um die Durchfahrt von Lastwagen zur TFM zu verhindern. Als der Aufruhr eskalierte, begann die Menge andere Fahrzeuge anzugreifen, die vorbeifuhren. Asad Khan geriet auf dem Rückweg von Kolwezi nach Lubumbashi in die Ausschreitungen. Er berichtete, dass sich zehn oder zwölf Personen an seinem Geländewagen festklammerten und mit Ziegelsteinen und Metallgegenständen auf seine Scheiben einschlugen. »In dem Moment dachte ich, ich würde sterben«, erzählte Asad. »Ich geriet in Panik und legte den Rückwärtsgang ein, fuhr mit 60 bis 70 Stundenkilometern im Zickzack, und als ich mit hoher Geschwindigkeit um eine scharfe Kurve bog, fielen die Männer schließlich von meinem Wagen.«

Ein noch schlimmerer Gewaltausbruch ereignete sich im Juni 2019. Auf der TFM-Konzession schürften Kleinbergbauern in großer Zahl, auch in einigen der Hauptgruben. Die Sicherheitskräfte von CMOC waren der Situation nicht gewachsen. Ein Bewohner von Fungurume namens Promesse erklärte, was dann geschah:

> »Die Armee schickte Soldaten, um die Schürfer aus der Konzession zu vertreiben. Sie schossen mit ihren Gewehren in die Luft. Sie schlugen die Männer, um sie zum Gehen zu bewegen. Viele Menschen wurden wütend. Sie riefen: ›Das ist der Kongo, nicht China!‹ Am nächsten Tag verließen zwei Lastwagen, vollgeladen mit Erzen, die Mine. Dieselben Männer aus Fungurume blockierten die Straße. Sie schlugen die Fahrer und setzten die Lastwagen in Brand.«

Promesse berichtete, dass danach ein Bataillon stark bewaffneter FARDC-Soldaten in das Gebiet ausschwärmte und die Menge mit Schüssen zerstreute. Dabei wurden mehrere Menschen getötet und zahlreiche Häuser und Geschäfte niedergebrannt.

Die Spannungen zwischen den Bewohnern von Fungurume und CMOC beschränken sich nicht nur auf regelmäßige Blockaden des Zugangs zur Konzession. Sie drückt sich auch in einer dauerhaften Unzufriedenheit über die eigentlich versprochene, aber mangelnde Unterstützung der Gemeinde aus. »Sie sagten, sie würden Schulen bauen und Arbeitsplätze schaffen, aber darauf warten wir immer noch«, sagte ein Einwohner von Fungurume namens Eric. »Sie interessieren sich nur für das Kobalt. Die Menschen von Fungurume sind für sie so etwas wie Ungeziefer.«

»Als sie die Konzession kauften, dachten sie wohl, sie hätten damit auch die Menschen von Fungurume gekauft. Sie meinen, sie können uns wie Gefangene behandeln«, fügte ein anderer Bewohner hinzu.

Ein anderer Mann, Kafufu, dem der rechte Arm fehlt, beklagte sich folgendermaßen über die TFM-Mine:

> »Wissen Sie, dass Hunderte von Arbeitern in dieser Konzession leben? Bis CMOC kam, befanden sich ihre Wohnheime in der Nähe von Fungurume, sodass sie regelmäßig hierherkamen, um Vorräte zu kaufen und in Restaurants zu essen. Das half uns, unseren Lebensunterhalt zu sichern. Dann wurden alle Arbeiter ins ›Bravo Camp‹ verlegt. Es liegt viel weiter drinnen im Abbaugebiet, sodass die Arbeiter jetzt nicht mehr nach Fungurume oder Tenke kommen.«

Kafufu, der in Tenke lebt, war gerade zu Besuch bei seinem Bruder in Fungurume, als er mich mit einer Gruppe von Einheimischen sprechen sah. Er sagte, ich solle sofort mit ihm nach Tenke fahren, weil er mir etwas Dringendes zeigen müsse. Ich fragte, ob das nicht bis zum nächsten Tag warten könne, aber er bestand darauf, dass ich ihn noch am selben Tag begleitete. Nachdem ich meine Interviews abgeschlossen hatte, fuhr ich mit Kafufu nach Tenke. Die Stadt liegt westlich von mehreren riesigen Tagebauminen auf dem TFM-Konzessionsgebiet. Kafufu führte uns nördlich von Tenke in ein eher dünn besiedeltes Gebiet mit kleinen

Hütten. Wir hielten an und setzten den Rest des Weges zu Fuß fort. Kafufu ging auf ein paar verfallene Hütten zu, einige davon aus Holz mit Strohdächern. »Das ist mein Zuhause«, erklärte er und deutete auf eine der strohgedeckten Hütten. Ich hatte es nicht bemerkt, als wir noch etwas entfernt waren, aber aus der Nähe konnte ich sehen, dass alles in diesem Teil von Tenke – der Boden, die Bäume, die Hütten, die Fahrräder, die Menschen – mit einer dünnen Schicht aus senffarbenem Staub bedeckt war. Ich entdeckte zwei Kinder, die vor einer Hütte saßen, nicht älter als fünf Jahre, und leere Plastikflaschen mit Schmutz füllten. Ihre Haut, ihre Kleidung und ihre Gesichter waren gleichermaßen mit dem senffarbenen Pulver bedeckt.

»Was ist das?«, fragte ich.

»Das ist getrocknete Schwefelsäure«, antwortete Kafufu. »Sie verwenden es in der Mine zur Verarbeitung der Erze.«

»Woher wissen Sie das?«

»Ich habe selbst dort gearbeitet«, antwortete Kafufu und zeigte mit seiner verbliebenen Hand auf die TFM-Konzession. Er war Absolvent der Universität Lubumbashi und erklärte, dass CMOC ihm eine umfassende Ausbildung für die Arbeit in der Verarbeitungsanlage ermöglicht habe.

»Mein Arm wurde bei einem Unfall zerquetscht. Sie zahlten mir eine Woche lang den Lohn weiter und übernahmen die Operationskosten«, erzählte Kafufu.

Ich fragte Kafufu, wann der Unfall passiert sei.

»Das war vor zwei Jahren«, antwortete er. Seither war er nicht mehr in der Lage zu arbeiten.

Da er die Aufbereitungsanlage kannte, konnte Kafufu erklären, wie das System funktioniert. »Zuerst werden die Erze zum Zerkleinern in die Brecheranlage gebracht. Dort gibt es Metallwalzen, die so groß sind wie ein Auto und die Erze zu Sand zerkleinern können. Der Sand wird anschließend mit Schwefelsäure ausgelaugt, um Kupfer und Kobalt zu trennen. Dabei entsteht ein Gas, das Flusssäure, Schwefeldioxid und Schwefelsäure enthält.«

Das Problem, so Kafufu, sei, dass CMOC dieses Gas nicht einfange. »Sie lassen es über unsere Häuser wehen. Es fällt auf unser Essen und unser Wasser. Es fällt auf jeden, der hier lebt.«

Ich schaute die beiden Jungen an, die im Dreck spielten, eingehüllt in eine Decke aus Gift. Ich versuchte mir vorzustellen, wie sich ihre Eltern fühlten, die jeden Tag mit ansehen mussten, wie ihre Kinder verseucht wurden, und sie völlig machtlos waren, sie davor zu schützen. Obgleich Gewalt niemals eine akzeptable Reaktion ist, konnte ich verstehen, warum die Menschen in Fungurume aus Verzweiflung ein paar Lastwagen in Brand steckten.

Die Frauen von Fungurume beginnen ihren Tag in der Regel damit, den Dreck wegzuwischen, der sich über Nacht auf ihren Häusern abgesetzt hat, eine echte Sisyphusarbeit. Die meisten Männer in der Stadt, wie Franck und sein 14-jähriger Sohn Gloire, versuchen auszuschlafen. Sie sind oft den Großteil der Nacht wach, um auf dem TFM-Gelände zu graben. Ich besuchte Franck und Gloire in ihrem kleinen Haus am nordwestlichen Rand von Fungurume. Anstelle einer Eingangstür war ein dünnes hellgrünes Laken über den Eingang des Hauses drapiert. Innen bestand die Wohnung aus zwei Räumen, einer, in dem Gloire, seine Mutter, sein Vater und seine beiden jüngeren Brüder auf Matten auf dem Boden schliefen, und einer, in dem sie kochten, aßen und Radio hörten. In einigen Häusern in Fungurume gab es wenigstens sporadisch Strom, in ihrem jedoch nicht. Sie kauften Batterien, um ihre Taschenlampe und ihr Radio zu betreiben. Die Batterien waren teurer, als ich es mir vorgestellt hatte – zwei Dollar (ungefähr ein Tageseinkommen) für eine Packung mit vier AA-Batterien. Der Preis erschien mir besonders hoch, wo sie doch unmittelbar neben einer der größten Minen der Welt lebten, in der Metalle für Batterien gefördert werden.

Als ich Gloire traf, saß er mit dem Rücken zur Wand und hatte die Beine vor sich ausgestreckt. Sein Kiefer war fest zusammengebissen, und er war schweißgebadet. In der Ecke neben ihm stand ein kleiner Holztisch, auf dem einige Kleidungsstücke der Familie aufgestapelt waren; der Rest hing draußen an einer Leine. Eine kleine Öffnung in der Backsteinmauer gegenüber von Gloire diente als Fenster, ermöglichte aber nur wenig Frischluftzufuhr. Das Haus aus Lehmziegeln und das Metalldach heizten sich in der Morgensonne auf wie ein Ofen. Gespenstische Staubwolken schwebten durch die Ritzen zwischen Metall und Stein. Gloire trug eine dunkelbraune Hose und ein dunkelgrünes T-Shirt mit weißem Saum. Er rutschte ständig umher, immer auf der Suche nach einer bequemen Sitzposition.

Gloire erklärte, dass er bis zum dritten Schuljahr in Fungurume zur Schule gegangen sei, bis seine Familie das Schulgeld von sechs Dollar im Monat nicht mehr aufbringen konnte. Im Alter von elf Jahren, so Gloire, begann er mit seinem Vater auf dem TFM-Gelände zu graben.

»Wir gehen nachts zur Konzession. Wir bezahlen die Wächter, und sie lassen uns in den Gruben graben. Dort ist die Wahrscheinlichkeit größer, dass man Kobalt findet. Wenn wir das Geld nicht aufbringen können, schleichen wir uns heimlich in die Konzession und graben. Manchmal werden wir von Hunden gejagt, aber meistens bleiben wir ungestört«, erzählte Franck.

»Wir kennen das Land und wissen, wo wir gutes Erz im Boden finden können«, fügte Gloire hinzu. Auf der Konzession gebe es eine große Menge an Malachit und Heterogenit, die Kupfer und Kobalt lieferten. »Wir füllen die Säcke mit diesen Steinen. Sie sind sehr schwer, also laden wir sie auf ein Fahrrad, um sie abzutransportieren.«

Ich fragte Gloire, was sie mit dem Erz machten, wenn sie die Säcke aus dem Minengelände hinausgebracht hatten.

»Wir verkaufen es an die Depots in Fungurume.«

»Und was machen die damit?«

»Sie bringen es zu TFM.«

Am Morgen des 19. August 2018 wachten Franck und Gloire ein wenig früher auf als sonst. Gloire erinnerte sich, dass er das Radio einschaltete und Berichte über Flüchtlinge hörte, die vor Zusammenstößen zwischen rivalisierenden ethnischen Gruppen in der Ituri-Provinz an der Grenze zu Uganda geflohen seien. Es hatte schon früher derartige Zusammenstöße gegeben, aber dieser war besonders gewalttätig gewesen und hatte zu einem Massenexodus von Vertriebenen geführt. Später am Tag erledigte Gloire einige Besorgungen für die Familie – er kaufte Maniok auf dem Markt und reparierte das Vorderrad des Familienfahrrads. In der Nacht wagten sich Gloire und sein Vater auf das TFM-Gelände. Im Mondschein wanderten sie mehr als eine Stunde lang zu einer großen Grube. Schon seit Wochen waren einige Bergleute damit beschäftigt, die Grube auszuheben. Während sie arbeiteten, stürzte eine der Grubenwände ein. Gloire und fünf andere wurden unter einer Lawine aus Steinen und Erde begraben. Franck und die anderen Bergleute gruben die Verschütteten aus. Alle überlebten, auch wenn einige schwere Verletzungen erlitten.

Behutsam zog Gloire sein rechtes Hosenbein hoch, um mir seine Verletzung zu zeigen. Es sah aus, als hätte jemand die untere Hälfte seines Wadenmuskels abgerissen und ein schmales, dünnes Stück rosa Haut über die Wunde gelegt. Der Knochen an der Außenseite von Gloires Knöchel fehlte, und auch dieser Bereich war durch ein schmales Stück rosa Haut verschlossen. Franck deutete auf Gloires Schienbein, um mir zu zeigen, wo es zertrümmert war. An der Stelle befand sich eine scharfe Einkerbung. Das Bein war in völlig ramponiertem Zustand.

In der Nacht des Unfalls trug Franck seinen halb bewusstlosen Sohn auf dem Rücken nach Hause. Er und Gloires Mutter kümmerten sich die ganze Nacht um das schwer verletzte Kind, und am nächsten Morgen brachten sie es in ein Krankenhaus in Fungurume. Gloire hatte unerträgliche Schmerzen, aber in der Klinik gab es nur Paracetamol, das seine Beschwerden nicht lindern konnte. Das Krankenhaus verfügte auch nicht über Antibiotika, um eine mögliche Infektion zu behandeln, und es gab auch kein Röntgengerät, mit dem man das Ausmaß des Knochenschadens hätte feststellen können. Eine Krankenschwester reinigte und verband Gloires Bein und schickte ihn nach Hause.

Seit dem Einsturz der Grubenwand litt Gloire unter heftigen Schmerzen und starkem Fieber. Er war nicht mehr in der Lage, zu gehen, sich anzuziehen oder selbstständig die Toilette zu benutzen. Seine Mutter und sein Vater hatten keine Möglichkeit, seine Schmerzen zu lindern oder eine Behandlung seiner Verletzung zu finden. Soweit ich das beurteilen konnte, benötigte Gloire eine Operation, einen Gips und eine umfassende Rehabilitation, die er nur in einem geeigneten Krankenhaus in Kolwezi oder Lubumbashi erhalten konnte. Infolge von Gloires Verletzung geriet die Familie in eine finanzielle Notlage und musste einen Weg finden, um das verlorene Einkommen zu ersetzen.

»Ich nehme jetzt einen anderen Sohn mit zum Graben«, erklärte Franck.

»Haben Sie Angst, dass Sie oder er sich verletzen könnten wie Gloire?«, fragte ich.

»Ja, natürlich, aber wenn wir nicht graben, haben wir auch nichts zu essen.«

Franck führte mich zu dem Lagerhaus, an das er, wie er sagte, das Erz verkaufte, das er in der TFM-Konzession abgebaut hatte. Es befand sich in einer verlassenen Ziegelhütte, die offenbar für den Kobalthandel umfunktioniert worden war, am östlichen Ende von Fungurume direkt an der Autobahn. Es stand kein Name am Eingang, es gab nur eine Preisliste, die mit schwarzem Filzstift auf einen Sack aus Bast geschrieben war. In unmittelbarer Nähe befanden sich zwei weitere Depots, ebenfalls ohne

Namen. Alle drei Depots wurden von chinesischen Männern in Freizeitkleidung betrieben, von denen keiner bereit war, mit mir zu sprechen. Ich kehrte am Spätnachmittag des folgenden Tages zurück, um die Depots zu beobachten, und verfolgte, wie kongolesische Männer Säcke aus allen drei Depots auf einen grauen Lastwagen luden. Ich folgte dem Lastwagen auf der Autobahn und sah, wie er in das TFM-Gebiet fuhr. Franck hatte zwar gesagt, dass die meisten der ihm bekannten Bergleute ihr Erz an diese und einige andere Depots in der Gegend verkauften, er erwähnte aber auch, dass viele ihr Material an Négociants loswurden. Ich fragte, was die Händler mit dem Kobalt machten. Franck zufolge transportierten sie es in ein Dorf etwa zehn Kilometer südwestlich von Fungurume, und zwar nur nachts.

Nachtmärkte für den Kobalthandel waren etwas Neues. In der Provinz Haut-Katanga hatte ich noch nie von so etwas gehört, aber in der Provinz Lualaba kamen mir Gerüchte zu Ohren über drei solcher Märkte in Dörfern im Wald. Ich konnte nur einen dieser Handelsplätze ausfindig machen, und das war der von Franck erwähnte. Eines Nachts fuhr ich auf einem holprigen Feldweg tief in das Abbaugebiet hinein und sah dabei zahlreiche Motorräder, die in beide Richtungen unterwegs waren. Die Motorräder, die in südwestlicher Richtung fuhren, waren mit Kobaltsäcken beladen; die Motorräder, die in nordöstlicher Richtung unterwegs waren, waren entweder leer oder beförderten Passagiere anstelle der Säcke. Abgesehen von den Scheinwerfern der Motorräder war alles dunkel. Als ich im Dorf ankam, traf ich auf eine düstere Szenerie aus Grubenfeuern und Taschenlampen, die in einem gespenstischen Staubschleier glühten. Die Hütten, meist aus Ziegeln, standen auf einer großen Waldlichtung. Kleidung hing an Leinen, die von einer Hütte zur anderen gespannt waren. Plastikflaschen, Zigarettenstummel und verstreuter Müll lagen herum. Vor mehreren Hütten standen kongolesische Händler, die mit chinesischen Agenten feilschten. Neben den Händlern sah ich auch Kleinschürfer, die Kobalt an die chinesischen Agenten verkauften. Ich vermutete, dass die Kleinschürfer wahrscheinlich in den benachbarten Dörfern lebten und auf den Markt gekommen waren, um das Kobalt zu verkaufen, das sie in den nahe gelegenen Schürfstellen abgebaut hatten, ähnlich wie die, die ich in den Wäldern südlich von Kambove gesehen hatte. Von einigen Händlern im Dorf erfuhr ich, dass sie in der Regel drei oder vier Fahrten pro Nacht von Fungurume aus unternahmen und dabei etwa zehn bis 15 Dollar pro Fahrt verdienten. Das war ein beachtliches Einkommen für eine Nacht Arbeit, für die ein handwerklich arbeitender Schürfer mitunter Wochen brauchte. Ich konnte mich auch vergewissern, dass die chinesischen Käufer einige der Dorfbewohner dafür bezahlten, ihre Hütten als Lager nutzen zu können. Angesichts des Umfangs der von mir beobachteten Transaktionen erschien es plausibel, dass auf diesem Markt jährlich Hunderte Tonnen Kupfer-Kobalt-Erz umgeschlagen wurden. Aufgrund des inoffiziellen Charakters des Marktes, auf dem man den Weg des Materials praktisch nicht zurückverfolgen konnte, war es unmöglich, die Herkunft des Kobalts zu bestimmen, sobald es mit industriell abgebautem Erz zur Verarbeitung in dieselbe Charge von Säuren geworfen wurde. Welchen anderen Zweck könnte ein solcher nächtlicher Marktplatz haben, wenn nicht den, handwerklich abgebautes Kobalt im Verborgenen in die offizielle Lieferkette einzuschleusen, ohne jegliche Rückverfolgung oder Herkunftsprüfung des Kobalts, die angeblich stattfanden? Kann ein Unternehmen, das an der Spitze der Kette steht, rechtmäßig behaupten, dass das Kobalt in seinen Geräten oder Autos nicht über einen solchen dörflichen Handelsplatz gelaufen ist?

Je tiefer ich in die Bergbauprovinzen vordrang, desto undurchsichtiger wurde der untere Bereich der Kobaltlieferkette und desto unglaubwürdiger wurde die Behauptung, dass die Kobaltströme angemessen hinsichtlich Kinderarbeit oder anderer Missbräuche überwacht würden.

Das angespannte Verhältnis zwischen den Bewohnern von Fungurume und der TFM-Mine war ein Beispiel für eine umfassende Krise, die sich in den Minenprovinzen des Kongo ausbreitete: Ausländische Bergbaukonzerne enteigneten große Landstriche, vertrieben die Dorfbewohner, verseuchten die Umwelt, boten der lokalen Bevölkerung wenig bis gar keine Unterstützung und ließen sie zurück, um unter gefährlichen Bedingungen als Kleinbergbauern auf dem Land, auf dem sie einst lebten, ein karges Dasein zu fristen. Niemand, den ich in Fungurume traf, verkörperte die Folgen dieser Krise besser als ein 16-jähriger Junge namens Makano. Ich entdeckte Makano in einem Backsteinhaus am südwestlichen Rand der Stadt. Als ich das Haus betrat, schlug mir ein Bild des Verfalls entgegen. Ein übler Geruch hing in der Luft wie ein Gespenst. Makano saß apathisch auf dem Boden, seine dürren Gliedmaßen ragten aus seinem Leib wie die Äste eines verfallenen Baumstamms. Ich konnte die Hitze spüren, die von seinem brennenden Körper ausging. Er sprach mit tonloser Stimme, die wie ein heiseres Flüstern aus seiner Kehle drang:

> »Mein Vater ist vor drei Jahren gestorben. Ich bin der älteste Sohn, also war es meine Aufgabe, Geld für meine Familie zu verdienen. Ich fing an, mit einer Gruppe befreundeter Jungen auf den Feldern im Süden von Fungurume zu graben. Wir schürften in kleinen Gruben. An manchen Tagen fanden wir Erze, an anderen nicht. Da wir auf diese Weise nicht viel verdienten, entschlossen wir uns, in die Konzession [Tenke Fungurume] zu gehen.«

Makano hatte kein Fahrrad, also musste er, wie er erzählte, jeden Abend einen Sack Steine aus dem Minengelände schleppen. Ich fragte ihn, was er mit dem Sack mache, und er antwortete, er verkaufe ihn an die Depots in Fungurume.

»Wir wissen, dass es sehr reines Kobalt ist, aber sie zahlen nie mehr als zwei Dollar für einen Sack«, erklärte Makano.

Am Abend des 5. Mai 2018 ging Makano mit seinen Freunden zum Schürfen auf das TFM-Gelände. Sie gruben mehrere Stunden und bereiteten sich dann auf den langen Heimweg vor der Morgendämmerung vor. Makano kletterte gerade mit einem schweren Sack Kobalt auf den Schultern aus einer sechs Meter tiefen Grube, als er den Halt verlor und auf den Boden stürzte. Er erinnerte sich später nur noch daran, dass er im Krankenhaus von Gécamines in Kolwezi lag.

»Mein linkes Bein und meine Hüfte waren gebrochen. Ich hatte am ganzen Körper Schnittwunden. Mein Kopf war geschwollen«, erzählte Makano.

Die Familie musste zusammenlegen, um das Geld für die Behandlung und die erste Operation aufzubringen, die notwendig waren, um Makanos Leben zu retten. Er blieb eine Woche lang im Krankenhaus, dann musste seine Mutter Rosine ihn nach Hause bringen, obwohl seine Verletzungen noch nicht geheilt waren.

Rosine half Makano, seine Hose herunterzuziehen, um mir seine Verletzungen zu zeigen. Er hatte eine eitrige Wunde an der rechten Hüfte und eine lange Narbe am rechten Bein, wo die Ärzte einen Metallstab eingesetzt hatten, um die zertrümmerten Knochen zu stützen. Die Wunden waren anscheinend infiziert. Makano hatte hohes Fieber und brauchte sofort Antibiotika und medizinische Versorgung, sonst drohte ihm ein septischer Schock.

»Ich weiß, dass mein Sohn sterben wird«, schluchzte Rosine. »Er muss ins Krankenhaus, aber ich habe kein Geld.«

Sie schaute mich an, verzweifelt und niedergeschlagen. »Bitte helfen Sie uns.«

Rosine war weder die erste noch die letzte Mutter im Kongo, die mich bat, ihrem Kind zu helfen. Es war unmöglich, allen zu helfen, aber wem sollte man tatsächlich helfen? Auf welche Weise und wie lange? Ich habe meine Forschungen in der Demokratischen Republik Kongo zum großen Teil selbst finanziert, sodass ich nicht einmal in den schlimmsten Fällen in der Lage war, anderen Menschen sinnvoll zu helfen. Selbst wenn man davon ausginge, dass es mir möglich wäre, jedem zu helfen, den ich kennenlerne, wie sollte ich dann die Vielzahl unvorhersehbarer negativer Folgen abschätzen können, die eine Familie selbst bei der wohlmeinendsten Hilfe treffen könnten? Was würde passieren, wenn sich herumsprechen würde, dass ich Rosine Geld hinterlassen hatte, um ihrem Sohn zu helfen? Könnte eine andere, ebenso verzweifelte Mutter nicht alles unternehmen, um an das Geld von Rosine zu kommen und ihr eigenes Kind zu retten? Dies war nur eines von vielen möglichen Risiken einer schlecht durchdachten Hilfeleistung. Andererseits saß Makano hier vor mir im Dreck und drohte zu sterben. Wie konnte ich gleichgültig bleiben gegenüber dem Schicksal dieses Kindes und ihm den Rücken zukehren?

Ich tat, was ich konnte, um Makano so unauffällig wie möglich zu helfen. Auch wenn ich dem Kind damit wahrscheinlich nicht die Zeit und die medizinische Versorgung verschaffen konnte, die es brauchte, war in diesem Stadium jeder Tag kostbar. Ich verließ Makano und Rosine in dem Wissen, dass ich ihm bestenfalls einen kurzen Aufschub in Bezug auf seine düstere Prognose verschafft hatte. Schuldgefühle überkamen mich, als ich an Gloire, Marline, Nikki, Chance, Kiyonge, Kisangi, Priscille und so viele andere dachte. Sie befanden sich vielleicht nicht in einer so extremen, hoffnungslosen Lage wie Makano, als ich ihnen begegnete, aber das lag nur daran, dass ich sie an unterschiedlichen Punkten auf ihrer Reise zum gleichen düsteren Ziel getroffen hatte.

Ich wanderte durch Fungurume zurück über die Schnellstraße, durch das staubige Labyrinth der Hütten und Geschäfte. Mittlerweile kannte ich den metallischen Geschmack der Stadt und spuckte den bitteren Brei alle paar Minuten aus. Als die Geräusche von der Straße verklangen, hörte ich Chorgesang. Die fröhlichen Stimmen lockten mich zur Église Alliance Chrétienne Internationale. Der große Raum im Inneren der Kirche war voller Gemeindemitglieder. Ein lebhafter Pastor, der auf einem kleinen Holzpodest stand, leitete den Chor. Ein Kind schaute mich an, seine großen Augen leuchteten und spendeten mir Trost. Endlich verstand ich, wie die Menschen im Kongo ihre täglichen Qualen ertrugen – sie liebten Gott von ganzem Herzen und schöpften Trost aus der Verheißung der Erlösung.

So stark und leidenschaftlich ihre Liebe auch war, zeigte sich doch immer deutlicher, dass sie unerwidert bleiben würde.

MUTANDA

70 Kilometer westlich von Fungurume liegt Glencores Kronjuwel der Bergbauaktivitäten in Afrika – Mutanda. Satte rote Erde erstreckt sich von der Schnellstraße bis zu den Ausläufern des Konzessionsgebiets, wo die massiven Berge der Grubenwände hoch über den Horizont ragen. Bevor der Betrieb im Januar 2020 eingestellt wurde, war Mutanda die größte Kobalt produzierende Mine der Welt. Der Komplex ist ein geschlossenes rechteckiges Gebiet von etwa 185 Quadratkilometern, das aus mehreren riesigen, mehr als 100 Meter tiefen Tagebaugruben besteht. Hunderttausende von Bäumen wurden abgeholzt, um Platz für diese Krater in der Erde zu schaffen. Den Aussagen der Anwohner zufolge wurden offenbar nicht viele oder gar keine Bäume gepflanzt, um sie zu ersetzen. Glencore hielt in der Vergangenheit zusammen mit verschiedenen anderen Parteien, darunter Gécamines und Dan Gertler, einen Anteil von 70 bis 80 Prozent an der Mine. Im Februar 2017 erwarb Glencore über seine kongolesische Tochtergesellschaft Mutanda Mining Sarl (MUMI) 100 Prozent der

Mine, und sie ist damit die einzige große Kupfer-Kobalt-Mine in der Demokratischen Republik Kongo, die kein Joint Venture mit Gécamines ist. Wie TFM verfügt auch Mutanda über eine eigene Aufbereitungsanlage, die ebenfalls das SX-EW-Verfahren anwendet und dafür große Mengen an Schwefelsäure benötigt. Die Konzession verfügt außerdem über eine Wohnsiedlung für ausländisches Bergbaupersonal, ein Erholungsgebiet und einen kleinen Golfplatz. Auf seinem Höhepunkt im Jahr 2018 produzierte Mutanda 27 300 Tonnen Kobalt[3], was fast 30 Prozent der weltweiten Förderung ausmachte und Glencore zum größten Kobaltbergbauunternehmen der Welt beförderte.

Am 8. August 2019 gab Glencore bekannt, dass es den Betrieb in Mutanda ab Januar 2020 für zwei Jahre aussetzen werde. Das Unternehmen begründete dies mit einer unzureichenden Versorgung seiner Verarbeitungsanlage mit Schwefelsäure sowie mit »ungünstigen Bedingungen« auf dem Kobaltmarkt, obwohl TFM und andere industrielle Minen offenbar über mehr als genug Schwefelsäure verfügten, um den Betrieb ohne Unterbrechung fortsetzen zu können. Es stimmt jedoch, dass die Kobaltpreise von 2018 bis Mitte 2019 um 40 Prozent gefallen waren, weshalb viele Branchenanalysten glauben, dass der Schritt ein Versuch von Glencore war, das weltweite Kobaltangebot zu reduzieren und die Preise nach oben zu treiben.

Ein hochrangiger Vertreter von Gécamines vertrat eine andere Theorie: »Glencore hat Mutanda geschlossen, um Druck auf die kongolesische Regierung auszuüben, damit diese bessere Steuerbedingungen gewährt.« Der Gécamines-Vertreter erklärte, dass die kongolesische Regierung trotz des heftigen Widerstands von Glencore, wozu auch ein persönliches Treffen zwischen dem damaligen CEO Ivan Glasenberg und Joseph Kabila am 7. März 2018 in Kinshasa gehörte, am 24. November 2018 Kobalt zu einem »strategischen« Rohstoff erklärte. Dies führte zu einer Anhebung der Lizenzgebühren von 3,5 auf zehn Prozent, die Bergbauunternehmen für abgebautes Kobalt zahlen müssen. Mit der neuen Politik wurde auch eine 50-prozentige Steuer auf Übergewinne eingeführt. Die Steuer auf Übergewinne sollte greifen, wenn der Preis eines Rohstoffs um mehr als 25 Prozent über das Niveau anstieg, das in der ersten bankfähigen Machbarkeitsstudie des Bergbauunternehmens zur Bewertung der geologischen Reserven in der Konzession vor der Aufnahme des Betriebs genannt wurde. Wenn der Kobaltpreis auf dieses Niveau steigt, müssen die Bergbaukonzerne die Übergewinnsteuer zahlen. Tatsächlich stiegen die Kobaltpreise an der Londoner Metallbörse von ihren Tiefstständen im Sommer 2019 bis zum Sommer 2021 um mehr als 100 Prozent. Für Glencore stand viel Geld auf dem Spiel, denn das Unternehmen hatte der kongolesischen Regierung 2018 allein für den Standort Mutanda 626,9 Millionen US-Dollar an Steuern und Abgaben gezahlt und insgesamt 1,08 Milliarden US-Dollar für alle seine Bergbauaktivitäten in der DRK. Die 1,08 Milliarden Dollar machten in diesem Jahr beeindruckende 18,3 Prozent des gesamten kongolesischen Staatshaushalts aus. Glencore verfügte anscheinend über einen finanziellen Hebel, um die kongolesische Regierung unter Druck zu setzen. Aber der Plan ging nicht auf, ebenso wenig wie sich die Gerüchte über Bestechung und zwielichtige Geschäfte bewahrheiteten. Seit Jahren ermitteln das US-Justizministerium, das britische Serious Fraud Office und die Schweizer Staatsanwaltschaft gegen das Unternehmen wegen angeblicher Geldwäsche, Bestechung und Korruption im Zusammenhang mit seinen Bergbauaktivitäten in der DRK.[4]

Obwohl ich mich bemühte, bei Besuchen in den Jahren 2018, 2019 und 2021 Zugang zum Mutanda-Komplex zu erhalten, wurde mir keine Genehmigung erteilt. Damit ist die Geschichte von Mutanda jedoch noch nicht zu Ende.

Wie die meisten industriellen Minen im Kongo ist auch Mutanda im Laufe der Jahre gewachsen. Im Jahr 2015 erwarb Glencore ein riesiges Stück unerschlossenes Land nördlich der Schnellstraße gegenüber der Hauptkonzession MUMI. Ähnlich wie bei der TFM-Konzession waren auch hier Tausende von Dorfbewohnern betroffen, die schon seit Generationen auf diesem Land lebten. In diesem Fall weigerten sie sich jedoch umzuziehen. Dass Glencore dieses Land gekauft hatte, signalisierte den Dorfbewohnern, dass in der Erde etwas Wertvolles stecken musste. Sie begannen in den Hügeln zu graben, und bald übernahm eine der größten handwerklichen Bergbaukooperativen in der Provinz Lualaba, die Coopérative Minière et Artisanale du Katanga (COMAKAT), an einem Standort namens Shabara den Förderbetrieb. Die Bergbaugenossenschaften waren ursprünglich im Rahmen des Berggesetzes von 2002 als Organisationen zur Verwaltung des handwerklichen Bergbaus in den dafür zugelassenen Gebieten, den Zones d'Exploitation Artisanale (ZEA), gegründet worden. Die Genossenschaften hatten die Aufgabe, die Arbeiter zu registrieren, ihre Löhne zu zahlen, sichere Arbeitsbedingungen zu gewährleisten und Kinderarbeit in den Minen zu unterbinden. Obwohl Shabara keine zugelassene ZEA ist, floriert dort seit Jahren ein vollwertiger Kleinbergbaubetrieb unter der Schirmherrschaft von COMAKAT.

Im Gegensatz zum Hauptkomplex in Mutanda gelang es mir, Zugang zur Shabara-Mine zu erhalten. Auf dem Weg dorthin verließ ich die Hauptstraße in der Nähe von Mutanda und fuhr auf einer unbefestigten Straße nach Norden, vorbei an einem Dorf namens Kawama. Das einstmals so ruhige Dorf war in den letzten Jahren durch den Zustrom von Bergarbeitern stark gewachsen. Die Flut von Menschen hatte Kawama in ein Sammelsurium von Behausungen verwandelt, die um massive Termitenhügel herum verstreut waren. Einige der Häuser waren ältere Backsteinhütten, die schon seit vielen Jahren im Dorf standen, andere glichen eher Plastikzelten, die aussahen, als wären sie erst in der letzten Woche aufgestellt worden. Es gab sogenannte Gaddafis, die Benzin in gelben Behältern verkauften, Frauen, die Holzkohle feilboten, und zwei Kioske zum Aufladen von Handys.

Die unbefestigte Straße nach Shabara führte durch das Dorf und über eine mehr als einen Kilometer lange Steigung. Mit zunehmender Höhe bot sich mir ein Ausblick auf eine weite, leicht bewaldete Savanne und sanfte Hügel. Ich erreichte den Eingang der Mine, der von bewaffneten Wächtern gesichert wurde. Sie winkten mich als Gast der COMAKAT durch und führten mich zu einem kleinen senffarbenen Betonbau mit der Aufschrift BUREAU ADMINISTRATIF COMAKAT über der Tür. Einer der leitenden COMAKAT-Manager sowie ein SAEMAPE-Beamter begrüßten mich und führten mich zu Fuß durch das Bergwerk. Die Anwesenheit eines SAEMAPE-Beamten deutete darauf hin, dass die kongolesische Regierung Lizenzgebühren für die Förderung in Shabara kassiert, obwohl es sich technisch gesehen um einen illegalen handwerklichen Bergbaubetrieb auf einer industriellen Bergbaukonzession handelt.

Die Shabara-Mine war sehr weitläufig. Sie erstreckte sich über Dutzende von Quadratkilometern über kleine Hügel und Gruben bis zum Rand einer Klippe, von der aus man einen weiten Teil der Landschaft überblicken konnte. Es gab mindestens ein großes Depot, in dem mehr als 1000 rosa Bastsäcke gefüllt mit Erz lagerten. Lastwagen transportierten die ausgehobene Erde ab. Bagger kratzten und gruben im Boden. Der COMAKAT-Manager führte mich tiefer in die Mine hinein, vorbei an mehreren großen Schürfbereichen in Richtung der Hauptabbauzone. Ich hatte erwartet, etwas Ähnliches wie in Kipushi oder vielleicht in Tocotens zu sehen. Ich dachte, dass es vielleicht höchstens 2000 oder 3000 Kleinbergbauern gebe, die in den Gräben schürfen und Säcke füllen würden. Als wir einen breiten Bergrücken umrundeten und die Hauptgrube zum Vorschein kam, traf mich die Szene wie ein Donnerschlag. In meiner gesamten Zeit im Kongo habe ich so etwas nicht gesehen.

In der riesigen Schürfgrube, die mindestens 150 Meter tief und 400 Meter breit war, wimmelte es von Menschen. Mehr als 10 000 Männer und Jugendliche hämmerten und schaufelten in dem Krater und hatten kaum Platz, sich zu bewegen oder zu atmen. Keiner der Arbeiter trug Schutzkleidung – nur Shorts, Hosen, Flipflops und vielleicht noch ein Hemd. Es war eine Explosion von Farben – Rot, Blau, Grün, Gelb und Orange vermischten sich in der rosafarbenen Steingrube. Mindestens 5000 mit Erz gefüllte Bastsäcke, deren Zahl noch steigen würde, stapelten sich am Rande des Schürfbereichs. Die Grube bestand nicht aus Erde und Stein, sondern aus massivem Fels und Heterogenit, das mit roher menschlicher Kraft zu Kieselsteingröße zerkleinert wurde.

Der COMAKAT-Manager führte mich über einen schmalen Pfad aus zerklüftetem Gestein in die Grube hinein. Männer und Jungen, die in der anderen Richtung mit gefüllten Bastsäcken auf den Schultern wie menschliche Güterwaggons heraufkamen, wurden angewiesen, den Weg für unseren Abstieg freizumachen. Am Ende meines Aufenthalts in Shabara waren die Sohlen meiner Turnschuhe aufgerissen, aber viele der Kleinschürfer waren barfuß.

Als wir in die Grube hinabstiegen, konnte ich erkennen, dass die Schürfer in Gruppen von jeweils fünf bis zehn Personen organisiert waren. Einige Gruppen steckten dicke Metallstäbe in einen Riss im Berg und schlugen mit schweren Metallhämmern darauf, um größere Felsblöcke abzubrechen. Andere Gruppen benutzten kleinere Stäbe und Hämmer, um diese Felsbrocken wiederum in kleinere Steine und Kiesel zu zerlegen. Weitere Gruppen, meist kleinere Jungen, schaufelten die Kieselsteine in die Säcke. In Dutzenden von Schürfbereichen rund um die Grube stiegen die Bergleute in Stollen hinab und wieder heraus. Einige von ihnen hockten hoch über der Grube, wie ein Steinbock an einer Bergwand.

Ich konnte dem COMAKAT-Manager in der Grube bei dem donnernden Klirren von Metall auf Stein keine Fragen stellen.

Ich konnte nur beobachten, wie dieses Meer von Menschen mit reiner physischer Gewalt gegen den unbarmherzigen Felsen ankämpfte. Staub und Schotter wirbelten von der Erde auf wie der Rauch eines Waldbrandes. Es war unglaublich, dass es etwas Derartiges im 21. Jahrhundert noch gab. Man konnte sich eine solche Szene vielleicht vor Jahrtausenden vorstellen, etwa als Zehntausende von geknechteten Arbeitern in Ägypten unzählige Tonnen Stein für den Bau der großen Pyramiden zerkleinerten … aber am Ende einer milliardenschweren Rohstofflieferkette in der Neuzeit? So kann die Einhaltung internationaler Menschenrechtsstandards oder die Durchführung von Kontrollen durch Dritte bei Kobaltlieferanten nicht ernsthaft aussehen.

Ganz in der Nähe brach ein Streit aus. Der COMAKAT-Manager blies in eine Trillerpfeife, die er um den Hals trug, und stürmte auf den Tumult zu. In der engen, stickigen Grube kam es anscheinend immer wieder zu Konflikten, wenn die Kleinschürfer unter der sengenden Sonne an ihre körperlichen Grenzen kamen. Während sich der COMAKAT-Manager um die Schlägerei kümmerte, warf ich einigen in der Nähe stehenden Arbeitern einen Blick zu. Einige blickten neugierig zurück, andere abwehrend, und einige sahen durch mich hindurch, als wäre ich nur ein Steinbrocken in der Erde. Der COMAKAT-Manager kam schließlich zurück und führte mich aus der Grube. Als wir hinaufstiegen, wurde die Geräuschkulisse leiser, und ich hatte das Gefühl, endlich wieder aufatmen zu können.

Ich setzte meinen Rundgang durch die Shabara-Mine mit dem COMAKAT-Manager fort. Mir schwirrten viele Fragen im Kopf herum, aber ich wusste nicht, wie viel Zeit ich noch haben würde, also versuchte ich, die wichtigsten Dinge anzusprechen. Die erste Frage betraf die Löhne.

»Wir zahlen den Bergleuten zwischen vier und fünf Dollar pro Tag, je nachdem, welche Aufgaben sie erledigen«, antwortete der COMAKAT-Vertreter. Dies war das höchste durchschnittliche

Tageseinkommen aller handwerklichen Bergleute, das ich im gesamten Kupfergürtel dokumentiert habe, abgesehen von den Stollengräbern im Kasulo-Viertel von Kolwezi.

»Wie viel Erz wird in dieser Mine gefördert?«, fragte ich.

»Wir fördern jeden Monat zwischen 15 000 und 17 000 Tonnen«, antwortete der Mann von COMAKAT.

Das war eine erstaunliche Menge. Ich wollte wissen, wer die Förderung abnimmt.

»Wir haben Verträge mit den Chinesen«, antwortete der Manager.

Dem COMAKAT-Manager zufolge kaufe Glencore nichts von der Produktion von Shabara, weil man sich über die Anwesenheit von Kleinschürfern in der Konzession zerstritten habe. Stattdessen, so wurde mir gesagt, würden viele der großen chinesischen Bergbauunternehmen, die im Kupfergürtel tätig sind, die Produktion aufkaufen. Wer sonst auch könnte 15 000 Tonnen Heterogenit pro Monat abnehmen? Der Manager erläuterte, dass die Vereinbarungen mit den chinesischen Käufern vorsahen, dass COMAKAT 20 Prozent der Verkaufserlöse zur Deckung der Betriebskosten einbehalte. Für die Eigentümer der Kooperative blieb da sicher noch eine ganze Menge Gewinn übrig.

Nach einer zweistündigen Führung kehrten wir zum COMAKAT-Büro in der Nähe des Mineneingangs zurück, wo der Manager, der mich herumgeführt hatte, klarstellte, warum mir der Besuch der Mine erlaubt worden sei.

»Die ausländischen Bergbauunternehmen lassen die Kongolesen nicht arbeiten. Wir haben so lange auf diesem Land gelebt. Wir werden nicht weggehen«, erklärte er.

Der Manager sagte, er wisse, dass ich ein amerikanischer Forscher sei, und er wünsche, dass ich dazu beitrage, das Bewusstsein für die Notlage der Kleinbergbauern zu schärfen, die in Shabara und im gesamten Kupfergürtel arbeiteten. Damit brachte er auch die Gefühle von Makaza bei Étoile, von Samy in Fungurume und von so vielen anderen Kongolesen zum Ausdruck, mit denen ich gesprochen hatte – das kongolesische Volk werde von ausländischen Bergbaukonzernen, die sich jedes Jahr immer mehr von ihrem Land aneigneten, an den Rand des Abgrunds gedrängt. Der COMAKAT-Manager traf eine klare Festlegung mit seiner Aussage »Wir werden nicht weggehen«, aber das Problem beschränkte sich nicht einfach auf den Gegensatz zwischen Kleinschürfern und ausländischen Bergbauunternehmen. Die kongolesische Regierung trug unmittelbar zu der Krise bei, indem sie riesige Landparzellen für Milliarden von Dollar versteigerte und sich dann zurücklehnte, um Konzessionsgebühren, Lizenzabgaben und Steuern zu kassieren. Nur sehr wenig von diesen Geldern wurde zum Nutzen der kongolesischen Bevölkerung verwendet. Solange sich die politische Elite damit begnügt, die von ihren kolonialen Vorgängern eingeführte Tradition des Regierens durch Diebstahl fortzusetzen, werden die Menschen im Kongo weiter leiden.

Nach allem, was ich in Shabara gesehen habe, betreibt COMAKAT erstaunlich erfolgreichen handwerklichen Bergbau auf einem Teil der Mutanda-Konzession von Glencore, der etwa 180 000 Tonnen Kupfer-Kobalt-Erz pro Jahr fördert. In Anbetracht der Tatsache, dass es sich um eine der vielen industriellen Bergbaustätten handelt, in denen der Kleinbergbau die vorherrschende Abbauweise ist, erscheinen zwei Tatsachen als unbestreitbar: Zum einen könnte der Anteil der handwerklichen Produktion an der gesamten Kobaltförderung im Kongo selbst die kühnsten Schätzungen von 30 Prozent übersteigen, und zum anderen muss die enorme Menge der handwerklichen Produktion aus dem Kongo in die formellen Lieferketten der großen Technologie- und Automobilunternehmen fließen. Wo sonst könnten 180 000 Tonnen Kobalterz pro Jahr abgenommen werden? Shabara war nur der Anfang. In der Provinz Lualaba gab es noch weitere industrielle Minen, in denen die handwerkliche

Förderung die Norm war. Obwohl Shabara die einzige Mine war, in der ich persönlich Nachforschungen anstellen konnte, habe ich Dutzende von Personen befragt, die in den anderen Minen gearbeitet haben. Vielleicht herrschten in keiner davon so schreckliche Zustände wie in Tilwezembe.

TILWEZEMBE

Westlich von Shabara führte die Straße immer tiefer in eine dunkle Wildnis. Die Dörfer lagen nicht mehr entlang der Straße, sondern waren fernab in einer unscharfen, vom Dunst verschluckten Landschaft erkennbar. Der Smog, der zuvor im Raum Lubumbashi schwer und undurchdringlich war, war jetzt erstickend und bedrückend. Alles schien hier dunkler zu sein. Der Weg war nicht mehr klar erkennbar. Was vorher noch vom Vorhandensein von Leben zeugte, verschwand völlig, als wir Tilwezembe erreichten.

Tilwezembe ist ein kleineres Bergbaugebiet als die meisten industriellen Kupfer-Kobalt-Konzessionen in der Provinz Lualaba, aber es ist besonders prägend für den gewalttätigen und entwürdigenden Charakter des Bergbaus im Kongo. Nach allem, was ich gesehen und gehört habe, ist Tilwezembe jedenfalls der größte industrielle Standort, an dem fast nur handwerkliche Förderung stattfindet. Die Konzession befindet sich einige Kilometer westlich von Mutanda und knapp zwei Kilometer südlich der Schnellstraße an einer unbefestigten Straße in der Nähe des Dorfes Mupanja. Mupanja ist nicht weit entfernt vom Ende des Lualabaflusses, der mehr als 3000 Kilometer in einem weiten Bogen durch das Herz des afrikanischen Kontinents fließt, bevor er in den Atlantik mündet. Henry Morton Stanley begann seine epische Reise auf dem Kongofluss ungefähr 1000 Kilometer nördlich von Mupanja. Die Belgier errichteten 1953 einen Staudamm in der Nähe von Mupanja, um die Kupferminen der UMHK in diesem Gebiet mit Strom zu versorgen. Der Damm bildete einen See, den die Belgier Lac Delcommune nannten, nach Alexandre Delcommune, der 1891 den ersten belgischen Vormarsch nach Katanga anführte, um im Auftrag von König Leopold einen Vertrag mit Msiri zu unterzeichnen. Er war auch die erste Person, die den körperlich angeschlagenen Stanley begrüßte, als dieser 1877 nach seiner Reise über den Kongofluss Boma erreichte. Nach der Unabhängigkeit benannten die Kongolesen den Lac Delcommune in Lac Nzilo (»Junger See«) um.

Der Fluss versorgt nicht nur die Minen mit Strom aus Wasserkraft, sondern liefert auch Fische und Süßwasser für die lokalen Gemeinden. Sein Wasser ist allerdings stark verschmutzt, was die Anwohner auf die giftigen Abwässer der nahe gelegenen Minen zurückführen. Der Umweltforscher Germain von der Universität Lubumbashi, den ich nach meinem Besuch in Kipushi traf, entnahm Proben des Flusswassers in der Nähe von Mupanja und fand darin stark erhöhte Werte von Blei, Chrom, Kobalt und Industriesäuren. Als ich das Wasser inspizierte, hatte es eine unnatürlich dunkle Farbe und war mit Schlick und Schlamm bedeckt. Entlang des Ufers gab es Bereiche mit blubberndem Schaum und vereinzelten toten Fischen. Ich erinnerte mich an die Worte von Reine, der Studentin in Lubumbashi, die gesagt hatte, dass es mir das Herz zerreißen würde, wenn ich sähe, was die Bergbaukonzerne mit den Wäldern und Flüssen angestellt hätten. Ich empfand gleichermaßen Traurigkeit und Empörung, als ich sah, wie unschuldige Kinder in den giftigen Gewässern planschten. Männer fischten von der Brücke oberhalb des Flusses nach dem Abendessen, und Frauen wuschen ihre Wäsche am Flussufer, während weißbrüstige Kormorane vorbeischwammen. Die Einwohner von Mupanja werden auf jede erdenkliche Weise verseucht.

Mupanja ist ein geschäftiges Dorf an der Straße. Hier gibt es zahlreiche Geschäfte, in denen Kleidung und Schuhe, Töpfe und Pfannen, Holzkohle, Buschfleisch und der morgendliche Fang aus dem Fluss verkauft werden. FARDC-Soldaten patrouillieren in der Gegend und linsen zu jungen Frauen hinüber. Obwohl das Dorf direkt neben einem Wasserkraftwerk liegt, gibt es keinen zuverlässigen Strom. Die meisten Häuser sind aus rotem Backstein gebaut und haben Metalldächer. Als Eingangstüren werden Bettlaken verwendet, außer in einem Haus, in dem ich eine amerikanische Flagge sah. Dorfmädchen laufen mit Plastikbehältern mit Wasser auf dem Kopf umher, während andere mit großen hölzernen Stößeln in Mörsern Maniokblätter zerkleinern, die für das Abendessen gekocht werden sollen. Kinder fangen Insekten mit leeren Schnapsflaschen. Plastikflaschen, Pappkartons und andere Abfälle liegen auf den Feldwegen zwischen den Häusern verstreut. Wenn die Haufen zu groß werden, werden sie verbrannt, wobei ein übler Gestank aufsteigt.

Ein ortsansässiger Fischer namens Modeste, der seit vielen Jahren in Mupanja lebt, sprach über die Veränderungen, die er beobachtet hat, seit hier alles durch Kobalt bestimmt wird. »Vor zehn Jahren war es ein friedliches Dorf. Jetzt kommen die Leute von überall her, um Kobalt abzubauen. Es gibt zu viel Alkohol und Prostitution im Dorf. … Es sind ständig Soldaten hier. … Die Leute bringen sich gegenseitig um wegen Kobalt.« Die Gewalt ist in den letzten Jahren in Mupanja zu einem immer größeren Problem geworden. Niemand, den ich ansprach, wollte Einzelheiten zu bestimmten Vorfällen nennen, aber viele nickten, als ich fragte, ob die FARDC-Soldaten dafür verantwortlich seien. Alkohol war das zweite große Problem des Dorfes. Die Männer tranken vor und nach der Arbeit in Tilwezembe viel, was unweigerlich zu mehr Gewalt führte. Die dritte große Herausforderung für die Bewohner von Mupanja waren die Überschwemmungen. Während der stürmischen Jahreszeit drückte das Wasser des Flusses landeinwärts und überschwemmte häufig große Teile des Dorfes. Die Instandsetzung oder der Wiederaufbau der Häuser war für die Bewohner jedes Jahr aufs Neue eine Tortur. Viele gaben ihre Hütten einfach auf, nachdem ein Sturm die Dächer weggerissen hatte, und überließen die freigelegten Ziegelwände der nächsten Familie, die sich hier niederließ.

Tilwezembe gehört Glencore über seine 100-prozentige Beteiligung an dem in Kanada ansässigen Unternehmen Katanga Mining, das seinerseits 75 Prozent der Anteile an Tilwezembe hält (Gécamines besitzt die restlichen 25 Prozent). Die Mine ist etwa elf Quadratkilometer groß und verfügt über Vorkommen von mehreren Hunderttausend Tonnen Kupfer und Kobalt. Das vielleicht Wichtigste, was man über Tilwezembe wissen sollte, ist, dass der industrielle Betrieb in der Mine im Jahr 2008 offiziell eingestellt wurde. Kurze Zeit später begann hier der handwerkliche Bergbau. Fast nirgendwo in der Demokratischen Republik Kongo ist der Kleinbergbau stärker entwickelt als in Tilwezembe, obwohl diese Art der Förderung hier eigentlich gar nicht betrieben werden dürfte. Berichte über Kinderarbeit in Tilwezembe gibt es schon seit vielen Jahren. Die BBC befasst sich am 15. April 2012 in einer Folge ihrer Dokumentarserie *Panorama* mit der Rolle von Glencore bei der Kinderarbeit in Tilwezembe.[5] Sowohl Glencore als auch die kongolesische Regierung wiesen die Darstellung als Übertreibung zurück. Die Wahrheit ist jedoch, dass sich das System des handwerklichen Bergbaus in dieser Region zu einem bedeutenden Wirtschaftsfaktor entwickelt hat, an dem offenbar zwei der größten handwerklichen Bergbaukooperativen in der Provinz Lualaba sowie für SAEMAPE tätige Beamte beteiligt sind. In Bezug auf die Arbeitsbedingungen in Tilwezembe war ich auf Zeugenaussagen angewiesen, weil mir der Zutritt zur Mine zweimal von FARDC-Soldaten verweigert wurde. Beim ersten Mal schaffte ich es nicht einmal über den Anfang der unbefestigten Straße in Mupanja hinaus. Nachdem ich die Fälle zahlreicher Personen dokumentiert hatte, die bei der Arbeit in der Mine verletzt worden waren, unternahm ich einen zweiten Versuch und kam dieses Mal etwas weiter.

Eines der aufschlussreichsten Interviews führte ich mit einem sanftmütigen 16-jährigen Jungen namens Phelix. Phelix begann 2015 mit Grabungen in Tilwezembe. Er ist das zweitälteste von sieben Kindern und eines von drei Geschwistern, die in der Mine schürfen. Sein Vater starb, als er elf Jahre alt war, sodass seine Mutter alle sieben Kinder allein großziehen musste. Phelix hatte eine dicke Narbe auf der rechten Seite des Kopfes, über der ihm die Haare fehlten. Er sagte, er habe die Narbe von einem Arbeitsunfall in Tilwezembe, bei dem ihm ein großer Stein auf den Kopf gefallen sei. Nachdem er sich zu Hause erholt hatte, kehrte er zur Arbeit zurück, weil die Familie jeden Dollar brauchte, den die Kinder verdienen konnten. Phelix sagte, dass er jeden Tag im Morgengrauen von zu Hause weggehe, um in Tilwezembe zu arbeiten, und meist erst bei Sonnenuntergang nach Hause komme. Er berichtete über chronische Erschöpfung und einen quälenden Husten. Zwei Finger seiner linken Hand waren gebrochen und an den mittleren Fingerknöcheln dauerhaft gekrümmt. Phelix beschrieb das System in der Mine folgendermaßen:

> »Sie müssen verstehen, dass CMKK und COMIKU den Großteil der Schürfer in Tilwezembe unter sich haben. Die Genossenschaften kontrollieren verschiedene Teile der Konzession. Ich arbeite im Bereich der CMKK. Es gibt auch unabhängige Chefs, die CMKK oder COMIKU Geld zahlen, um in anderen Bereichen der Konzession schürfen zu können.
> Ich bin nicht bei der CMKK registriert, denn um die carte d'enregistrement [Registrierungskarte] zu erhalten, muss man 18 Jahre alt sein. Schürfer wie ich, die nicht registriert sind, müssen jeden Tag eine Gebühr von 200 CF [ungefähr

0,11 Dollar] an die Kooperativen zahlen, um in Tilwezembe graben zu dürfen.
Manchmal kommen Beamte der SAESSCAM in die Mine. Sobald wir sie sehen, werden wir unruhig, weil wir wissen, dass sie einen Weg finden werden, um uns Geld abzuknöpfen.
Wir arbeiten in Gruppen in verschiedenen Bereichen der Mine. Ich gehöre zu einer Gruppe von 20 Jungen. Die Jüngeren graben in den Gruben. Die Älteren graben in den Stollen. … Alles, was wir fördern, verkaufen wir an die Bosse. Die Bosse sind Chinesen, aber auch Kongolesen und Libanesen. Mein Chef kontrolliert meine Arbeit in der Mine. Er sagt uns, wo wir graben sollen, und er bezahlt uns. Wenn wir nicht auf den Chef hören, sagt er den Soldaten, sie sollen uns bestrafen.
Egal wie viel wir fördern, wir verdienen nie mehr als 4000 CF [ungefähr 2,20 Dollar]. Nachdem mein Chef das Kobalt gekauft hat, verkauft er es weiter an CMKK. Sie haben einen Lastwagen auf dem Gelände, auf den wir die Säcke laden.«

CMKK und COMIKU sind die beiden größten handwerklichen Bergbaugenossenschaften in der Provinz Lualaba. COMIKU ist im Besitz von Yves Muyej, einem der Söhne des ersten Gouverneurs der Provinz Lualaba, Richard Muyej. Die Muyejs sind treue Verbündete von Joseph Kabila und haben wie dieser enge Verbindungen zu chinesischen Bergbauunternehmen. CMKK befindet sich im Besitz von Mitgliedern des inneren Kreises von Joseph Kabila und wurde ursprünglich von dem mittlerweile verstorbenen Oberst Ilunga gegründet. Für das Kupfer-Kobalt-Erz, das von CMKK und COMIKU weiterverkauft wird, gilt die Zusicherung, dass die Bergleute angemessen bezahlt, mit Sicherheitsausrüstungen ausgestattet und im Krankheitsfall medizinisch versorgt werden. Verbunden damit ist die Zusicherung, dass keine Kinder am Abbau beteiligt sind und dass nur registrierte, von der CMKK und COMIKU zugelassene Bergleute in der Mine arbeiten.

Mehrere von mir befragte Kleinschürfer bestätigten die Aussagen von Phelix, dass viele der Schürfer in Tilwezembe weder bei der CMKK noch bei der COMIKU registriert seien, obwohl sie in der Mine arbeiteten, und dass ihre Chefs das von ihnen abgebaute Erz an die Kooperativen verkauften. Sie bestätigten außerdem die Anwesenheit von SAEMAPE-Beamten und gaben an, dass in Tilwezembe jeden Tag zwischen 1000 und 2000 Kinder im Einsatz sind. Sie berichteten, dass die Kinder in der Regel unabhängig von ihrer Fördermenge einen Lohn von ungefähr zwei Dollar pro Tag erhielten und dass sie wenig oder gar keine Hilfe bekamen, wenn sie sich verletzten. Die Schürfer in Tilwezembe berichteten über gefährliche Arbeitsbedingungen und harte Repressalien, wenn sie ihren Chefs nicht gehorchten. Einige würden bis zu zwei Tage lang ohne Essen und Wasser in einem Schiffscontainer, einem sogenannten *cachot* (»Kerker«), eingesperrt.

Aus verschiedenen Zeugenaussagen geht hervor, dass das wirtschaftliche System des Kleinbergbaus in Tilwezembe folgendermaßen organisiert war: Während ein Chef den Kindern, die für ihn arbeiteten, etwa 1,10 Dollar pro Sack Heterogenit mit einem Gewicht von 30 Kilogramm bezahlte, verkaufte er jeden Sack für sieben oder acht Dollar an die Kooperativen, was ihm einen Gewinn von sechs bis sieben Dollar pro Sack einbrachte. Ab diesem Zeitpunkt wurde die Wertschöpfungskette undurchsichtig, weil die Preisbildung für Kobalt in der gesamten Kette bis zur Londoner Metallbörse (LME), die den Weltmarktpreis für vollständig raffiniertes Kobalt festlegt, kaum transparent ist. Ich konnte herausfinden, dass die meisten Bergbaugenossenschaften (und Depots) im Durchschnitt Erz mit einem Kobaltgehalt von zwei bis drei Prozent an industrielle Bergbauunternehmen in der DRK zu einem Preis verkauften, der etwa 15 bis 20 Prozent des Preises für raffiniertes Kobalt an der LME betrug. Wenn also ein Kilogramm raffiniertes Kobalt an der LME für 60 Dollar gehandelt wurde, verkauften die Kooperativen kobalthaltiges Erz für neun bis zwölf Dollar pro Kilogramm. Wenn man bedenkt, dass sie wahrscheinlich 30 Kilogramm dieses Erzes für acht Dollar erworben haben, kann man die Genossenschaften als höchst profitable Unternehmen bezeichnen. Diese Gewinne flossen größtenteils in die Taschen ihrer Eigentümer, bei denen es sich in der Regel um Wirtschaftsführer oder Regierungsvertreter handelte.

Kollegen in Kolwezi sowie die von mir befragten Kleinbergbauern, die in Tilwezembe arbeiteten, erklärten übereinstimmend, dass zu den Hauptaufkäufern von Kobalt aus Tilwezembe die folgenden Bergbauunternehmen gehören: Congo DongFang Mining (Huayou Cobalt), Kamoto Copper Company (Glencore), COMMUS (Zijin Mining) und CHEMAF (Shalina Resources). Diese vier Unternehmen wurden vor Ort als Käufer von Heterogenit *à-tout-venant* (»von allen Verkäufern«) bezeichnet, was bedeutet, dass sie keinen Unterschied machen, wie und von wem sie das Erz kaufen. Es war schwierig, diese Berichte durch Nachverfolgung der Lieferkette bis an ihren Ausgangsort zu verifizieren. Es war auch nicht möglich, in Sichtweite des Eingangs von Tilwezembe zu warten, bis die Lastwagen beladen und abgefahren waren, weil bewaffnete FARDC-Soldaten anwesend waren. Aus demselben Grund konnte ich mich auch nicht zu nahe oder zu lange am Anfang der unbefestigten Straße aufhalten, die zur Mine bei Mupanja führt. Ich konnte jedoch feststellen, dass die Kooperativen das Erz innerhalb des Geländes auf Lastwagen luden und zu den Bergbauunternehmen oder deren Verarbeitungsanlagen transportierten.

Von allen Kleinschürfern, die ich in den Bergbauprovinzen der Demokratischen Republik Kongo getroffen habe, gehörten diejenigen, die in Tilwezembe arbeiteten, zu denjenigen, die am wenigsten bereit waren zu sprechen. Die bloße Andeutung, dass ich gerne über die Mine sprechen würde, löste bei den meisten

Beklemmung aus. Die Geheimnisse von Tilwezembe durften nicht preisgegeben werden. Mehr als einmal wurde mir bedeutet, dass ich wahrscheinlich ein Spion sei, der im Auftrag der Kooperativen arbeite, um herauszufinden, wer reden würde. Andere meinten, ich sei ein ausländischer Journalist, der die Genossenschaften bloßstellen wolle, wenn sie Auskünfte gäben, was zu gewaltsamen Repressalien führen werde. »Die Republikanische Garde überwacht alles in der Provinz Lualaba«, erklärte mir ein Kollege in Kolwezi. »Sie überwacht die Dörfer und schüchtert jeden ein, der bereit wäre, etwas zu sagen. Damit meine ich, dass jemand, der in Tilwezembe oder am Lac Malo oder in Kasulo arbeitet und mit jemandem wie Ihnen spricht, damit rechnen muss, dass er in der Nacht erschossen wird. Und seine Leiche lässt man dann auf der Straße liegen, um anderen zu zeigen, was sie zu erwarten haben, wenn sie den Mund aufmachen.«

Gewalt und Einschüchterungsversuche funktionieren aber nur bis zu einem gewissen Punkt, und sie kommen dann an ihre Grenzen, wenn ein Mensch das Gefühl hat, dass er nichts mehr zu verlieren hat. Für Menschen, denen schon alles genommen wurde, bedeutet selbst die schlimmste Strafe wenig im Vergleich zur Macht des Sprechens ... oder des Sprechens im Namen derer, die nicht mehr selbst sprechen können. In Zusammenarbeit mit einem lokalen Team, das mit den Gemeinschaften, die in Tilwezembe arbeiteten, vertraut war, konnte ich 17 Personen aus verschiedenen Dörfern ausfindig machen, darunter Phelix, die bereit waren, über ihre Arbeit in der Mine zu reden. Wir trafen sorgfältige Vorkehrungen, um die Identität der Informanten zu schützen – wir holten sie vor Sonnenaufgang in ihren Dörfern ab, fuhren mit ihnen an einen sicheren Ort, an dem sie vor neugierigen Blicken geschützt waren, behielten sie dort bis spät in die Nacht oder bis zum nächsten Morgen und brachten sie dann wieder nach Hause. Die Interviews fanden in einem Gästehaus einige Kilometer außerhalb von Kolwezi statt. Meine Kollegen kannten den Besitzer und vertrauten ihm. Der Interviewraum im Gästehaus bestand aus einem kleinen Holztisch mit weißen Plastikstühlen. Zuerst kam ein 15-jähriger Junge namens Muteba in Begleitung seiner Mutter Delphine. Er kämpfte sich mithilfe von Krücken in den Raum. Zwei verstümmelte Beine baumelten von seiner schmalen Taille. Er trug ein verblichenes rotes Hemd und eine ausgefranste schwarze Hose, und er war barfuß. Sein Gesicht war zu einem Ausdruck der Abscheu verzogen, als hätte er etwas Saures im Mund. Muteba setzte sich auf einen der Plastikstühle am anderen Ende des Tisches. Ich bot ihm einen zweiten Stuhl an, auf dem er seine schwachen Beine abstützen konnte. Die Worte kamen abgehackt und unter unregelmäßigen Luftstößen aus seinem Mund.

»Ich bin bis zum vierten Jahr zur Schule gegangen. Dann konnte meine Familie das Schulgeld nicht mehr bezahlen. Beko, mein älterer Bruder, arbeitete schon in Tilwezembe. Im Januar 2016 habe auch ich dort zu arbeiten begonnen. Ich habe für Boss Chu gearbeitet. Jeden Morgen sagte ich den Soldaten am Eingang seinen Namen, dann ließen sie mich in die Mine. Boss Chu gab uns Schilder mit Nummern, die angaben, in welcher Grube wir graben sollten.«

Ich fragte Muteba, wie viele Leute für Boss Chu arbeiteten. »Mindestens 40.«

»Waren das alles Kinder?«

»Ja.«

Muteba berichtete, dass die meisten der Kinder, die für Boss Chu arbeiteten, zwischen zehn und 13 Jahre alt waren. Sie waren noch nicht stark genug, um Stollen anzulegen, also gruben sie jeden Tag an der Oberfläche in verschiedenen Bereichen. Muteba sagte, er verdiente normalerweise etwa einen Dollar am Tag.

»Boss Chu bezahlte uns nach dem Reinheitsgrad des Erzes. An manchen Tagen, wenn die Reinheit nicht gut war, hat er uns nichts bezahlt.«

»Wer hat entschieden, dass der Reinheitsgrad nicht gut war?«

»Boss Chu.«

In der Nacht zum 6. Mai 2019 schlief Muteba nicht gut. Im Dorf heulte laut ein kranker Hund. Die anderen Mitglieder seiner Familie schliefen trotz dieser Störung, aber Muteba hatte einen leichten Schlaf, und irgendetwas an dem winselnden Tier beunruhigte ihn. Er stand auf und ging hinaus in die Dunkelheit, um nach dem Hund zu suchen. Er fand ihn in einem Gebüsch am Rande des Dorfes, wo er auf dem Boden kauerte.

»Irgendetwas, ein anderes Tier vielleicht, hatte den Hund angegriffen. Sein Bein und sein Gesicht bluteten. Er schaute mich traurig an. Ich glaube, er wollte, dass ich sein Leiden beende, aber ich hatte Angst.«

Am nächsten Morgen ging Muteba wie üblich zur Arbeit in Tilwezembe. Als er die Ereignisse dieses Tages schilderte, sprach er leise und wirkte sehr in sich gekehrt. »Ich habe mit meinem Bruder Beko in einer Grube gegraben. In dieser Grube waren noch drei andere Gruppen beschäftigt. Ich hörte ein komisches Geräusch. Als ich aufblickte, stürzte die Grube [Wand] um uns herum ein …«

Muteba stockte, und seine Augen wurden feucht. Seine Stimme brach, und er hatte Mühe fortzufahren. »Ich war unter den Steinen begraben. Ich konnte mich nicht bewegen. Ich versuchte zu schreien, aber ich konnte kaum atmen. Ich dachte, ich müsste ersticken. Ich hatte das Gefühl, mein Herz würde bersten in meiner Brust.« Nach einer weiteren Pause fügte er hinzu: »Nach ein paar Minuten hörte ich Schreie. Ich danke Gott, dass mich jemand gefunden hat. Ich erinnere mich, dass ich seine Augen sah. Sie waren so groß. Ein paar Leute zogen mich heraus. Als ich auf meine Beine schaute, sah ich, dass die Knochen aus der Haut herausragten.«

Muteba starrte auf den abblätternden Putz an der Wand. Er wischte sich über die Augen und versuchte ruhiger zu atmen.

»Nach dem Unfall brachten mich einige Männer der SAESSCAM in das Krankenhaus von Gécamines in Kolwezi. Die Knochen in meinen Beinen waren zerschmettert. Die Ärzte versuchten, die Knochen wieder gerade zu richten. Sie operierten mich und setzten eine Metallstange in beide Beine ein«, erzählte Muteba.

Ich fragte Mutebas Mutter, wie sie sich den chirurgischen Eingriff hatte leisten können.

»SAESSCAM hat die Kosten übernommen, aber nach einer Woche sagten sie, sie könnten die Behandlung nicht weiter bezahlen«, antwortete Delphine.

Ich fragte Muteba, was mit seinem Bruder geschehen sei.

»Beko wurde getötet. Auch alle anderen wurden getötet, als die Wand einstürzte. Ich war der Einzige, der überlebt hat.«

Delphine sagte, als Beko bei dem Unfall in Tilwezembe ums Leben kam, war seine 18-jährige Frau mit ihrem ersten Kind schwanger. Ein paar Monate später brachte sie ein Mädchen zur Welt. Ohne Beko und ohne Muteba, der nicht arbeiten konnte, kämpfte die Familie jeden Tag darum, über die Runden zu kommen.

»Jetzt weiß ich, wie sich der Hund gefühlt hat«, sagte Muteba. »Ich wünschte, ich hätte den Mut aufgebracht, ihn zu töten.«

Die Fälle der anderen Bergleute, die bereit waren, über ihre Arbeit in Tilwezembe zu sprechen, ähnelten auf unheimliche Weise denen von Muteba. Auch in der Beschreibung des Systems in der Mine waren sie sich einig. Sie berichteten, dass in Tilwezembe am Tag bis zu 10 000 Menschen schufteten. Sie beschrieben ein ausgeklügeltes System, an dem Bosse, Kooperativen, die FARDC und ausländische Bergbauunternehmen beteiligt waren – jeder sicherte sich einen Teil des Kuchens, während sie den Preis des Kobalts in der Kette nach oben trieben. Unter diesem gewaltigen Imperium kam etwas Dunkles zum Vorschein, etwas, von dem ich zuvor noch nicht viel mitbekommen hatte. In Kipushi war es nicht zu sehen gewesen. Ich hatte mir das Dorf nur flüchtig angesehen, das Arthur mir gezeigt hatte. Von einigen Bergarbeitern in Tenke Fungurume war es beiläufig erwähnt worden. In Shabara hatte ich einige flüchtige Anzeichen wahrgenommen. Doch in Tilwezembe war es die Norm:

Stollen.

Hunderte von Stollen, vielleicht mehr als 1000. Bei dieser letzten Station vor Kolwezi lagen die besonders reichen Kobaltvorkommen tiefer unter der Erde, wie die Rosinen in dem von Dr. Murray Hitzman beschriebenen Kuchen, und sie konnten nur durch das Anlegen von Stollen erschlossen werden. Die schlimmen Folgen des Stollenbaus wurden mir von Kosongo, einem kleinen Jungen, und seiner Mutter Hugotte vor Augen geführt.

Kosongo begann 2015 im Alter von elf Jahren in Tilwezembe zu graben. Er grub an der Oberfläche in einer Gruppe von sechs etwa gleichaltrigen Jungen. Ein Mann, der sich Chief Banza nannte, war für die Gruppe verantwortlich. Kosongo erzählte, er habe in einem Bereich der Mine gearbeitet, der von der CMKK-Kooperative kontrolliert wurde. Chief Banza wies die Kinder an, wo sie graben sollten, und zahlte ihnen etwa einen Dollar am Tag. Nach Angaben der Kinder verkaufte Chief Banza ihre Produktion an CMKK. Im November 2018 erklärte Chief Banza den Mitgliedern von Kosongos Gruppe, dass sie stark genug seien, um mit dem Graben von Stollen zu beginnen. Kosongo war zu diesem Zeitpunkt 14 Jahre alt. Der Umstieg auf den Stollenbau brachte eine Veränderung des Arbeitsverhältnisses zwischen Chief Banza und den Kindern mit sich. Kosongo erzählte:

> »Das beste Kobalt liegt vielleicht 20 oder 30 Meter unter der Erde. Der Boden in Tilwezembe ist sehr hart, sodass es sehr lange dauert, [Stollen] zu graben. … Wir haben zwei Monate gebraucht, um das Kobalt zu finden. Zu diesem Zeitpunkt war der Stollen bereits 20 Meter tief.

Während wir diesen Stollen gruben, verdienten wir kein Geld, weil wir kein Kobalt fanden. Chief Banza gab uns Essen und zahlte uns 2000 CF [ungefähr 1,10 Dollar] pro Tag. Nachdem wir Kobalt gefunden hatten, sagte er, dass wir ihm das Geld zurückzahlen müssten mit dem Kobalt, das wir aus dem Stollen herausholten. Wenn wir nicht einwilligten, dürften wir nicht mehr in Tilwezembe arbeiten.«

Darüber hinaus drohte Chief Banza den Kindern, dass er Soldaten zu ihren Häusern schicken werde, wenn sie versuchten, woanders zu arbeiten, und er sich das Geld, das sie ihm schuldeten, von ihren Familien holen werde. Kosongo erklärte, dass Chief Banza als gefährlicher Mann bekannt sei und ihm deshalb nichts anderes übrig bleibe, als unter dieser neuen Vereinbarung für ihn zu arbeiten. An manchen Tagen erhielt Kosongo etwa einen Dollar, an anderen Tagen gar nichts.

Die Kinder in Kosongos Gruppe besaßen keine Verhandlungsmacht gegenüber Chief Banza, und sie hatten auch keine anderen Einkommensquellen, um ihre Familien zu unterstützen. Sie hatten sich bei Banza hoch verschuldet und schufteten unter der Drohung, dass Soldaten ihre Familien foltern würden, wenn sie seine Anweisungen nicht befolgten, was der lehrbuchmäßigen Definition von Zwangsarbeit nach internationalem Recht gleichkam.[6] Erschwerend kam hinzu, dass Chief Banza nach Aussage der Kinder nie eine Abrechnung über den Wert des Heterogenits erstellte, das er an die CMKK verkaufte und das auf die Schulden angerechnet werden sollte, die sie ihm gegenüber abzutragen hatten. Obwohl die Heterogenitvorkommen in der Tiefe einen mehr als fünfmal höheren Kobaltgehalt aufweisen können als die Vorkommen an der Oberfläche, hat sich Kosongos Einkommen nicht verändert, als er anfing im Stollen zu graben, weil er in diesem Zeitraum die Schulden zurückzahlte, die er in zwei Monaten angehäuft hatte. Neben der Zwangsarbeit unter gefährlichen Bedingungen wurden die Kinder auch einem System der Schuldknechtschaft unterworfen – eine wirtschaftliche Verbesserung wurde genutzt, um die Kinder zur Arbeit zu zwingen, und ihre Schulden wurden nicht auf der Grundlage eines angemessenen Marktwerts der von ihnen geleisteten Arbeit berechnet. Durch die Androhung von Gewalt, die Vertreibung vom Arbeitsplatz und das Fehlen einer vernünftigen alternativen Beschäftigungsmöglichkeit blieben die Kinder in diesem System der Unfreiheit gefangen. Im Grunde genommen waren sie Kindersklaven.

Kosongo skizzierte die Form des Stollens auf einem Blatt Papier. Der Durchmesser des Hauptschachtes betrug etwa einen Meter. »Wir pressen unsere Hände und Füße gegen die Wand, um den Schacht hinunterzuklettern«, erklärte er. Am Ende des Hauptschachtes hoben die Jungen eine Kammer aus, in der sie die Säcke mit Heterogenit sammelten, die sie mit einem Seil aus zerrissenen Bastsäcken an die Oberfläche zogen. Die Kammer war etwa eineinhalb Meter hoch und zwei Meter breit. Von der Kammer aus gruben sie einen Stollen parallel zur Oberfläche, welcher der von ihnen entdeckten Heterogenitader folgte.

Der Stollen war gerade mal so hoch, dass sie sich auf dem Bauch hindurchschlängeln konnten. Die einzige Lichtquelle war eine kleine batteriebetriebene Taschenlampe, die sie mit einem Stirnband am Kopf befestigten. Kosongo sagte, dass sie Spitzhacken benutzten, um das Heterogenit von der Stollenwand zu klopfen, das sie dann in Bastsäcke stopften.

»Es ist sehr heiß im Stollen. Es staubt sehr stark. Das Atmen fällt schwer«, erklärte Kosongo.

Wenn die Kinder einen Sack mit Heterogenit gefüllt hatten, schleppten sie ihn zurück in die Kammer am Ende des Hauptschachts.

»Chief Banza lässt ein Seil herunter. Wir binden es an den Sack, und er zieht ihn dann nach oben.«

Kosongo berichtete, dass die Kinder in der Regel den ganzen Tag unter der Erde blieben und Chief Banza sie dann einzeln mit demselben Seil, mit dem er die Kobaltsäcke hochgezogen hatte, wieder nach oben hievte.

Am 20. März 2019 versammelten sich Kosongo und die Kinder seiner Gruppe am Ende des Tages in der Kammer, um ihren Aufstieg an die Oberfläche zu beginnen. Kosongo befand sich am Ende der Gruppe, auf dem Bauch liegend, an der Kreuzung zwischen dem Stollen und der Hauptkammer: »Ich hörte ein Geräusch über mir. Als ich aufblickte, war da ein Riss in der Decke. Ich versuchte in die Kammer zu kriechen, aber die Decke stürzte herab auf meine Beine. Ich dachte, der ganze Stollen würde einbrechen, und wir müssten sterben.« Kosongo berichtete, die anderen Kinder in der Kammer hätten die Steine von seinen Beinen geschoben, und Chief Banza habe ihn hinaufgezogen. Zwei Männer von SAESSCAM hätten ihn in das Gécamines-Krankenhaus in Kolwezi gefahren. »Meine Beine brannten wie Feuer«, sagte er. »Ich wurde ohnmächtig.« Durch den Einsturz des Nebenstollens an der Einmündung der Hauptkammer zog sich Kosongo mehrere Brüche in beiden Beinen zu. Seine Beine waren nicht mehr zu retten und mussten oberhalb der Knie amputiert werden. Hugotte sagte, dass sie nach einer kurzen Zeit der Betreuung nach der Operation im Gécamines-Krankenhaus in Kolwezi keine weitere Unterstützung mehr erhalten hätten. Ich fragte sie, wer die Operation bezahlt habe, und sie antwortete, SAESSCAM (SAEMAPE) sei dafür aufgekommen. Seit der Amputation war Kosongo zunehmend deprimiert und niedergeschlagen.

»Warum war ich der Einzige, der verletzt wurde?«, fragte er sich.

Kosongo zog seine Shorts hoch und zeigte mir die Stümpfe seiner Beine. Seine Augen wurden feucht, und seine Lippen begannen zu zittern. Er legte seine Hände auf die Oberschenkel. Er trauerte um seine Beine.

> »Früher habe ich jeden Sonntag Fußball gespielt. Ich war sehr gut.«

Nach zahlreichen Gesprächen mit Menschen, die in Tilwezembe tätig waren oder deren Kinder dort arbeiteten, war ich mir sicher, jeden Ausdruck menschlichen Schmerzes gesehen zu haben. Die herzzerreißendsten Gesichter gehörten den Eltern, die erzählten, dass sie ein Kind in der Mine verloren hatten. Ein Fall steht für viele. Einer der Väter hieß Tshite. Er saß mir gegenüber, sein Gesicht bebte vor Wut, Trauer und Schuldgefühlen. Er erzählte mir von Lubo, seinem erstgeborenen Kind. Tshite liebte Lubo von dem Tag an, an dem er geboren wurde. Das Kind war sein großes Geschenk und seine Hoffnung. Er versprach Lubo, alles zu tun, um ihm ein besseres Leben zu ermöglichen, als er selbst es gehabt hatte. Tshite wirkte aufgewühlt, als er schilderte, was passiert war:

> »Ich habe in Tilwezembe hart gearbeitet, um Geld zu verdienen, damit Lubo zur Schule gehen konnte. Ich habe ihm gesagt: Ich möchte, dass du später einmal mit deinem Verstand arbeitest, nicht mit deinen Händen. Jeden Tag, wenn ich von Tilwezembe nach Hause kam, hatte ich Schmerzen. Der Kopf und der Nacken taten mir weh. Die Haut an meinen Füßen blutete. Meine Hände waren mit Blasen übersät. Ich hatte Blasen in meinem Mund. Meine Brust brannte ständig von innen. Ich hustete die ganze Zeit.«

Tshite erzählte, dass er, egal wie groß die Schmerzen auch waren oder wie krank er war, er nie auch nur einen Tag bei der Arbeit fehlte. Er wollte, dass Lubo in der Schule bleiben konnte.

Eines Tages erlitt Tshite in Tilwezembe einen Unfall, der dazu führte, dass er vorläufig nicht mehr arbeiten konnte. Er brach sich den rechten Arm beim Einsturz der Grubenwand. Tshite wusste nicht, was er tun sollte. »Lubo kam zu mir und sagte: ›Mach dir keine Sorgen, Papa, ich werde arbeiten.‹ Ich erwiderte: ›Nein! Du musst in der Schule bleiben. Wenn du die Schule verlässt, wirst du nie wieder zurückkehren.‹ Ich sagte ihm, wir würden einen anderen Weg finden. Lubo meinte, es würde ihn stolz machen, mir zu helfen. Er sagte, er würde wieder zur Schule gehen, sobald ich wieder arbeiten könnte.«

Tshite schilderte die Ereignisse, die folgten:

> »Lubo ging zur Arbeit in Tilwezembe. Sein Boss war ein Libanese namens Arran. Arran hatte mehr als 200 Jungen, die für ihn arbeiteten. Er ist der größte Boss in Tilwezembe. Er sagte Lubo, er müsse den Stollen graben. Ich wollte nicht, dass Lubo das tat, weil ich weiß, was passieren kann, aber Arran sagte, wenn er den Stollen nicht grabe, könne er nicht in der Mine arbeiten.
>
> Lubo arbeitete mehr als einen Monat lang in Tilwezembe und grub den Stollen. Jeden Tag betete ich, dass er wieder unversehrt nach Hause zurückkehren möge. Meinem Arm ging es etwas besser. Ich dachte, in ein paar Tagen würde ich wieder arbeiten, und Lubo würde wieder zur Schule gehen können.
>
> Am 18. Januar [2019] kam Lubo nicht von Tilwezembe nach Hause. Ich lief zur Mine. Als ich dort ankam, waren schon andere Eltern da. Alle schrien: ›Wo ist mein Sohn? Gebt mir meinen Sohn!‹ Die Soldaten drückten uns ihre Gewehre ins Gesicht und zwangen uns, nach Hause zu gehen. Ich wurde verrückt. Ich wollte wissen, was mit Lubo passiert war! Ich lief die Straße auf und ab. Ich ging zurück zur Mine und flehte die Soldaten an: ›Bitte lasst mich meinen Sohn suchen!‹, aber sie schlugen und traten mich.
>
> Ich verbrachte die ganze Nacht in den Bäumen bei der Mine und kehrte am Morgen zur Mine zurück. Alle Eltern kamen zurück. Es gab viel Geschrei. Die Soldaten riefen, sie würden

uns erschießen. Dann kam ein Mann von der CMKK in einem Jeep. Er sagte uns, wir sollten ruhig sein, und er würde uns erzählen, was passiert sei. Er erklärte, dass am Vortag ein Stollen eingestürzt sei. Er sagte, niemand habe überlebt.«

In den folgenden Tagen hörten Tshite und seine Frau Berichte, dass mindestens 40 Kinder unter Tage gewesen seien, als der Stollen in Tilwezembe einstürzte. Einige Bergleute hatten die schier unerträgliche Aufgabe, einige der Leichen auszugraben. Es gelang ihnen, 17 Opfer zu bergen, darunter auch Lubo.

»Ich hielt den toten Körper meines Sohnes in den Armen. Ich flehte ihn an, er solle wieder zurückkommen«, sagte Tshite. Er berichtete, dass SAEMAPE einen Sarg für Lubo besorgte und dass die CMKK ihm Geld für das Begräbnis gab. Als ich Tshite traf, war er von Schuldgefühlen geplagt, weil sein gebrochener Arm Lubo das Leben gekostet habe. Er sagte, es hätte höchstens noch eine Woche gedauert, bis er wieder hätte arbeiten und Lubo in die Schule hätte zurückkehren können. »Ich vermisse Lubo so sehr. Er war mein bester Freund.«

Tshite war nicht der Einzige. Sechs weitere Eltern erzählten mir, dass ihre Söhne bei Stolleneinstürzen in Tilwezembe lebendig begraben worden seien. Die Unfälle, die sie beschrieben, fanden alle zwischen Mai 2018 und Juli 2019 statt. Nach Angaben der Eltern arbeiteten fünf der sieben Kinder, die bei Stolleneinstürzen in Tilwezembe umkamen, für Arran. Arran ist jener Mann, der mir bereits im Zusammenhang mit dem Uranschmuggel aus Shinkolobwe bekannt war.

Ich bin den Gerüchten über den Uranschmuggel nachgegangen und suchte nach Beweisen, konnte aber fast zwei Jahre lang nur weitere Gerüchte sammeln, bis es mir im Sommer 2021 gelang, eine Kopie des Urteils des Obersten Gerichtshofs von Lubumbashi zu diesem Fall in die Hände zu bekommen. Aus dem Inhalt des Urteils und den Aussagen einiger Kollegen in der Demokratischen Republik Kongo geht hervor, dass im Januar 2016 30 Lastwagen, die auf ein chinesisches Bergbauunternehmen namens Dragon International Mining zugelassen waren, am Grenzübergang zu Sambia in Kasumbalesa ankamen, der nicht weit von Kipushi entfernt ist. Aus den Frachtpapieren ging hervor, dass sie Kupfer und Kobalt nach Daressalam zur Ausfuhr nach China transportierten. Die Grenzbeamten in Kasumbalesa waren mit Geigerzählern ausgestattet, mit denen sie Fracht auf Uran überprüfen sollten, was sie aber nur selten taten. An diesem Tag aber spürte ein diensthabender Grenzschutzbeamter, dass etwas nicht stimmte, und ging mit seinem Geigerzähler zu den Lastwagen. Das Gerät begann laut zu rauschen. In 22 Lastwagen gab es versteckte Fächer, die mit rohem Uranerz gefüllt waren.

Die US-Geheimdienste schalteten sich sofort ein, um die kongolesische Regierung bei den Ermittlungen zu unterstützen. Sie verfolgten die Operation zurück bis zu einem libanesischen Schmuggler namens Arran und stellten fest, dass das Uran für Nordkorea bestimmt gewesen war. Es gab außerdem Berichte über nordkoreanische Mitarbeiter vor Ort in der Demokratischen Republik Kongo, die bei dem Geschäft halfen.

»Aus amerikanischer Sicht sind wir besorgt über die Nordkoreaner und ihre Aktivitäten im Kongo«, erklärte US-Botschafter Mike Hammer. »Wenn sich hier Nordkoreaner aufhalten, muss man nach kriminellen Aktivitäten Ausschau halten.«

Arran wurde im Februar 2016 vor dem High Court von Lubumbashi angeklagt. Er wurde zu fünf Jahren Haft und einer Geldstrafe von einer Million Dollar verurteilt. Außerdem sollte er nach Verbüßung seiner Haftstrafe aus der Demokratischen Republik Kongo ausgewiesen werden. Arran wurde jedoch nach einigen Monaten aus dem Gefängnis entlassen und blieb im Land.

Was in den Gerichtsdokumenten nicht erwähnt wird, aber von allen Personen, mit denen ich gesprochen habe, als Tatsache angenommen wird, ist, dass eine Uranschmuggeloperation zwischen der Demokratischen Republik Kongo und Nordkorea von Joseph Kabila vermittelt und genehmigt worden sein musste und dass Kabila Arran mit der Leitung der Operation beauftragt hatte.

»Es steht außer Frage, dass Kabila davon wusste«, erklärte ein westlicher Diplomat, dem ich Anonymität zusichern musste. »Es ist kaum vorstellbar, dass Kabila nicht seine Finger im Spiel hatte oder persönlich davon profitiert hat.«

Dieser Diplomat hielt es auch für wahrscheinlich, dass Joseph Kabila die vorzeitige Entlassung Arrans bewirkt und ihn wieder ins Geschäft gebracht hatte. Darunter auch die Leitung eines Abbaubetriebs in Tilwezembe, der sich auf Kinderarbeit stützt und der letztlich für den Tod von Kindern wie Lubo verantwortlich war.

Nach allem, was man hört, ist Tilwezembe vielleicht der gefährlichste industrielle Bergbaubetrieb im Kupfergürtel, in dem es mehr Kinderarbeit gibt als in allen anderen offiziellen Minen im Kongo. Die abschließende Bilanz meiner Interviews war folgende: Es gab zwölf schwer verletzte Männer und Jungen und sieben lebendig begrabene Kinder in Tilwezembe. Diese Fälle repräsentieren aber nur die wenigen Menschen, die bereit waren, mit mir zu sprechen. Selbst mit nur einem Bruchteil des Bildes erscheint es offensichtlich, dass Tilwezembe nicht lediglich eine Kupfer-Kobalt-Mine ist, sondern ein mörderisches Schlachtfeld.

Es ist leicht, mit dem Finger auf die lokalen Akteure zu zeigen, die für diese Missstände verantwortlich sind – seien es korrupte Politiker, ausbeuterische Kooperativen, unberechenbare Soldaten oder erpresserische Bosse. Sie alle spielten eine Rolle bei dem Geschehen, aber sie waren auch Symptome einer bösartigeren Krankheit: der Weltwirtschaft, die in Afrika gewissermaßen Amok läuft. Die Gleichgültigkeit gegenüber den in Tilwezembe arbeitenden Kindern ist eine unmittelbare Folge einer globalen

Wirtschaftsordnung, die sich auf die Armut, die Verletzlichkeit und die entwertete Menschlichkeit jener stützt, die am unteren Ende der globalen Lieferketten arbeiten. Erklärungen multinationaler Konzerne, dass die Rechte und die Würde jedes Arbeitnehmers in ihren Lieferketten geschützt und gewahrt würden, erscheinen unglaubwürdiger denn je.

Der Übersetzer, der mir bei meinen Interviews zur Seite stand, er heißt Augustin, war verzweifelt, nachdem er tagelang versucht hatte, im Englischen die Worte zu finden, die das in Suaheli beschriebene Leid wiedergaben. Manchmal ließ er den Kopf hängen und schluchzte, bevor er versuchte, das Gesagte zu übersetzen. Als wir uns verabschiedeten, sagte Augustin: »Bitte sagen Sie den Menschen in Ihrem Land, dass im Kongo jeden Tag ein Kind stirbt, damit sie mit ihren Smartphones ins Netz gehen können.«

Zwei Jahre nach meinen Interviews mit den Familien, die unter der in Tilwezembe herrschenden Situation zu leiden hatten, unternahm ich abermals einen Versuch, die Mine zu betreten. Ein Einheimischer aus Mupanja führte mich über einen Schleichweg, um nicht von den FARDC-Soldaten entdeckt zu werden, bevor ich auf den unbefestigten Weg zur Konzession gelangte. Schon aus einer Entfernung von mehr als einem Kilometer wirkten die hoch aufragenden Mauern der Mine beeindruckend. Wir durchquerten das Dorf in Richtung Süden und erreichten ein Gebiet, in dem die Bebauung mit Ziegelhütten spärlicher war. Kinder spielten mit Plastiktüten neben kleinen Müllfeuern. Kleider hingen zum Trocknen an aufgespannten Schnüren. Ein Mädchen in einem sonnengelben Kleid folgte seiner Mutter den Weg hinauf, während sie Plastikbehälter mit Wasser auf dem Kopf balancierten. Motorräder rasten auf dem Feldweg hin und her, jedes mit zwei oder drei Passagieren besetzt.

Eine junge Mutter stach mir ins Auge. Sie saß auf dem Boden und hatte einen Säugling auf dem Schoß. Hinter ihr befand sich ein blau gestrichener Friseursalon. Über dem Eingang stand in roter Farbe: TOUT VIENT DE DIEU. Alles kommt von Gott. Das Baby trug eine Stoffwindel, die Mutter hatte ein hellviolettes Kleid an. Ihr Haar war offen und fiel ihr sanft über die Schultern. Ich beobachtete, wie die Mutter das Baby im Arm hin- und herwiegte. Jedes Mal, wenn sie vorwärts schaukelte, streichelte sie das Gesicht ihres Babys, und der Säugling kicherte vergnügt. Sie schaukelte zurück, die Augen des Babys weiteten sich erwartungsvoll, dann schaukelte sie wieder vorwärts, um das fröhliche Kind zu kraulen. So schaukelten sie hin und her, Mutter und Kind, glückselig und strahlend.

Ich ging weiter den Feldweg hinunter, am Dorf vorbei und hinein in einen Wald. Ich kam an einem kleinen See vorbei, dann begann der Weg zu den Ausläufern der Mine anzusteigen. Ein Tankwagen fuhr einen anderen Feldweg entlang, der von Osten her nach Tilwezembe führte. Zwei Bagger kratzten an der Erde auf einem der Hügel. Motorräder fuhren in beide Richtungen. Bei näherem Hinsehen bemerkte ich, dass die Fahrer alle Neonwesten trugen. Die Passagiere, die von der Mine wegfuhren, waren mit Schmutz bedeckt. Es war mir unmöglich zu zählen, wie viele von ihnen wie Teenager aussahen.

Je weiter der Weg nach Süden führte, desto steiler wurde es. Schließlich erreichte ich den Kontrollpunkt am Eingang von Tilwezembe. Vom Boden der Mine aus gesehen, verschluckten die kolossalen Grubenwände den Himmel. Der Kontrollpunkt bestand aus einem großen Frachtcontainer auf der einen Seite und einer FARDC-Station mit zwei uniformierten Soldaten, die Kalaschnikows trugen, auf der anderen Seite. Der Weg war durch eine lange Metallstange auf einem Scharnier versperrt. Am Ende der Stange war gerade genug Platz, damit die Motorräder durchfahren konnten. Ich fragte die FARDC-Soldaten, ob ich die Mine betreten dürfe, aber sie lehnten ab.

Einer der Motorradfahrer hielt sich am Eingang auf. Er trug

die gleiche Neonweste wie die anderen. Auf der Rückseite seiner Weste war die Zahl *31* aufgenäht. Er sagte, sein Name sei John, und erklärte, er sei ein autorisierter Transporteur für die Arbeiter in Tilwezembe. Das bedeuteten die Zahlen auf den Westen. Er war Transporteur Nummer 31. Ich fragte ihn, wie viele Fahrten er am Tag mache. »Vielleicht 20«, antwortete er.

John musste zurück nach Mupanja, um die nächste Gruppe von Arbeitern zu holen. Ich verweilte noch ein wenig am Eingang der Mine, um dieses Monument des Schmerzes zu betrachten. Es gab einen kurzen Moment, in dem die Motorräder stoppten und alles ruhig war. In diesem Augenblick der Stille dachte ich an sie – die zahllosen Kinder, die wie Lubo in Tilwezembe bei lebendigem Leib verschüttet worden waren und für immer unter der kalten Erde auf der anderen Seite der Grubenwand begraben sind.

Auch wenn niemand jemals herausfinden wird, wie viele Kinder in Tilwezembe begraben sind, ist eines sicher: Seit dem 1. November 2021 ist Tilwezembe eine voll in Betrieb befindliche Mine, in die jeden Tag Hunderte von Kindern zur Arbeit einfahren.

6

»WIR ARBEITEN IN UNSEREN GRÄBERN«

KOLWEZI

Der Hunger nach Geld verwandelt Menschen in Mörder. Alle Mittel sind recht, um an Geld zu kommen oder den Menschen zu demütigen.

Erzbischof Eugène Kabanga Songasonga von Lubumbashi (1976)

Die Straße erreichte ihr Ende. Endlich sind wir im schlagenden Herz der globalen gerätegesteuerten Wirtschaft und der Revolution der Elektromobilität angekommen: Kolwezi. Es gibt keine andere Stadt wie diese. Kolwezi ist wie eine Grenzstadt im Wilden Westen, hier lagert ungefähr ein Viertel der Kobaltreserven der Welt. Die außergewöhnlichen Bodenschätze der Stadt haben durch die rasante Ausweitung des Bergbaus zu erheblichen Umweltzerstörungen geführt. Suchen Sie Kolwezi auf Google Earth und zoomen Sie hinein. Dann sehen Sie die kolossalen Krater, die ausgedehnten Tagebauanlagen und die riesigen Schotterflächen. Kleine künstliche Seen versorgen die Minenbetriebe mit Wasser, nicht aber die Einwohner der Stadt. Ganze Dörfer wurden dem Erdboden gleichgemacht. Wälder wurden gerodet. Die Erde wurde ausgehöhlt und aufgerissen. Die Minen verschlingen alles.

Tausende von Migranten strömen jedes Jahr nach Kolwezi. Sie kommen aus den benachbarten Provinzen, den Nachbarländern und sogar aus China und Indien. Diese Migranten werden hineingezogen in einen Strudel aus Mineralien und Geld, aus dem es kaum ein Entrinnen gibt. In Kolwezi wird mehr Profit aus Elend geschlagen als vermutlich in irgendeiner anderen Stadt der Welt. Offiziellen Schätzungen zufolge leben in Kolwezi etwa 600 000 Menschen, doch die wahre Zahl dürfte eher bei 1,5 Millionen liegen. Die Stadt ist bis an ihre Grenzen ausgelastet. Heruntergekommene Slums und behelfsmäßige Dörfer breiten sich vom Stadtzentrum her in den immer kleiner werdenden bewohnbaren Raum aus. Mindestens 80 Prozent des bebauten Landes in Kolwezi wird von Minen genutzt. Das Grün ist verschwunden. Ackerland gibt es nicht mehr. Zeitraffersatellitenbilder von Kolwezi aus den Jahren 2012 bis 2022 zeigen, dass sich das Braun um die Stadt wie ein Tsunami ausbreitet und alles verschlingt, was sich ihm in den Weg stellt. Kolwezi ist das geschundene Gesicht des Fortschritts in Afrika. Es dreht sich alles um die Jagd nach Kobalt.

Die Straße nach Kolwezi führt von Osten her vorbei an Chemiefabriken und Arbeitersiedlungen in das Stadtzentrum. Im zentralen Geschäftsviertel konzentrieren sich Läden, Märkte, Kirchen, Hotels und Pensionen. Lastwagen, Motorräder, Baufahrzeuge, Schwertransporter und Bergbauarbeiter drängen sich auf den mit Schlaglöchern übersäten Straßen. Kolwezi ist die bei Weitem am stärksten verschmutzte Stadt in den südöstlichen Provinzen des Kongo. Das Atmen fällt schwer. Der Blick verschwimmt. Auch das alte Kolonialviertel befindet sich im Verfall. Wo man auch steht in Kolwezi – in jeder Richtung findet sich eine Mine.

Nördlich des Stadtzentrums liegt ein Viertel namens Kasulo. Es ist eines der größten Kleinbergbaugebiete im Kongo und Ausgangspunkt für den Stollenbau. Satellitenbilder zeigen im Zeitraum von 2012 bis 2022 eine Explosion von unzähligen dunklen Kreisen und rosa Planen – jeder einzelne dieser Punkte ist ein Stollen. Die Kobaltvorkommen in Kasulo sind so reichhaltig, dass das Unternehmen Congo DongFang Mining 2018 einen Teil des Viertels abriegelte, um hier einen Modellstandort für den Kleinbergbau einzurichten. Nordöstlich von Kasulo befindet sich ein zweiter Modellstandort namens Mutoshi, der von CHEMAF betrieben wird, jenem Bergbauunternehmen, das auch die Étoile-Mine bei Lubumbashi betreibt. Wir werden beide »Modellstandorte« besuchen und etwas genauer in Augenschein nehmen.

Südwestlich des Stadtzentrums liegt das Viertel Kanina, das sich in der Nähe eines großen Waschplatzes für handwerklich abgebautes Kobalt am Golfsee sowie eines industriellen Bergbaugebiets namens COMMUS befindet. COMMUS ist im Besitz von Zijin Mining und grenzt an den Stadtteil Musonoie. In Musonoie liegen zwei industrielle Bergbaukomplexe, die zu Glencore gehören: Kamoto East sowie Kamoto Oliveira und Virgule (KOV). Südwestlich dieser Minen befinden sich die Rohstoffgiganten von Kolwezi – die Glencore-eigenen Minen Kamoto Copper Company (KCC) und Mashamba East. Insgesamt produzierten die Minen von Glencore in Kolwezi im Jahr 2021 die gewaltige Menge von 23 800 Tonnen Kobalt.[1] In der Nähe des KCC-Komplexes gibt es auch einige chinesisch betriebene Standorte, darunter die SICOMINES-Minen Mashamba West und Dikuluwe. Hier liegt auch der Ort, an dem wir unsere Reise beenden werden – Kamilombe.

Kolwezi wurde 1937 von der UMHK als Hauptstadt ihres westlichen Sektors in der Provinz Katanga gegründet. Der Kampf um die Kontrolle über die Bodenschätze der Stadt hatte schon 1960 zu Gewaltausbrüchen geführt, als Moïse Tshombé elf Tage nach der Unabhängigkeit die Abspaltung Katangas von der Nation ankündigte. Nachdem Tshombés Streitkräfte 1963 mithilfe der USA besiegt worden waren, floh Tshombé ins benachbarte Angola. Da er seinen Traum von einem unabhängigen Katanga nicht aufgeben wollte, startete Tshombé zwei große Militäroperationen, die als Shaba-Kriege bekannt wurden, um die Kontrolle über die Provinz wiederzuerlangen. Der erste Shaba-Krieg begann am 8. März 1977, als Tshombé mit einer Streitmacht von 2000 Soldaten in die Bergbaugebiete der Provinz vorstieß. Hunderte Zivilisten wurden getötet, Zehntausende flohen. Das schwache zairische Militär leistete kaum Widerstand. Der verzweifelte Joseph Mobutu stellte die Angreifer als Kommunisten dar, die von der Sowjetunion unterstützt würden, um Hilfe aus dem Westen zu erhalten. Abermals befürchteten die USA, Belgien und Frankreich, dass die wichtigen Bodenschätze des Kongo unter sowjetische Kontrolle geraten könnten, und schickten Militärhilfe, um die Provinz zurückzuerobern.

Im folgenden Jahr begann Tshombé den zweiten Shaba-Krieg. Diesmal übernahmen seine Truppen rasch die Kontrolle über Kolwezi. Die westlichen Mächte zögerten, abermals in den Kampf einzugreifen. Es wurde behauptet, dass es Mobutu gewesen sei der seinen Truppen befohlen habe, Europäer in Kolwezi zu töten, um eine westliche Intervention zu provozieren. Nachdem Hunderte von Europäern umgebracht worden waren, sprangen französische und belgische Fallschirmjäger mit amerikanischer Luftunterstützung über Kolwezi ab. Die darauffolgenden Auseinandersetzungen führten zur Zerstörung eines Großteils der Stadt und forderten Hunderte Opfer unter der Zivilbevölkerung, bis die Rebellen schließlich vertrieben werden konnten.

Gefechte zwischen Milizen und ethnische Konflikte sind im gesamten Kupfergürtel, insbesondere in der Gegend um Kolwezi, nach wie vor an der Tagesordnung. Infolgedessen gibt es in

Kolwezi die höchste Konzentration von Soldaten und Sicherheitskräften in der Region. Die meisten der großen Minenstandorte der Stadt werden von den FARDC, der Republikanischen Garde oder von beiden Kräften gesichert. In den ersten Jahren meiner Recherchen standen die Minen auch unter den wachsamen Augen des ehemaligen Gouverneurs der Provinz Lualaba und überzeugten Verbündeten von Joseph Kabila, Richard Muyej Mangeze Mans.

Richard Muyej wurde 2016 der erste Gouverneur der Provinz Lualaba. Als Gouverneur hatte er das letzte Wort bei vielen Belangen der Bergbauaktivitäten in der Provinz. Wenn ein Minenunternehmen seine Aktivitäten erweitern oder ändern wollte, musste es sich an ihn wenden. Bei Streitigkeiten mit einer örtlichen Gemeinde suchte man sein Urteil. Muyej wurde nachgesagt, dass er, ähnlich wie Joseph Kabila, Geld aus dem Bergbaugeschäft auf persönliche Konten abzweige, und diese Korruptionsvorwürfe holten ihn schließlich ein. Im Rahmen der von Präsident Tshisekedi eingeleiteten Antikorruptionskampagne wurde Muyej am 10. September 2021 seines Amtes enthoben, weil er angeblich mehr als 316 Millionen Dollar aus Bergbaugeschäften veruntreut hatte.[2]

Bei meinem ersten Besuch in Kolwezi im Jahr 2018 suchte ich das Büro von Gouverneur Muyej auf, um seine Erlaubnis dafür einzuholen, die Bergbaugebiete der Stadt zu erkunden. Der Haupteingang wurde von mehreren Männern mit Kalaschnikows bewacht, die salutierten, als ich eintrat. Ich wurde zu einem Kontrollpunkt im Inneren des Geländes geführt, wo ich mein Mobiltelefon abgeben musste, der Inhalt meines Rucksacks inspiziert und ich abgetastet wurde, bevor man mich in einen Warteraum führte, der von mehreren bewaffneten Männern bewacht wurde. Ich wartete eine halbe Stunde auf meinen Termin, bevor man mir mitteilte, dass Gouverneur Muyej mich nicht empfangen könne. Stattdessen wurde ich zu Frau Musenga Mafo gebracht, der Generalkommissarin der Regierung der Provinz Lualaba, die noch heute für humanitäre und soziale Angelegenheiten zuständig ist. Frau Mafo hörte sich aufmerksam meine Erklärung an, warum ich die Bergbaugebiete um Kolwezi erkunden wolle. Sie zeigte sich besorgt über das zerstörerische Verhalten ausländischer Bergbauunternehmen in ihrem Land und schien besonders beunruhigt zu sein über die negativen Auswirkungen des Kleinbergbaus auf Frauen und Mädchen. Sie erläuterte, dass weibliche Arbeitskräfte im Bergbau immer wieder unter sexuellen Übergriffen zu leiden hätten, viel schlechter bezahlt würden als Männer und ihre Sicherheit kaum gewährleistet sei.

Nach einem freundlichen Austausch setzte Frau Mafo ihren Stempel und ihre Unterschrift auf mein *Engagement de prise en charge*. Ihr Stempel schützte mich vor dem Schlimmsten, genau wie der von Direktor Lukalaba in der Provinz Haut-Katanga. Das bedeutete jedoch nicht, dass die bewaffneten Soldaten, die viele der Kleinbergbaugebiete rund um Kolwezi bewachten, auch willens sein würden, mich einzulassen.

KAPATA, MALOSEE UND MASHAMBA EAST

Im Umland von Kolwezi liegen zahlreiche verstreute Dörfer und Siedlungen. Einige gibt es schon seit Jahrzehnten, andere sind erst in jüngerer Zeit durch den Zustrom von Migranten in die Stadt entstanden. In diesen Gebieten leben Hunderttausende Menschen, die eine große Zahl von Arbeitskräften für den Kleinbergbau stellen. Es wäre wohl nicht übertrieben zu behaupten, dass ein Großteil der Revolution der Elektromobilität auf den erschöpften Schultern der ärmsten Einwohner von Kolwezi ruht, von denen nur wenige in den Genuss der schlichtesten Annehmlichkeiten des modernen Lebens kommen, wie zum Beispiel zuverlässige Stromversorgung, sauberes Wasser und sanitäre Einrichtungen, Krankenhäuser und Schulen für Kinder.

Von allen Dörfern in der Umgebung von Kolwezi ist vielleicht keines so bedeutend wie Kapata. Es wurde in den 1970er-Jahren von Gécamines gegründet, um die Arbeiter der KCC-Mine unterzubringen. Heute ist es das Tor zu dem riesigen Kleinbergbaugebiet, das sich in und um die Konzessionen KCC und Mashamba East ausdehnt. Glencore besitzt 75 Prozent der beiden Minen über seine 100-prozentige Beteiligung an Katanga Mining. Katanga Mining erwarb die Rechte an den Minen kurz nach dem Inkrafttreten des Bergbaugesetzes im Jahr 2002. Kupfer und Kobalt aus den Konzessionen werden im Kamoto Concentrator und in der Luilu Metallurgical Plant in Kolwezi verarbeitet.

Ein lokaler Aktivist namens Gilbert begleitete mich auf meiner ersten Reise nach Kapata und in die umliegenden Bergbaugebiete. Er und seine Kollegen setzen sich für die Unterstützung von Bergarbeiterfamilien und die Unterbindung von Kinderarbeit in den Minen ein. Wir fuhren eine schmale Straße hinunter, die vom Stadtzentrum aus nach Südwesten führt und auf den letzten Kilometern zum Dorf nicht asphaltiert ist. Immer wieder wurden wir von Lastwagen, die Mineralien aus den Minen bei Kapata abtransportierten, von der Straße gedrängt. Wir stellten unseren Wagen am Rande des Dorfes ab und gingen zu Fuß weiter. Das Dorf bestand aus fein säuberlich aufgereihten roten Backsteinhütten, die zwischen der riesigen KCC-Konzession und dem Kabulungusee lagen. Die meisten Hütten waren Wohnhäuser, wovon einige auch zu kleinen Geschäften umfunktioniert worden waren, zum Beispiel zu Märkten, die Gemüse, Limonaden, Speiseöl und Brot verkauften. Ich entdeckte zumindest ein Internetcafé. Es verfügte über zwei verstaubte Dell-Rechner, die aussahen, als wären sie aus den 1990er-Jahren hierherteleportiert worden. Am Rande der unbefestigten Wege zwischen den Hütten verliefen offene Abwassergräben. Zerfaserte Stromleitungen schlängelten sich durch Kapata und sorgten für sporadischen Strom, eine Seltenheit in kongolesischen Dörfern. Es gab auch einige Dorfschulen, die aber seit Wochen geschlossen waren, weil die Lehrer nicht mehr bezahlt wurden.

Die erste Person, die mir Gilbert in Kapata vorstellen wollte, war eine ältere Frau namens Lubuya. Er sagte, sie wisse mehr als jeder andere über die Geschichte der Gegend. Als wir uns ihrem Haus näherten, huschten ein paar Kinder an uns vorbei und riefen: »Ni hao!« – die typische Begrüßung auf Mandarin. Viele Kongolesen im Kupfergürtel haben durch den Kontakt mit chinesischen Depotagenten oder anderem Bergbaupersonal rudimentäre Mandarinkenntnisse erworben. Als wir an Lubuyas Haus ankamen, wurden wir hineingebeten. Die Frau wirkte alt, hatte freundliche Augen und ein strenges Gesicht. Ihr Haar war zu einem stolzen Kopfschmuck gewickelt, und ihre Bluse und ihr Rock waren mit roten und orangen Halbmonden verziert. Sie war 69 Jahre alt und damit die älteste Person, die ich im Kongo interviewt habe. Wir saßen auf Plastikstühlen in Lubuyas Zweizimmerhütte, die sie mit drei Enkelkindern, zwei Jungen und einem Mädchen, teilte. Die Kinder schürften am nahe gelegenen Malosee nach Kobalt. Lubuyas Ehemann war vor 14 Jahren gestorben. Die Mutter der Enkelkinder, Lubuyas Tochter, war vor sechs Jahren einer Krankheit erlegen. Der Vater hatte sich bald darauf davongemacht, sodass Lubuya ihre Enkelkinder allein aufziehen musste.

Lubuya erzählte, sie sei 1977 zum ersten Mal nach Kapata gekommen. Sie sagte, Kolwezi sei damals eine ruhigere Stadt gewesen. Die Menschen hätten noch genug Platz zum Leben und genug zu essen gehabt. Die Luft und das Wasser seien noch sauber gewesen. Die Dorfbewohner waren arm, aber sie kamen zurecht:

»Wir haben ein System, das *kazi* heißt. Das bedeutet, dass man eine Arbeit bei einer Firma annimmt, die einem ein Gehalt zahlt und Lebensmittelrationen zuteilt. Sie geben dir ein Haus zum Wohnen und ermöglichen deinen Kindern den Schulbesuch. So kamen wir also nach Kapata, damit mein Mann für Gécamines arbeiten konnte.

Zu dieser Zeit hatten wir eigentlich keinen Grund zu klagen. Unsere Bedürfnisse wurden befriedigt. Die Probleme begannen, als Gécamines 1992 die Lohnzahlungen an die Arbeiter einstellte. Die Menschen waren hungrig und wütend. Damals begannen die Männer, selbstständig in der Mine zu graben.

Es gab noch keine Kontore wie heute, also fuhren die Männer mit dem Bus nach Lubumbashi, um das Gestein auf dem Markt zu verkaufen. Es war eine sehr schwierige Situation, aber es gab keine andere Möglichkeit.

Als die ausländischen Bergbaufirmen in Kolwezi Fuß fassten, kamen mit ihnen auch die ausländischen Händler. Sie richteten in diesem Gebiet Kontore ein. Die Familien schürfen in den Minen, weil sie das Gestein an die Kontore verkaufen und mit Geld in der Hand nach Hause gehen können.

Die Leute fragen, warum Kinder in den Minen arbeiten. Auch meine Enkelkinder arbeiten jetzt dort. Wäre es Ihnen lieber, sie würden verhungern? Viele dieser Kinder haben ihre Eltern verloren. Manchmal heiratet eine Frau wieder, und der Mann jagt die Kinder aus dem Haus. Was sollen die Kinder dann tun? Sie können nur überleben, indem sie graben.«

Lubuya kam in Fahrt und erzählte von ihren Sorgen über das moderne Leben in Kolwezi. Ein weiteres Problem sei der erhebliche Anstieg der Lebensmittel- und Wohnkosten aufgrund des Zustroms ausländischer Bergbauunternehmen. Die Kostensteigerungen zwangen viele Familien, im Kleinbergbau Geld zu verdienen. Sie beklagte auch die Zerstörung landwirtschaftlicher Flächen und die Verschmutzung von Luft und Wasser durch die Bergbaukonzerne. Ihren schärfsten Kommentar jedoch behielt sie sich für die politische Führung des Landes vor:

> »Bei uns gibt es ein Sprichwort: ›*Mtoto wa nyoka ni nyoka*‹ – Das Kind einer Schlange ist selbst eine Schlange. Laurent Kabila war die erste Schlange. Er fiel mit den Ruandern in den Kongo ein und nannte sich selbst einen Befreier. Auch sein Sohn ist eine Schlange. Er hat unser Land an die Chinesen verkauft und das Geld für sich behalten.
> Einige Leute sagen, dass es unter Mobutu besser gewesen sei. Sie sagen, Mobutu war stark, und der Kongo war damals ein stolzes Land. Mobutu hat sich selbst bereichert, während das Volk leiden musste. Unsere politischen Führer interessieren sich nur für sich selbst.«

Nachdem sie meine Fragen zu verschiedenen Themen freundlich beantwortet hatte, war Lubuya neugierig, mehr über mich zu erfahren und darüber, wie das Leben in Amerika sei. Sie konnte nicht glauben, dass fast alle Leute in den USA Strom haben oder dass ein Smartphone mit Kobalt in der Batterie bis zu 1000 Dollar kostet.

»Von so viel Geld können die Menschen hier nicht einmal träumen«, sagte sie.

Als ich gehen wollte, verhärtete sich Lubuyas Gesicht, und sie schaute mich skeptisch an.

»Warum sind Sie wirklich hierhergekommen?«, fragte sie.

Ich hatte den Zweck meines Besuchs bereits erklärt, als ich mich zu Anfang mit ihr zusammengesetzt hatte, also wiederholte ich, dass meine Absicht darin bestehe, die Bedingungen des handwerklichen Kobaltabbaus zu dokumentieren.

»Warum?«, fragte sie abermals, als ob der von mir genannte Grund für sie keinen Sinn ergäbe.

»Wenn ich die Lebens- und Arbeitsbedingungen genau beschreiben kann, hoffe ich, dass es Menschen dazu bewegt, die Dinge hier zu verbessern.«

Lubuya blickte mich an, als wäre ich ein Narr.

»Jeden Tag sterben hier Menschen wegen des Kobalts. Das zu beschreiben, wird nichts daran ändern.«

Von Kapata aus folgte ich einem Pfad zum Malosee durch einen kleinen Wald aus Eukalyptusbäumen. Der See lag unmittelbar neben den 60 Meter hohen Erdwällen des KCC-Tagebaus. Es handelte sich um einen relativ kleinen See, der während der Regenzeit auf eine Breite von bis zu 300 Metern anschwoll und am Ende der Trockenzeit auf etwa ein Drittel dieser Größe zurückging. Von der Baumgrenze aus bot sich ein bemerkenswertes Bild. Unzählige Menschen bewegten sich im unmittelbaren Umkreis des Sees. Hunderte stiegen die gigantischen Wände der KCC-Mine hinauf und hinunter. Dutzende schleppten große Säcke mit Erz zu den neben dem Malosee gelegenen Depots. Selbst die Entdeckung hoher Urankonzentrationen im Boden der KCC-Mine im Jahr 2018 konnte den Kleinbergbau in der Region nicht stoppen. Die Schürfer und Wäscher, die in der KCC-Zone arbeiteten, waren Teil eines ausgeklügelten Systems, über das handwerklich abgebautes Kobalt in die offizielle Lieferkette eingespeist wurde. Um das Gebiet genauer erkunden zu können, musste ich die Erlaubnis des Chefs am Malosee, von Chief Djamba, einholen.

Ich fand ihn an einem hölzernen Schreibtisch in einem der Depots nahe dem See. Insgesamt gab es in der Region 17 Depots. 15 davon wurden von chinesischen Agenten und zwei von Kongolesen geführt. Die Anzahl änderte sich bei jedem Besuch, aber die Depots wurden stets maßgeblich von chinesischen Käufern bestimmt. Die Depots wirkten formeller als die mit rosafarbenen Planen ausgestatteten Einrichtungen, die ich in Orten wie Kipushi, Likasi oder Fungurume gesehen hatte. Einige waren in großen Metallcontainern untergebracht und wurden von bewaffneten Männern in Zivil bewacht, die auch um den See herum patrouillierten, um sicherzustellen, dass die Kleinschürfer das Kobalt nur an die angrenzenden Depots verkauften. Bei den meisten Depots hing am Eingang eine Preisliste, die mit schwarzem Filzstift auf Bastsäcke geschrieben war. Die Preise reichten von 250 CF [etwa 0,14 Dollar] pro Kilogramm für Kobalt mit einem Reinheitsgrad von einem Prozent bis zu 3000 CF [etwa 1,67 Dollar] für siebenprozentiges Kobalt.

Chief Djamba wurde von bewaffneten Männern in schwarzen Uniformen beschützt. Ich saß auf einem Stuhl am Eingang des Containers, während Gilbert um die Erlaubnis bat, den Malosee zu umfahren und mit den Bergarbeitern sprechen zu können. Er zeigte Chief Djamba die Unterschrift und den Stempel auf meinen *prise en charge*-Dokumenten von Frau Mafo, was ihn aber nicht sonderlich beeindruckte. Während Gilbert unsere Argumente vortrug, starrte mich der Chief an und nahm tiefe Züge von seiner Zigarette. Dieses Szenario setzte sich mehrere Minuten lang fort – Gilbert redete eindringlich auf Chief Djamba ein, und Chief Djamba starrte mich an, während er rauchte. Schließlich sagte Chief Djamba mit rauer Stimme etwas auf Suaheli zu Gilbert.

»Wir dürfen fahren«, erklärte mir Gilbert daraufhin. »Aber Sie müssen Ihr Telefon und Ihren Rucksack hierlassen.«

Wir näherten uns dem Malosee von Osten her. Die Erdwälle der KCC-Mine ragten jenseits des Sees im Norden und Westen auf. Im Gegensatz zu Étoile, MIKAS, Mutanda, Tenke Fungurume und Tilwezembe war die KCC-Mine bis zum Sommer 2021 nicht ummauert, eingezäunt oder anderweitig gesichert. Jeder konnte den Hügel zur Mine hinaufgehen, graben und mit einem Sack voller Erz zurückkehren. Selbst nachdem Glencore einen kleinen Betonzaun auf dem Hügel errichtet hatte, stiegen die Bergleute einfach darüber.

Als wir uns dem See näherten, wurde das Stimmengewirr lauter und aufgeregter. Amorphe Formen verdichteten sich zu einem Schwarm von Frauen und Kindern. Gilbert beschrieb, wie das System funktionierte:

> »Die Menschen graben rund um den See und füllen Säcke mit Steinen. Die Kinder klettern in die KCC-Grube, um zu graben. Sie bringen die Säcke zum See, wo die Frauen und Mädchen die Steine waschen. Nachdem die Steine sauber sind, legen sie sie auf einen Haufen. Sie füllen einen Sack mit diesen Steinen und bringen die Säcke zu den Kontoren.«

Ich frage Gilbert, was mit dem Erz geschehe, nachdem es in den Depots verkauft worden sei.

»Sie bringen das Erz vom Malosee in Lastwagen nach Luilu. Das waren die Lastwagen, die wir auf dem Weg nach Kapata gesehen haben, wenn Sie sich erinnern.«

Ich fragte, ob das Erz noch woandershin als nach Luilu gebracht werde.

»Ein Teil wird auch zur CDM-Verarbeitungsanlage in Lubumbashi transportiert.«

»Das Kobalt wird also entweder zu KCC oder zu CDM gebracht?«

»Praktisch fast alles, kann man sagen. Eine kleine Menge wird an andere Bergbauunternehmen verkauft.«

Am folgenden Tag verfolgte ich die mit Heterogenit beladenen Lastwagen von den Depots in der Nähe des Malosees bis zum Sicherheitstor der Anlage von Luilu in Kolwezi. Die Lastwagen fuhren durch das Tor in die Anlage hinein. Ich sah auch einen rot gefärbten Lastwagen, der Säcke mit Erz aus den von Chinesen betriebenen Depots geladen hatte. Man sagte mir, der Lkw gehöre zu CDM. Allerdings war es nicht möglich, dem Lkw bis nach Lubumbashi zu folgen, um festzustellen, ob er tatsächlich zur dortigen CDM-Verarbeitungsanlage fuhr, sofern das sein Ziel war.

Nicht weit südlich des Sees entdeckte Gilbert eine Gruppe von Jungen, die er kannte – drei Brüder im Alter von neun bis 13 Jahren. Gilbert klopfte dem Jüngsten auf den Rücken, dabei staubte sein Hemd wie ein altes Sofa. Die Brüder lebten in Kapata und gruben jeden Tag am Malosee. Keiner von ihnen hatte jemals einen Tag die Schule besucht. Der Älteste, Tambwe, sagte, er sei vor Kurzem mit einem Sack Erz aus der KCC-Grube herausgestiegen und wolle nun wieder hinfahren. Bis zu diesem Zeitpunkt hatte ich vom industriellen Kupfer-Kobalt-Tagebau im Kongo noch nichts zu Gesicht bekommen, also fragte ich Tambwe, ob wir ihn begleiten könnten. Er war einverstanden und sagte, er kenne einen sicheren Weg den Berg hinauf.

Ich folgte Tambwe vom Malosee zurück durch den Eukalyptuswald zum Fuß des westlichen Abschnitts der Mauer. Es war ein mindestens 40 Meter hoher Berg aus Schotter und Erde, geneigt in einem 45-Grad-Winkel. Einige Kinder kletterten mit leeren Säcken den Berg hinauf, und andere kamen mit Säcken voller Steine auf den Schultern wieder herunter. Tambwe zeigte auf den Pfad, dem er vertraute, und wir begannen den Aufstieg. Jeder Schritt fühlte sich unsicher an. Der Kies gab unter meinen Füßen nach, sodass ich ein paarmal ausrutschte. Ich musste alle Muskeln anspannen, um das Gleichgewicht zu halten, was sehr anstrengend war. Während des Aufstiegs kamen wir an zahlreichen Gruppen von Kindern vorbei, die in zwei bis drei Meter tiefen Löchern in der Minenwand gruben. Wir sahen auch mehrere in die Bergwand getriebene Stollen. Die meisten von ihnen waren mit rosafarbenen Planen gekennzeichnet, damit man nicht hineinfiel. Es sah so aus, als ob hier jede erdenkliche Kobaltquelle genutzt würde.

Wir erreichten die Spitze des Hügels, gingen an einem zerklüfteten Feld aus Erde entlang und eine weitere leichte Steigung hinauf, als ich sie endlich erblickte – die schreckliche Schönheit einer Kupfer-Kobalt-Mine im Tagebau. Es handelte sich um ein riesiges Rechteck von etwa 450 mal 200 Metern Größe und einer Tiefe von mindestens 120 Metern. Die Grube war in Bänken ausgehoben worden, um einen Einsturz zu verhindern. Stellen Sie sich vor, Sie nehmen eine der ägyptischen Stufenpyramiden, stellen sie auf den Kopf und schlagen sie in die Erde ein. Hebt man sie wieder an, hat man eine Kupfer-Kobalt-Tagebaumine wie die von KCC. Die Symmetrie der Terrassen war elegant, fast Zen-mäßig, obwohl ich mir der Zerstörung bewusst war, die sie darstellte. Hunderte Menschen waren über die Mine verstreut und scharrten nach Steinen, ohne Schutz vor der brennenden Sonne, außer in den zahlreichen Stolleneingängen, die ich sehen konnte.

Tambwe verabschiedete sich von mir und machte sich auf den Weg, um einen weiteren Sack mit Steinen zu holen. Ich ging zurück an den Rand der Mauer und ließ meinen Blick über den Horizont schweifen. Von diesem grauenvollen Hügel aus konnte ich das ganze Ausmaß der Gewalt überblicken, mit der die Menschen in Kolwezi zu kämpfen hatten, während sie für ein paar Dollar am Tag nach Kobalt gruben. Das Land war eine Höllenlandschaft aus Kratern und Stollen, bewacht von bewaffneten Irren. Eine fahle Düsternis lag über dem Gelände, als ob die Erde selbst es nicht ertragen könnte, von Menschenaugen gesehen zu werden. Ich hatte die trostlose Umgebung gerade in mich aufgenommen, als eine heiße Böe über die Mine peitschte und mir Sand in Augen und Mund schleuderte. Ich hustete mehrmals, und da sich meine Wasserflasche in meinem Rucksack bei Chief Djamba befand, musste ich in mein Taschentuch spucken, um genug Feuchtigkeit zu erzeugen, um den Dreck aus meinen Augen zu bekommen. Die Botschaft war klar: Ich gehörte nicht hierher.

Der Rückweg den Berg hinunter erwies sich als schwieriger als der Aufstieg, selbst ohne einen Sack Kobalt auf den Schultern.

Die Schwerkraft zog mich vorwärts, und der Boden gab unter der Kraft jedes Schrittes nach. Ich drehte meine Füße zur Seite und hielt mich tief am Boden, um nicht zu stürzen. Überall um mich herum kletterten Kinder barfuß oder, wenn sie besser dran waren, in Plastikflipflops den Hügel hinauf und hinunter. Ein Kind ging den Hügel hinab an mir vorbei, wobei es sich den Weg durch dasselbe tückische Gelände bahnte und dabei noch einen mit Steinen gefüllten Sack auf den Schultern trug. Ich bewunderte seine geschickten Bewegungen, konnte aber auch nicht umhin, mich zu fragen, welche Schäden an den Knöcheln, Knien, dem Rücken und dem Nacken des Jungen dabei entstanden … vorausgesetzt, er würde lange genug leben, um die Konsequenzen zu spüren.

Ich erreichte den Fuß des Hügels und ging mit Gilbert zurück zum Malosee. Aus der Nähe wirkte das Wasser wie eine brackige Wolke aus Schaum. Frauen und Mädchen standen knietief im See und schwenkten Siebe auf und ab, um Schmutz von Steinen zu trennen. Ich fragte Gilbert, wie verschmutzt das Wasser wohl sei. »Warum fragen wir sie nicht?«, erwiderte er. Er ging auf eine Frau zu, die sich in einem perfekten rechten Winkel über das Wasser beugte, und stellte ihr die Frage. Sie antwortete mit einer schrillen Tirade. Andere Frauen fügten ihre Meinung hinzu und gestikulierten aufgeregt. Gilbert kannte die Antwort auf meine Frage schon, aber er wollte, dass ich sähe, welche Emotionen sie auslöste.

»Die Mutter sagt, der See sei giftig«, berichtete er. »Sie sagte: ›Er tötet die Babys in uns. Die Moskitos wollen das Blut der Menschen nicht, die hier arbeiten.‹«

Wir sprachen mit weiteren Frauen, die Steine im See wuschen. Die meisten von ihnen äußerten sich besorgt über die Giftigkeit des Wassers und klagten über brennende Haut und Magenverstimmungen. Einige der Frauen berichteten von sexuellen Übergriffen durch die Soldaten, die in der Gegend patrouillierten. Sie alle sagten, die Arbeit im See sei die einzige Möglichkeit, Geld zu verdienen, auch wenn sie in den Depots immer zu wenig Geld bekämen.

»Wir bekommen nie mehr Geld als für zwei Prozent Reinheit, selbst wenn wir mit bloßen Augen sehen können, dass das Material gehaltvoller ist«, sagte eine Frau.

Die meisten Frauen und Mädchen, die am Malosee Steine wuschen, arbeiteten im Rahmen von Familienverbänden, einige wuschen auch Steine für andere Schürfer, und einige säuberten Steine, die sie selbst ausgegraben hatten. Obwohl sie zehn Stunden am Tag unter giftigen Bedingungen in der Höllensonne arbeiteten, verdienten die meisten Frauen und Mädchen, die am Malosee tätig waren, kaum mehr als einen Dollar am Tag.

Trotz der vielen zwanglosen Gespräche, die ich mit Leuten am und um den Malosee führen konnte, fanden die ausführlicheren Interviews in Häusern in Kapata oder in anderen geschützten Umgebungen statt, in denen die Menschen sich sicherer fühlten. Ein solches Interview führte ich mit einem 17-jährigen Jungen namens Archange. Er saß in einem roten Rollstuhl und hatte die Arme fest vor der Brust verschränkt. Er war spindeldürr und verängstigt, und während des gesamten Gesprächs presste er seine Kiefer unentwegt zusammen. Archange sagte, dass er bis zur fünften Klasse zur Schule gegangen sei. Sein Lieblingsfach war Französisch. Als die Familie das Schulgeld nicht mehr bezahlen konnte, musste er die Schule abbrechen und begann im Sommer 2018 in der KCC-Grube nach Kobalt zu graben.

»Jeden Morgen, wenn ich aufwachte, wollte ich weinen, weil ich wieder in die Mine musste«, berichtete er. »Mein Körper schmerzte den ganzen Tag, mein Kopf tat weh, der Nacken schmerzte. Manchmal taten sogar die Augen weh.«

Mit den qualvollen Erinnerungen ringend, schilderte Archange den Tag, an dem er verletzt wurde. Es war der 14. September

2018, als er staubbedeckt aufwachte. Es war der letzte Monat der Trockenzeit, und die Wasserversorgung von Kapata bestand nur noch aus einem schwachen Rinnsal. So spät in der Saison konnte man sich nur noch sonntags waschen, und auch dann nur mit einem nassen Lappen, mit dem man sich kurz über Gesicht, Beine und Arme wischte. Archange fühlte sich fiebrig und litt seit mehreren Tagen an einem Husten. Er erzählte, was geschah:

> »Ich bin später am Tag zum Malosee gefahren, weil ich mich nicht wohlfühlte. Ich stieg hinab in die KCC-Mine, um zu graben. Nachdem ich den ersten Sack voll hatte, ging ich den Berg hinunter. Irgendwie fühlte ich mich schwach oder ein wenig schwindlig. Als ich hinabstieg, rutschte der Boden unter meinen Füßen weg. Ich stürzte nach unten. Danach hatte ich das Gefühl, dass sich alles um mich herum drehte. Ich konnte mich nicht mehr bewegen. Einige Leute riefen meine Eltern an. Sie brachten mich ins Krankenhaus.«

Im Krankenhaus in Kolwezi erfuhr Archange, dass seine Wirbelsäule an drei Stellen gebrochen war. Als Folge seiner Verletzungen war er unterhalb der Taille gelähmt. Die Ärzte konnten nichts für ihn tun, sie konnten ihm nur einen Rollstuhl zur Verfügung stellen.

Ich lernte noch drei weitere Jungen kennen, die sich bei einem Sturz von der Wand der KCC-Mine schwerwiegende Bein- oder Wirbelsäulenverletzungen zugezogen hatten. Es war nur eine Frage der Zeit, bis solche Unfälle passieren würden. Ich schaffte es selbst kaum, die Wand hinauf- oder hinunterzusteigen, und ich musste dabei keinen Kobaltsack tragen und war nicht unterernährt oder erschöpft. Zweifellos gab es noch viel mehr Jungen, die ähnliche Stürze erlitten hatten, nicht nur die, die ich persönlich kennenlernte. Während das von Kindern wie Archange in der KCC-Mine abgebaute Kobalt sicher über die Lieferkette in unsere Telefone und Autos gelangte, trugen die Bewohner von Kapata die Risiken, die mit der Ausbeutung der Grube verbunden waren, allein. Ohne das Einkommen aus Archanges Arbeit hatte es seine Familie schwer. Er fühlte sich schuldig, weil er seinen Eltern zur Last fiel, und gestand ein, dass er Selbstmordgedanken hegte.

»Ich sitze in diesem Rollstuhl, während meine Familie so hart arbeitet. Ich wünschte, ich könnte ihnen helfen, aber ich kann nichts tun. Ich kann mich nicht einmal selbst anziehen. Ich kann das Leben nicht mehr ertragen.«

Kurz nach meinem ersten Besuch am Malosee erhielt ich das Angebot, mich in der Bar des Moon Palace Hotel in Kolwezi mit einem leitenden Manager von Gécamines zu treffen, der aus Kinshasa kam und Aristote hieß. Aristote hatte ein elegantes Auftreten und eine entwaffnende Art, aber ich spürte, dass er mich genau musterte, um herauszufinden, ob ich ein Freund oder ein Feind war. Wir trafen uns in einer Bar neben dem Freibad, und Aristote begann sofort, mich über den Zweck meiner Recherchen und meine Pläne nach meiner Abreise aus der Demokratischen Republik Kongo zu befragen. Er hörte mir aufmerksam zu, während ich meine Absichten beschrieb. Als er mir schließlich seine Gedanken mitteilte, wurde mir klar, worauf er hinauswollte.

»Ich bin sicher, Sie wissen, dass viele ausländische Nichtregierungsorganisationen Gécamines und den kongolesischen Bergbausektor angreifen«, erklärte Aristote.

Auf meine Frage, warum sie dies täten, antwortete er, dass dies den NGOs bei der Mittelbeschaffung helfe. Er behauptete, dass ausländische NGOs den Bergbausektor nutzten, um sich selbst zu bereichern, und dass ihre Vorwürfe deshalb nicht glaubhaft seien. Er erklärte weiter, dass einige von ihnen Behauptungen aufgestellt hätten, dass Geld von den Konten Gécamines verschwunden sei, was ihnen dann als Beweis für angebliche kriminelle Geschäfte diene. Aristote zufolge war es Gécamines, das von ausländischen Bergbaukonzernen betrogen wurde. Nach seiner Ansicht war das Bergbaugesetz von 2002 von der Weltbank als Gegenleistung für unbedingt benötigte Kredite der Demokratischen Republik Kongo erzwungen worden. Das Land würde unter jahrelangem Krieg und Gewalt leiden, die auf den Völkermord in Ruanda zurückgingen, und benötige dringend finanzielle Hilfen. Aristote behauptete, die Weltbank habe ihre Unterstützung in erster Linie in der Absicht angeboten, die Bergbaukonzessionen der Demokratischen Republik Kongo für ihre Anteilseigner zugänglich zu machen, damit diese sich bereichern konnten. Sobald die ausländischen Bergbauunternehmen im Land Fuß gefasst hätten, versuchten sie laut Aristote mit fragwürdigen Praktiken, die kongolesische Regierung bei den Steuerzahlungen zu betrügen. Als Beispiel nannte er, dass die Bergbauunternehmen höhere Investitions- und Betriebskosten geltend machten, als sie ursprünglich in ihren Machbarkeitsstudien veranschlagt hatten. Auf der Grundlage dieser erhöhten Ausgaben behaupteten die Bergbauunternehmen dann, dass sie keinen Gewinn erzielt hätten und deshalb keine Steuern oder Dividenden an Gécamines zahlen müssten.

»Sie arbeiten mit Buchhaltungstricks, um uns zu betrügen. Aber die NGOs beschuldigen die Kongolesen nur deswegen, korrupt zu sein, weil sie glauben, dass alle Kongolesen korrupt sind«, erklärte Aristote.

Aristotes Behauptung, die NGOs würden falsche Angaben über Gécamines und die kongolesische Regierung machen, um so an Gelder für sich selbst zu kommen, erscheint mir weit hergeholt. Meiner Erfahrung nach gab es nur wenige Nichtregierungsorganisationen, die Katastrophen zu ihrem Vorteil nutzten. Oder die wie König Leopold mit der Association Internationale du Congo (AIC), seinem Komitee zur Erforschung des Kongo, ihre Habgier mit humanitären Absichten tarnten. Während meiner gesamten Zeit im Kongo bin ich nur in einem einzigen Fall auf die von

Aristote beschriebenen fragwürdigen Machenschaften einer NGO gestoßen, und zwar in der CHEMAF-Modellmine bei Kolwezi. Alle anderen NGOs, mit denen ich zu tun hatte, waren mit engagierten und prinzipientreuen Mitarbeitern ausgestattet, die sich selbst einem beträchtlichen Risiko aussetzten und mit sehr überschaubaren Budgets arbeiteten, um einigen der ärmsten und am meisten ausgebeuteten Menschen der Welt zu helfen.

Die andere Behauptung von Aristote – dass ausländische Bergbauunternehmen Buchhaltungstricks anwendeten, um Gécamines bei ihren Steuerzahlungen zu benachteiligen – erwies sich als zutreffend. Als ich die Behauptungen von Aristote gegenüber Kollegen erwähnte, bestätigten diese, dass ausländische Bergbauunternehmen im Verdacht stünden, Schlupflöcher bei der Bilanzierung zu nutzen, um ihre Steuerzahlungen an die kongolesische Regierung zu vermindern. Dies war einer der Gründe, die die kongolesische Regierung für die Verdreifachung der Steuersätze auf Kobalt und die Einführung der Supersteuer im Jahr 2018 anführte. Sylvestre, jener hochrangige Mitarbeiter der Regierung von Präsident Tshisekedi, der mit mir über Korruptionsbekämpfungsmaßnahmen im Zusammenhang mit chinesischen Bergbauverträgen sprach, zeigte ganz direkt mit dem Finger auf chinesische Bergbauunternehmen, wenn es um Unregelmäßigkeiten in der Buchhaltung ging:

> »Die chinesischen Unternehmen haben durch Steuerhinterziehung und Steuerflucht einen negativen Einfluss auf den Kongo. Wie haben wir das herausgefunden? Wir haben festgestellt, dass die meisten chinesischen Bergbauunternehmen zwei Buchhaltungen führen: eine Buchhaltung für uns, in der die Produktion zu niedrig ausgewiesen wird, und eine andere, die sie der chinesischen Regierung und den staatlichen Banken vorlegen und in der sie höhere Zahlen angeben als uns gegenüber. Das liegt daran, dass sie, sobald sie mit der Förderung

beginnen, ihre Kredite zurückzahlen müssen. Das zweite Problem ist die Trennung der verschiedenen Mineralien. Kupfer enthält immer einen gewissen Anteil an Kobalt. Nach der Trennung der Metalle meldet ein chinesisches Unternehmen uns das Kobalt, aber nicht das Kupfer. Sie wissen, dass wir nicht dazu in der Lage sind, das zu kontrollieren, und entziehen sich auf diese Weise ihren Zahlungen an uns.«

Diese von Aristote angesprochenen und von Sylvestre bestätigten Unregelmäßigkeiten bei den Steuern und Einnahmen veranlassten mich, die Angelegenheit bei einem Besuch im Bergbauministerium der Provinz Lualaba zur Sprache zu bringen. Das Ministerium überwacht die Erhebung von Steuern, Lizenzgebühren und andere Zahlungen aus den Joint Ventures zwischen Gécamines und ausländischen Bergbauunternehmen. Ein Angestellter des Ministeriums, er heißt Charles, erklärte mir, dass das Ministerium nicht über eine einzige Quelle für Daten über die Steuererhebung verfüge. Ich vermute, dass er dies sagte, weil die Aufzeichnungen nicht an Außenstehende weitergegeben werden durften, und fragte ihn stattdessen, ob er mir die Funktionsweise des Steuersystems näher erläutern könne.

»Die Provinz erhebt von den Minenkonzernen Abgaben auf der Grundlage der Menge und der Art des abgebauten Erzes«, erläuterte Charles. »Diese Abgaben werden an die Zentralregierung in Kinshasa überwiesen. Die Zentralregierung verteilt einen Teil dieser Einnahmen an die einzelnen Provinzen auf der Grundlage ihrer Einwohnerzahl.«

Abgesehen davon, dass die letzte Volkszählung 1984 stattgefunden hat und die Bevölkerungszahlen in den einzelnen Provinzen bestenfalls vage Schätzungen waren, erschien das von Charles beschriebene System als eine einigermaßen gerechte Verteilung der finanziellen Ressourcen im Land. Charles sah es anders. »Das Problem besteht darin, dass Lualaba und Haut-Katanga allein wahrscheinlich die Hälfte der Einnahmen für die Zentralregierung beisteuern, wir davon aber keinen angemessenen Anteil erhalten«, erklärte Charles.

Das war die uralte Spannung im Kongo – Katangas Reichtum sollte den Bewohnern Katangas zugutekommen. Populistische Politiker fordern weiterhin die Abspaltung Katangas von der Demokratischen Republik Kongo, und ihr Wunsch, die Reichtümer Katangas im eigenen Land zu behalten, hat zu verschiedenen Regelungen geführt, um die Steuerzahlungen an Kinshasa stark zu vermindern. Dabei wird ohnehin nur ein Drittel der tatsächlich fälligen Bergbauzahlungen an Kinshasa überwiesen, ein Drittel wird von Provinzbeamten als Gegenleistung für die Fälschung der Bücher abgezweigt, und das letzte Drittel wird von der Bergbaugesellschaft als Schmiergeld für die Umgehung der Finanzvorschriften einbehalten.

Mein Besuch im Bergbauministerium der Provinz Lualaba ließ mich mit mehr Fragen als Antworten zurück. Wie wurden die Einnahmen aus dem Bergbau verbucht, und wohin floss das Geld? Ich erinnerte mich, dass 2018 allein Glencore 1,08 Milliarden Dollar an Steuern und Lizenzgebühren an die Zentralregierung zahlte, was 18,3 Prozent des Staatshaushalts in diesem Jahr ausmachte. Es war also gar nicht so abwegig, was Charles vorschlug, nämlich dass die Provinzen Lualaba und Haut-Katanga für rund die Hälfte der Einnahmen des Staates aufkamen.

Als ich mir jedoch den Haushaltsplan der Demokratischen Republik Kongo für das Jahr 2021, das sogenannte Projet de Loi de Finances de L'Exercice[3], anschaute, stellte ich überrascht zweierlei fest: Zum einen tauchten die Steuern, Lizenzgebühren und sonstigen Einnahmen aus dem Bergbausektor nirgendwo im 6,9 Milliarden Dollar umfassenden Staatshaushalt auf. Zum anderen wurde die Provinz Lualaba mit einem Anteil von lediglich 4,1 Prozent der Gesamteinnahmen der Zentralregierung aufgeführt. Ich überprüfte das Jahr 2018, und auch hier wurde für die

Provinz Lualaba nur ein Anteil von 4,1 Prozent an den Staatseinnahmen angegeben, während Glencore allein 18,3 Prozent beisteuerte. Auch in den Jahren 2019 und 2020 belief sich der Beitrag der Provinz Lualaba auf 4,1 Prozent. Waren diese Zahlen erfunden? Wohin flossen all die Einnahmen aus dem Bergbausektor? Bis heute habe ich keine Antworten auf diese Fragen finden können.

So undurchsichtig die Buchführung im formellen Bergbausektor auch schien, war noch weniger klar, wie die Einnahmen aus der handwerklichen Produktion verbucht wurden. Die Kleinbergbaukooperativen, die die offiziellen Zones d'Exploitation Artisanale (ZEA) verwalteten, sollten ihre Förderung aufzeichnen, damit man ihre Abgabepflichten an die Provinzregierung berechnen konnte, aber niemand prüfte ihre Bücher, sodass sie die Zahlen leicht fälschen und die Differenz in die eigenen Taschen stecken konnten. Was ist mit den Hunderten informellen handwerklichen Betrieben außerhalb der offiziellen ZEA, in Dörfern, Hügeln, Wäldern und anderen abgelegenen Gebieten? Wurde irgendetwas von der Produktion in diesen Betrieben vom Staat erfasst, und selbst wenn es an irgendeinem Punkt der Kette registriert wurde, wohin ist das Geld geflossen? Jeder nicht gezahlte Dollar könnte für Investitionen in das Wohlergehen des kongolesischen Volkes verwendet werden. Mit einem Bruchteil der Gelder, die an verschiedenen Stellen von den Zwischenhändlern und den Depots abgezweigt wurden, könnte man leicht alle Lehrergehälter, Bücher und Materialien bezahlen, die notwendig sind, damit die Kinder in den Bergbauprovinzen ganztags zur Schule gehen könnten. Diese Mittel würden wahrscheinlich auch ausreichen, um die Infrastruktur des öffentlichen Gesundheitswesens, die sanitären Einrichtungen und die Elektrifizierung des gesamten Kupfergürtels auszubauen. Abgesehen von den finanziellen Tricks, die angeblich von ausländischen Bergbaukonzernen angewandt wurden, um die kongolesische Regierung übers

Ohr zu hauen, schien die Korruption nahezu alle Ebenen der Regierung in der Demokratischen Republik Kongo zu beherrschen.

Alle möglichen Leute versuchten sich den Ertrag, der von den Kleinbergbauern im Kongo erwirtschaftet wurde, unter den Nagel zu reißen. Ihre Buchhaltung war diejenige, die am meisten der Aufklärung bedurfte, und der nächste schwarze Eintrag im Kassenbuch stammte von einer Mine namens Mashamba East.

Die Mine Mashamba East von Glencore befindet sich unmittelbar westlich der Hauptgrube von KCC am nördlichen Rand von Kapata. Als ich mich das erste Mal von Kolwezi aus auf den Weg machte, um Mashamba East zu erkunden, wurde ich durch eine Straßenbaustelle aufgehalten, die sich über mehr als einen Kilometer erstreckte. Während wir durch die Baustelle krochen, fiel mir auf, dass alle Arbeiter Chinesen waren.

»Die chinesischen Unternehmen holen ihre Arbeiter aus China, weil sie den Afrikanern nicht trauen«, erklärte Gilbert. »Sie denken, wir würden sie betrügen, dabei sind sie in unserem Land, um hier Geld zu verdienen.«

Ich fragte, warum nicht kongolesische Baufirmen anstelle der Chinesen die Straßenbauarbeiten durchführten.

»Chinesische Firmen unterbreiten günstigere Angebote als alle anderen, um den Auftrag zu bekommen. Sie zahlen ihren Arbeitern niedrige Löhne, um das Projekt abzuwickeln. Die Chinesen halten sich nicht an die Menschenrechte, sodass andere Unternehmen nicht mit ihnen konkurrieren können.«

Gilberts Einschätzung wurde von Asad Khan, dem Geschäftsführer von Big Boss Congo, bestätigt:

> »Die chinesischen Firmen haben einen unfairen Vorteil gegenüber allen anderen Unternehmen, die im Kongo tätig sind, ein-

schließlich meines eigenen. Erstens: Obwohl sie behaupten, private Unternehmen zu sein, werden sie alle von der chinesischen Regierung finanziert. Das bedeutet im Grunde, dass sie kostenlos Geld erhalten und fast keine Kapitalkosten haben. Auf dieser Grundlage kann man nicht konkurrieren. Es ist ein extrem schwieriges Umfeld, um erfolgreich zu sein. Die von der Regierung Kabila unterzeichneten Bergbauverträge mit den Chinesen sind einseitig und bringen dem Staat und der Bevölkerung der Demokratischen Republik Kongo nur wenig Nutzen.«

Ich erreichte die Peripherie von Mashamba East und ging zum gesicherten Haupteingang. Es war eine weiße Betonmauer mit Stacheldraht, die von den FARDC bewacht wurde. Ich versuchte mir Einlass zu verschaffen, indem ich meinen Stempel und die Unterschrift von Frau Mafo als Beweis dafür vorzeigte, dass ich mit Genehmigung der Regierung unterwegs war, dennoch wurde ich abgewiesen. Glücklicherweise konnte man östlich des Haupteingangs die Erdmauer der Mine hinaufgehen, von wo aus ich Dutzende von Männern und Jungen sehen konnte, die in Gräben schürften. Kinder gruben auch innerhalb der Minenwand nach Kobalt, genau wie in der KCC-Mine. Es gab einen weiteren sehr großen Stollen, der innerhalb der Mauern von Mashamba East ausgehoben worden war, rund 100 Meter östlich des Haupteingangs.

Obwohl ich Mashamba East nicht betreten konnte, erfuhr ich viel über die Arbeitsbedingungen in der Mine durch Gespräche mit Kindern, die mir erzählten, sie hätten dort gegraben. Das erste Interview führte ich mit einem beherzten 14-jährigen Jungen namens Kabola. Er erzählte mir etwas, was ich noch nie gehört hatte: »Ich wurde von Soldaten angeworben, um in der Konzession zu graben.« Kabola erklärte:

»Die FARDC rekrutieren Kinder aus Kapata, aber auch aus anderen Dörfern in der Nähe von Kolwezi. Sie sagen uns, wir sollen in die Mine kommen, um zu graben. Ein Soldat kontrolliert dann fünf oder sechs Jungen in einer Gruppe. Der Soldat, für den ich gearbeitet habe, heißt Zeus. Er sagte, wenn ich nicht arm und dumm bleiben wolle, könne er mir helfen, Geld zu verdienen. Er sagte, ich könne damit zum Beispiel das Schulgeld bezahlen.

Ich habe für Zeus gegraben. … Er zahlte mir am Tag 2000 CF [etwa 1,10 Dollar]. Meine Familie brauchte das Geld, also musste ich weitergraben. Wie hätte ich dabei zur Schule gehen können?«

Ich fragte Kabola, was mit dem Erz geschah, das er für Zeus geschürft hatte. Kabola antwortete, dass Zeus das Erz an die Depots in der Nähe des Malosees verkaufe, so wie die meisten anderen FARDC-Soldaten, die in Mashamba East Arbeitergruppen aus Kindern leiteten. Kabola erkannte, dass er wahrscheinlich viel mehr Geld verdienen könnte, wenn er das Erz direkt an die Depots verkaufen würde, und so entschloss er sich eines Tages, seinen Sack mit Kobalt zu den in der Nähe des Malosees gelegenen Depots zu bringen.

»Zeus sah, wie ich mit dem Kobalt hinausging, und schrie mich an. Ich drehte mich nicht um. Ich bin weitergelaufen. Dann hörte ich einen Knall. … Ich konnte nicht mehr atmen. Ich fiel auf den Boden. Ich dachte, ich würde sterben«, sagte Kabola. Zeus schoss Kabola in die linke Schulter. Er war damals zwölf Jahre alt. Er wurde in ein Krankenhaus in Kolwezi gebracht, wo die Kugel entfernt wurde, und erholte sich dort einige Tage, bevor er nach Hause zurückkehrte. Durch die Schusswunde erlitt er Knochen- und Nervenschäden im linken Arm. Er kann keine Faust mehr machen und hat stechende Schmerzen im Arm. Es ist unwahrscheinlich, dass er jemals eine Schule besuchen wird, weil die

Familie arm ist, und er wird es angesichts der verletzungsbedingten Einschränkungen sicherlich schwer haben, eine Arbeit zu finden. Selbst wenn er an einem anderen Ort nach Kobalt graben wollte, würde Zeus seinem Vater einen Besuch abstatten und ihm sagen, dass er Kabola in den Kopf und nicht in den Rücken schießen werde, sollte er versuchen, am Malosee, in Kamilombe oder irgendwo anders in der Nähe von Kolwezi zu graben.

Ich sprach mit fünf weiteren Jungen im Alter zwischen zwölf und 15 Jahren, die sagten, sie hätten in den letzten sechs Monaten in Mashamba East gearbeitet und dabei Verletzungen erlitten. Drei von ihnen hatten sich beim Einsturz einer Grubenwand Knochenbrüche zugezogen, einer wurde von einem FARDC-Soldaten aus für ihn unverständlichen Gründen schwer verprügelt, und der fünfte verlor beim Hinunterklettern in einen Stollen den Halt und erlitt einen Beinbruch. Die Kinder gaben an, etwas mehr als einen Dollar am Tag zu verdienen. Sie alle erklärten, dass sie von FARDC-Soldaten rekrutiert worden seien, und alle berichteten, dass sie gezwungen seien, ihre Produktion an den Soldaten zu verkaufen, der ihre Arbeit in der Mine überwachte. Soweit sie wussten, verkauften die Soldaten das Erz an die Depots am Malosee. Zwei der Kinder sagten, sie hätten gehört, dass einige der FARDC-Soldaten das Erz stattdessen zu einem Handelsplatz namens Musompo gebracht hätten. Die Soldaten steckten anscheinend die Differenz zwischen dem Tageslohn, den sie den Kindern zahlten, und den Verkaufspreisen, die sie in den Depots erhielten, in die eigene Tasche. Bei einem durchschnittlichen Kobaltgehalt von zwei Prozent im Erz von Mashamba East und einer durchschnittlichen Tagesproduktion von etwa 30 Kilogramm Erz pro Kind verdienten die Soldaten wahrscheinlich bis zu 50 Dollar am Tag, was dem 50-Fachen des durchschnittlichen Tageslohns der Kinder entsprach, die für sie arbeiteten.

Die Verhältnisse, unter denen die Kleinschürfer in den Minen KCC und Mashamba East arbeiteten, erwiesen sich als wesentlich schlimmer, als ich erwartet hatte. Kinderarbeit, unmenschliche Arbeitsbedingungen, toxische und möglicherweise sogar radioaktive Belastung, Löhne, die selten mehr als zwei Dollar pro Tag betrugen, und häufige Verletzungen unterschiedlichster Art waren die Regel. Erstaunlicherweise blieben die grauenhaften Arbeitsbedingungen in den Minen für die Außenwelt nahezu unsichtbar. Bergbauunfälle wurden nur selten gemeldet, und die Familien waren gezwungen, die Folgen der Verletzungen ihrer Angehörigen allein zu tragen. In den Interviews, die ich führte, erhielt ich Informationen über sieben Stolleneinstürze bei KCC und Mashamba East, die sich zwischen Juni 2018 und November 2021 ereigneten, aber nur über eine dieser Katastrophen wurde in den Medien berichtet – der Einsturz eines Stollens in der KCC-Mine am 27. Juni 2019, bei dem 41 Menschen ums Leben kamen. Als Reaktion auf die Tragödie gab Glencore eine öffentliche Erklärung ab, wonach täglich mehr als 2000 Kleinschürfer illegal in die Minen eindrangen und dass »KCC alle illegalen Schürfer auffordert, ihr Leben nicht länger durch das Betreten eines großen industriellen Bergbaugeländes aufs Spiel zu setzen«.[4]

Dass KCC als Überbringer der Botschaft genannt wurde, als ob es sich um eine von Glencore unabhängige Einrichtung handeln würde, ist ein weiteres Beispiel dafür, wie sich Unternehmen an der Spitze der Kette der vollen Verantwortung für die Kleinschürfer am unteren Ende entziehen. Technologie- und Elektroautohersteller, Bergbauunternehmen und andere Akteure in der Kobaltkette zeigen immer mit dem Finger auf die nachgelagerten Bereiche, sogar auf ihre eigenen Tochtergesellschaften. Obwohl diese Unternehmen immer wieder beteuern, dass sie sich an die internationalen Menschenrechtsnormen halten, scheint die Umsetzung dieser Verpflichtungen in der Demokratischen Republik Kongo nicht gegeben zu sein. Jeder, von den FARDC-Soldaten bis hin zu den chinesischen Mineralienhändlern, der kongolesischen Regierung, den multinationalen Bergbaukonzernen, den großen Technologieunternehmen und den Herstellern von Elektrofahrzeugen, trägt seinen Teil dazu bei, jene Menschen auszubeuten, die in KCC, Mashamba East und anderen Minen im Umland von Kapata in jedem Krater, jeder Grubenwand und jedem Stollen nach Kobalt graben. Die globale Wirtschaft lastet wie ein schweres Gewicht auf den Kleinschürfern und zwingt sie in die Knie, auf den Boden, auf dem sie schuften.

Wenn dieses Elend ein Gesicht hatte, dann das eines unter dem Deckmantel des Handels beraubten Kindes, das Gesicht von Elodie. Ich lernte sie gegen Ende meines ersten Besuchs im KCC-Abbaugebiet kennen. Sie war 15 Jahre alt und wühlte in der Erde in einem verblichenen orangefarbenen Sarong, auf dem lila Vögel tanzten. Sie war kaum mehr als Haut und Knochen. Ihr Gesicht mit den hervorstehenden Wangenknochen war von Schlamm verkrustet, ihr Haar mit Schmutzklumpen verknotet. Sie litt an einem fürchterlichen Husten. Ihr schwacher zwei Monate alter Sohn, den sie auf dem Rücken trug, war in ein ausgefranstes Tuch eingewickelt. Sein winziges Köpfchen fiel jedes Mal zur Seite, wenn sie mit dem Pickel auf den Boden hackte. Ich hatte genug gesehen, um zu wissen, wie das Spätstadium einer HIV-Infektion aussieht, und das verkörperte Elodie. Auch wenn sie die Gestalt eines Kindes hatte und sich bewegte wie ein Kind, war sie alles andere als das.

Elodie war durch den Kobaltabbau zur Waise geworden. Sie sagte, ihr Vater sei bei einem Stolleneinsturz auf dem KCC-Gelände im August 2017 ums Leben gekommen. Ich konnte keine öffentlichen Berichte über diesen Einsturz finden, wenngleich sich einige Leute in Kapata daran erinnerten. Elodies Mutter war ungefähr ein Jahr vor ihrem Vater gestorben. Sie hatte Steine am Malosee gewaschen, und soweit sich Elodie erinnern konnte, zog sich ihre Mutter eine Infektion zu, von der sie sich nicht mehr erholte. Nach dem Verlust ihrer Eltern habe sie sich prostituiert, um zu überleben, erzählte Elodie. Soldaten und Bergleute waren ihre Kunden.

»Die Männer im Kongo hassen Frauen«, sagte sie. »Sie schlagen uns und lachen uns aus.«

Elodie wurde schwanger. Nach der Geburt ihres Sohnes begann sie am Malosee zu graben. Sie sagte, dass Prostitution und das Graben nach Kobalt dasselbe seien: *»Muango yangu njoo soko.«* Mein Körper ist mein Marktplatz. Elodie schlief in einer verlassenen, baufälligen Ziegelhütte am südlichen Rand von Kapata mit einer Gruppe von Waisenkindern. Die Kinder waren als *shegués* bekannt, ein Wort, das von »Schengen-Gebiet« abgeleitet ist und darauf hinweist, dass sie Vagabunden ohne Familie sind. Im Kupfergürtel gibt es Tausende *shegués,* die sich mit allen Mitteln durchschlagen, sei es durch Schnorren um Kobalt, durch Gelegenheitsjobs oder indem sie ihren Körper für Sex verkaufen. Elodie sagte, dass sie am Malosee in der Regel etwa 1000 CF (etwa 0,55 Dollar) am Tag verdiene, was nicht einmal für die elementarsten Bedürfnisse reiche. Sie war gezwungen, sich von Soldaten »unnatürliche Dinge« antun zu lassen, um zu überleben.

Elodie war eines der am stärksten misshandelten Kinder, die ich in der Demokratischen Republik Kongo kennenlernte. Sie war einem Rudel Wölfe zum Fraß vorgeworfen worden, und zwar von einem System, das so unbarmherzig berechnend ist, dass es ihm irgendwie gelang, ihre Erniedrigung in funkelnde Geräte und schicke Autos zu verwandeln, die in der ganzen Welt verkauft werden. Die Nutzer dieser Geräte würden sich, wenn sie neben Elodie stünden, wie Außerirdische aus einer anderen Galaxie ausnehmen. Nichts, weder ihre Gestalt noch die Umstände, würde sie mit demselben Planeten verbinden, abgesehen von dem Kobalt, das von den einen zu den anderen floss.

Elodie wurde meiner Anwesenheit bald überdrüssig. Ich war nur eine weitere unliebsame Last. Ich bewegte mich durch die verwüstete Landschaft am Malosee und beobachtete sie aus der Ferne – ihre mühsamen Bewegungen, ihr ruckartiges Husten, die Art und Weise, wie sich ihre drahtigen Muskeln bei jedem Hieb mit dem Pickel anspannten und wieder lösten. Sie war der jüngste Eintrag in einer uralten Chronik der Qualen im Herzen von Afrika, die über Generationen zurückreichte. Ich konnte mir vorstellen, dass Elodies Ururgroßmutter eine Hand durch die Force Publique verloren hatte, nachdem ihr Ururgroßvater an diesem Tag seine Kautschukquote nicht erfüllt hatte. Vielleicht hatten deren Kinder wiederum unter der Sklaverei auf einer Palmenplantage gelitten, die von den Belgiern an die Brüder Lever verpachtet worden war. Möglicherweise musste die dann folgende Generation Zwangsarbeit in einer Kupfermine in Katanga verrichten, die der UMHK gehörte, und vermutlich wurden Elodies Großeltern während des Großen Krieges in Afrika in Kasaï wegen Diamanten umgebracht. Ihre Eltern, das wissen wir, waren beim Kobaltabbau in der Nähe von Kolwezi getötet worden und hatten Elodie hinterlassen. Diese Abfolge von Qualen, so hypothetisch sie auch erscheinen mag, könnte nicht realer sein. Sie ist das tragische Erbe all jener Menschen, die im Kongo auf die Welt kommen. Dem kranken Säugling auf Elodies Rücken wird all dies mitgegeben werden.

KANINA, GOLFSEE UND COMMUS

Der Stadtteil Kanina liegt etwa neun Kilometer nordöstlich von Kapata, in der Nähe von COMMUS, einer riesigen industriellen Kupfer-Kobalt-Mine, sowie eines großen Kobaltwaschgebiets am Golfsee. Das System am Golfsee ähnelt jenem am Malosee. Handwerkliche Bergleute graben in einem nahe gelegenen Ort namens Tshipuki nach Heterogenit, das sie in Säcken zum Golfsee tragen, wo es von Frauen und Kindern gewaschen wird. Ein ruhiger, redegewandter junger Mann namens Geany erzählte: »Ich gehe morgens nach dem Frühstück zum Schürfen. ... Ein- oder zweimal am Tag tragen wir die Erze zum Golfsee. Meine Mutter und meine Schwestern waschen sie dort.« Geany sagte, dass das Erz nach dem Waschen von Zwischenhändlern und Soldaten am Golfsee gekauft werde. Laut Geany brachten sie die Säcke mit Kobalt zu den Depots in Musompo. Er fügte hinzu, dass er im letzten Jahr von einigen Soldaten am Golfsee gebeten worden sei, ihnen von Zeit zu Zeit beim Transport von Säcken mit Kobalt zu diesem Handelsplatz zu helfen. Er lud die Säcke auf einen Lastwagen und lieferte sie in Musompo ab. Nach Angaben von Geany verkauften die Soldaten das Kobalt nur an Depot 555.

Obwohl der Golfsee von FARDC-Soldaten stark gesichert wurde, wollte ich das Gebiet besuchen. Ich kam an einem Kontrollpunkt an, der von mindestens einem Dutzend Soldaten besetzt war. Ihr Kommandant saß in einer Einsatzzentrale, die wie einige der Depots in der Nähe des Malosees in einem großen Metallcontainer untergebracht war. Die Soldaten, die den Golfsee bewachten, waren nicht so aggressiv wie jene in Mashamba East, aber sie verweigerten mir zunächst dennoch den Zutritt. Es dauerte fast eine Stunde, bis mich die Soldaten endlich mit einem bewaffneten Begleiter durchließen. Vom Kontrollpunkt aus gingen wir etwa zehn Minuten zu Fuß, bis wir am Golfsee ankamen. Er war viel größer als der Malosee und wie dieser voll mit Frauen und Kindern, die Heterogenitklumpen wuschen und sortierten. Mehrere FARDC-Soldaten patrouillierten in der Gegend. In der Nähe des Sees waren zahlreiche Fahrräder, Motorräder und zwei Pick-ups geparkt, mit denen das Erz abtransportiert werden sollte. Mehrere Heterogenitstapel säumten den Rand des Sees, von denen einige mehr als einen Meter hoch waren.

Hunderte Frauen und Kinder standen knietief im Wasser und wuschen einen Heterogenitstein nach dem anderen von Hand. Das Wasser des Sees hatte eine trübe, kakiähnliche Farbe vom

Ufer bis etwa fünf Meter in den See hinein, danach wurde es grau, bis es in tieferes Wasser überging. Das schlammige Ufer war übersät mit verstreuten Bastsäcken, zerbrochenen Plastikflaschen und weggeworfenen Bonbonpapieren. Mehrere Kinder schleppten mit Wasser gefüllte Plastikbeutel in Plastiktüten herum, die sie an durstige Arbeiter verkauften. Ein Junge, vielleicht sieben oder acht Jahre alt, in schwarzen Shorts und einem zerrissenen zitronenfarbenen T-Shirt, saß auf dem Boden und schrie, während er versuchte, etwas Scharfes aus seinem rechten Zeigefinger zu ziehen. Seine gekrümmten Gliedmaßen waren mit Schlamm verschmiert. Zwei Mädchen, die bis zu den Hüften im Schlamm steckten, schleppten einen mit Steinen gefüllten klatschnassen Sack aus Bast über den Boden und versuchten immer wieder mit aller Kraft, ihn ein paar Zentimeter vorwärtszubewegen. Sie sahen nicht älter als zehn Jahre aus.

Da der Aufpasser von der Armee jede meiner Bewegungen überwachte, war es nicht möglich, am Golfsee Interviews zu führen. Dennoch konnte ich offen mit ein paar Frauen und Kindern sprechen, die Steine wuschen. Sie sagten, dass sie sieben oder acht Stunden am Tag die Heterogenitsteine reinigten und dass »die Männer« ihnen das Erz abkauften, womit sie die Zwischenhändler und die FARDC-Soldaten meinten, die sich in der Nähe aufhielten. Die Frauen bestätigten, meist in Familienverbänden zu arbeiten und dass ihre Brüder und Ehemänner den größten Teil der Schürfarbeiten in Tshipuki erledigten. Obwohl es sich als schwierig erwies, mehr als ein paar Sätze mit einer Person zu sprechen, weil es so laut war, konnte ich dennoch einen guten Eindruck gewinnen, wie das System funktionierte.

Dann war da noch Aimée. Ich fand sie allein im Schlamm in der Nähe des Ufers sitzend, wo sie Steine spülte und auf einem orangefarbenen Bastsack stapelte. Sie war vielleicht acht oder neun Jahre alt, hatte keine Haare und trug Leggings mit roten und hellbraunen Streifen sowie ein rosa T-Shirt mit einem hellbraunen Cartoon-Welpen auf der Vorderseite. Wie so viele Kinder, die ich in Kolwezi sah, war auch Aimée ein Waisenkind. Ich stellte mich ihr vor und fragte sie nach dem Welpen auf ihrem T-Shirt. Sie sagte, sein Name sei Alphonse. Ich begann mit ihr über ihre Arbeit zu sprechen, als sich eine Gruppe von Frauen schützend um sie herum versammelte. Ich hatte gerade herausgefunden, dass Aimees Eltern tot waren und sie bei einer Tante in Kanina lebte, als sie plötzlich laut zu kreischen begann. Die Frauen schrien mich wütend an und versuchten das Kind zu trösten. Der Aufruhr steigerte sich, und Soldaten der FARDC stürzten herbei. Mein Übersetzer versuchte die Situation zu beruhigen, aber Aimée hörte nicht auf zu schreien. Ich verstand nicht, was ich getan hatte, um sie so aus der Fassung zu bringen. War meine Anwesenheit der Grund für ihre Panik? War es mir jemals in den Sinn gekommen, dass ich für ein Kind wie sie eine Form von Gewalt darstellen könnte, eine erzwungene Konfrontation mit dem Schmerz? Für manche Menschen kann Reden eine Art Katharsis sein. Für andere macht es die Hölle nur allzu real. Mein Verhalten hatte das Mädchen zutiefst verunsichert, und mein Bedauern kam zu spät.

Als ich den Golfsee unter einem Sturm von Protesten verließ, nahm ich an, solche Schreie niemals wieder zu hören … bis zu jenem Tag, an dem ich Kamilombe erreichte.

Etwa zu dieser Zeit entschloss ich mich, mit Arran zu sprechen. Ich hatte seinen Namen in den Dörfern um Kolwezi immer wieder von den Eltern der Kinder gehört, die für ihn in Tilwezembe arbeiteten oder gearbeitet hatten. Die Aussagen dieser Eltern bestätigten das Bild eines gefühllosen Geschäftsmanns, der Kinder ausnutzte, um sich selbst zu bereichern, obgleich er in dieser Hinsicht gewiss nicht der einzige war. Ich bat Gilbert, mir dabei zu helfen, ein Treffen zu arrangieren, aber er war der festen Überzeugung, dass dies keine gute Idee sei. »Arran ist ein sehr gefährlicher Mann. Es ist besser, wenn er Ihr Gesicht nicht kennt«, riet mir Gilbert. Wenn er auch nur versuchen würde, ein Treffen zustande zu bringen, könne dies für ihn, seine Kollegen und seine Familie schwerwiegende Folgen haben, meinte er. Es hieß, Arran stehe unter dem Schutz der libanesischen organisierten Kriminalität, des Gouverneurs Muyej und vielleicht sogar von Joseph Kabila selbst. Mir wurde gesagt, dass Arran seit seiner Entlassung aus dem Gefängnis seine geschäftlichen Interessen auf eine Flotte von Transportfahrzeugen, mehrere Grundstücke im Kupfergürtel und eine Beteiligung an einer handwerklichen Bergbaugenossenschaft ausgeweitet habe. Es sah nicht so aus, als ob es für ihn eine wirtschaftliche Notwendigkeit gäbe, Kinder auszubeuten. Warum aber tat er es dennoch?

Ich konnte Arran diese Frage nicht direkt stellen, aber es gelang mir, mit einem anderen libanesischen Kobalthändler namens Hani zu sprechen. Wir trafen uns in einem Restaurant in einem malerischen Innenhof des L'Hacienda Hôtel in Kolwezi. Er war schlank, Mitte 40, und trug schwarze Turnschuhe, schwarze Jeans, ein graues Hemd und einen grauen Schal. Kurz nachdem Hani angekommen war, fiel der Strom im Hotel aus, sodass wir uns bei Kerzenlicht unterhielten.

»Die Libanesen sind schon seit Langem im Kongo«, sagte Hani. »Wir sind während der Kolonialzeit als Händler eingewandert. Die meisten Libanesen gingen zum Kasaï, um mit Diamanten zu handeln. Dieser Handel kam uns sehr gelegen, weil wir Verbindungen zu den Märkten in den Ländern des Nahen Ostens hatten.« Hani erzählte, dass die Libanesen in ihren eigenen Gemeinden in Lubumbashi und Kolwezi lebten. Sie trafen sich oft in Restaurants und Bars, dort habe er auch Arran einige Male gesehen.

»Ich fahre nach Lubumbashi, wann immer ich kann«, sagte Hani. »Dort gibt es mehr zu tun. Wir treffen uns im Restaurant Mykonos. Arran ist auch manchmal da. Wir schauen uns die

Fußballspiele an und tauschen Nachrichten aus dem Libanon aus.« Hani wiederholte die Warnung, die ich bereits von anderen erhalten hatte, dass Arran gefährlich sei und man sich besser nicht mit ihm anlegen solle. Er deutete an, dass Arran einer der Anführer der libanesischen kriminellen Aktivitäten im Kongo sei und dass er an der Geldwäsche für »kriminelle Gruppen« beteiligt sei.

»Was meinen Sie mit kriminellen Gruppen?«, fragte ich.

»Hisbollah«, antwortete Hani. Er zählte noch weitere Gruppen auf, darunter das nigerianische organisierte Verbrechen und somalische Piraten. »Der Kongo eignet sich für diese Gruppen am besten zur Geldwäsche.«

Als ich mich eingehender mit der Angelegenheit befasste, stellte sich heraus, dass Hanis Behauptungen über die libanesischen Geldwäscheaktivitäten zutreffend waren. Auf der unteren Ebene wurde anscheinend schmutziges Geld über das libanesische Mineralien- und Diamantenhandelsnetz gewaschen und dann in Banken und auch in Kryptowährungen deponiert. Auf der höheren Ebene waren große Unternehmen involviert, allen voran eine in Kinshasa ansässige Rohstoffhandelsfirma namens Congo Futur, die von einem libanesischen Partner Arrans geleitet wurde, der Kassim Tajideen hieß. Wie es der Zufall will, war Tajideen ein prominenter finanzieller Unterstützer der Hisbollah. Das US-Finanzministerium verhängte 2010 Sanktionen gegen Congo Futur mit der Begründung, das Unternehmen sei Teil eines Unternehmensnetzes in der Demokratischen Republik Kongo, das über Konten bei der BGFIBank Millionen Dollar für die Hisbollah gewaschen habe, derselben Bank, die Joseph Kabila benutzt habe, um betrügerische Transaktionen mit chinesischen Bergbauunternehmen zu ermöglichen.[5]

Nach Angaben des US-Botschafters Mike Hammer sind der US-Regierung die libanesischen Geldwäschenetzwerke in der Demokratischen Republik Kongo und die Verbindungen zu terroristischen Gruppen wie der Hisbollah durchaus bekannt: »Ich würde sagen, die US-Regierung ist besorgt über [terroristische] Verbindungen zu bestimmten Libanesen hier. Das ist etwas, was wir beobachten und nachverfolgen. Es gibt ganz klar Verbindungen und kriminelle Akteure. Wir wenden uns an die kongolesische Regierung, wenn wir von Problemen Kenntnis erhalten, und wir haben Sanktionen gegen kongolesische Unternehmen verhängt, wenn wir erfahren, dass sie die Hisbollah unterstützen.«

Während ich mit Hani weiter über die Aktivitäten von Arran sprach, füllte sich das Restaurant mit Gästen, die aussahen, als könnten sie Regierungsbeamte sein. Hani wurde es unangenehm, weiter über Arran zu sprechen, also gingen wir dazu über, uns über seinen Hintergrund zu unterhalten. Hani erklärte, dass er 2014 in die Demokratische Republik Kongo gekommen sei, nachdem ihn ein Cousin, der bereits im Land lebte, darauf aufmerksam gemacht habe, dass dort Geld zu verdienen sei.

»Im Libanon haben wir kein Leben. Der Libanon ist ein gescheitertes Land. Hier aber kann man sich ein eigenes Geschäft aufbauen.«

Hani verdiente sein Geld mit dem Betrieb eines Kupfer-Kobalt-Depots an der Fernstraße östlich von Kolwezi. Er kaufte Kobalt von jedem, der es verkaufen wollte – Kleinschürfer, Zwischenhändler und FARDC-Soldaten. Er sagte, chinesische Bergbauunternehmen seien seine Hauptabnehmer. Ich fragte ihn, woher er wisse, dass sie die Käufer seien.

»Ich kenne ihre Lastwagen. Jeder weiß, welche Lastwagen von welcher Firma kommen.«

Ich fragte Hani, wie es ihm gelungen sei, sich ein Depot zu sichern, das eigentlich nur von kongolesischen Staatsangehörigen betrieben werden dürfe.

»Ich habe 1000 Dollar für die Genehmigung bezahlt.«

»Mehr mussten Sie nicht tun?«

»Nein.«

Hani sagte, er kaufe in der Regel 300 bis 400 Kilogramm Kupfer-Kobalt-Erz pro Tag an und verkaufe das Erz für das Zwei- bis Dreifache des Einkaufspreises weiter, je nach Qualität und Jahreszeit. Hanis einzige Betriebskosten waren monatliche Gebühren in Höhe von einigen Hundert Dollar, die an eine Person in der Provinzregierung zu zahlen waren – er wollte nicht genau sagen, an wen –, und ein Gehalt von jeweils 50 Dollar pro Tag für zwei Wachleute am Depot sowie die Transportkosten. Hani sagte, dass er in der Regenzeit im Allgemeinen einen Gewinn von etwa 3000 Dollar im Monat und in der Trockenzeit von 5000 Dollar im Monat erziele.

Ich fragte Hani, ob er sich jemals nach der Herkunft des von ihm angekauften Kobalterzes erkundigt habe.

»Was meinen Sie?«, fragte er.

»Ich meine, versuchen Sie herauszufinden, ob das Erz aus Kinderarbeit stammt, wie sie bei Arran üblich ist, oder aus einer anderen Art von Missbrauch?«

Er lachte und zündete sich eine Zigarette an der Kerze an, die vor uns auf dem Esstisch stand.

»Solche Fragen stellt man hier nicht«, antwortete er.

»Warum nicht?«

»Dann würde es kein Kobalt mehr zu kaufen geben.«

Steht man am Rande von Kanina, verschlingen die Hügel des Tagebaus von COMMUS die Landschaft. Das chinesische Unternehmen Zijin Mining besitzt 72 Prozent der Mine in einem Joint Venture mit Gécamines. Zijin erwarb den Anteil von Huayou Cobalt an der Mine im Jahr 2014 für 77,9 Millionen Dollar. Die beiden Unternehmen sind nach wie vor strategische Partner, und COMMUS liefert einen Großteil seiner Kobaltförderung zur Raffination an Huayou, was sich im Jahr 2021 auf eine Menge von etwa 1400 Tonnen belief.[6] Das Haupttor von COMMUS wird von Wachleuten gesichert, die mir trotz wiederholter Bemühungen keinen Zutritt gewähren wollten. Zum Glück fand ein Großteil dessen, was ich über COMMUS erfahren wollte, direkt außerhalb der Konzession statt.

Wie in Kapata sind auch die Häuser in Kanina überwiegend aus rotem Backstein gebaut, ihre Dächer mit Blech bedeckt. Auch hier gibt es ein paar halbwegs funktionierende Schulen, die Kinder, sofern sie die Gebühren bezahlen können, besuchen. Die Stromversorgung ist unregelmäßig, und es gibt kein Abwassersystem in der Gegend. Ich habe mit zahlreichen Bewohnern von Kanina gesprochen, und sie alle beklagten sich über die anhaltende und lästige Umweltverschmutzung durch das COMMUS-Bergwerk.

»In der Mine gibt es Explosionen«, klagte ein Anwohner. »Schutt fällt auf unsere Häuser. Alles ist schmutzig. Unsere Häuser wackeln in der Nacht, und wir können nicht schlafen.«

»Wolken von gelbem Gas schweben über unseren Häusern und legen sich über unser Essen und Wasser«, erzählte ein anderer Bewohner.

COMMUS verfügt über eine eigene Verarbeitungsanlage, ebenso wie China Molybdenum in Tenke Fungurume. Wie die Bewohner von Tenke sind auch die Einwohner von Kanina oft mit senffarbenem Staub bedeckt, ebenso ihr Essen, ihre Tiere, ihr Hab und Gut.

»COMMUS soll seine Aktivitäten auf die Mine beschränken. Wir protestieren, aber die Regierung hört nicht auf uns. COMMUS will nicht zuhören. Keiner kann sie aufhalten«, erklärte ein dritter Anwohner.

Die Umweltverschmutzung war nicht das einzige Problem, das durch die COMMUS-Mine verursacht wurde, sondern auch der erhebliche Umfang an Kinderarbeit. Hunderte Kinder aus Kanina sammelten jeden Tag außerhalb der Konzession Steine. Man nannte sie *trieurs,* Leute, die Steine von Hand sortierten. Warum sollten Kinder außerhalb einer riesigen in chinesischem Besitz befindlichen Kupfer-Kobalt-Mine Steine von Hand sortieren?

Das versteht man am besten, wenn man sich eingehender mit dem Unterschied zwischen industriellem und handwerklichem Bergbau befasst.

Industrieller Bergbau ist wie eine Operation mit einer Schaufel, handwerklicher Bergbau ist demgegenüber wie eine Operation mit einem Skalpell. Beim industriellen Abbau werden tonnenweise Erde, Steine und Erze mit großen Maschinen wahllos zusammengetragen, zu Kieselsteinen zerkleinert und verarbeitet, um daraus wertvolle Mineralien zu gewinnen. Es handelt sich um ein Geschäft mit roher Gewalt, geringer Ausbeute und hohem Volumen. Handwerkliche Bergleute hingegen können mit präziseren Werkzeugen nach hochwertigen Erzvorkommen graben oder Stollen ausheben, nur das Erz gewinnen und wertlosen Schutt und Steine zurücklassen. Oder sie können auch, wie die Kinder, die vor COMMUS den Schutt sortieren, die wertvollen Steine mit der Hand heraussuchen und den Rest wegwerfen. Im Kleinbergbau kann ein bis zu zehn- oder fünfzehnmal höherer Kobaltgehalt pro Tonne erzielt werden als im industriellen Bergbau. Dies ist der Hauptgrund dafür, dass viele industrielle Kupfer-Kobalt-Minen in der Demokratischen Republik Kongo informell den handwerklichen Abbau auf ihren Grundstücken zulassen, und es ist auch der Grund dafür, dass sie die industrielle Förderung durch den Kauf von hochwertigem handwerklichem Erz aus Depots ergänzen. COMMUS hat anscheinend noch eine dritte Möglichkeit gefunden: Sie kippen tonnenweise unsortiertes Gestein und Schutt außerhalb ihrer Konzession ab und lassen Kinder das wertvolle Erz von Hand aufsammeln.

Ich ging am Rande der COMMUS-Mine in Sichtweite der Sicherheitskräfte entlang und sah mehrere bis zu fünf Meter hohe Schuttberge, die sich neben der Straße auftürmten. Hunderte von Kindern saßen, knieten oder hockten auf den Steinen und sammelten kobalthaltige Erzbrocken auf. Fast alle Kinder waren Einwohner von Kanina. Ihre Familien brauchten Geld, um ihre

Grundbedürfnisse zu decken, und so ließen sie sich dazu verleiten, außerhalb des COMMUS-Geländes Steine zu sammeln. Ein achtjähriger Junge, er hieß Emmanuel, erklärte: »Wir werfen die Kobaltsteine auf die eine Seite und die anderen Steine auf die andere Seite. Dann füllen wir das Kobalt in Säcke und tragen sie zu den Kontoren drüben an der Straße.« Mehrere Kinder erklärten, auf die gleiche Art und Weise zu arbeiten, wie Emmanuel es beschrieben hatte. Sie erzählten mir, dass sie normalerweise am Vormittag mit dem Steinsammeln begannen und fünf oder sechs Stunden arbeiteten. Abgesehen davon, dass sie dabei eine Menge Staub einatmeten und sich immer wieder kleinere Schnittwunden und Verletzungen zuzogen, hatten diese Kinder ein relativ sicheres Arbeitsumfeld im Vergleich zu jenen, die an Orten wie Tilwezembe, Mashamba East und dem Malosee arbeiteten. Ich besuchte die Depots, an welche die Kinder nach eigenen Angaben ihr Erz verkauften. Sie lagen direkt an der Straße außerhalb des COMMUS-Geländes und waren kaum mehr als Tische. Man hatte sich nicht einmal die Mühe gemacht, Planen mit ihren Namen aufzuhängen. Die Agenten, die die Depots verwalteten, waren allesamt Chinesen. Sie überprüften flüchtig den Inhalt der Säcke und zahlten den Kindern pro Sack einen festen Betrag von 0,40 bis 0,50 Dollar. Die meisten Kinder schafften es, einen oder zwei Säcke am Tag zu füllen. In der Nähe der Depots standen einige Wachleute in den gleichen grauen Uniformen wie die Sicherheitskräfte am Eingangstor der COMMUS-Mine. Während meines Aufenthalts in der Gegend konnte ich beobachten, wie ein Teil des Erzes aus den Depots auf Lastwagen verladen und direkt zum COMMUS-Gelände transportiert wurde. Viel mehr als das, was ich am Tag meines Besuchs beobachten konnte, gab es hier anscheinend nicht zu sehen. Angesichts der harten und gefährlichen Arbeitsbedingungen, die ich im Kleinbergbausektor des Kongo gesehen hatte, war ich seltsam erleichtert, dass es sich hier um eine relativ sichere Form von Kinderarbeit zu handeln schien.

Wie sich jedoch herausstellte, hatte ich das Gefahrenpotenzial für die Kinder, die die von COMMUS abgeladenen Steine neben dem COMMUS-Gelände sortierten, völlig falsch eingeschätzt. Am 26. Oktober 2020 erhielt ich über WhatsApp ein Handyvideo von einem Kollegen in Kolwezi. Zu Beginn des Videos war eine aufgebrachte Gruppe von Bewohnern von Kanina zu sehen. Zwei weiße Jeeps rasten durch das Eingangstor der COMMUS-Mine, während Steine und Flaschen gegen die Fahrzeuge geschleudert wurden. Gleich hinter dem Haupttor war ein alter Bagger in Flammen aufgegangen. Die Person, die das Video aufnahm, ging langsam auf den Eingang der Mine zu. Ein weiterer Jeep raste auf das Gelände. Weitere Steine und Flaschen flogen.

Der Videofilmer kam in der Nähe des Mineneingangs an und richtete das Handy auf den Boden. Im Dreck lag der blutverschmierte Körper eines toten Jungen. Er war barfuß, die Arme hingen an den Seiten herunter. Sein gelbes Hemd war über der rechten Schulter mit Blut getränkt. Auch sein Hinterkopf war blutüberströmt. Die Mutter des Kindes kniete neben ihm und weinte vor Schmerz. Sie zog das Hemd des Jungen herunter, und eine Schusswunde auf der rechten Seite seiner Brust kam zum Vorschein. Die Kamera schwenkte auf eine zweite Leiche, die etwa zwei Meter entfernt auf dem Boden lag. Auch dieser Junge war barfuß und trug eine graue Hose, die ihm bis zu den Knien hochgekrempelt war. Sein blaues Hemd war über der linken Schulter blutgetränkt. Auch seine Mutter weinte an seiner Seite. Anwohner schrien in die Kamera und forderten Gerechtigkeit für den Mord an ihren Kindern.

Der Kollege, der mir das Video schickte, erzählte mir, dass die beiden Jungen im Alter von 13 und 14 Jahren mit ihren Säcken voller Kobaltsteine in die entgegengesetzte Richtung der COMMUS-Depots gegangen seien, um vielleicht mehr zu erhalten als den Hungerlohn, den sie von den Depotagenten bekamen. Die COMMUS-Sicherheitsleute schossen sie sofort nieder.

Im Laufe der folgenden Monate erhielt ich weitere Berichte über Gewalt in der COMMUS-Mine. Immer wieder kam es anscheinend zu Schlägereien und Unruhen, ähnlich wie zwischen den Bewohnern von Fungurume und TFM. Das letzte Video, das ich erhielt, wurde von einer Nonne am 22. Juli 2021 geschickt. Auf den Aufnahmen sind COMMUS-Sicherheitsleute zu sehen, die mit dicken Seilen auf dem Boden liegende kongolesische Arbeiter grausam auspeitschen. Die Arbeiter schreien bei jedem Peitschenhieb, eine Szene, die daran erinnert, wie König Leopold vor 120 Jahren Sklaven mit *chicottes* auspeitschen ließ. Drei chinesische Männer in schwarzen COMMUS-Uniformen mit orangefarbenen Schutzhelmen schauen zu, wie die Strafe vollzogen wird. Einer von ihnen weist die Wächter anscheinend an, härter zuzuschlagen.

MUSOMPO

Wie die kleinen Nebenflüsse, die in den Kongo münden, fließt handwerklich abgebautes Kobalt aus Hunderten von verschiedenen Quellen in die globale Kobaltlieferkette ein. Der wichtigste Zugangsweg sind die Lagerstätten. Bei einigen Depots handelt es sich um formelle Einrichtungen wie jene am Malosee, bei anderen eher um provisorische Lager am Straßenrand wie jene vor dem COMMUS-Gelände. Das handwerklich geschürfte Kobalt wird über dieses nicht rückverfolgbare System von Händlern umgeschlagen, die nicht danach fragen, unter welchen Bedingungen das Kobalt gewonnen wurde. Wurden die Frauen und Mädchen beim Waschen der Steine langsam mit giftigem Wasser verseucht? Verloren Jungen beim Einsturz von Grubenwänden ihre Beine? Atmeten Kinder giftige Partikel ein, wenn sie auf dem Boden herumhackten? Wurde den Menschen so etwas wie ein anständiger Lohn gezahlt? Wurden Kinder erschossen? Niemand stellte solche

Fragen, niemand kümmerte sich darum – nicht einmal auf dem größten Kupfer-Kobalt-Einkaufsmarkt in der Demokratischen Republik Kongo: in Musompo. Der Handelsplatz Musompo liegt an der Autobahn etwa 15 Kilometer östlich von Kolwezi. In dem Komplex sind normalerweise zwischen 50 und 60 Depots in Betrieb. Die meisten dieser Depots werden von chinesischen Agenten betrieben. Die Depots bestehen aus einer Mischung aus Ziegel-, Metall- und Zementbauten. Viele haben Metallzäune als Barriere zwischen Käufern und Verkäufern. In manchen gibt es bewaffnete Wachen. Die Namen der Depots sind in der Regel auf eine Wand an der Vorderseite gemalt. Die Depotnamen lauten zum Beispiel Andre, Jeef, Girafe, Mukubwaken, Panda, Sarah, Big Show, Lucien, Song, Tshomeka, Yanick, Soin, Manga, Star, Kaloni, Baraka, Shuang und so weiter. Es gibt auch einige Dutzend Depots, die nur nach Nummern benannt sind: 1818, 1217, 1208, 5555, 008, 888, 999, 111, 414, 555 und so weiter. Jedes Depot wird von einem »Chef« geleitet. Nach Musompo strömen ununterbrochen Pick-ups, Autos und Motorräder, die mit Säcken voller Kobalterz beladen sind. Es sind die Verkäufer, bei denen es sich fast ausschließlich um Zwischenhändler handelt. Nur wenige handwerkliche Bergleute können ihre Ladungen selbst mit dem Fahrrad von den nahe gelegenen Standorten nach Musompo bringen. Die Käufer kommen mit großen Lastwagen, auf die sie ihre in den Depots erworbenen Kobaltsäcke laden. Diese großen Lastwagen gehören ausnahmslos industriellen Bergbaugesellschaften.

Mein erster Weg führte mich über den Markt. In den meisten Depots saßen ein oder zwei junge Chinesen an kleinen Tischen, die mit aufgeschnittenen Bastsäcken oder Plastikplanen bedeckt waren. In der Nähe saßen kongolesische Wachen auf Plastikstühlen. Einige der Depots waren drei bis vier Meter hoch mit Kobaltsäcken vollgestopft. Es müssen mehrere Tausend Säcke Kobalt gewesen sein, die sich in den Depots in Musompo befanden. Die meisten Depots waren mit Graffiti an den Wänden beschmiert, und an der Vorderseite hingen Preisschilder. Die Wertangaben auf den Preisschildern gingen bis zu Reinheitsgraden von 20 Prozent, außerdem standen darauf Sprüche wie *Karibu Kwetu* (»Willkommen bei uns«) oder *Teneur ya Bien* (»Gute Bedingungen«).

Im Laufe der Zeit hatte ich Preisdaten aus Depots in den Provinzen Haut-Katanga und Lualaba gesammelt. Die Preise in Musompo waren die höchsten von allen. Sie lagen 20 bis 25 Prozent höher als in der Region Kasulo bei Kolwezi, um bis zu 35 Prozent höher als in Kamilombe, Kanina und am Malosee, um bis zu 50 Prozent höher als in Fungurume, Kambove und Likasi und um bis zu 60 Prozent höher als in den Lagerstätten bei Kipushi. Eigentlich sollte Heterogenit bei gleicher Qualität überall einen ähnlichen Preis erzielen, unabhängig davon, wo es verkauft wird. Die Preisunterschiede waren eindeutig auf andere Marktkräfte zurückzuführen. Vielleicht drückte der von den Soldaten ausgeübte Zwang, Kobalt in den Depots am Malosee zu verkaufen, die Preise in diesem Gebiet nach unten. Vielleicht trieb der offene Wettbewerb in Musompo die Preise nach oben. Vielleicht waren die Preise in der Nähe von Kipushi auch deshalb so niedrig, weil der Zugang zu den Märkten nur über die Zwischenhändler möglich war. Was auch immer die Gründe waren, die Schwankungen der Preise in den Depots sowie die mangelnde Verhandlungsmacht und der fehlende Zugang zu den Märkten stellten für die handwerklichen Bergleute in jedem Fall erhebliche Nachteile dar. Es sei noch einmal darauf hingewiesen, dass es für die Bergleute viel vorteilhafter wäre, die Zwischenhändler zu umgehen und ihre Förderung zu standardisierten Preisen direkt an die Bergbauunternehmen zu verkaufen – oder ihnen feste, existenzsichernde Löhne zu verschaffen. Aber selbst diese Veränderungen würden den Bergbauunternehmen und ihren Kunden keine Rechenschaftspflicht für die Bedingungen abverlangen, unter denen das

Kobalt abgebaut wird. Das System war von vornherein undurchsichtig und nicht nachprüfbar.

Ich hielt mich eine Weile in der Nähe des Depots 1818 auf, um eine Transaktion zu beobachten. Ein kongolesischer Zwischenhändler brachte auf seinem Motorrad zwei Säcke mit Heterogenit zum Verkauf an Boss Peng, den Leiter des Depots. Der Händler löste die Schnur, die an der Oberseite der Säcke befestigt war, und gab den Inhalt frei. Boss Peng richtete ein Metorex-Gerät auf die Steine, das einen Reinheitsgrad von 3,1 Prozent anzeigte. Auf dem handgeschriebenen Preisblatt von Boss Peng war ein Preis von 1800 CF (etwa 1,00 Dollar) pro Kilogramm Kobalt mit einem Reinheitsgrad von drei Prozent angegeben. Der Zwischenhändler feilschte. Ich konnte nicht feststellen, ob sich die Diskussion um den Preis oder den Reinheitsgehalt drehte. Es war ein lebhafter Austausch, aber nie aggressiv. Die beiden Händler wurden sich einig, und Boss Peng wog die Säcke auf einer flachen Metallwaage ab. Sie wogen insgesamt 71,6 Kilogramm. Boss Peng tippte die Zahlen in einen übergroßen Taschenrechner mit dicken Plastiktasten ein und zeigte dem Lieferanten das Ergebnis. Dieser nickte, woraufhin Boss Peng ein Vorhängeschloss an einer Metallkiste öffnete und einen riesigen Stapel zerknüllter kongolesischer 500-Franc-Scheine herauszählte. Der Händler verschloss die Säcke wieder mit Schnüren, nahm sein Geld und rollte mit seinem Motorrad zu einer Gruppe von Kollegen, die gerade eine Rauchpause machten. Die Sicherheitsleute von Boss Peng brachten die Säcke hinter den Metallzaun des Depots und hievten sie auf einen bereits vorhandenen Stapel von 19 Säcken. In nur wenigen Minuten war Kobalt, das irgendwo in der Nähe von Kolwezi unter unbekannten Bedingungen abgebaut worden war, in die globale Lieferkette gelangt.

Ich ging zu der Gruppe von Zwischenhändlern hinüber, um ein Gespräch anzufangen. Es handelte sich um junge Männer in den Zwanzigern und Dreißigern, die Jeans, Sneakers und leichte

Jacken anhatten, obwohl es ziemlich heiß war. Einer von ihnen trug unter seiner Jacke ein T-Shirt mit dem Maskottchen der Universität von Utah, dem Rotschwanzfalken, auf der Vorderseite. Ich fragte die Händler nach der Quelle des Heterogenits, das sie an die Depots verkauften. Sie antworteten, dass es aus dem Kasuloviertel von Kolwezi stamme.

»Die Preise in den Depots in Kasulo sind nicht so gut wie in Musompo«, sagte Razi, einer der Zwischenhändler. »Einige Schürfer haben mit uns vereinbart, das Kobalt hier zu verkaufen.«

Ich fragte, warum die Bergleute das Kobalt nicht einfach selbst nach Musompo bringen.

»Sie haben keine Motorräder!«, antwortete einer der anderen Händler.

Auf meine Frage, ob sie mir mehr über ihre Vereinbarungen mit den Kleinbergbauern erzählen könnten, antworteten sie, dass sie den Verkaufspreis des Kobalts je zur Hälfte mit ihnen teilten.

Ähnlich wie in Kipushi erzielten die Zwischenhändler allein durch den Besitz eines Motorrads das gleiche Tageseinkommen wie die Bergleute, die das Kobalt förderten, das sie in Musompo verkauften. Razi, der gerade mit Boss Peng ein Geschäft abgewickelt hatte, verdiente etwa 36 Dollar mit den zwei Säcken Kobalt. Die anderen 36 Dollar sollten angeblich unter den Bergarbeitern aufgeteilt werden, die das Material in Kasulo förderten. Trotz der Aufteilung und abhängig von der Anzahl der Personen in der Gruppe war dieses Einkommen wesentlich höher als in den meisten Kleinbergbaugebieten, in denen ich Erhebungen durchgeführt hatte. Dafür gab es eine einfache Erklärung. Die Heterogenitvorkommen unter Kasulo wiesen wahrscheinlich den höchsten Kobaltgehalt im gesamten Kupfergürtel auf. Dennoch stimmte etwas nicht. Die Preise in den Depots in Kasulo lagen im Durchschnitt 20 bis 25 Prozent unter denen von Musompo. Warum also sollte ein Kleinbergbauer die Hälfte seines Einkommens an einen Zwischenhändler abgeben, um dafür höchstens einen um 25 Prozent höheren Verkaufserlös zu erzielen? Die Antwort erhielt ich, als ich Kasulo besuchte: Soldaten erpressten die Bergleute in der Region oft, nachdem diese ihr Erz an die Depots verkauft hatten.

Die Zwischenhändler in Musompo erwiesen sich als die beste Quelle für Informationen darüber, wie der Markt funktioniert, und deshalb sprach ich mit so vielen von ihnen, wie ich konnte. Einige erzählten mir, dass sie Heterogenit an dasjenige Depot verkauften, das den besten Preis bot; andere hatten Vereinbarungen getroffen, nur an bestimmte Depots zu verkaufen. Ich erfuhr, dass nicht alle Zwischenhändler die Hälfte des Erlöses vereinnahmten; einige nahmen ein Drittel, andere ein Viertel. Bei diesen Unterschieden handelte es sich wohl um den Anteil, den die Bergleute herausschlagen konnten; eine andere Logik konnte ich dahinter nicht erkennen. Ich fragte mehrere Zwischenhändler, was mit dem in Musompo verkauften Kobalt geschehe, und mir wurde gesagt, dass die Hauptabnehmer die Firmen CDM, COMMUS, SICOMINES, CHEMAF und KCC seien.

Bevor ich Musompo verließ, machte ich das Depot 555 ausfindig, das Geany als Abnehmer des größten Anteils des Kobalts aus Tshipuki genannt hatte. Es befand sich etwa 40 Meter östlich von Depot 1818. Ich verharrte eine Zeit lang in einiger Entfernung und beobachtete, wie vier Zwischenhändler zum Depot kamen – drei auf Motorrädern und ein Paar in einem Pick-up, der mit so viel Kobalt beladen war, dass die Reifen plattgedrückt wurden. Die Zwischenhändler wurden schnell handelseinig mit Boss Chen, der hinter dem Zaun blieb. Nachdem sie ihre Säcke verladen hatten, fuhren sie auf der Schnellstraße nach Osten in Richtung Lubumbashi. Schließlich kam noch ein auffälliger rot lackierter Lastwagen. Später sollte ich noch viele weitere Lastwagen dieser Art sehen, und zwar im CDM-Hauptquartier in Kasulo. Ich beobachtete, wie zwei kongolesische Männer in hellgrauen Overalls aus dem Lkw stiegen und mit Boss Chen im Depot 555 sprachen. Anschließend luden sie mehr als zwei Dutzend Kobaltsäcke aus dem Depot auf den Lkw, der dann auf der Schnellstraße davonfuhr.

Nachdem der CDM-Lastwagen abgefahren war, war es bereits spät geworden, und in Musompo ging es weniger geschäftig zu. Das Depot 555 blieb eine Zeit lang leer, nur noch Boss Chen und seine Wachen waren anwesend. Ich ging hinüber, um zu sehen, ob er mit mir sprechen würde. Chen trug eine Cargohose, Turnschuhe ohne Socken und ein schlichtes blaues Hemd. Er stützte seine Beine auf einen Holztisch und tippte auf seinem Smartphone herum. Anders als viele der chinesischen Depotmitarbeiter, die ich ansprach, war Chen recht umgänglich und gesprächsbereit. Er sagte, dass er ursprünglich aus Fujian stamme und seit zwei Jahren im Depot 555 arbeite. Er bekomme ein gutes Gehalt und sei froh, dass er zum Arbeiten in die DRK gekommen sei, aber er vermisse seine Familie und könne sie nur einmal im Jahr sehen, wenn er zum Chūn Jié, dem Mondneujahrsfest, nach China zurückkehre. Ich fragte Chen, was ihn daran reizte, den weiten Weg in den Kongo auf sich zu nehmen und ein Jahr am Stück fern von seiner Frau und seinen Kindern zu verbringen.

»China ist zu sehr wettbewerbsorientiert. Jemand wie ich kann in China nicht weiterkommen. Afrika ist ein großes Land. Es ist nicht so wettbewerbsintensiv. Hier ergeben sich Möglichkeiten für uns«, erklärte Chen.

Chen hatte eine Wohnung in einer ummauerten chinesischen Enklave in Kolwezi, in der viele der chinesischen Auswanderer in der Gegend lebten. Zu dieser Enklave gehörten ein chinesischer Lebensmittelladen und ein privates Restaurant. Außerdem gab es in der Nähe eine private chinesische Arztpraxis.

»Hier ist es weniger überfüllt als in China. Es ist weniger schmutzig. Ich werde versuchen, meine Familie hierherzuholen. Hier können wir ein besseres Leben haben«, sagte Chen.

Mir fiel auf, dass im Depot 555 nirgendwo ein Preisschild hing. Chen erklärte: »Die Zwischenhändler streiten sich um den Preis, also prüfe ich auf meinem Handy den Preis an der Londoner Metallbörse und zeige ihnen den. Ich biete auf der Grundlage des Reinheitsgrades einen prozentualen Anteil dieses Marktpreises als Kaufpreis an. Dann gibt es keinen Streit mehr.«

Ich wollte wissen, wie Chen es geschafft hatte, sich ein Depot aufzubauen, weil dies eigentlich nur kongolesischen Staatsangehörigen gestattet war.

»CDM hat das Depot eingerichtet«, antwortete er.

Als ich ihn fragte, ob er wisse, wie CDM dies bewerkstelligt habe, kam es zu folgendem Gespräch:

CHEN: Hier kann jeder Geschäfte machen, wenn er den richtigen Preis zahlt.

ICH: Sie meinen durch Bestechung?

CHEN: Ja. Es ist ein gutes System.

ICH: Sie sagen, Bestechung ist gut?

CHEN: In China geht es nicht einmal durch Bestechung, es sei denn, man gehört zu den gehobenen Kreisen. Hier wird man durch Geld zur Elite. Deshalb kommen so viele Chinesen nach Afrika.

ICH: Ich verstehe.

Ich bin im Laufe der Jahre dreimal nach Musompo gereist, und nach allem, was ich bei diesen Besuchen gesehen und gehört habe, hat es den Anschein, dass einige der größten Bergbauunternehmen im Kongo ihre Produktion mit Kobalterz ergänzen, das von Kleinschürfern abgebaut und von Zwischenhändlern auf dem Markt verkauft wurde. Von Musompo aus gab es keine Möglichkeit, die Herkunft des Kobalts zu ermitteln – alle Säcke wurden zusammen auf denselben Lastwagen geladen und in denselben Anlagen zur Verarbeitung abgegeben. Musompo fungierte anscheinend in erster Linie als ein umfassender, zentralisierter Waschmechanismus, der handwerklich abgebautes Kobalt in die offizielle Lieferkette einspeiste.

Zwei Kobaltkäufer in Musompo waren für mich von besonderem Interesse – die Firmen DM und CHEMAF. Es handelte sich um jene beiden Unternehmen, die in der Provinz Lualaba die zwei Modellminen für den Kleinbergbau betrieben. Eine Vorzeigemine zu sein, bedeutete, dass es sichere Arbeitsbedingungen für die Bergleute und keine Kinderarbeit gab, dass faire Löhne gezahlt wurden und keine gefährlichen Stollen gegraben werden mussten und vor allem, dass man darauf vertrauen konnte, dass das an diesen Standorten abgebaute Kobalt niemals mit Kobalt aus anderen Quellen vermischt wurde. Diese Zusicherungen sollten den Abnehmern des Kobalts die Gewissheit geben, dass ihre Lieferketten nicht durch Kinderarbeit oder andere Missstände diskreditiert werden. Boss Chen war weder der Erste noch der Letzte, der behauptete, dass CDM und CHEMAF offen Kobalt aus anderen Märkten einkauften.

Es war an der Zeit, diesen Modellstandorten einen Besuch abzustatten.

DER MODELLSTANDORT CHEMAF

Der CHEMAF-Modellstandort für den handwerklichen Abbau befand sich nördlich von Kolwezi in einer Mine namens Mutoshi in der Nähe des Dorfes Mukoma. CHEMAF hatte die Rechte an der Konzession in einem Joint Venture mit Gécamines im Jahr 2016 erworben. Ich hatte große Hoffnungen in den Modellstandort gesetzt, weil mir gesagt wurde, dass er in Zusammenarbeit mit einer Nichtregierungsorganisation namens Pact mit Sitz in Washington, D. C., konzipiert worden sei. Pact ist eine angesehene NGO, die in mehr als 40 Ländern auf Gebieten wie Frauen-

Empowerment, Nachhaltigkeit im Gesundheits- sowie Sozialdienst und im Kleinbergbau tätig ist.

Der CHEMAF-Modellstandort wurde 2017 ins Leben gerufen. Vor dem Besuch des Standorts Mutoshi traf ich mich im September 2019 in Kolwezi mit einigen Mitgliedern des in der Demokratischen Republik Kongo ansässigen Teams von Pact. Sie baten darum, anonym zu bleiben, weil sie negative Reaktionen der Pact-Zentrale befürchteten. Auf meine Frage, warum es negative Reaktionen geben könnte, wenn sie mit mir sprechen würden, antworteten sie, dass sie mit Außenstehenden nicht über den Standort Mutoshi sprechen dürften. Sie erklärten, dass die Organisation mehrere Millionen Dollar an Unterstützung von Apple, Microsoft, Google, Dell und einem Rohstoffhandelsunternehmen namens Trafigura erhalten habe, um den Modellstandort in Mutoshi einzurichten, und dass ein bestimmtes Image gewahrt werden müsse. Zweck des Standorts war es, eine saubere Kobaltquelle für die Kunden von CHEMAF, zu denen auch die Spender gehörten, bereitzustellen. Der größte Teil der von CHEMAF geförderten Mineralien wurde an Trafigura geliefert, das auch der Hauptpartner des Modellstandorts war.

Das Pact-Team in Kolwezi beschrieb einige der Maßnahmen, die am Modellstandort Mutoshi umgesetzt wurden: Nur erwachsene Arbeiter, die bei der Bergbaugenossenschaft COMIAKOL registriert sind, durften in der Mine arbeiten; die Konzession war von einem unüberwindlichen elektrischen Zaun umgeben, um den Zutritt nichtregistrierter Arbeiter zu verhindern; alle Arbeiter erhielten Uniformen und persönliche Schutzausrüstung; Alkohol und schwangere Frauen waren auf dem Gelände nicht zugelassen; ein Strahlenschutzbeauftragter von CHEMAF führte jeden Monat Tests durch, um sicherzustellen, dass die Kleinschürfer keinen gefährlichen Urankonzentrationen im Heterogenit ausgesetzt waren; das gesamte am Standort abgebaute Erz wurde in Säcken gekennzeichnet, die während des Transports zur Verarbeitungsanlage von CHEMAF in Lubumbashi von den anderen Kobaltlieferungen getrennt gehalten wurden; und das gekennzeichnete Kobalthydroxid aus der Verarbeitungsanlage wurde direkt an Trafigura geliefert. Das Pact-Team sagte auch, dass es regelmäßige Audits am Standort durchführe, um sicherzustellen, dass alle Vorschriften eingehalten wurden. Außerdem erzählte mir das Team, dass ein Teil des Geldes, das sie von den Sponsoren für den Modellstandort erhielten, dazu diene, mindestens 2000 Kinder aus den handwerklichen Minen in der Umgebung von Kolwezi herauszuholen und sie in Schulen unterzubringen, bis sie ihre Grundschulbildung abgeschlossen hätten.

Ich stellte den Pact-Mitarbeitern ein paar Fragen zur CHEMAF-Lieferkette, angefangen damit, ob ihre Fahrer Kobalt auf Märkten wie Musompo kauften. Sie antworteten, dass die Fahrer gemäß der von ihnen ausgearbeiteten Richtlinie kein Kobalt aus anderen Quellen erwerben dürften, räumten jedoch ein, dass dies in den letzten Monaten aufgrund der geringeren Produktion am Modellstandort zu einem Problem geworden sei, sodass die Lkw, die zur Verarbeitungsanlage in Lubumbashi fuhren, mit mehr Kobalt aus Musompo beladen werden mussten. Die Pact-Mitarbeiter betonten, dass dies nicht als Problem angesehen werden sollte, weil die Kobaltlieferungen aus der Modellanlage in Mutoshi gekennzeichnet seien und stets von den anderen Lieferungen getrennt gehalten würden. Sie fügten hinzu, dass das handwerklich abgebaute Kobalt aus Mutoshi in der Anlage in getrennten Chargen verarbeitet und dann neu verpackt und gekennzeichnet werde. Da das gesamte gekennzeichnete und nicht gekennzeichnete Kobalt hauptsächlich an Trafigura geliefert wurde, fragte ich, ob auch dieses Unternehmen das gekennzeichnete Material aus Mutoshi von dem aus anderen Quellen stammenden Kobalt getrennt hielte. Die Mitarbeiter von Pact konnten dies nicht sagen, räumten jedoch ein, dass es unwahrscheinlich sei. Die Kennzeichnung der Säcke hat schließlich wenig Sinn, wenn sie nicht in der gesamten

Liefer- und Verarbeitungskette beibehalten wird. Ich fragte die Pact-Leute, ob sie eine Besichtigung der Modellanlage in Mutoshi arrangieren könnten, damit ich sie mir genauer ansehen könne, aber sie meinten, das sei nicht möglich.

Einige Tage später gelang es mir über einen der Leiter der COMIAKOL-Kooperative, einen Besuch in der Mutoshi-Mine zu vereinbaren. Als ich mich dem Gelände näherte, erwartete ich, den unüberwindlichen Metallzaun zu sehen, den die Pact-Mitarbeiter beschrieben hatten, aber es stellte sich heraus, dass es sich um einen Maschendrahtzaun handelte, der aus dünnen Metallschnüren bestand, die etwa 18 Zentimeter voneinander entfernt drapiert waren und von Metallstangen gehalten wurden, wie eine umgedrehte Wäscheleine. Der Maschendraht war an zahlreichen Stellen heruntergerissen worden, sodass eine Person hindurchschlüpfen konnte. Der Zaun war nicht elektrisch geladen.

Als ich zum Eingang des Geländes kam, sah ich drei Schilder; auf dem größten stand folgender Text in französischer und englischer Sprache:

UNSERE WERTE – TRANSPARENT, DYNAMISCH, RÜCKSICHTSVOLL, VERANTWORTUNGSBEWUSST, GESELLSCHAFTLICH VERANTWORTLICH. UNSERE VISION – DER AUFBAU EINES VERANTWORTUNGSBEWUSSTEN UND WERTEORIENTIERTEN BERGBAUUNTERNEHMENS. SICHERHEIT IST UNSERE HÖCHSTE PRIORITÄT.

Auf dem zweiten Schild war das Bild einer schwangeren Frau in einem roten Kreis mit einer durchgestrichenen Linie. Auf dem dritten Schild befanden sich zwei Zeichnungen – eine Flasche in einem roten Kreis mit einer durchgestrichenen Linie und eine Zeichnung von zwei Kindern in einem roten Kreis, ebenfalls mit einer durchgestrichenen Linie. Neben den Schildern befand sich ein Kontrollpunkt mit getrennten Eingängen für Männer und Frauen. Das CHEMAF-Personal kontrollierte die Ausweise der bei der Genossenschaft COMIAKOL registrierten Arbeiter, bevor es ihnen den Zutritt erlaubte. Um sich bei COMIAKOL anzumelden, musste die Person ihren Wählerausweis vorlegen, aus dem hervorging, dass sie über 18 Jahre alt war. CHEMAF-Mitarbeiter räumten später ein, dass Wählerausweise oft gefälscht wurden, um 15 oder 16 Jahre alte Kinder als volljährig auszuweisen, sodass sie auf dem Gelände arbeiten durften.

Ein streng dreinblickender bewaffneter Wachmann mit Sonnenbrille öffnete das Eingangstor und wies mir den Weg zu den CHEMAF-Büros, die sich etwa 20 Meter weiter auf dem Gelände hinter einem zweiten Maschendrahtzaun befanden, der ebenfalls keinen Strom führte. Die Büros waren in Metallcontainern untergebracht. Ein Container beherbergte das Managementteam, ein zweiter Container war für das Aufsichtspersonal bestimmt, und ein dritter war als Krankenstation für die Behandlung verletzter Arbeiter eingerichtet. Der Vertreter von COMIAKOL, der meinen Besuch arrangiert hatte, Sylvain, der von drei seiner Kollegen begleitet wurde, begrüßte mich herzlich.

Nachdem ich einen Alkoholtest bestanden hatte, hielt mir das COMIAKOL-Team einen mündlichen Vortrag über das Bergwerk, in dem die Vision und Mission erläutert wurden, die auf dem Schild am Eingangstor zu lesen waren. Außerdem gab man mir einen Überblick über die Statistiken zu Arbeitsunfällen in Mutoshi und eine Beschreibung der anderen Bergwerke und Verarbeitungsanlagen von CHEMAF. Sylvain erklärte, dass COMIAKOL alle Kleinbergbauern am Standort organisiere, wofür sie von CHEMAF eine feste monatliche Gebühr sowie einen Prozentsatz des Gewinns erhielten. Es war ihm wichtig, die Bedeutung des Kleinbergbaus für die gesamte Bergbauindustrie zu erläutern: »Das handwerklich gewonnene Kobalt hat eine höhere Qualität als das maschinell abgebaute Kobalt, deshalb ist der Kleinbergbau für die Bergbauindustrie notwendig. Hier versuchen wir die Bedingungen für die handwerklichen Bergleute zu verbessern, wie Sie selbst sehen werden.« Ich fragte Sylvain, wie viele Kleinschürfer in Mutoshi arbeiteten. Er antwortete, dass bei COMIAKOL etwa 5000 Bergleute registriert seien, aber in den letzten Monaten seien nur noch 800 bis 900 Bergleute am Tag in die Konzession gekommen. Er führte den Rückgang auf den Einbruch der Kobaltpreise im Jahr 2019 zurück, der zu Verzögerungen bei den Lohnzahlungen an die Bergleute geführt habe. Sylvain fügte hinzu, dass viele Bergleute ihre Kobaltsäcke aus dem Gelände hinausbrächten und an nahe gelegene Depots verkauften, um schneller ihr Geld zu erhalten.

Dann zeigte mir Sylvain eine Karte mit dem Grundriss der Mine. Sie umfasste einen großen Tagebaubereich hinter den Hauptbüros, ein kleines Reinigungsbecken in der Nähe des Eingangstors, ein wesentlich größeres Reinigungsbecken hinter der Hauptgrube, einige weitere Abbaubereiche und eine Handvoll Abraumhalden hinter dem Hauptreinigungsbecken. Sylvain war stolz auf das Verbot von Alkohol und schwangeren Frauen in der Mine. Als ich nachfragte, räumte er ein, dass das Schwangerschaftsverbot nur Frauen betraf, die sichtbar schwanger waren, und dass auch schon vor dieser Zeit die Exposition gegenüber Kobalt und Uran schädliche Auswirkungen auf einen sich entwickelnden Fötus haben könnte. Nach der Präsentation erhielt ich eine orangefarbene Neonweste und einen gelben Schutzhelm, die ich beim Rundgang durch das Bergwerk tragen sollte. Ich wurde angewiesen, keine Fotos zu machen, und mir wurde gesagt, ich dürfe nur die offene Grube sehen, die dem Eingangstor am nächsten liegt.

Der Tagebau befand sich etwa 30 Meter hinter dem Hauptbüro. Auf dem Weg dorthin beschrieb Sylvain die verschiedenen Kategorien von Arbeitern in der Grube. Er sagte, dass sich die Männer je nach Aufgabe in Gruppen aufteilten. Eine Gruppe hob Gräben in der Hauptgrube aus. Eine andere förderte das Erz aus den Gräben. Eine dritte Gruppe sammelte das Erz in Säcken und transportierte es zu den Reinigungsbecken, in denen die Frauen die

Steine wuschen. Einige der Männer arbeiteten auch als *salakate*, das heißt, sie erledigten gelegentlich anfallende Arbeiten rund um die Mine. Sylvain sagte, dass jeder Arbeitsbereich über Toiletten und sauberes Trinkwasser verfüge, um gute sanitäre Verhältnisse zu fördern und durch Wasser übertragene Krankheiten zu vermeiden. Er betonte auch, dass auf dem Gelände keine Stollen gegraben werden dürften, worüber ich sehr erleichtert war.

Wir kamen an der offenen Grube an, die einen Durchmesser von etwa 120 Metern hatte und nicht sehr tief war. Die Erde in der Grube war grauer als die Kupferfarbe, die ich von anderen Minen in der Umgebung von Kolwezi gewohnt war. Zum Zeitpunkt meines Besuchs arbeiteten etwa 100 Bergleute in kleinen Gräben und flachen Schächten in verschiedenen Bereichen der Grube. Die Bergleute trugen alle indigoblaue Uniformen mit Aufnähern an den Armen, Knien und Brust, die drei Streifen hatten, zwei neongrüne und einen grauen in der Mitte. Alle Arbeiter hatten Schutzhelme auf. Einige, aber nicht alle, trugen dicke Arbeitshandschuhe. Keiner der Arbeiter hatte eine Maske oder eine Schutzbrille aufgesetzt. Einige sahen aus wie Jungen im Alter von 15 oder 16 Jahren. Ich fragte, ob ich mit einigen der Arbeiter sprechen dürfe, aber es wurde mir nicht erlaubt.

Ich fragte Sylvain, was mit dem Kobalt geschehe, nachdem es abgebaut und gewaschen worden sei. Er antwortete, dass die COMIAKOL die Säcke mit ihren Lastwagen zu einem Depot im Gebiet Kimwehulu transportiere. In diesem Depot werde das Erz zerkleinert und eine Probe auf ihren Gehalt hin untersucht, ein Vorgang, der manchmal mehr als einen Tag dauern könne. Nach der Analyse der Probe würden die Kleinschürfer auf der Grundlage des Metallgehalts bezahlt. Sylvain sagte, dass CHEMAF keine Erze mit einem Gehalt von weniger als zwei Prozent ankaufe und dass COMIAKOL in diesem Fall die Möglichkeit habe, das Erz an ein anderes Depot zu verkaufen. Sylvain zufolge schwankten die durchschnittlichen Tageslöhne der handwerklichen Bergleute je nach Produktion, betrugen aber etwa zwei bis drei Dollar für Schürfer und einen Dollar für Wäscher. Ich fragte, ob CHEMAF jemals in Erwägung gezogen habe, den Kleinschürfern feste Löhne anstelle von Akkordlöhnen anzubieten. Ich wies darauf hin, dass dies den Arbeitern ein gewisses Gefühl der Sicherheit geben könne und die Kleinbergleute außerdem davon abhalten könne, Kobalt an externe Depots zu verkaufen, wo sie mehr oder schneller bezahlt würden. Sylvain antwortete, ein fester Lohn sei wegen der Schwankungen des Kobaltpreises nicht möglich, eine Argumentation, die ich nicht nachvollziehen konnte. Die Beschäftigten in den industriellen Minen erhielten vom Preis des Rohstoffs unabhängige feste Löhne, warum sollte das bei den Kleinbergbauern nicht möglich sein? Durch die Akkordlohnsysteme wurden die Marktrisiken von den Bergbauunternehmen auf die Arbeiter abgewälzt. Dadurch gerieten die Bergleute unter erheblichen Druck, bis zum Umfallen zu schuften, mehr Risiken einzugehen und auch ihre Kinder in die Minen zu bringen, um ihr Einkommen zu erhöhen.

Im Anschluss an unsere Diskussion über Fest- beziehungsweise Akkordlöhne gab mir Sylvain unaufgefordert eine wichtige Information: »Da das Kobalt hier minderwertig ist, kaufen viele der hiesigen Schürfer Kobalt von Leuten, die außerhalb der Konzession graben, wo das Erz einen höheren Gehalt hat. Sie beziehen es in ihre Produktion ein, um ihre Einnahmen zu erhöhen.«

»Wie schaffen sie das Erz auf das Gelände?«, fragte ich.

»Kinder bringen es durch den Zaun.«

»Verkaufen die Kinder das Kobalt, das sie selbst gefördert haben?«

»Ja, das kommt vor.«

Wir setzten die Tour an einem nahe gelegenen Reinigungsbecken fort. Mehrere junge Frauen knieten in einem brackigen, schmutzigen Wasserbecken und spülten Steine ab, von denen einige kieselsteingroß waren, andere doppelt so groß wie eine

Faust. Es handelte sich dabei nicht um das Hauptreinigungsbecken hinter dem Tagebau, den ich zu sehen bekommen durfte. Die Frauen in dem kleineren Reinigungsbecken hatten keine Sicherheitsausrüstung, um ihre Hände oder Beine vor den giftigen Substanzen zu schützen, die sich im Wasser angesammelt hatten. Ich beobachtete, wie einige der Frauen Bastsäcke mit den gewaschenen Steinen füllten, und ich fragte Sylvain, an welcher Stelle die Säcke mit dem Erz gekennzeichnet würden, wie es die Leute von Pact beschrieben hatten.

»Wir kennzeichnen die Säcke überhaupt nicht«, antwortete er.

Ich war von dieser Antwort überrascht und fragte nach, ob auf die CHEMAF-Lkw während des Transports zur Verarbeitungsanlage in Lubumbashi auch Erz aus anderen Quellen geladen werde. Sylvain antwortete, dass die Fahrer die Anweisung hätten, Kobalt von Depots auf dem Weg zu kaufen, um die maximale Beladung für den Transport zu erreichen.

»Von Depots wie die in Musompo?«, fragte ich.

»Ja.«

Die Führung endete, und Sylvain führte mich zurück zum Hauptbüro. Auf dem Weg dorthin fragte ich ihn nach dem Strahlenschutzbeauftragten, der die Strahlungswerte auf dem Gelände kontrollieren sollte. Er konnte nicht sagen, wann der Beamte dies zuletzt getan hatte. Schließlich fragte ich ihn noch, ob die Mitarbeiter von Pact die Arbeitsbedingungen auf dem Gelände regelmäßig kontrollierten, wie sie mir gesagt hatten.

»Pact-Mitarbeiter kommen nie hierher. Sie haben uns nur anfangs in Sachen Buchhaltung und Finanzmanagement beraten«, antwortete Sylvain.

Obwohl ich während meines Besuchs daran gehindert wurde, die auf dem CHEMAF-Gelände arbeitenden Bergleute zu befragen, hatte ich kaum Probleme, Interviews außerhalb des Geländes zu führen. Die Gespräche ermöglichten mir wertvolle Einblicke in die Abläufe in der Mutoshi-Mine. Ein Kleinbergbauer namens Kalenga, der in Mutoshi tätig ist, erzählte Folgendes:

> »Die meisten Schürfer in Mutoshi haben ihre Arbeit eingestellt, weil es Probleme mit der Bezahlung gab. CHEMAF sagt, das liege an den niedrigen Kobaltpreisen. Sie sagen, sie hätten Gewinneinbußen, also müssten sie unseren Lohn kürzen. Manchmal erhalten wir drei oder vier Wochen lang kein Geld. Aus diesem Grund haben die meisten Schürfer Mutoshi verlassen. Außerhalb der CHEMAF-Konzession können wir mehr verdienen, und wir werden am selben Tag bezahlt.«

Ein Kleinbergbauer namens Mashala ergänzte:

> »Natürlich müssen wir das Kobalt außerhalb der offiziellen Mine kaufen. Der Reinheitsgrad in der Konzession ist sehr niedrig, und wir müssen jetzt mehr Zeit darauf verwenden, die Erde abzutragen und zur Deponie zu bringen, während CHEMAF das früher mit dem Bagger gemacht hat. Aber jetzt sagen sie, sie müssten ihre Benzinkosten senken. Diese Arbeit dauert jeden Tag zwei Stunden, sodass wir weniger Zeit zum Graben haben und weniger verdienen. Deshalb müssen wir Kobalt kaufen, um unseren Lohn aufzubessern.«

Im Gegensatz dazu sprach eine Wäscherin namens Julie offen über die Verbesserungen, die sie erlebt hatte:

> »Die Frauen werden in Mutoshi nicht mehr so stark von den Männern belästigt. Als ich in anderen Betrieben gearbeitet habe, wurden wir immer von den Männern bedrängt. Auch die SAESSCAM-Beamten und die Bergbaupolizei haben uns belästigt. In Mutoshi ist das nicht der Fall. Da fühlen wir uns sicher.«

Ein weiterer Vorteil, den Julie ansprach, waren die verbesserten sanitären Bedingungen:

> »Hier ist es viel besser für uns. Als ich noch in anderen Minen gearbeitet habe, war ich ständig krank. Jetzt bin ich nicht mehr so oft krank. Dadurch sparen wir Geld für Medikamente. Mit diesem Geld kann ich meine Kinder in der Schule halten.«

Ein Wäscherin namens Maombi fügte hinzu:

> »Ja, wir werden hier weniger schikaniert, das ist wahr. Es macht mir nichts aus, dass wir weniger verdienen, weil ich nicht damit rechnen muss, dass mich ein Mann angreift, wenn ich auf dem CHEMAF-Gelände bin. Dafür bin ich sehr dankbar.«

Nach allem, was ich bei meinem Rundgang durch die Mutoshi-Mine gesehen und gehört hatte, und nach meinen anschließenden Gesprächen mit den dort arbeitenden Bergleuten stimmten die Bedingungen auf dem CHEMAF-Modellgelände nicht mit dem überein, was mir von einigen Pact-Mitarbeitern in Kolwezi erzählt worden war. Insbesondere schien Kobalt aus Minen mit Kinderarbeit durch den Maschendrahtzaun nach Mutoshi zu gelangen. Jugendliche arbeiteten in der Mine mit gefälschten Wählerausweisen. Der Strahlenschutzbeauftragte überprüfte die Strahlungswerte nicht regelmäßig. Kobaltsäcke wurden nicht gekennzeichnet, und Kobalt unbekannter Herkunft wurde aus externen Depots angekauft und in der Raffinerie von CHEMAF in Lubumbashi mit dem anderen Material gemischt. Gravierend ist, dass die reduzierten oder verzögerten Lohnzahlungen viele Kleinschürfer abschreckten und die Rentabilität des gesamten Betriebs gefährdeten. Die angebliche Transparenz und Rückverfolgbarkeit der Lieferkette erwies sich als Fiktion.

Abgesehen von diesen Mängeln, hatte die Mutoshi-Mine im Vergleich zu anderen handwerklichen Abbaugebieten in der DRK einige Verbesserungen erfahren, insbesondere für weibliche Arbeiter. In den meisten der von mir dokumentierten Minen waren die Frauen ständigen Belästigungen und sexuellen Übergriffen ausgesetzt. Sie erhielten für ihre Arbeit einen erbärmlichen Lohn und mussten sich zusätzlich um den Haushalt und die Kinderbetreuung kümmern. Obgleich sie auch bei CHEMAF nur einen Hungerlohn bekamen, bedeutete der Rückgang der sexuellen Übergriffe eine erhebliche Verbesserung ihres Lebens. Die Bereitstellung von sauberem Wasser, Toiletten und zumindest einer gewissen Schutzausrüstung trug ebenfalls dazu bei, Krankheiten und die Belastung durch Giftstoffe zu verringern. Die Mine war nicht voll mit Kindern oder (sichtbar) schwangeren Frauen. Es wurden anscheinend auch keine Stollen ausgehoben, was die schlimmsten Tragödien verhinderte.

Nach meinem Besuch auf dem Mutoshi-Modellgelände wollte ich noch eine weitere Sache überprüfen und traf mich deshalb noch einmal mit dem Pact-Team in Kolwezi. Ich fragte sie, wie viele der 2000 Kinder im Rahmen des Programms, das zu diesem Zeitpunkt bereits seit zwei Jahren lief, in Schulen untergebracht worden seien. Man teilte mir mit, dass 219 Kinder in die Schule aufgenommen worden seien.

»Sie wurden also eingeschrieben … aber wie viele sind jetzt noch in der Schule?«, fragte ich. Das konnte man nicht sagen.

Trotz allem zeigte der CHEMAF-Standort, dass es möglich ist, den Kleinbergbau sicherer und menschenwürdiger zu gestalten. Selbst die Probleme, die ich in der Mine aufgedeckt habe, könnten behoben werden, wenn der Wille dazu vorhanden wäre. Leider schienen CHEMAF und seine Partner den gegenteiligen Ansatz zu verfolgen. Einige Monate nach meinem Besuch erfuhr ich von Kollegen in Kolwezi, dass CHEMAF seine Zusammenarbeit mit Pact beendet und die handwerkliche Mine geschlossen hatte.

DIE MODELLMINE VON CDM

Die zweite Modellmine in Kolwezi gehört zu CDM. Sie befindet sich im Herzen eines Viertels namens Kasulo. Einen Ort wie Kasulo gibt es nirgendwo sonst auf der Welt. Es ist der Höhepunkt des fieberhaften Wettrennens um Kobalt. Was in Kasulo geschah, lässt sich am ehesten verstehen, wenn man einen Blick zurück auf den sagenumwobenen kalifornischen Goldrausch wirft.

Am 24. Januar 1848 entdeckte der Sägewerksbetreiber James Marshall in Coloma in Kalifornien einen Goldklumpen in einem Flussbett. Die Nachricht verbreitete sich schnell, und bald strömten Schatzsucher aus dem ganzen Land auf der Suche nach Reichtümern nach Kalifornien. Sie rissen Hügel auf, fällten Bäume, stauten Flüsse und gruben Tausende von Minenschächten in die Berge der Sierra Nevada. Hydraulischer Bergbau war die Technik der Stunde, dabei wurden Hochdruckwasserstrahlen eingesetzt, die ganze Berghänge abrissen. Der Goldrausch verursachte beträchtliche ökologische und humanitäre Schäden. Die Landwirtschaft in Kalifornien wurde durch die aufgestauten Flüsse und die Abwässer des Bergbaus stark beeinträchtigt. Indigene Völker wurden von ihrem Land vertrieben, auf dem sie seit Generationen gelebt hatten, sobald dort Goldvorkommen entdeckt wurden. Es kam zu gewaltsamen Auseinandersetzungen zwischen Einheimischen und Goldsuchern. Im Land herrschten Gesetzlosigkeit, Verbrechen und Chaos.

Niemand konnte mir genau sagen, wer der »Mr. Marshall« von Kasulo war, aber es ist überliefert, dass im Jahr 2014 ein Anwohner beim Graben eines Brunnens neben seinem Haus auf einen Heterogenitbrocken stieß, der einen unglaublichen Kobaltgehalt von 20 Prozent aufwies, mehr als irgendwo sonst auf der Welt. Die Einwohner von Kasulo griffen sofort zu allen verfügbaren Schaufeln, Spaten und Pickeln und begannen in der gesamten Gegend Schächte und Stollen zu graben. Die Menschen strömten in Scharen nach Kasulo, um sich an der Jagd nach dem blauen Gold zu beteiligen. Einheimische wurden vertrieben, die Erde wurde aufgerissen, und es kam zunehmend zu Konflikten. Es existieren keine genauen Zahlen darüber, wie viele Stollen es in Kasulo gibt, aber nach Schätzungen der Einheimischen sollen es mehr als 2000 sein.

Im April 2017 erteilte Gouverneur Muyej dem Unternehmen Congo DongFang Mining (CDM) gegen eine Zahlung von zwölf Millionen US-Dollar ein Monopol für den Kobaltabbau in Kasulo. CDM erhielt außerdem das Recht, in Abstimmung mit der handwerklichen Bergbaugenossenschaft COMIKU eine Kleinbergbauzone in der Region einzurichten. COMIKU befindet sich im Besitz von Yves Muyej, einem der Söhne von Gouverneur Muyej. Im Rahmen des Abkommens wurde CDM verpflichtet, den in der Konzessionszone lebenden Haushalten eine Umsiedlungsentschädigung zu zahlen. Der für das Verfahren Verantwortliche, Yav Katshung, war Direktor des Büros des Gouverneurs der Provinz Lualaba und gleichzeitig Chefberater von CDM in der Demokratischen Republik Kongo, was einen eindeutigen Interessenkonflikt darstellte. In der künftigen Abbauzone identifizierte man 554 Haushalte. Deren Bewohnern wurden von Katshung zwei Möglichkeiten angeboten: Sie konnten sich für eine feste Zahlung zwischen 400 und 2000 Dollar entscheiden, entsprechend dem Wert ihrer Häuser, oder in eines der neuen Häuser umziehen, die in dem Dorf Samukinda gebaut wurden, das etwa 20 Kilometer von Kasulo entfernt liegt.

Ich habe mehr als ein Jahr nach ihrer Vertreibung mit mehreren Familien gesprochen, die zuvor im CDM-Konzessionsgebiet lebten. Sie berichteten, dass ihrer Kenntnis nach nur wenige der 554 Haushalte Geld bekommen hätten und die Zahlungen geringer ausgefallen seien als versprochen. Nur sehr wenige Familien entschieden sich für einen Umzug nach Samukinda, weil das Dorf zu weit von ihren Einkommensquellen entfernt war. Außerdem waren die neuen Häuser, die in Samukinda für die vertriebenen Bewohner von Kasulo errichtet wurden, sehr klein, schlampig gebaut und oftmals unfertig. Die Familien, mit denen ich sprach, waren in die umliegenden Dörfer gepfercht worden und hatten Mühe, über die Runden zu kommen. Ob in Dörfern wie Kamatanda, in Städten wie Fungurume oder in Kolwezi – die Folgen der Vertreibung durch den Bergbau waren immer die gleichen: verschärfte Armut, zunehmende Not und wachsende Verzweiflung. All dies hielt CDM jedoch nicht davon ab, sein wertvolles Konzessionsgebiet rasch abzuriegeln und einen Modellstandort für den handwerklichen Bergbau einzurichten, an dem jährlich bis zu 8100 Tonnen Kobalt gefördert werden.[7]

Als ich am Eingang der CDM-Konzession in Kasulo ankam, wurde ich von Soldaten der Republikanischen Garde in Empfang genommen. Sie erwarteten mich bereits, da ich vom Büro des Gouverneurs Muyej die Erlaubnis erhalten hatte, das stark gesicherte Gelände zu besichtigen. Am Eingang zur CDM-Mine gab es ein ähnliches Kontrollsystem wie bei der Mutoshi-Mine von CHEMAF. Es gab getrennte Eingänge für Männer und Frauen, und die COMIKU-Ausweise wurden durch das Sicherheitspersonal überprüft, bevor der Zutritt gestattet wurde. Auf dem Eingangstor war nicht das Firmenleitbild zu lesen wie bei CHEMAF, aber auch hier waren eine schwangere Frau, Kinder und eine Flasche Alkohol in roten Kreisen mit durchgestrichenen Linien abgebildet.

Im Unterschied zu den meisten anderen offiziellen Bergbauzonen, die ich besuchte, verzichtete CDM auf einen Alkoholtest. Nach einer gründlichen Durchsuchung meiner Sachen durfte ich das Sicherheitstor passieren und wurde in das Hauptbüro von CDM geführt, das sich gleich rechts vom Eingang neben einer kleinen Krankenstation befindet. Im Hauptbüro saßen fünf oder sechs CDM-Mitarbeiter, die das Tagesgeschäft abwickelten. Etwa ein Dutzend der gleichen roten Lastwagen, die ich in Musompo gesehen hatte, waren links vom Haupteingang geparkt. Gegenüber den Lastwagen befanden sich außerdem 13 Depots, die unter drei hangarartigen Bauten errichtet worden waren. Die Depots wurden von CDM-Mitarbeitern betrieben. Etwa 100 Meter entfernt befand sich eine große Tagebaugrube.

Ich nahm an einem Konferenztisch im CDM-Büro Platz. Der Leiter der Anlage, Mr. Li, saß an einem Schreibtisch in der Nähe, rauchte eine Zigarette und sprach auf Mandarin in sein Smartphone. Er schaute von Zeit zu Zeit zu mir herüber, ignorierte mich aber ansonsten. Nach ein paar Minuten gesellten sich hochrangige Vertreter von COMIKU zu mir an den Besprechungstisch. Obwohl ich die Erlaubnis erhalten hatte, das Gelände zu besichtigen, wollten sie Näheres über meine Absichten erfahren. Es herrschten starke Spannungen in der Gegend, da es einigen Journalisten kürzlich gelungen war, die Zustände in Kasulo aufzudecken. Als Reaktion darauf errichtete CDM Anfang 2018 eine Betonmauer um das gesamte Viertel, und es wurden Sicherheitskräfte postiert, um zu verhindern, dass Außenstehende das Gelände ohne Genehmigung betreten konnten. Ich versicherte den COMIKU-Vertretern, dass es nicht meine Absicht sei, Ärger zu machen. Wie das COMIAKOL-Team bei CHEMAF hielten mir auch die Leute von COMIKU einen Vortrag über die CDM-Mine. Sie begannen mit einem Hinweis auf die Bedeutung der handwerklichen Bergbaugenossenschaften.

»Die Bergbaugenossenschaften tragen dafür Sorge, dass der Kleinbergbau in geregelter Weise und unter Einhaltung aller Sicherheitsvorkehrungen abläuft«, erklärte einer der COMIKU-Repräsentanten.

Mir wurde gesagt, dass COMIKU alle Arbeiter registriere, den Abbau vor Ort überwache, für sichere Arbeitsbedingungen sorge und sicherstelle, dass keine Kinder in der Mine eingesetzt würden. Im Gegenzug erhalte COMIKU jeden Monat eine feste Verwaltungsgebühr von CDM sowie einen kleinen Anteil an der Produktion.

»Wenn die Kleinbergbauern auf eigene Faust graben, gehen sie zu große Risiken ein. Sie setzen auch ihre Kinder in den Minen ein. Wir versuchen den Familien nahezubringen, dass ihre Kinder besser zur Schule gehen sollten«, erklärte ein COMIKU-Manager.

Ich fragte, was geschehe, wenn eine Familie das Schulgeld nicht aufbringen könne.

»Die Schulen sollten kein Schulgeld nehmen«, erhielt ich als Antwort, als ob dies das Problem lösen würde.

Das COMIKU-Team nahm Anstoß an Ausländern, die »abenteuerliche Geschichten« über die Schäden des Kleinbergbaus erzählten, ohne die örtlichen Gegebenheiten zu kennen. Sie versicherten mir, dass die Mine die internationalen Standards für gefährliche Arbeit einhalte, aber sie betonten, dass die internationale Gemeinschaft auch verstehen müsse, dass sich im Kongo ein 15-jähriger Junge als erwachsener Mann betrachten würde. Die Europäer und die Amerikaner könnten nicht bestimmen, ab wann man im Kongo als Erwachsener gelte. Ein 15-Jähriger müsse bereits für seine Familie sorgen wie ein Erwachsener, wurde mir gesagt.

Das war ein stichhaltiges Argument. Die Normen der wohlhabenden Länder können nicht einfach den Armen aufgezwungen werden. Warum ist das Alter von 18 Jahren die magische Schwelle zum Erwachsensein? Ein kräftiger, besonnener 15-jähriger Mann im Kongo, der für seine Familie sorgen will, kann ebenso erwachsen sein wie ein 18-jähriger Highschool-Schüler im Westen. Das Problem ist jedoch, dass schutzbedürftige Kinder unweigerlich ausgebeutet werden, wenn nicht irgendwo eine Grenze gezogen wird, und es ist unmöglich, alle Teenager in armen Ländern individuell zu betrachten, um festzustellen, wer reif genug ist, um »erwachsene« Entscheidungen zu treffen und

»erwachsene« Arbeit zu verrichten. Die Tatsache, dass Familien in der gesamten Demokratischen Republik Kongo vor der Wahl stehen, ein Kind entweder zur Schule zu schicken oder es arbeiten zu lassen, damit die Familie überleben kann, bedeutet, dass diese Familien vom kongolesischen Staat ebenso im Stich gelassen wurden wie von der globalen Wirtschaft.

Nach meinem Treffen mit den COMIKU-Repräsentanten war es Zeit für die Besichtigung. Ich wurde angewiesen, keine Fotos zu machen, und mir wurde gesagt, dass einer der COMIKU-Vertreter, Jean-Paul, mich begleiten werde. Wir bekamen orangegelbe Schutzwesten und einen olivfarbenen Schutzhelm. Während unseres Spaziergangs zur Grube erklärte Jean-Paul, dass mehr als 4000 Kleinschürfer für die Arbeit in der Grube registriert seien und in der Regel 10 000 Menschen am Tag in der Grube arbeiteten. Die Bergleute wurden ermutigt, sich in Gruppen zu organisieren, um Stollen zu graben und Heterogenit zu gewinnen. Hier stellte ich den ersten Unterschied zwischen diesem Modellstandort und jenem von CHEMAF fest – CDM erlaubte das Graben von Stollen.

Die offene Grube auf dem CDM-Modellgelände maß ungefähr 200 Meter im Durchmesser und war etwa 30 Meter tief. Die Erde in und um die Grube hatte eine satte Kupferfarbe, die kräftiger war als jene, die ich in anderen Minen gesehen hatte. Am Fuß der Grube gab es mehr als 150 Stollenöffnungen, die in einem Abstand von etwa drei Metern angeordnet waren. Ich zählte ungefähr 100 handwerkliche Bergleute, die an der Oberfläche arbeiteten. In den Stollen darunter muss ein Vielfaches dieser Zahl von Menschen tätig gewesen sein. In der gesamten Grube waren Heterogenithaufen verstreut. Im Gegensatz zum CHEMAF-Gelände trug keiner der Bergleute, die ich auf dem CDM-Gelände sah, Uniformen oder irgendeine Schutzausrüstung. Bei meinem Besuch sah ich auch keine sichtlich schwangeren Frauen oder Alkoholflaschen.

Wir gingen in die Grube hinein und trafen auf eine Gruppe von Schürfern, die aus einem Stollen kamen. Zwei Männer standen rittlings auf einer Holzplanke über dem Stollen und zogen die anderen einzeln mit einem Seil nach oben. Neun Personen stiegen aus dem Stollen, zwei von ihnen schienen jünger als 18 Jahre zu sein. Der Anführer der Gruppe war ein junger Mann namens Fiston. Er war schlank und muskulös, trug braune Shorts, Plastikflipflops und ein orangefarbenes Hemd. An seinem rechten Oberschenkel fehlte ein kleines Muskelstück. Fiston beschrieb die Arbeit in der CDM-Mine: »Wir haben in Kasulo gegraben, bevor wir uns für die Arbeit hier angemeldet haben. Als wir hier zu arbeiten begannen, zahlten sie uns jede Woche einen Lohn, als wir den Stollen gruben. Wir haben mehr als einen Monat gebraucht, um die Heterogenitader zu finden.«

Nachdem Fistons Gruppe die Ader aufgespürt hatte, mussten sie den Vorschuss von 25 Dollar pro Woche nach und nach zurückzahlen, den sie erhalten hatten. Fiston sagte, dass sie auch die Kosten für ihre Registrierungskarten bei COMIKU zurückzahlen mussten, die sich auf 150 Dollar beliefen. Sie durften das Heterogenit, das sie aus dem Stollen herausgeholt hatten, nur an die CDM-Depots innerhalb der Konzession verkaufen. Die Hälfte des Erlöses wurde für die Rückzahlung der Schulden abgezogen, die andere Hälfte blieb ihnen als Einkommen. Fiston und die Mitglieder seiner Gruppe waren sich nicht sicher, wie viel von ihren Schulden noch ausstand, aber sie sagten, dass COMIKU und die CDM-Bosse eine Liste führten, die ihnen auf Anfrage vorgelegt würde.

Ich fragte Fiston, wie tief ihr Stollen sei, und er antwortete, sie hätten bis zu einer Tiefe von 40 Metern gegraben. Das war tiefer als jeder andere Stollen, den ich bisher gesehen hatte. Fiston sagte, dass einige der Stollen auf dem CDM-Gelände bis zu 60 Meter tief und einige von ihnen unterirdisch miteinander verbunden seien. Ich fragte, wie sie es schafften, so tief unter der Erde zu atmen, und Fiston antwortete, dass CDM etwa 20 Luftpumpen besitze, die sie einigen der Gruppen zur Verfügung stellten, um die Stollen zu belüften. Fiston sagte auch, dass CDM Äxte bereitstelle, mit denen sie Äste von den Bäumen auf dem Gelände abhacken konnten, um sie als Stützen in den Stollen zu verwenden. Ich fragte, ob es auf dem CDM-Gelände bisher irgendwelche Stolleneinstürze gegeben habe. Fiston schaute zu Jean-Paul, dann zu mir und verneinte. Da Jean-Paul die Gespräche überwachte, war es nicht möglich, heikle Themen wie Stolleneinstürze oder Verletzungen anzusprechen. Ich sprach mit zwei weiteren Gruppen in der offenen Grube, die sich in ähnlicher Weise äußerten wie die Gruppe von Fiston.

Wir umrundeten den hinteren Teil der Grube und stiegen einen Abhang hinauf auf ebenes Gelände, wo ich hinter einer Baumgruppe weitere offene Gruben ausmachen konnte, obwohl ich geglaubt hatte, es gebe nur eine. Ich fragte Jean-Paul, ob wir auch die anderen Gruben besuchen könnten. Er schien zu zögern, sagte aber, er werde die Angelegenheit mit seinen COMIKU-Kollegen besprechen. Wir kehrten zum Hauptbüro zurück, und nach einigem Hin und Her stimmte COMIKU zu, mir auch die Besichtigung der anderen Tagebaue zu gestatten, wies mich aber darauf hin, nicht mit weiteren Bergleuten zu sprechen.

Ich ging mit Jean-Paul an der Hauptgrube vorbei, bog nach links ab und kam zu einem oberflächennahen Abbaubereich, der mindestens doppelt so groß war wie die erste Grube. In diesem Grabungsbereich dürfte es etwa 3000 Stollenöffnungen gegeben haben, von denen viele mit rosa Planen abgedeckt waren. Als ich mich im Uhrzeigersinn um die Konzession herum durch verschiedene Baumgruppen vorwärtsbewegte, stieß ich auf vier weitere offene Gruben, von denen jede Hunderte von Stollen besaß. Es war nicht abzuschätzen, wie viele Menschen unter der Erde gruben, aber es waren wahrscheinlich mehrere Tausend. Die beiden Gruben im hinteren Teil des Geländes waren am wenigsten erschlossen und wiesen die geringste Anzahl von Stollen auf. Insgesamt schätze ich, dass es in der CDM-Konzession in Kasulo mindestens 1100 Stollen gibt. Es erschien unmöglich, dass sie alle mit 20 Luftpumpen ausreichend belüftet werden konnten, und sie konnten auch nicht alle mit Ästen abgestützt sein.

Die letzte Station auf meinem Rundgang durch die CDM-Modellanlage waren die Depots in den hangarähnlichen Strukturen nahe dem vorderen Teil der Konzession. Hier bot sich eine chaotische Szenerie: Hunderte von Bergarbeitern hatten sich neben Stapeln von orange- und weißfarbenen Bastsäcken versammelt, die mit Heterogenit gefüllt waren. Die 13 Depots mit Namen wie Boss Van und Boss Liu waren im hinteren Teil der Hallen aufgereiht. Bei den Depots handelte es sich um hölzerne Kabinen mit Metallzäunen. Neben den Chefs hielten sich in den Depots auch kongolesische Männer auf, die mit riesigen zweihändigen Metallhämmern die großen Heterogenitsteine zu Schutt zertrümmerten. Rucksäcke und andere persönliche Gegenstände hingen an Nägeln an den Wänden. Die Preislisten waren mit schwarzem Filzstift handgeschrieben und an der Vorderseite eines jeden Depots angebracht. Obwohl das Heterogenit auf dem CDM-Gelände in Kasulo mit über 20 Prozent den höchsten Gehalt im Kongo aufwies, waren die Preislisten auf einen Gehalt von zehn Prozent begrenzt. Die Ankaufpreise pro Kilogramm, die in den Depots neben der CDM-Konzession angegeben wurden, lagen außerdem 20 bis 25 Prozent unter den Preisen, die in den Depots auf der anderen Straßenseite und in der weiteren Umgebung von Kasulo angeboten wurden, einschließlich derer, die von CDM-Vertretern betrieben wurden. Dieses Preisgefälle bedeutete, dass die Kleinbergbauern, die in der CDM-Modellanlage arbeiteten, ihre im Voraus gezahlten Lohnvorschüsse und Ausrüstungsausgaben zu Preisen unterhalb des Marktniveaus zurückzahlen mussten, was einem System der Schuldknechtschaft gleichkam, genau wie das System, unter dem Kosongo in Tilwezembe arbeitete.

Nachdem das Gestein auf Kieselsteingröße zerkleinert worden war, wurde es in Bastsäcke gestopft, die die Bergleute auf die Lastwagen am Eingangstor luden. Die Lastwagen standen mit laufendem Motor am Tor und spuckten grauen Rauch auf alles in der Umgebung aus. Am Tag meines Besuchs waren sieben der CDM-Lastwagen, die in der Nähe des Haupteingangs geparkt waren, mit Säcken von zerkleinertem Heterogenit beladen. Ein SAEMAPE-Beamter notierte das Gewicht jedes Lastwagens, um die von CDM zu entrichtenden Lizenzgebühren zu ermitteln. Das Gewicht diente auch dazu, die Höhe der von CDM an COMIKU zu zahlenden Fördergebühren zu bestimmen. Als die Lastwagen losfuhren, kamen mehrere COMIKU-Vertreter zu mir, um mich zu verabschieden. Sie trugen auch eine Bitte vor, die eher wie eine Anweisung klang: Die wichtigsten in der Provinz Lualaba tätigen Genossenschaften hatten um ein Treffen gebeten. Man reichte mir einen Zettel mit den Angaben zu Zeit und Ort.

Auf dem CDM-Modellgelände waren die Arbeitsbedingungen deutlich schlechter als in der CHEMAF-Mine. Ich sah mindestens zwei Dutzend Jugendliche, die in der Mine arbeiteten. Es gab keinerlei persönliche Schutzausrüstung für die Arbeiter. Überall auf dem Gelände wurden Stollen gegraben, was bedeutete, dass sich die Bergleute stundenlang unter Tage aufhielten und ohne Maske die mit giftigen Partikeln verseuchte Luft einatmeten. Obwohl niemand auf dem CDM-Gelände von Stolleneinstürzen berichtete, erschien es durchaus möglich, dass es in der Vergangenheit schon dazu gekommen war. Außerdem war das System der Schuldknechtschaft eine Form der Ausbeutung, und die Kleinschürfer sahen sich nicht in der Lage, Verkaufspreise auszuhandeln oder sich alternative Märkte zu suchen. Im Grunde genommen hatte das CDM-Modell einen dünnen Mantel der Formalität über ein höchst gefährliches und ausbeuterisches System gelegt, das darauf ausgelegt zu sein schien, die Produktion zu maximieren und das Wohlergehen, die Sicherheit und das Einkommen der Arbeiter zu minimieren. Sogar die lächerlichen Ausgaben für Uniformen und Sicherheitsausrüstung wurden eingespart. Warum also waren mehr als 14 000 Kleinschürfer für die Arbeit in der CDM-Konzession registriert?

Um dieser Frage nachzugehen, befragte ich sieben Bergleute, die in der CDM-Modellmine außerhalb der Konzession arbeiteten. Die erste Antwort, die ich erhielt, lautete, dass es sehr schwierig sei, in der näheren Umgebung von Kasulo geeignete Schürfstellen zu finden. Fast alle Grundstücke und Grabungsstellen seien bereits vergeben. Einige der Befragten waren Einwohner von Kasulo, aber sie sagten, sie hätten kein Grundstück, auf dem sie graben könnten, oder es sei ihnen nicht gelungen, sich einem Grabungsteam an einer vorhandenen Schürfstelle anzuschließen. »Die Leute graben nur zusammen mit ihren Familien oder mit Leuten, die sie schon lange kennen«, wurde mir gesagt. Die Kleinbergbauern wussten, dass die Preise in den Depots direkt neben dem Minengelände niedriger waren als in den Depots in der weiteren Umgebung, aber es war ihnen wichtig, einen zuverlässigen Ort zum Schürfen zu haben. Alle von mir befragten Personen waren der Meinung, dass die Arbeit in der CDM-Modellanlage mit all ihren Gefahren immer noch sicherer sei als das Schürfen in Kasulo. Vor allem die Tatsache, dass zumindest einige der Stollen abgestützt waren, ließ die Arbeit weniger riskant erscheinen. Als ich nach Stolleneinstürzen auf dem CDM-Gelände fragte, erinnerten sich die Bergleute an zwei Einstürze in den letzten 15 Monaten. Soweit sie wussten, handelte es sich dabei um Teileinstürze der Hauptschächte. Sie konnten nicht sagen, wie viele Menschen dabei verletzt oder getötet worden waren.

Mein Treffen mit drei der größten handwerklichen Bergbaukooperativen in der Provinz Lualaba fand zwei Tage nach meinem Besuch der CDM-Modellanlage in einer Bar namens Taverne La

Bavière statt, die vor allem von wohlhabenden Einheimischen und Ausländern besucht wird. In der Bar gab es mehrere Bildschirme, auf denen Fußballspiele gezeigt wurden, sowie einige Billardtische, und sie war mit Flaggen aus aller Welt geschmückt. Ich wurde von drei hochrangigen Repräsentanten der Kooperativen begrüßt: von Peter (CMKK), François (COMIKU) und Leon (COMIAKOL). Sie wussten über meine Besuche in den Kleinbergbaugebieten um Kolwezi Bescheid und sagten, sie hätten um das Treffen gebeten, um sicherzugehen, dass ich die Rolle der Genossenschaften im Kleinbergbausektor richtig verstanden habe. Ich hatte bereits viele Informationen zu diesem Thema erhalten, aber es blieb mir anscheinend nicht erspart, mir noch einen weiteren Vortrag anzuhören.

Bei einigen Flaschen Primus-Bier erklärten die Vertreter der Kooperativen, dass die Genossenschaften zur Verbesserung der Arbeitsbedingungen im Kleinbergbau unverzichtbar seien.

»Ohne die Genossenschaften hätten die Bergleute keinen Schutz vor Ausbeutung«, erklärte Peter. Er fügte hinzu, dass er den Begriff *creuseur* ablehne, weil »es ein abschätziges Wort ist. Es suggeriert, dass der Bergmann eine Maschine ist, die nur graben kann.«

Das Gespräch drehte sich zum großen Teil um bereits bekannte Informationen über die Bedeutung von Bergbaukooperativen, schließlich aber kamen auch negative Aspekte der chinesischen Aktivitäten im Kongo zur Sprache. François beklagte, dass chinesische Bergbauunternehmen in den Kongo gekommen seien, um sich an den Ressourcen zu bereichern, während die Menschen im Kongo arm blieben. In diesem Punkt stimmte ich ihm zu, aber den Chinesen die alleinige Schuld zuzuweisen, erschien mir zu einfach. Die Chinesen waren beispielsweise nicht dafür verantwortlich, dass der kongolesischen Regierung große Summen an Steuern und Lizenzgebühren entgingen, und auch nicht dafür, dass die Regierung es versäumte, die Einnahmen aus dem Bergbausektor gerecht an die ärmsten Menschen im Kupfergürtel zu verteilen. Ich riskierte den Einwurf, dass die kongolesische Regierung sich möglicherweise desselben Vergehens wie die chinesische Regierung schuldig machen könnte, nämlich sich mit den durch den Bergbau geschaffenen Reichtümern davonzumachen, während die Bevölkerung immer ärmer wurde. Zu meiner großen Überraschung pflichteten mir die Vertreter der Kooperativen bei.

»Es stimmt, dass die Einnahmen aus dem Verkauf von Konzessionen nicht mit der Bevölkerung geteilt werden«, bestätigte Leon.

»Das gilt auch für die Lizenzgebühren«, fügte François hinzu.

»Deshalb sind die Genossenschaften so wichtig. Wir sorgen dafür, dass die Kleinbergbauern einen guten Lohn bekommen. Wir schützen ihre Interessen«, erklärte Leon.

Ich wagte es nicht, darauf hinzuweisen, dass zahlreiche der von mir befragten Bergleute die Genossenschaften als die zentralen Akteure ihrer Ausbeutung bezeichnet hatten. Vielleicht agierten einige Kooperativen tatsächlich so, wie es diese drei Männer beschrieben, aber nach allem, was ich erfahren hatte, schien sich auch die Funktion von CMKK, COMIKU und COMIAKOL im Wesentlichen darauf zu konzentrieren, ihre mächtigen Eigentümer zu bereichern und es allen anderen Gliedern in der Lieferkette gleichzeitig zu ermöglichen, darauf zu verweisen, dass das Kobalt aus ihren Betrieben ohne Kinderarbeit oder gefährliche Arbeitsbedingungen gefördert werde. Ich sprach die Vertreter der Genossenschaften auf die Frage der Kinderarbeit an, und erwartungsgemäß versicherten sie mir, dass in den von ihnen verwalteten Betrieben keine Kinder eingesetzt würden, was sich erneut nicht mit meinen Untersuchungen deckte. Sie behaupteten außerdem, dass die meisten Beschäftigten im Kleinbergbau bei Berggenossenschaften registriert seien, was ebenfalls nicht mit meinen Informationen übereinstimmte. Im Gegenteil, mir war gesagt worden, dass viele Kooperativen in formellen Zones d'Exploitation Artisanale (ZEA) und sogar in großen Stätten wie Tilwezembe von den Schürfern, auch den Kindern, tägliche Gebühren verlangten, damit sie in den Minen arbeiten durften. Die Repräsentanten der Kooperativen verwiesen fairerweise aber auch darauf, dass es nicht genügend ZEA gebe, um Hunderttausende von Bergbauarbeitern in den Provinzen Haut-Katanga und Lualaba unterzubringen. Sie räumten weiter ein, dass viele ZEA in unmittelbarer Nähe von Dörfern liegen und es deshalb wahrscheinlicher sei, dass Kinder dort schürfen würden, anstatt zur Schule zu gehen. Ich fragte die Vertreter der Genossenschaften, ob sie mir erklären könnten, warum die Schulen im Kongo viel zu wenig Geld erhielten, obwohl doch der Schulbesuch bis zum Alter von 18 Jahren kostenlos sein sollte. Sie wussten keine Antwort. Niemand konnte das beantworten.

Die mangelnde Unterstützung der Regierung für das öffentliche Bildungswesen in der Demokratischen Republik Kongo ist ein unerklärliches Versagen, das die Armut und die Kinderarbeit im Lande erheblich verschärft. Mit fünf oder sechs Dollar im Monat sind die Gebühren pro Kind, die zur Aufrechterhaltung des Schulbetriebs erforderlich sind, so gering, dass schon ein bescheidener Betrag zur Lösung des Problems beitragen könnte. Anders ausgedrückt: Die monatlichen Gebühren pro Kind, die erforderlich sind, um sicherzustellen, dass kongolesische Kinder die Schule besuchen, statt in den Minen arbeiten zu müssen, entsprechen zwei Primus-Bieren in der Taverne La Bavière.

Als ich ging, bestellten die Leiter der Genossenschaften eine dritte Runde.

IN DER UNTERWELT

Von allen europäischen Entdeckern Afrikas haben vielleicht keinem die Menschen des Kontinents mehr am Herzen gelegen als David Livingstone. Als Livingstone am 1. Mai 1873 im östlichen Sambia verstarb, war es also nur folgerichtig, dass seine treuen Gefährten Susi und Chuma sein Herz unter einem Affenbrotbaum vergruben. Sie balsamierten seinen Leichnam ein, wickelten ihn in ein geflochtenes Segeltuch und trugen ihn 2400 Kilometer weit nach Sansibar, damit seine sterblichen Überreste nach England verschifft werden konnten. Fast ein Jahr nach seinem Tod erhielt Livingstone ein Staatsbegräbnis in der Westminster Abbey. Auf dem Stein, der seine letzte Ruhestätte markiert, sind die letzten Worte eingraviert, die er in sein Tagebuch schrieb: »Alles, was ich in meiner Einsamkeit hinzufügen kann, ist, dass der Segen des Himmels auf jeden herabkommen möge, ob Amerikaner, Engländer oder Türke, der dazu beiträgt, diese offene Wunde in der Welt zu heilen.« Livingstone träumte davon, dass der Handel und das Christentum »den verheerenden Sklavenhandel« ausrotten würden, der das östliche Afrika verwüstete. Das Schicksal ersparte ihm die tragische Wahrheit – seine Bemühungen, das Innere Afrikas für den Handel und das Christentum zu öffnen, führten zu unermesslichem Leid der Menschen, die er so sehr liebte. Und nirgendwo war dieses Leid größer als im Kongo.

Kasulo ist die neue Wunde im Herzen Afrikas. Hier, in diesem Stadtteil von Kolwezi, liegt ein verstörendes Gewirr von Stollen, voll verzweifelter und berauschter Schürfer, die jeden Tag dem Tod ins Auge blicken. Jeder, der in Kasulo gräbt, lebt in der Angst, lebendig begraben zu werden. Es ist eine Gegend, in der sich die Gefahr konzentriert und das gesamte System des Kobaltabbaus im Kongo widerspiegelt – all der Wahnsinn, die Gewalt und die Demütigung erreichen hier ihren Kulminationspunkt. Kasulo ist auch das Gesicht all dessen, was in der Weltwirtschaft falsch läuft. Hier zählt nur der Rohstoff, die Menschen und die Umwelt sind entbehrlich. Alles, was die Zivilisation ausmacht, ist aufgegeben worden. Es ist eine hemmungslose Raserei ohne moralische Grenzen. Die Menschen in Kasulo sind dazu gezwungen, sich in einer Art Hobbes'schem Kriegszustand selbst zu verteidigen, zu kämpfen und zu sterben, indem sie jeden Tag »in ständiger Angst und in der Gefahr eines gewaltsamen Todes« ausharren. Kasulo bringt uns an den Rand einer schrecklichen Wahrheit. An diesem Ort werden wir das dunkle Geheimnis entdecken, das die Leviathane an der Spitze der Kobaltlieferkette im Verborgenen halten wollen. Dieses Viertel ist ein lästiges Gerücht, von dem sie hoffen, dass es ebenso wie die Menschen, die hier leben, für immer begraben bleibt. Kasulo wurde aus genau diesem Grund mit einer Mauer umgeben – niemand darf die Wahrheit aufdecken. Die Republikanische Garde und die FARDC patrouillieren auf der Mauer, die eine heiße und staubige Version der Berliner Mauer der 1960er-Jahre darstellt, aber wie jede Mauer, die bislang gebaut wurde, hat auch diese Risse bekommen. Mein kundiger Führer Claude war ein Einwohner von Kasulo und kannte dessen Geheimnisse gut. Er führte mich an den östlichen Rand des Viertels in die Nähe einer stillgelegten Bahnlinie, wo wir durch eine unbewachte Lücke in der Mauer eintraten.

»Kasulo ist ein Friedhof«, erklärte mir Claude mit den Augen eines Priesters, der den Glauben an Gott verloren hat. »Niemand weiß, wie viele Menschen hier begraben sind.«

Das Wesen von Kasulo ist ein Glücksspiel des Teufels: Stollengräber riskieren ihr Leben für die Aussicht auf Reichtum. Wohlgemerkt, das »höchste« Einkommen, das ich in Kasulo dokumentieren konnte, war ein durchschnittlicher Lohn von sieben

Dollar am Tag. Wenn eine besonders reiche Heterogenitader gefunden wird, steigt dieser Lohn auf zwölf oder sogar 15 Dollar. Das ist der Lottoschein, auf den alle scharf sind. Die besonders vom Glück begünstigten Stollengräber in Kasulo verdienen etwa 3000 Dollar im Jahr. Zum Vergleich: Die Vorstandsvorsitzenden der Technologie- und Autokonzerne, die das in Kasulo abgebaute Kobalt kaufen, bekommen 3000 Dollar in der Stunde, ohne ihr Leben jeden Tag bei der Arbeit aufs Spiel setzen zu müssen.

Als ich an einem Freitagvormittag nach Kasulo kam, wurde ich von zwei kleinen Jungen und fünf betrunkenen Männern begrüßt. Die meisten der erwachsenen handwerklichen Bergleute, die ich in der Nachbarschaft kennenlernte, tranken illegalen Alkohol, der aus Maniok hergestellt wird und *lotoko* genannt wird. Durch den Rausch verdrängten die meisten Schürfer den Schrecken des Abstiegs in die Stollen. Die fünf Männer führten mich zu einer rosafarbenen Plane, die mit Holzstöcken wie ein Zelt aufgespannt war. Die beiden Jungen huschten hinter die Plane und warfen sich scheue Blicke zu. Ihr Vater, Ikolo, erklärte, der Stollen befinde sich neben seinem Haus, zu dem auch ein kleines Stück Land gehöre. Seine Augen waren blutunterlaufen, und er lallte. Ikolos Gruppe hatte an diesem Morgen ein paar Stunden geschlafen und bereitete sich darauf vor, wieder in den Stollen hinabzusteigen. Eine andere Gruppe von Männern hatte sich die ganze Nacht über unter der Erde aufgehalten. Ikolo zeigte mir den Eingang zum Schacht. Über die Öffnung war ein Holzbrett gelegt. Ikolo sagte, dass die Schürfer in den Schacht hinabstiegen, indem sie sich mit Armen und Beinen gegen die Wände drückten und sich so nach unten hangelten:

»In diesem Stollen geht es 30 Meter in die Tiefe. Dort haben wir die Heterogenitader gefunden. Sie ist wie eine Schlange unter der Erde. Wenn wir die Schlange gefunden haben, folgen wir ihr so weit wie möglich. Es braucht Erfahrung, um herauszufinden, in welche Richtung wir gehen und wie weit wir ihr folgen müssen. Wir benutzen die [Betonstahlstäbe] hier, um den Stein aus der Wand zu schlagen.«

Ikolo erklärte, dass ein Mitglied der Gruppe, nachdem sie genügend Säcke mit Heterogenit gefüllt hätten, in den Schacht steige, um die Säcke mithilfe eines Seils, das an der Holzplanke über der Öffnung befestigt war, heraufzuziehen. Die Säcke wurden im Haus von Ikolo gelagert, bis sie zum Verkauf bereit waren. »Wir haben eine Vereinbarung mit einem Zwischenhändler«, erklärte Ikolo. »Er fährt seinen Lastwagen in die Nähe der Bahngleise, dann hieven wir die Säcke auf den Wagen.«

»Wo verkauft der Zwischenhändler das Kobalt?«, fragte ich.

»In Musompo«, antwortete er.

Ich fragte Ikolo, welche Vereinbarungen mit dem Zwischenhändler getroffen worden seien, und er antwortete, dass der Händler ihnen die Hälfte des Geldes aus dem Verkauf des Erzes in Musompo gebe. Laut Ikolo war dieser Betrag immer noch höher als der, den er bei den Depots in Kasulo erhalte, weil die Soldaten Geld von den Schürfern erpressten.

Die gefährliche Existenz als Stollengräber war nicht das Leben, das sich Ikolo gewünscht hatte. Er stammte ursprünglich aus Fungurume, wo er eine Autowerkstatt besessen hatte. Als er 2012 heiratete, beschlossen er und seine Frau, nach Kolwezi zu ziehen. Zu dieser Zeit war Kasulo noch ein relativ ruhiges Viertel, in dem er sich ein Haus und ein kleines Grundstück leisten konnte. Er hatte die Absicht, eine Werkstatt an der Hauptstraße nach Kolwezi zu eröffnen, aber 2014 änderte sich alles, als ein Mann, der in Kasulo einen Brunnen grub, Kobalt fand. Zunächst wehrte sich Ikolo gegen den einsetzenden Ansturm, doch schon bald wurde die Nachbarschaft von Schürfern und einer Vielzahl von Kleinbetrieben überflutet, die kamen, um die wachsende Bevölkerung zu versorgen. Über Nacht wurde es zu teuer, sein eigenes

Geschäft zu betreiben, und Ikolo konnte sich gegen den Wettbewerb nicht mehr behaupten. Er übernahm nun Gelegenheitsjobs, um über die Runden zu kommen, und versuchte alles, um sich den Gefahren des Stollenbaus nicht aussetzen zu müssen, trotz der möglichen Gewinne, die man dort erzielen konnte. Seine beiden Söhne wurden geboren, und aufgrund der zusätzlichen Ausgaben schaffte es seine Familie nicht mehr, über die Runden zu kommen.

»Wir konnten uns nur noch eine Mahlzeit am Tag leisten. Meine Söhne waren hungrig und krank. Ich hatte keine andere Wahl«, erzählte Ikolo.

Anfang 2018 trommelte Ikolo eine Gruppe von Verwandten zusammen und begann einen Stollen auf seinem Grundstück zu graben. Sein Ziel war es, genug Geld zu verdienen, um seinen Kindern eine Ausbildung zu ermöglichen.

»Ich bin nie zur Schule gegangen. Ich will nicht, dass meine Söhne auch so leben müssen.«

Ikolo kniete sich auf den Boden und zeichnete mit seinem Finger die Form des Stollens in die Erde. Der Hauptschacht führte geradewegs nach unten, bog dann um die Gesteinsschicht herum, die sie nicht durchstoßen konnten, und führte schließlich weiter hinunter zur Ader, der sie vom Fuß des Hauptschachtes aus L-förmig folgten. Sie hatten fünf Monate lang an dem Stollen gearbeitet. Es gab keine Stützen, und sie hatten keine Luftpumpe.

»Es ist sehr schwierig, im Stollen zu atmen«, erklärte Ikolo. »Es ist heiß, wir schwitzen.«

Ich fragte Ikolo, wie er sich fühle, wenn er unter Tage auf die Heterogenitader einhacke.

»Alle Männer müssen ruhig bleiben. Wir wissen, dass der Stollen einstürzen könnte. Wir sind nicht dumm. Wir beten, bevor wir hinuntergehen. Wir konzentrieren uns auf unsere Arbeit. Es liegt in Gottes Hand, ob wir überleben.«

Ikolo schätzte, dass in Kasulo jeden Monat ein Stollen einbreche. Er sagte, es spreche sich schnell herum, wenn so etwas passiere: »Wir hören die Nachricht noch am selben Tag. Wir trösten die Familien, so wie wir hoffen, dass sie auch unsere Familie trösten werden.«

Ikolo berichtete, dass die Stollen in Kasulo während der Regenmonate häufiger einstürzen und auch sehr schnell überflutet werden könnten. Falls Schürfer unter Tage sind, wenn ein Sturm aufzieht, bestehe die Gefahr, dass sie ertrinken.

Die ganze Unternehmung glich einem Todesurteil, sei es durch Ersticken, Ertrinken oder durch Einsturz. Ich fragte Ikolo, ob es das Risiko wert sei. Er schwieg einen Moment, bevor er mir eine Antwort gab.

»Es gibt hier keine andere Arbeit. Kobalt ist die einzige Möglichkeit. Wir gehen in den Stollen. Wenn wir mit genügend Kobalt zurückkommen, haben sich unsere Sorgen für einen Tag erledigt.«

Ikolo blickte zu seinen beiden Jungen, die vier beziehungsweise fünf Jahre alt waren.

»Jedes Mal, wenn ich in den Stollen gehe, frage ich mich, ob ich meine Söhne wiedersehen werde.« Ikolo küsste seine Jungen und stieg den Stollen hinunter. Eine Weile konnte man ihn noch im Licht sehen, dann war er weg. Ich schaute seine Kinder an und fragte mich, ob sie begriffen, wohin ihr Vater ging. War ihnen klar, dass sie ihn vielleicht zum letzten Mal gesehen hatten? Würden sie sich an ihn erinnern, wenn es so wäre? Ikolo war sich der Situation bewusst. Es war unmöglich, sich vorzustellen, welche Ängste er durchlebte, wenn er unter Tonnen von unbarmherziger Erde kauerte und sich fragte, ob der nächste Hieb gegen die Stollenwand sein letzter sein könnte. Ikolo hoffte, dass er lange genug lebte, um seinen Söhnen eine Ausbildung und ein besseres Leben ermöglichen zu können, aber dieser Wunsch konnte heute, morgen oder übermorgen mit ihm begraben werden. Wenn das

Schlimmste eintrat, würden sich seine Söhne eines Tages in derselben teuflischen Lage befinden wie ihr Vater – sie würden ihr Leben in der Unterwelt riskieren, nur um zu überleben.

Ich verließ Ikolos Stollen und ging weiter ins Herz von Kasulo. Um mich herum spielte sich ein düsteres Schauspiel ab. Es stank nach Fieber und Gewalt. Die Erde war aufgewühlt und verwüstet. Überall sah man Hügel und Abgründe. Der Ort war eine Ansammlung von Hütten, Geschäften für Schürfausrüstung, Lebensmittel- und Alkoholmärkten, Friseursalons, Kiosken zum Aufladen von Mobiltelefonen, Motorrädern, Fahrrädern, Schutthaufen, Stapeln von Bastsäcken und Kupfer-Kobalt-Depots. Aus großen schwarzen Lautsprechern dröhnte Popmusik in einem Kopfschmerz erzeugenden Mischmasch von Tönen. Hämmer, Schlegel und Pickel lagen auf dem Boden verstreut. Die Kieswege waren mit zerbrochenen Kisten, Plastiktüten und leeren Schnapsflaschen übersät. Kinder wuselten durch das Labyrinth der Unordnung. Teenager schoben Säcke mit Heterogenit auf rostigen Fahrrädern über die unbefestigten Pfade. Wohin man auch schaute, überall sah man Stollen und Planen. Die Menschen, deren Vorfahren einst gezwungen waren, ihr Leben in Kautschuk aufzuwiegen, mussten nun ihr Leben anhand der von ihnen geförderten Menge Kobalt bemessen.

In der Nähe eines Hüttenbordells kam es zu einer Schlägerei zwischen mehreren Männern. Eine Puffmutter stand am Eingang, die in einem indigo, azurblau und golden bedrucktem Tuch, der *pagne*, bekleidet war. Sie verwaltete das Geld, und sie zog es vor, in US-Dollar bezahlt zu werden. Sie war bereit, mich gegen eine Gebühr von zehn Dollar im Bordell umschauen zu lassen, aber ich durfte mit keiner der Frauen oder Mädchen sprechen, von denen einige kaum älter als 14 Jahre zu sein schienen. Das Bordell bestand aus kleinen gemauerten Zimmern ohne Dach und mit staubigen Matratzen auf dem Boden. Zigarettenstummel,

Schnapsflaschen und anderer Müll lagen im Schmutz verstreut. An einigen Wänden hingen Pin-ups von halb nackten Frauen. In einer der hinteren Kammern saß ein junges Mädchen in einem dunkelvioletten Kleid, das Haar zu einem Zopf gebunden. Ihre kindliche Ausstrahlung stand in krassem Gegensatz zu der schmutzigen Umgebung. Während ich mich umsah, folgte mir die Frau und blieb so dicht hinter mir, dass ich ihren heißen Atem in meinem Nacken spüren konnte. Schließlich wurde sie ungeduldig und verwies mich wieder nach draußen. Ich fragte sie, ob sie wisse, wie viele Bordelle es in Kasulo gebe. Sie zuckte mit den Schultern, schnalzte mit den Lippen und sagte: »Vielleicht zehn. Ich weiß es nicht.« Sie erklärte, dass die Schürfer immer an den Tagen, an denen sie bezahlt wurden, zu ihr kämen. »Sie wollen feiern. Sie wollen sich lebendig fühlen«, sagte sie. Die Soldaten hingegen nahmen sich die Frauen, ohne zu bezahlen.

Den Rest des Tages verbrachte ich damit, mich mit einigen Gruppen von Stollengräbern in Kasulo zu unterhalten. Als ich mir ihre Geschichten anhörte, wurde mir klar, dass sich hinter dem Chaos ein gewisses Maß an Ordnung verbarg. Es gab ein gut eingespieltes System mit einer Mikroökonomie aus Sponsoren, Schürfern, Verkäufern, Käufern und Ordnungskräften. Die Gruppe, deren Aussagen mir am meisten geholfen haben, das gesamte Ökosystem des Kobaltabbaus zu verstehen, traf ich an einer Schürfstelle nahe dem Zentrum des Viertels. Die vier Männer und zwei Teenager im Alter von 14 bis 25 Jahren gehörten zu einer größeren Gruppe von mehr als 30 Männern und Jungen, die einen Stollenkomplex neben einem Ziegelhaus mit vier Räumen aushoben.

Das älteste Mitglied dieser Gruppe, Mutombo, lud mich ein, mich im Stollenbereich umzusehen. Er trug eine dunkelbraune Jogginghose und ein grünes Heineken-T-Shirt. Er war muskulös und energiegeladen und hatte das Selbstvertrauen eines New Yorker Straßenhändlers. Mutombo erklärte, dass seine Schürfergruppe aus Brüdern und Cousins bestehe. Sie gruben in einem Haus, das weder ihnen oder jemandem aus den anderen Gruppen gehörte. Der Besitzer, Jacques, lebte in Lubumbashi. Sein Bruder Régis wohnte in Kasulo in der Nähe und leitete die 30-köpfige Schürfergruppe des Hauses. Jacques und Régis waren »Grubenbesitzer«, die Patenschaften für die Bergleute übernahmen, die auf dem Grundstück schürften. Das Patenschaftssystem funktionierte genauso wie in der CDM-Modellmine. Mutombo erzählte:

> »Wenn wir uns bereit erklären, den Stollen zu graben, zahlen uns die Paten jede Woche einen Lohn. Sie geben uns auch die Werkzeuge zum Graben, eine Wasserpumpe, zwei Luftpumpen und Stirnlampen. … Die Leute kommen aus verschiedenen Dörfern und graben auf den Grundstücken der Menschen, die hier leben. Alle kommen nach Kasulo, um Kobalt zu suchen. *Fuata nyuki ule asali* [›Folge den Bienen, wenn du Honig essen willst.‹]«

Mutombo sagte, dass sie drei Monate gebraucht hätten, eine Heterogenitader zu finden, und sie diese Ader nun seit ungefähr einem Monat ausbeuteten. Das Heterogenit wurde dann von Régis an ein Depot in der Nähe des Hauses verkauft. Die Einnahmen wurden im Verhältnis von 60 zu 40 Prozent zugunsten von Régis aufgeteilt. An den besten Tagen, so Mutombo, gehe er mit zehn Dollar nach Hause. Auf meine Frage, was geschähe, wenn die Schürfer die Patenschaft zurückgezahlt hätten, antwortete Mutombo, er glaube, dass das System dann auf eine Aufteilung von 50 zu 50 umgestellt würde, obwohl er sich nicht sicher sei. Entscheidend war, dass die Bergleute nicht mit Régis zum Depot gehen durften. Sie mussten darauf vertrauen, dass er ihnen ehrlich mitteilte, zu welchem Preis er das Erz verkauft hatte.

»Wir steigen hinunter, wir graben, wir steigen wieder herauf. Wir waschen uns den Staub ab. Das ist unser Leben. Wir können nur vorwärtsgehen«, erklärte Mutombo.

Mutombo zündete sich eine Zigarette an und blies den Rauch wehmütig aus. Wir sprachen weiter über seine Herkunft und darüber, was ihn nach Kasulo geführt hatte.

»Ich wurde in Likasi geboren. Können Sie sich vorstellen, dass ich sieben ältere Brüder habe? Meine Mutter wollte ein Mädchen, also versuchte sie es immer wieder, und als ich geboren wurde, sagte sie zu meinem Vater: ›Du musst ein Hexer sein! Nimm vier von diesen Jungs und tausche sie gegen ein Mädchen!‹«

Mutombo lachte ausgelassen. Es war das erste Mal, dass ich einen Bergarbeiter lachen hörte. Mutombo hatte die Schule in der achten Klasse verlassen und angefangen, in handwerklichen Minen in der Nähe von Likasi nach Kobalt zu schürfen, unter anderem in Tocotens, wo auch Patoke tätig war.

»Ich weiß, Sie werden sagen, dass Bildung wichtig ist, aber ich wollte meinen Eltern helfen. Ich wollte mir für mich selbst Sachen kaufen können«, sagte Mutombo.

Drei von Mutombos älteren Brüdern hatten bereits im handwerklichen Bergbau gearbeitet, und einer von ihnen war nach Sambia gezogen und hatte bei einem Zementhersteller in Ndola angefangen. Die anderen arbeiteten in Likasi und Lubumbashi.

»Ich habe einen Plan. Ich werde nicht ewig graben. Ich spare Geld. Wenn ich genug gespart habe, werde ich in Kasulo ein Geschäft eröffnen und Zigaretten und Bier verkaufen. Jeder Schürfer braucht Zigaretten und Bier!«

Es gibt nur wenige Menschen auf der Welt, die die Vorsehung so dreist herausfordern wie ein Bergmann, der sich traut, einen Traum zu haben. Mit jedem Tag, an dem Mutombo in den Stollen hinabstieg, nahm die Wahrscheinlichkeit zu, dass er einen schrecklichen Tod erleiden würde. Warum tat er es? Dass es keine sinnvolle Alternative gab, ist ein Teil der Antwort, aber nicht die ganze. Da war immer noch der Drang, schnell reich zu werden, der die Bergleute nach Kasulo trieb. Es war ein großes und oft tragisches Glücksspiel. Wie üblich in Kasinos, gewann am Ende schließlich das Haus. Stollengräber wie Mutombo waren nur zu einem winzigen Teil an der untersten Stufe der Wertschöpfungskette beteiligt. Fast der gesamte Wert ihrer Arbeit wurde abgeschöpft und unter den höheren Gliedern der Kette verteilt. Dennoch konnte Mutombo im Vergleich zu seinen Kollegen in den Bergbauprovinzen ein vergleichsweise hohes Einkommen erzielen. Jedes Mitglied seiner Gruppe produzierte etwa zehn Kilogramm Heterogenit pro Tag. Bei einem durchschnittlichen Gehalt von vier Prozent und einem Preis von etwa 1,30 Dollar pro Kilogramm verdienten die Gruppenmitglieder bei einer Aufteilung von 60 zu 40 Prozent mit ihrem Sponsor durchschnittlich 5,20 Dollar am Tag, was sich auf 6,50 Dollar am Tag erhöhen würde, wenn das System auf eine 50/50-Aufteilung umgestellt werden sollte. Dies ist das höchste Durchschnittseinkommen aller handwerklichen Kobaltschürfer, mit denen ich in der Demokratischen Republik Kongo gesprochen habe.

Diese Zahlen deuten auch darauf hin, dass die Gesamtproduktion an Kobalt in Kasulo enorm ist. Wenn jeder Schürfer etwa 250 Kilogramm Heterogenit im Monat fördert und es 18 000 Kleinschürfer in Kasulo gibt, dann produziert die Region ungefähr 54 000 Tonnen Heterogenit im Jahr. Man geht davon aus, dass unter Kasulo zwischen 600 000 und 800 000 Tonnen Heterogenit lagern, sodass die Anlage noch zehn bis 15 Jahre laufen kann. In dieser Zeit werden die Stollenschürfer von Kasulo – für kongolesische Verhältnisse – viel Geld verdienen. Unzählige Menschen werden ihr Leben verlieren. Wenn das Kobalt schließlich versiegt, wird sich die Welt weiterdrehen und Kasulo hinter sich lassen, wie ein Löwe, der seine Mahlzeit beendet hat. Das ist die »Katastrophe«, vor der Gloria, die Studentin in Lubumbashi, warnte. Wenn die Ressourcen erst einmal geplündert sind, wird den Kongolesen nichts bleiben als wertloser Dreck und leere Mägen. In der Zwischenzeit lockte die Aussicht, fünf oder zehn Dollar am Tag zu verdienen, Tausende von Schürfern wie Mutombo in die Stollen. Die Weltwirtschaft hing davon ab. Mutombos täglicher Abstieg in den Stollen schuf für alle Beteiligten in der Kette einen Wert in Milliardenhöhe, aber er und seinesgleichen trugen das gesamte Risiko. Das System stand für alle außer Mutombo auf dem Kopf, und die Reichtümer, die er schuf, stapelten sich auf seinen Schultern in den Himmel.

Mutombos Gruppenmitglieder schickten sich an hinabzusteigen. Ich schaute hinab in den Schacht, als der erste junge Mann seine Füße und Hände gegen die Wände des Schachts drückte und im Abgrund verschwand. Ich fragte Mutombo, ob der Stollen irgendwie mit Stützen gesichert sei. Das war nicht der Fall. Soweit ihm bekannt war, hatte auch keiner der anderen Stollen in Kasulo Stützen. Während der zweite Mann den Schacht hinunterstieg, beschrieb Mutombo den Vorgang des Grabens im Stollen genauer. Der erste Schritt wurde *kufanya découverte* genannt, eine Mischung aus Suaheli und Französisch, was so viel wie »die Entdeckung machen« bedeutet. In dieser Phase gruben die Kleinschürfer mit Schaufeln den Schacht gerade nach unten, bis sie auf eine Heterogenitader stießen. Sobald das Erz entdeckt war, übernahm der *attaquant* (»Angreifer«) die Leitung des Grabungsteams, indem er entschied, welches der beste Weg sei, um der Ader zu folgen – ein Prozess, der *kufwata filon* genannt wird.

Mutombo sagte, dass er der *attaquant* in seiner Gruppe sei. Eine Aufgabe, die er sehr ernst nahm.

»Es braucht Erfahrung, um herauszufinden, wie tief man dem Kobalt folgen muss«, erklärte Mutombo. »Wenn wir der Ader folgen, ist das die Phase, in der wir am ängstlichsten sind. Mit jedem Meter, den wir graben, steigt das Risiko, dass der Stollen einstürzt.«

Mutombo zeigte auf zwei Kabel, die an einen Dieselgenerator neben dem Haus angeschlossen waren und sich den Stollenschacht hinunterschlängelten. Er sagte, damit würden die Luftpumpen betrieben, die ihnen beim Atmen halfen, wenn sie eine ganze Nacht unter der Erde blieben.

»Wir schlafen eine Zeit lang in der Kammer am Ende des Hauptschachtes, manchmal aber auch tiefer im Stollen. Diese Maschine bewahrt uns vor dem Ersticken.«

Ich fragte Mutombo, warum er zu einem Nickerchen nicht an die Oberfläche zurückkehre, anstatt mehr Zeit als nötig unter Tage zu verbringen.

»Gott hat unser Schicksal bereits bestimmt. Wenn wir im Stollen sterben sollen, dann werden wir auch dort sterben.«

Mutombo rief etwas den Schacht hinunter und ließ ein langes Seil fallen, das aus zerrissenen, zusammengebundenen Bastsäcken bestand.

»Ich zeige es euch«, sagte er und lächelte, als wollte er uns einen Blick auf einen großen Schatz ermöglichen.

Mutombo schlang das eine Ende des Bastseils um sein linkes Handgelenk und stellte sich breitbeinig auf die Holzplanke über der Stollenöffnung. Jemand rief von unten. Mutombo begann das Seil mit schnellen, kraftvollen Bewegungen nach oben zu ziehen. Jeder Muskel in seinem Körper war angespannt, als er zog, atmete und zog. Ich war mir sicher, dass der Sack praktisch schon oben sein müsste, aber er zog und zog, bis er endlich zum Vorschein kam – ein Sack aus Bast, gefüllt mit mindestens 30 Kilogramm hochwertigem Heterogenit. Mutombo ließ den Sack neben dem Stollen auf den Boden fallen und holte Luft. Schweißperlen liefen ihm über die Stirn und auf den Nasenrücken. Der Rücken seines Hemdes war durchnässt. Er stieg von der Planke und löste das Seil von seinem Handgelenk. Dann band er den Sack los, öffnete den Deckel und grinste von einem Ohr zum anderen.

»Kobalt.«

Ich griff in den Sack und nahm einen faustgroßen Brocken Heterogenit heraus. Er sah ähnlich aus wie das erste Stück, das ich in Kipushi in der Hand gehalten hatte – eine betörende Mischung aus Blaugrün und Azurblau mit silbernen Einsprengseln, überzogen mit orangen und rötlichen Flecken. Die Farben dieses Exemplars waren kräftiger und intensiver. Es handelte sich um eines der hochgradigsten Kobalterze der Welt, und es war überall unter Kasulo und wartete darauf, entdeckt zu werden.

Mutombo war das letzte Mitglied seiner Gruppe, das sich in den Bauch der Schlange wagte. Wie alle Schürfer in Kasulo klammerte er sich an den Traum von einem besseren Leben. Um seine Ziele zu erreichen, musste er wie ein Schatten leben, der zwischen zwei Welten gefangen ist – zwischen der Oberfläche und dem Stollen, den Lebenden und den Toten. Im Gegensatz zu den meisten Bergarbeitern in Kasulo trank Mutombo keinen Alkohol. Er trat dem Grauen frontal gegenüber. Ich glaube, er verstand, dass seine Zeit nur geliehen war. Mit jedem Tag, an dem er seine Schulden bei Jacques und Régis zurückzahlte, wuchs seine Schuld bei den Toten. Eines Tages würden sie vielleicht die Rechnung begleichen. Dennoch war er gezwungen, auf der Suche nach dem blauen Gold immer wieder unter die Erde zu gehen.

Das Geld und der Tod sind in Kasulo untrennbar verbunden; die Schürfer können das eine nicht ohne das andere bekommen.

Mutombo drückte meine Hände fest, bevor er hinabstieg. Unsere Blicke trafen sich in einem Moment des gemeinsamen Erkennens. Ich würde ihn nie wiedersehen, doch wir waren für immer verbunden durch den Strom der Steine von seiner Welt zu meiner.

Ich beobachtete Mutombo, wie er in den Stollen hinunterstieg. Kurz bevor ihn die Schatten einholten, schaute er zu mir herauf und lächelte, wie in jenem Moment, als das erste Licht auf die Erde fiel.

Das Heterogenit, das Mutombo und seine Gruppe ausgegraben hatten, begann seine Reise die Kette hinauf in einem Depot, das nicht weit vom Grabungsort entfernt lag. Ich ging dorthin, um es mir näher anzuschauen, aber das Depot wurde von Soldaten bewacht. Aus der Ferne konnte ich sehen, dass an der Fassade des Metallschuppens handgeschriebene Preise, abgestuft nach Reinheitsgraden von einem bis 20 Prozent, angebracht waren. Ich habe keinen einzigen Minenarbeiter in Kasulo gefunden, der auch nur behaupten konnte, jemanden zu kennen, der je mehr als zehn Prozent Reinheitsgrad bezahlt bekommen hatte. In dem Gebäude saß ein Chinese auf einem Plastikstuhl, umrahmt von riesigen Säcken mit Heterogenit. In Anwesenheit der Soldaten war es nicht möglich, mit ihm zu sprechen. In mehreren anderen Depots in Kasulo stieß ich auf ähnliche Einschränkungen. Selbst dort, wo keine Soldaten anwesend waren, konnte ich mich nur kurz mit den zuständigen Personen unterhalten. Claude sagte, er kenne den Leiter von Depot 88, Boss Xi, und es gelang ihm, ein Treffen mit Xi außerhalb von Kasulo zu arrangieren.

Ich ging mit Claude am vereinbarten Abend zu einem Imbissstand an der Straße am Stadtrand von Kolwezi. Autos und Motorräder fuhren in einem geisterhaften Dunst aus Abgasen und Staub vorbei. Während wir auf Xi warteten, erzählte Claude mehr über die Spannungen zwischen der chinesischen und der kongolesischen Bevölkerung. Er erläuterte, dass der Unmut der Kongolesen über die Plünderung ihres Landes und die Ausbeutung von Ressourcen, die ihren Gemeinschaften wenig oder gar nichts bringe, zunehme und gelegentlich überkoche. Die von Promesse und Asad geschilderten Unruhen in Tenke Fungurume und das herzzerreißende Video von den Unruhen bei COMMUS, nachdem zwei Kinder erschossen worden waren, sind nur einige Beispiele dafür. Claude beschäftigte sich sehr mit der Dynamik zwischen der chinesischen und der kongolesischen Gemeinschaft, und er äußerte sogar den Wunsch, eines Tages nach China zu reisen, »um zu sehen, woher sie alle kommen«. Er war auch einer der wenigen Kongolesen, die ich traf, der mit Mitgliedern der chinesischen Gemeinschaft, darunter Boss Xi, freundschaftlich verbunden war. In der Regel jedoch schlossen die Kongolesen keine Freundschaften mit den Chinesen.

»Die Beziehung, die wir zu den Chinesen haben, hat sich erst durch den Austausch ergeben«, erklärte Claude.

Er vermutete, dass der Mangel an sozialer Interaktion zwischen der chinesischen und der kongolesischen Gemeinschaft dazu führe, dass Misstrauen geschürt wurde.

»Es gibt viele Vorurteile von beiden Seiten«, sagte er.

Ich fragte ihn, ob er einige Beispiele nennen könne.

»Die Kongolesen haben das Gefühl, dass die Chinesen uns wie Tiere behandeln. Oder dass sie denken, dass wir schmutzig sind. Sie essen nichts, was ein Kongolese berührt hat. Deshalb essen sie nur in ihren Privatrestaurants.«

Was die Vorurteile in die andere Richtung angeht: »Die Chinesen haben keine Gefühle. Sie sind wie Roboter. Wie sonst könnten sie ein Jahr lang von ihren Familien fernbleiben?«

Was die Kongolesen vielleicht am meisten an den Chinesen störte, war Folgendes: »Sie verbrennen ihre Leichen!« Die Einäscherung war für die meisten Kongolesen eine völlig ungewohnte, schockierende Praxis. Claude erzählte von einem chinesischen Bauarbeiter, der bei einem Unfall in der Nähe von Kolwezi ums Leben gekommen war. Da es nicht möglich war, den Leichnam nach China zu überführen, bat die Familie darum, ihn im Kongo einzuäschern.

»Sie veranstalteten eine Zeremonie in ihrer Gemeinde. Sie verbrannten die Leiche. Ich konnte es nicht glauben. Wie kann er zu seinen Vorfahren gelangen, wenn er nur noch Asche ist?«

Ich erklärte Claude, dass wir Inder dieselbe Tradition hätten. Er zuckte höflich mit den Schultern. Es blieb ihm einfach unverständlich.

Trotz der kulturellen Unterschiede, so Claude, empfänden viele Kongolesen aber doch einen gewissen Respekt vor den Chinesen: »Sie arbeiten gemeinschaftlich, um ihre Ziele zu erreichen. Die Kongolesen arbeiten nur für sich selbst. Aus diesem Grund ist China ein fortschrittliches Land und der Kongo arm. Darauf sind viele Kongolesen neidisch.«

Boss Xi erschien und begrüßte Claude freundlich. Sie kannten sich seit etwas mehr als einem Jahr, obwohl sie nicht miteinander verkehrten. Bei ihrer ersten Begegnung im Depot 88 schien Xi sehr krank zu sein und einen schlimmen Husten zu haben.

»Er brachte mir Medizin und war sehr nett zu mir«, erklärte Xi.

Wie Claude vermutet hatte, aß Xi in der Imbissbude nichts. Claude bestellte eine Schüssel *mwambe* (Hühnereintopf), und ich nahm eine Limonade. Xi sagte, dass er später am Abend in dem Restaurant in der chinesischen Gemeinde in Kolwezi essen werde.

»Das Restaurant hat Satellitenempfang, sodass wir die Programme aus China sehen können«, erklärte er. Xi schaute sich auch gerne Streaming-Sendungen auf seinem Mobiltelefon an. Seine Lieblingssendung war eine Fantasy-Krimiserie namens *Guardian,* in der es um außerirdische Rassen geht, die mit den Menschen auf einem anderen Planeten leben und sich um begrenzte Ressourcen streiten.

Claude erzählte Xi mehr über mich und über meine Forschungen zum Kobaltabbau.

»Es ist schön, dass wir uns hier unterhalten können«, meinte Xi. »In Kasulo würden uns die Soldaten schikanieren.«

Xi war 32 Jahre alt und kam aus Wuhan. Wie sich herausstellte, fand unser Treffen etwa ein Jahr vor dem Ausbruch der Covid-19-Pandemie in seiner Heimatstadt statt, von wo aus sie sich über die ganze Welt verbreitete. Zum Zeitpunkt unseres Treffens war Xi bereits seit fast zwei Jahren im Kongo. Zunächst hatte er in der CDM-Verarbeitungsanlage in Lubumbashi gearbeitet, dann wurde er zur Betreuung eines Depots in Musompo angestellt, und schließlich wurde ihm das Depot 88 in Kasulo übertragen. Xi sagte, dass er sechs Tage in der Woche im Depot arbeite, normalerweise von etwa zehn Uhr morgens bis sechs Uhr abends. Er kaufte Heterogenit von den Kleinschürfern oder den Grubenchefs an, zeichnete die Transaktionen auf und hatte gelegentlich Streitigkeiten über Preis und Qualität. Er sagte, dass er sein Geld in einer verschlossenen Kiste aufbewahre, die er am Ende des Tages seinem Chef in der CDM-Mine übergebe. Das von ihm angekaufte Heterogenit wurde von Schürfern, die auf dem CDM-Gelände arbeiteten, vom Depot zu einem Ort transportiert, an dem das Erz auf einen Pick-up geladen und in die Konzession gefahren werden konnte. Ich fragte, wie ein Mann aus Wuhan dazu komme, in einem Lagerhaus in Kasulo zu arbeiten.

Xi antwortete, er habe im Internet eine Stellenausschreibung für eine Managerposition bei CDM gesehen. Xi ging zu einem Vorstellungsgespräch, wo man ihm auch Fotos von komfortablen Wohnungen zeigte, in denen er wohnen würde. Er nahm die Stelle an, und CDM organisierte sein Visum und seinen Flug. Nachdem Xi in Kolwezi angekommen war, stellte er fest, dass die Bedingungen nicht so waren, wie sie dargestellt worden waren.

»Die Wohnung ist nicht besonders schön, und ich muss sie mit drei anderen CDM-Mitarbeitern teilen. Ich habe nur die Hälfte des versprochenen Gehalts bekommen. Der Job entspricht nicht dem, was ich erwartet habe«, stellte Xi fest.

Ich fragte Xi, ob er jemals daran gedacht habe, nach Hause zurückzukehren, um eine andere Arbeit zu finden, worauf er erwiderte, dass sein Vertrag fünf Jahre laufe. Wenn er den Vertrag brechen würde, würde sich das herumsprechen, und es wäre sehr schwierig für ihn, eine andere Arbeit zu finden. Er fügte hinzu, dass es für ihn auch nicht einfach wäre, Papiere für die Rückkehr nach Hause zu bekommen, wenn er den CDM-Job aufgäbe.

»Ich kenne viele Chinesen, die den Kongo verlassen haben und nach Südafrika gegangen sind«, sagte Xi. »Sie werden sich schwertun, Papiere für die Rückkehr nach China zu bekommen. Sie haben keine Familie wie ich, also kann ich dieses Risiko nicht eingehen.«

Xis Frau und sein Sohn waren in Wuhan geblieben. Es hatte ihm widerstrebt, sie wegen eines Jobs Tausende von Kilometern entfernt zurückzulassen, aber er glaubte, dass es in China keine guten Jobmöglichkeiten gab, und die Entsendung in den Kongo war die einzige Möglichkeit, die sich ihm nach mehr als einem Jahr der Arbeitssuche bot. In seinem zweiten Jahr im Kongo fiel es Xi besonders schwer, von seiner Familie getrennt zu sein.

»Ich kann ihre Gesichter nur über WeChat sehen«, erklärte er. »Als ich hierherkam, war mein Sohn zwei Jahre alt. Jetzt ist er vier. Ich frage mich, ob er versteht, wer ich bin.«

Xis Gehalt für die Arbeit im Depot belief sich auf etwa 1300 Dollar im Monat. Das war zwar nur die Hälfte der ihm versprochenen Summe, aber immer noch das Achtfache des Durchschnittslohns der Kleinschürfer in Kasulo und mehr als das 20-Fache des Durchschnittslohns der Minenarbeiter in den Bergbauprovinzen.

Es war schwer, kein Mitgefühl für Xi zu empfinden. Er saß weit weg von zu Hause fest, isoliert und gefangen in Monotonie. Er trotzte den schwierigen Bedingungen, um seine Familie zu ernähren, nicht anders als Ikolo, obwohl er eine Stufe höher in der Kobaltkette und unter sichereren Bedingungen arbeitete. Bevor Xi sich verabschiedete, sagte er noch: »Vielleicht können Sie mit den CDM-Bossen in Lubumbashi sprechen. Sie haben ein schönes Leben. Sie wohnen in Privathäusern und reisen oft nach China. Bitte fragen Sie sie, warum unser Leben in Kolwezi so schlecht sein muss.«

Ich machte mir nicht die Mühe, Xi zu sagen, dass der einzige CDM-Repräsentant, der bereit gewesen war, mit mir zu sprechen, zu sehr damit beschäftigt war, darüber zu klagen, dass die Afrikaner faul und ignorant seien, als dass er sich mit der Lebensqualität von Depotmanagern wie ihm befassen könnte.

Bei jedem Besuch in Kasulo schien sich der Wahnsinn noch zu steigern. Das Gerangel um Kobalt heizte die Atmosphäre auf. Das ganze Spektrum menschlicher Emotionen brach aus den Stollen hervor: Hoffnung, Angst, Gier, Furcht, Wut, Neid und vor allem Qual. Die Mütter von Kasulo hatten die größten Qualen von allen zu ertragen. Die meisten von ihnen wollten nicht mit mir sprechen. Es gibt Trauer, und es gibt seelisches Leid. Es gibt Verlust, und es gibt lebenszerstörendes Unglück. Im Kongo stößt man nur allzu oft an die Grenzen dessen, was ein menschliches Herz ertragen kann. Das Land ist voller Ungeheuer, und die Bestie, die unter Kasulo haust, ist eine tausendköpfige Hydra, die mit aufgerissenem Maul an der Oberfläche auf ihre Beute wartet.

Bei meinem zweiten Besuch in Kasulo sprach ich mit einer jungen Mutter namens Jolie. Sie sagte, sie wolle über einen Unfall reden, aber in dem Moment, in dem ich ihr kleines Haus mit rissigen Ziegelwänden und einem verrosteten Dach betrat, hatte ich das Gefühl, dass sie es bereute, mich hineingebeten zu haben. Ihre schlanke Gestalt war vor Kummer gekrümmt. Ihre großen Augen waren tief eingesunken. Die Knochen ihrer Handgelenke schienen aus dem Fleisch zu ragen. Die Zähne waren zusammengebissen wie bei einem Skelett. Die Haut an ihrem Hals wies streifenförmige Verfärbungen auf, die wie Bänder aussahen. Sie atmete kratzend, aber ihre Stimme erinnerte irgendwie an den sanften Gesang einer Nachtigall.

Jolie sagte, dass sie seit Monaten keine Nacht mehr durchgeschlafen habe. Die meisten Nächte starrte sie auf die Rostflecken auf dem Metalldach. Streulicht drang in den engen Raum zwischen den Ziegeln und dem Metall. Die Schatten spielten ihr Streiche im Kopf. Wenn sie in den Schlummer fiel, tauchten verschiedene Gestalten auf. Sie konnte die Gesichter nicht erkennen, aber sie wusste, wer sie waren. Sie versuchte zu schreien, aber sie brachte nichts heraus. Sie versuchte aufzustehen, aber sie konnte sich nicht rühren. Sie wollte sich festhalten, aber sie konnte ihre Arme nicht heben. Sie knirschte mit den Zähnen, so stark, dass sie das Gefühl hatte, sie würden sich vom Zahnfleisch zu lösen. Schließlich schreckte sie in Panik hoch. Ein paar Minuten lang konnte sie nicht unterscheiden, was Wirklichkeit war und was Traum.

Jolie lebte jeden Tag in der Angst, an jenen Augenblick erinnert zu werden, als sie die Nachricht erhielt, dass ihr Mann Crispin und ihr 16-jähriger Sohn Prosper bei einem Stolleneinsturz in Kasulo verschüttet worden waren.

»Mein Leben endete an diesem Tag. *Mimi ni mzimu* [Ich bin ein Geist].«

Jolie erinnerte sich daran, wie sie in einem Zustand des Schocks zum Ort des Einsturzes eilte. Sie lehnte es ab, über weitere Einzelheiten des Ereignisses zu sprechen. Als sie wieder nach Hause kam, herrschte Totenstille. Die zum Trocknen aufgehängte Kleidung roch noch immer nach ihrem Mann und ihrem Sohn. Die Schüsseln, aus denen sie den morgendlichen Eintopf gegessen hatten, waren die letzten Dinge, die sie berührt hatten. Alles in diesem erdrückenden Raum erinnerte sie an die beiden. Ihr Zuhause war Schmerz. Nach draußen zu gehen, war noch schlimmer.

»Der Stollen ist nur zehn Meter von hier entfernt. Ich gehe jeden Tag an diesem Ort vorbei. Ich schaue hinunter auf den Boden. Crispin und Prosper sind noch da. Sie sind unter meinen Füßen.«

Wenn in Kasulo ein Stollen einstürzt, werden die meisten Leichen nie geborgen. Die Familienangehörigen sind nicht in der Lage, ihren Angehörigen ein angemessenes Begräbnis zu geben.

Stattdessen sind sie gezwungen, jeden Tag über ihre Toten zu gehen. Das ist die Realität, die wir nicht zu Gesicht bekommen sollen. Das ist die Wahrheit, die hier für immer begraben bleiben soll. Die Grausamkeit eines Stolleneinsturzes kennt keine Gnade, und jeder weiß es. Vielleicht verlassen sie sich darauf – auf diese undurchdringliche Stille, die sich über die riesige Zahl der ausgelöschten Leben legt, auf denen großes Vermögen aufgebaut wurde. Doch trotz aller Tragödien gibt es einige wenige Menschen, die durch einen glücklichen Zufall die brutale Gewalt eines Stolleneinsturzes überlebt haben. Sie befanden sich zufällig nahe an der Oberfläche und konnten sich gerade so lange am Leben halten, bis jemand sie ausgraben konnte. Einer dieser Überlebenden war der 17-jährige Lucien in Kasulo.

Lucien saß missmutig auf dem Boden seiner Zweizimmerhütte. Seine Mutter Alexandrine und sein Vater Josué saßen neben ihm. Josué ließ deutlich erkennen, dass ihm meine Anwesenheit nicht behagte.

»Was machen Sie hier? Was wollen Sie hier?«, fragte er immer wieder.

Ich sagte ihm, dass ich gekommen sei, um zu verstehen, was mit seinem Sohn geschehen sei.

»Schauen Sie ihn an! Sie können sehen, was passiert ist.«

»Ja, aber könnten Sie mir bitte erklären, wie er verletzt wurde?«

»Wozu soll das gut sein?«

»Wenn die Menschen außerhalb des Kongo erfahren, wie Kinder wie Lucien beim Kobaltschürfen verletzt werden, kann das vielleicht helfen, die Arbeitsbedingungen hier zu verbessern.«

»Das wird meinem Sohn nicht mehr helfen.«

»Nein … aber vielleicht hilft es jemand anderem.«

Josué brummte, aber schließlich willigte er ein, mich mit Lucien über den Unfall sprechen zu lassen.

Lucien war groß und schlank und hatte einen durchdringenden Blick. Seine beiden Beine waren zerschmettert und wurden von Metallstäben zusammengehalten. Er schien sich in einem Zustand erhöhter Erregung zu befinden. Das Blut pulsierte in schnellen Schlägen durch eine pralle Vene auf seiner Stirn. Er verkrampfte seinen Kiefer, während seine Augen den Raum vor ihm musterten, als suchte er nach etwas, auf das er sich konzentrieren konnte, um seinen Geist zu beruhigen. Lucien begann ein paarmal zu sprechen, stockte aber schnell wieder. Nach einer sanften Ermutigung durch seine Mutter fing er an, von seinem Leid zu erzählen.

Als Lucien 15 Jahre alt war, hatte er zusammen mit Josué angefangen, in der Mine eines großen Stollenkomplexes in Kasulo zu arbeiten. Mehr als 50 Männer und Jugendliche arbeiteten in mehreren Gruppen in dem Minenkomplex. Mit mehr als 60 Metern war der Hauptschacht einer der tiefsten, die mir je beschrieben wurden. Die Hauptkammer am Fuß des Stollens war groß genug, dass alle 50 Schürfer darin Platz fanden. Sie gruben drei weitere Stollen, die von der Hauptkammer abzweigten und verschiedenen Heterogenitadern folgten. Sie hatten Luft- und Wasserpumpen für jeden Stollen. Jeder Bergmann war mit einer Stirnlampe und einer Spitzhacke ausgestattet. Lucien legte sich ins Zeug und schaffte es, fünf bis sechs Dollar am Tag zu verdienen. Er war stolz darauf, dass er mit diesem Einkommen das Schulgeld für seine drei jüngeren Geschwister bezahlen konnte. Die Familie hatte zu essen, unter anderem einmal in der Woche Huhn, und konnte sich ab und zu neue Kleidung kaufen.

Am Morgen des Unfalls verließ Lucien nach dem Frühstück mit seiner Spitzhacke das Haus, um in der Anlage zu graben. Josué blieb zu Hause, denn er musste sich von Husten und Fieber auskurieren. Mit leiser Stimme schilderte Lucien, was dann geschah:

> »Am Ende des Tages versammelte sich eine Gruppe von uns in der Kammer, um aus dem Stollen auszusteigen. Wir hatten ein Seil an einen Baum gebunden, an dem wir hochklettern konn-

ten. Ich war mit meinem Freund Kally ganz vorne. Er nahm das Seil zuerst. Ich war unter ihm. Wir waren nur ein paar Minuten geklettert, als der ganze Stollen um uns herum einstürzte. Es ging alles so schnell. Es war, als ob der Boden mich verschluckte. Ich konnte mich nicht bewegen. Ich konnte kaum atmen. Mein Herz tat fürchterlich weh.

Dank der Gnade Gottes begannen einige Leute, nach uns zu graben. Kally und ich waren fast oben. Die Leute zogen uns heraus.«

Laut Lucien hatten sich zum Zeitpunkt des Einsturzes etwa 60 Bergleute in dem Stollenkomplex befunden. Er sagte, dass nur er und Kally überlebt hätten. Es ist nicht klar, ob nur der Hauptschacht eingestürzt war oder auch die Kammer am Fuß des Schachts und die übrigen drei Stollen.

»Keiner weiß, was mit den anderen geschehen ist. Wenn alle Stollen auf einmal eingestürzt sind, waren sie schnell tot. Aber falls nur der Hauptschacht eingestürzt ist, dann wären sie gefangen gewesen. Vielleicht ist ihnen nach einem Tag die Luft ausgegangen.«

Lucien überlebte den Einsturz, erlitt aber mehrere Beinbrüche. Seine Eltern konnten sich nur eine Operation im Krankenhaus in Kolwezi leisten, von den mindestens zwei oder drei Operationen, welche die Ärzte für nötig hielten. Seine drei jüngeren Geschwister mussten die Schule verlassen, weil die Familie die Schulgebühren nicht mehr aufbringen konnte. Luciens Wunden waren noch nicht vollständig verheilt, als ich ihn einige Monate nach seiner Operation traf. Er wirkte blass und kraftlos, und wie es um die Knochen in seinen Beinen stand, war unbekannt. Lucien erhielt keine postoperative Behandlung oder Physiotherapie. Es war durchaus möglich, dass seine Knochen nicht richtig oder gar nicht zusammengewachsen waren. Alexandrine sah auf ihr dahinsiechendes Kind und war außer sich. »Wie soll mein Sohn so leben? Sein Leben ist ruiniert.« Sie sagte, wenn ihr Mann nicht krank gewesen wäre, wäre er vielleicht auch mit den anderen im Stollen gestorben.

Josué blieb während des gesamten Gesprächs stumm. Ich verstand, warum es ihm widerstrebte, dass sein Sohn diese Tragödie noch einmal durchleben musste. Bevor ich ging, ergriff Josué meinen Arm und schaute mich mit aufgewühlter Miene an.

»Verstehen Sie jetzt, wie Leute wie wir arbeiten?«

»Ich glaube, ja.«

»Sagen Sie es mir.«

»Ihr arbeitet unter schrecklichen Bedingungen und ...«

»Nein! Wir arbeiten in unseren Gräbern.«

7

DIE LETZTE WAHRHEIT

KAMILOMBE

Eine tiefe Melancholie überkam mich. Ja, dies war derselbe Ort. Aber es gab keinen schattenhaften Freund, der mir in der Dunkelheit der unermesslichen Ödnis zur Seite stand, keine große, eindringliche Rückbesinnung, sondern nur die Erinnerung an einen Zeitungsknüller und das Wissen um die schändlichste Jagd nach Beute, die je die Geschichte des menschlichen Geistes entstellt hat.

Joseph Conrad, Geography and Some Explorers (1924), Last Essays

Henry Morton Stanleys ehrgeiziger Versuch, sich durch das Auffinden von Dr. Livingstone einen Namen zu machen, zog im Kongo katastrophale Folgen nach sich, die bis heute nachwirken. Als Stanley zu seiner Suche aufbrach, konnte er nicht ahnen, was auf ihn zukommen würde, ebenso wenig wie Livingstone ahnen konnte, dass seine Entdeckung des Chinins und seine Erkundung des afrikanischen Landesinneren den Weg für die europäische Kolonisierung des Kontinents bereiten würde. Dennoch hatte

Stanley, als er im Namen König Leopolds von Belgien in das Gebiet des oberen Kongo vordrang und den Eingeborenen ihr Territorium abspenstig machte, sicherlich eine Ahnung davon, worauf dies hinauslaufen würde, aber er ließ sich nicht beirren. Tat er es des Geldes wegen? Oder wegen des Ruhmes? Um einem König zu gefallen? Letztlich ist das Warum von geringer Bedeutung, nur die Folgen sind wichtig – ein abscheuliches Gerangel um Beute, das den Kongo 140 Jahre später noch immer entstellt. Die von Stanley angestoßenen Veränderungen haben sich über Generationen hinweg fortgesetzt, als immer mehr Bodenschätze entdeckt und geplündert wurden, was heute in dem verhängnisvollen Ringen um Kobalt gipfelt. Es lässt sich nicht beziffern, welchen Tribut die Menschen im Kongo seit Stanleys Zeitungsstory zahlen mussten, und schon gar nicht, seit Diego Cão 1482 in der Loangobucht vor Anker ging. Seit Jahrhunderten wird das kongolesische Volk von Sklaverei und Gewalt geplagt, und der Kobaltabbau ist die jüngste Plage, die zu seinem Elend beiträgt.

Es gibt noch eine letzte Person, die wir treffen müssen, bevor wir am Ende unserer Reise in Kamilombe ankommen. Ihr Name ist Bisette. Ich sprach mit ihr am 22. September 2019 in der Nähe von Kolwezi. Der Tag begann mit einer frischen Brise, die von den Hügeln herabwehte. Der Morgenhimmel war in weißes Licht getaucht. In meinem Gästehaus nahm ich ein schnelles Frühstück ein, das aus einem Omelett mit Zwiebeln, Salzkartoffeln und Instantkaffee bestand. Ich fuhr auf der Schnellstraße in Richtung Osten zu einem einfachen Gästehaus, in dem ich den ganzen Tag über Interviews führen sollte. Bisette war schon da, sie saß an einem kleinen Tisch und hatte die Hände ordentlich im Schoß gefaltet. Ihre Haut war fahl, ihr Gesicht ernst und bedrückt. Eine kleine ovale Verfärbung in der Haut unter ihrem rechten Auge ähnelte einer Träne. Auf ihrem Kopf befanden sich kaum noch

Haare. Sie gab sich keine Mühe, den Verlust zu verbergen. Auf ihrem olivgrünen Hemd, direkt über ihrem Herzen, war das Wort *Service* in zerfledderten Stichen aufgenäht. Sie war gekommen, um mir von Raphael, ihrem ältesten Sohn, zu erzählen.

Bisette sprach mit Stolz über ihren Sohn. »Raphael war ein sehr netter Junge. Er war sehr klug. Er ging gern zur Schule.« Als Raphael in die sechste Klasse kam, konnte die Familie das Schulgeld nicht mehr aufbringen. Daraufhin begann er in Mashamba East, der zu Glencore gehörenden Mine, in der Kabola erschossen worden war, nach Kobalt zu graben. Die Familie wünschte, dass Raphael, sobald er genug verdient hatte, um die Gebühren für das nächste Jahr bezahlen zu können, in die Schule zurückkehren sollte, um seine Ausbildung fortzusetzen.

»Er wollte auf die Universität gehen und Lehrer werden«, erzählte Bisette. »Er wollte, dass alle Kinder lernen können, damit sie ihr Leben verbessern können.«

Als Schürfer in Mashamba East verdiente Raphael nur ungefähr einen Dollar am Tag, kaum genug, um die Grundausgaben für ihn und seine fünf jüngeren Geschwister zu decken. Ein Jahr verging, dann ein weiteres, und der Plan, wieder zur Schule zu gehen, wurde schließlich aufgegeben. Sobald er kräftig genug war, lockten die Stollen. Raphael schloss sich einer Gruppe von mehr als 30 Bergarbeitern an, die in Mashamba East einen Stollen aushoben.

»Jeden Morgen verließ er sein Zuhause und kehrte erst zurück, als es dunkel war. Er war jeden Tag so müde. Manchmal schlief er ein, ohne zu essen.«

Raphaels Verdienst als Kobaltschürfer verbesserte sich auf zwei bis drei Dollar am Tag.

»Ich wollte nicht, dass er im Stollen gräbt. Aber er sagte, er wolle die Familie unterstützen.«

Am 16. April 2018 brach Raphael wie immer frühmorgens von zu Hause auf. Es war das Ende der Regenzeit, und die großen

Stürme waren vorbei. Die Luft war frisch, und Wasser gab es reichlich.

»Ich war gerade beim Wäschewaschen, als mein Neffe Numbi schreiend herbeigerannt kam. Er arbeitete auch in Mashamba East. Er berichtete, dass ein Stollen eingestürzt sei. Er sagte, Raphael sei darin gewesen.«

Bisette und ihr Mann eilten von Kapata nach Mashamba East. Auf dem Weg dahin betete sie zu Gott: »Bitte lass meinen Sohn am Leben.«

Als Bisette in der Mine ankam, bewahrheiteten sich ihre schlimmsten Albträume. Keiner hatte überlebt. Arbeiter konnten einige der Leichen bergen, darunter auch die von Raphael. Obwohl er sich wie Lucien näher an der Oberfläche befunden hatte, hatten die Retter ihn nicht mehr rechtzeitig erreichen können.

»Können Sie sich vorstellen, wie es ist, den toten Körper Ihres Kindes in den Armen zu halten?«

Bisette und ihr Mann nahmen Raphaels Leiche mit nach Hause. Sie wuschen den leblosen Körper ihres Sohnes, um ihn für die Bestattungsriten vorzubereiten.

»Ich habe darauf gewartet, dass er die Augen aufschlägt.«

Raphaels Tod war für Bisette kaum zu ertragen, genau wie der Verlust von Lubo für Tshite und von Prosper für Jolie. Bisette sagte, dass sie seit Raphaels Tod kaum noch esse, kaum noch schlafe und ihr die Haare ausfielen.

»Als mein Sohn starb, bin auch ich gestorben.«

Bisette wollte keine weiteren Fragen zu Raphaels Tod beantworten oder berichten, wie es ihrer Familie danach ergangen war. Sie war nur gekommen, um zu schildern, was an dem Tag geschehen war, als ihr Sohn getötet wurde. Nach dem Gespräch ging sie nach draußen und setzte sich auf den Boden.

Als ich Bisette still in sich gekehrt dasitzen sah, schweiften meine Gedanken zu den letzten Momenten ihres Sohnes ab. Musste er Schmerzen erleiden unter der Lawine aus Stein und

Geröll? Wurde er von Panik ergriffen in der Dunkelheit? Hat er mit seinem letzten Atemzug nach seiner Mutter geschrien? Fragen wie diese müssen Bisette quälen. Sie müssen alle Eltern quälen, deren Kind lebendig in einem Kobaltstollen begraben wurde.

Bisette kehrte in den Raum zurück und sagte, sie wolle gehen. Ich hatte veranlasst, dass ein Kollege sie in ihr Dorf zurückbrachte, aber sie sagte, sie müsse nach Kamilombe fahren.

Mir stockte der Atem. Es konnte nur einen Grund geben, an diesem Tag nach Kamilombe zu fahren. Es war der gleiche Grund, aus dem ich am Tag zuvor in der Mine gewesen war. Bisettes Gesichtszüge veränderten sich so dramatisch, dass ich es bis heute nicht vergessen kann – sie schrie im Namen aller Mütter in diesem Herzen der Finsternis: »Unsere Kinder sterben wie Tiere.«

Am Vortag, dem 21. September 2019, war ich im Morgengrauen aufgestanden, um mich auf einen Besuch im KCC-Bergbaugebiet vorzubereiten. Ich wollte den ganzen Tag mit Erkundungen verbringen, mir das Dorf Kapata anschauen, den Malosee und die Grubenwände von KCC und Mashamba East. Seit meinem letzten Besuch in diesem Gebiet war ungefähr ein Jahr vergangen, und ich war gespannt, was sich verändert hatte.

Ich fuhr in südwestlicher Richtung nach Kapata. Ich passierte das belebte Viertel Kanina, die riesigen roten Grubenwände von COMMUS und den Eingang zur Waschzone am Golfsee. Das letzte Stück der Straße nach Kapata war im Rahmen des SICOMINES-Vertrags endlich asphaltiert worden, wenn auch mit vielen Jahren Verspätung. Es schien mehr Lastwagen als je zuvor zu geben, die Kupfer-Kobalt-Erz die schmale Straße hinauf- und hinuntertransportierten. Ich kam am östlichen Rand von Kapata an und ging zu Fuß in das Dorf. Es schien noch genauso zu sein wie früher. Kleinkinder spielten im Dreck zwischen den Hüttenreihen. Junge Mädchen schleppten Plastikbehälter, die mit trübem Wasser gefüllt waren. Alte Frauen hängten Wäsche zum

Trocknen an Schnüren zwischen benachbarten Hütten auf. Jungen trugen zerfledderte Bastsäcke und rostige Grabungswerkzeuge zum KCC-Gelände. Dasselbe Internetcafé mit denselben uralten Dell-Desktops gab es noch immer im Dorf.

Ich sprach mit einigen Einheimischen und erfuhr, dass die Spannungen im Dorf aufgrund der verstärkten Präsenz der FARDC und anderer bewaffneter Sicherheitskräfte in den nahe gelegenen Bergbaugebieten zugenommen hatten. Zu viele Außenstehende hatten allerlei Geschichten über die Minen erzählt, und die Soldaten waren geschickt worden, um sie fernzuhalten. Die Dorfbewohner berichteten auch über eine Zunahme der Umweltverschmutzung und der Fahrzeugunfälle in der Gegend, nachdem die Straße zum Dorf asphaltiert worden war. Bedauerlicherweise nahm anscheinend auch die Kinderarbeit zu. Die Dorfbewohner berichteten, dass immer mehr Kinder die Schulen verließen, um nach Kobalt zu schürfen. Die Gründe dafür waren offenbar die niedrigeren Abnahmepreise der Kobaltdepots, die gestiegenen Kosten für Lebensmittel und Vorräte und der ständige Druck, Kobalt in der Kette weiterzuleiten.

Nachdem ich einige bekannte Gesichter wiedergetroffen hatte, gab es noch eine Person in Kapata, die ich aufspüren wollte, bevor ich mich zum Malosee aufmachte, nämlich Elodie. Ich wusste, dass die Chancen schlecht standen, aber ich wollte es trotzdem versuchen. Ich erkundigte mich am südlichen Rand des Dorfes, wo Elodie angeblich mit anderen *shegués* lebte, und erfuhr schließlich von drei Frauen, die Maniok rösteten, dass Elodie und ihr Baby vor einigen Monaten tot unter einem Dornenbusch gefunden worden waren. Mutter und Kind waren beerdigt worden; die Frauen wussten nicht, wo. Die Nachricht traf mich schwer. Ich hatte gehofft, dass Elodie noch am Leben und in der Gegend sein könnte … Aber Hoffnung ist im Kongo wie heiße Kohle – wenn man sie ergreift, verbrennt sie einen bis auf die Knochen.

Ich fand einen Dornenbaum am südlichen Rand von Kapata und setzte mich unter ihn, um zu beten. Ich stellte mir vor, wie Elodie am Ende eines weiteren anstrengenden Tages unter den Ästen lag und sich ausruhte. Wusste sie, dass es das Ende war? War ihr Baby schon tot, oder verweilte es noch eine Weile neben dem Leichnam seiner Mutter? War es hungrig? Hatte es Angst? Hatte Elodie Angst? Welche Gedanken gingen ihr während ihrer letzten Herzschläge durch den Kopf? War sie wütend, traurig, empfand sie Bedauern … oder flüsterte sie einfach zu welchem Gott auch immer: »Bitte bring mich heim«?

Ich ging mit schweren Schritten von Kapata zum Malosee. Die Nachricht von Elodies Ableben lastete noch immer auf meinem Herzen. Ich durchquerte den Eukalyptuswald und gelangte auf das weite Ödland, das dem See vorgelagert ist. Die monatelange sengende Hitze während der Trockenzeit hatte den See in einen Tümpel verwandelt. Die Bäume waren verdorrt, und der Boden war rissig. Die Menschen stapften müde über die brennende Erde. Es waren zwar weniger Menschen am See als bei meinem letzten Besuch, dennoch sah ich noch immer mehr als 1000 Frauen und Mädchen, die Steine in dem giftigen Wasser wuschen. Ich näherte mich dem Ufer und suchte mir eine Gruppe von Mädchen, mit denen ich sprechen konnte.

Es dauerte nicht lange, vielleicht zehn Minuten, da hörte ich die ersten markerschütternden Schreie von der anderen Seite des Malosees:

Éboulement! Éboulement!

Die Zeit blieb stehen. Ich verfolgte die Schreie, vorbei am See, die Straße hinunter bis zum angrenzenden Abbaugebiet, das von CDM betrieben wird:

Kamilombe.

Die Nachricht sprach sich schnell herum. Noch bevor ich ankam, hatten Soldaten die Unfallstelle abgesperrt. Hunderte von

Dorfbewohnern eilten aus Kapata herbei. Dies war der von allen gefürchtete Albtraum.

Éboulement. Einsturz.

Mein Guide mahnte mich, ich solle mich fernhalten. Die Situation war zu unübersichtlich. Vom Rande der Anlage konnte ich nur schemenhaft den Eingang des Stollens erkennen, der jetzt eine mit Kies bedeckte Vertiefung in der Oberfläche war. Die Dorfbewohner drängten gegen die Blockade und verlangten Zugang zum Stollen, aber die Soldaten hielten sie mit ihren Waffen in Schach. Das Geschrei und Geschiebe drohte in völliges Chaos auszuarten. Hier am Rande von Kamilombe verbreitete sich die Raserei wie ein Wirbelwind. Menschen erstickten in einem eingestürzten Stollen, unmittelbar vor den Augen ihrer Angehörigen, und diese konnten nichts dagegen tun. Die Soldaten befahlen schließlich einigen Bergarbeitern, die auf dem Gelände arbeiteten, nach Überlebenden zu graben. Die Dorfbewohner sangen *mimbo ya mungu,* religiöse Lieder.

Als die Arbeiter in Kamilombe den ersten zerquetschten Leichnam ausgruben, ertönten solch qualvolle Schreie, als würde alle Hoffnung für immer von der Erde fahren. Zwei Männer hoben ein Kind aus dem Schutt und legten es behutsam auf den ockerfarbenen Kies. Sein blutverschmiertes Gesicht war in einem makabren Ausdruck des Entsetzens erstarrt. Seine schlanke Gestalt war mit einer Paste aus Schmutz und Blut überzogen, die die Farbe von verbranntem Umbra oder verrostetem Metall hatte. Der Junge schien kaum älter als 15 Jahre zu sein, ein kurzes Leben, das auf die erbärmlichste Weise beendet wurde, die man sich vorstellen kann. Zeugnisse aus zweiter Hand zu hören war eine Sache, aber als ich die tragischen Folgen eines Stolleneinsturzes mit eigenen Augen sah, erschütterte es mich zutiefst.

63 Männer und Jungen wurden bei diesem Stolleneinsturz in Kamilombe am 21. September 2019 lebendig begraben. Nur vier der 63 Leichen konnten geborgen werden. Die anderen werden

für immer in ihren letzten Schreckensposen begraben bleiben. Niemand hat jemals die Verantwortung für diese Todesfälle übernommen. Der Unfall wurde nicht einmal als solcher anerkannt.

Dies war die endgültige Wahrheit über den Kobaltabbau im Kongo: Das Leben eines Kindes, das beim Graben nach Kobalt lebendig begraben wurde, zählte nicht. All die Toten hier zählten nicht. Die Beute ist alles.

Gegen Abend fielen die Familien, deren Angehörige gerade getötet worden waren, in einen Zustand der Benommenheit. Einige wanderten ziellos umher, andere saßen im Schutt und weinten. Obwohl ich sie erst am nächsten Morgen treffen sollte, war Bisette schon an diesem Tag in Kamilombe. Ihr Neffe Numbi, der ihr die Nachricht von Raphaels Tod durch den Stolleneinsturz in Mashamba East überbracht hatte, war bei dem Einsturz in Kamilombe selbst lebendig begraben worden.

Deshalb hatte sie gesagt: »Unsere Kinder sterben wie Tiere.«

Während die Sonne feurig und rot dem Horizont zustrebte, fegte ein scharfer Wind über die Ebene und wirbelte wie ein Strudel über den Friedhof von Kamilombe. Die Wolken zogen schnell dahin wie eine Herde von Tieren. Obwohl der Regen erst in einem Monat kommen sollte, zerriss ein ohrenbetäubender Donnerschlag den Himmel, und tosende Sturzbäche brachen hervor, als wollten sie die Welt fortspülen.

EPILOG

> Es ist die Handlung selbst, nicht die Frucht der Handlung, die wichtig ist. Du musst das Richtige tun. Vielleicht liegt es nicht in deiner Macht, vielleicht liegt es nicht in deiner Zeit, dass es Früchte geben wird. Aber das bedeutet nicht, dass du aufhören sollst, das Richtige zu tun. Du wirst vielleicht nie erfahren, welche Ergebnisse dein Handeln zeitigt. Aber wenn du nichts tust, wird es überhaupt kein Ergebnis geben.
>
> *Mahatma Gandhi*

Ein paar Monate nach dem Stolleneinsturz in Kamilombe traf ich mich mit dem kongolesischen Botschafter in den Vereinigten Staaten, François Nkuna Balumuene. Botschafter Balumuene war ein offener, freundlicher Mann, der geduldig zuhörte, als ich ihm meine Erfahrungen in seinem Land schilderte. Wir teilten die Überzeugung, dass ausländische Unternehmen den Reichtum, den sie mit dem kongolesischen Kobalt erwirtschaftet haben, stärker mit den Menschen teilen sollten, die es für sie aus dem Boden gegraben haben. Wir sprachen darüber, wie wichtig es sei, die Sicherheit und die Würde der Kleinbergbauern im Kongo zu gewährleisten, und dass die Umwelt im gesamten Kupfergürtel durch nachhaltigere Abbaupraktiken geschützt werden müsse. Doch ungeachtet aller gemeinsamen Ansichten machte Botschafter Balumuene deutlich, dass er nicht der Meinung sei, dass ein Ausländer im Namen seines Volkes ein solches Anliegen vorbringen sollte. Er vertrat stattdessen die Auffassung, dass die Menschen im Kongo selbst über die Geschehnisse in ihrem Land sprechen sollten, und er schlug vor, dass ich, wenn ich wirklich helfen wolle, in das Land zurückkehren und die Forscher vor Ort unterstützen solle.

Ich erwiderte dem Botschafter, dass ich seiner Bitte gerne nachkommen werde. Dauerhafte Veränderungen lassen sich tatsächlich am besten erreichen, wenn die Ausgebeuteten für sich selbst sprechen und auch gehört werden. Das erste Zeugnis eines ehemaligen Sklaven, das 1789 von Olaudah Equiano veröffentlicht wurde, verschaffte der Bewegung zur Abschaffung der Sklaverei in England die erforderliche Legitimität. Equianos Buch inspirierte später Frederick Douglass zur Veröffentlichung seines eigenen Buches im Jahr 1845, das eine ähnliche Rolle für die amerikanische Bewegung zur Beendigung der Sklaverei spielte. Die kongolesische Bevölkerung dabei zu unterstützen, ihre eigenen Nachforschungen anzustellen und gewissermaßen in einem geschützten Raum für sich selbst zu sprechen, ist der erste Schritt zur Überwindung der katastrophalen Situation in den Bergbauprovinzen der Demokratischen Republik Kongo. Ihre Stimme auf Konferenzen zur Verbesserung ihres Lebens zu Wort kommen zu lassen, sollte selbstverständlich sein, aber es geschieht selten. Mir ist nicht bekannt, dass bei Konferenzen über den Kobaltabbau bei der OECD in Paris oder in den UN-Hauptquartieren in Genf und New York Vertreter der Kleinschürfer am Tisch saßen. Außerdem bezweifle ich, dass viele der Teilnehmer dieser Konferenzen, wenn überhaupt, jemals eine Kleinbergbaustätte im Kongo besucht und mit den dort arbeitenden Menschen gesprochen haben. Das Gleiche gilt für die Vorstandsvorsitzenden der großen Technologie- und Automobilunternehmen, die kongolesisches Kobalt kaufen. Sinnvolle Lösungen können nicht entwickelt werden, wenn die Menschen, denen die Lösungen helfen sollen, nicht unmittelbar beteiligt sind. Dies gilt insbesondere für den Kongo, wo die Menschen vor Ort eine ganz andere, wenn nicht gar gegensätzliche Geschichte erzählen als jene, die an der Spitze sitzen.

Nach dem Stolleneinsturz in Kamilombe konnte ich wegen der Reisebeschränkungen aufgrund der Covid-19-Pandemie erst 2021 wieder in den Kongo reisen. Als ich zurückkehrte, war sofort klar, dass die Pandemie die Bedingungen erheblich verschlechtert hatte. Die meisten ausländischen Bergbauunternehmen setzten ihre Tätigkeit in den Jahren 2020 und 2021 aus Sorge um die Sicherheit ihrer Mitarbeiter für längere Zeit aus; die Nachfrage nach Kobalt stieg jedoch weiter an. Milliarden von Menschen auf der ganzen Welt waren mehr denn je auf wiederaufladbare Geräte angewiesen, um von zu Hause aus weiterarbeiten oder die Schule besuchen zu können.

»Covid übte Druck auf die Kleinbergbauern aus, Kobalt zu liefern, als die Minen geschlossen wurden«, erklärte Dr. Tshihutu im Mwangeni-Krankenhaus in Kolwezi, dem größten Krankenhaus in der Provinz Lualaba. Dr. Tshihutu sagte, die Krankheit habe sich an den Kleinbergbaustandorten besonders schnell verbreitet, weil die Schürfer unter extrem beengten Bedingungen arbeiteten. Es war ihnen nicht möglich, Sicherheitsabstände zu den Arbeitskollegen einzuhalten, und selbst wenn Masken zur Verfügung standen, konnte man sie nicht tragen, während man in einem Stollen hackte oder in der prallen Sonne grub. Infizierte Bergleute gaben das Virus in ihren Gemeinden weiter.

»Die Beschäftigten im Kleinbergbau trugen zur Verbreitung der Krankheit in ihren Familien bei, wenn sie nach Hause zurückkehrten«, erklärte Dr. Tshihutu.

Erschwerend kommt hinzu, dass die Impfstoffvorräte in der Demokratischen Republik Kongo knapp bemessen waren. Ende

2021 war nicht einmal ein Prozent der Erwachsenen im Land vollständig geimpft, während etwa die Hälfte der Erwachsenen in Ländern mit hohem Einkommen mindestens zwei Dosen Impfstoff erhalten hatte. Dr. Ngoy vom L'Hôpital Général de Référence de Kampemba in Lubumbashi erzählte mir, dass das von der Regierung betriebene Krankenhaus immer wieder zwei oder drei Monate ohne Impfstofflieferungen auskommen musste. Wenn es dann doch einmal Nachschub gab, handelte es sich in der Regel um den Sinovac-Impfstoff aus China, dem die lokale Bevölkerung nicht traute. Tests waren im gesamten Jahr 2020 nicht verfügbar, bis Anfang 2021 mithilfe der Organisation Ärzte ohne Grenzen dafür eine spezielle Klinik eingerichtet wurde. Laut Dr. Ngoy lagen die positiven Testergebnisse in der Klinik zeitweise bei über 50 Prozent. Ohne Impfstoffe, Masken, Tests oder andere Schutzmechanismen erkrankten zahllose Kleinbergbauern und andere Bewohner des Kupfergürtels. Die meisten konnten sich eine Krankenhausbehandlung nicht leisten und kurierten sich zu Hause selbst aus, wobei ihr Schicksal unbekannt blieb.

Neben den zahlreichen Krankheits- und Todesfällen hatten die Bergleute während der Covid-19-Pandemie mit einem Einbruch ihrer Einkommen zu kämpfen. Der Rückgang wurde dadurch verursacht, dass die Abnehmer am unteren Ende der Kobaltkette abwanderten. Die meisten Leiter der Depots in den Bergbauprovinzen sind Chinesen, wie Boss Peng in Musompo oder Boss Xi in Kasulo. Die meisten dieser Agenten reisten im Januar 2020 zum chinesischen Neujahrsfest nach Hause und kehrten nicht mehr zurück. China machte dicht, und die Flüge wurden eingestellt. Die wenigen verbliebenen Depotagenten drückten die Preise, was dazu führte, dass die Einkommen der Kleinbergbauern einbrachen. Die Gewinne im oberen Bereich der Produktionskette waren so groß wie eh und je, weil die Kobaltpreise in den Jahren 2020 und 2021 stiegen, die Einkommen der Kleinbergbauern aber erreichten einen Tiefpunkt. Die Familien konnten sich Nahrung, Kleidung und Wohnung nicht mehr leisten. Tausende von Kindern mussten die Schule verlassen, um nach Kobalt zu graben, damit ihre Familien überleben konnten.

»Ich kann sagen, dass die Zahl der Kinder, die in den Minen arbeiten, wegen Covid-19 stark angestiegen ist«, erklärte mein Guide Philippe. »Die meisten dieser Kinder werden nie wieder zur Schule gehen. So viele Fortschritte, die wir erzielt haben, sind wieder zunichtegemacht worden.«

Die Nonne, die mir das Video aus der COMMUS-Mine in Kolwezi schickte, auf dem zu sehen ist, wie kongolesische Arbeiter wie afroamerikanische Sklaven der alten Welt ausgepeitscht werden, während ihre chinesischen Chefs zusehen, schätzte, dass nach Covid mehr als zwei Drittel der Kinder im gesamten Kupfergürtel nicht zur Schule gingen. Ihr zufolge arbeiteten fast alle diese Kinder in Kobaltminen und viele »wurden krank, verletzten sich oder verloren ihre Eltern«. In Anbetracht der sich verschlimmernden Katastrophe stellte sie eine einfache und klare Frage:

> »Wie kann man eine nachhaltige Zukunft aufbauen, wenn man die Träger dieser Zukunft opfert, wenn man den Kindern ihr Wohlergehen vorenthält, und schlimmer noch, wenn man ihnen das Recht nimmt zu leben?«

Obwohl sich die Arbeits- und Lebensbedingungen der Kleinbergbauern im Kongo während der Covid-19-Pandemie verschlechtert haben, gibt es gleichwohl einen realistischen Weg, um zumindest einen Großteil der Schäden und der Nachteile, die sie erlitten haben, zu beseitigen. Dieser Weg beginnt damit, dass die Akteure ihr Handeln in stärkerem Maße auf die Übernahme von Verantwortung ausrichten. Das größte Problem für die Bergleute im Kongo sind nicht die bewaffneten Soldaten, die skrupellosen chinesischen Aufkäufer, die ausbeuterischen Bergbaugenossenschaften oder die einsturzgefährdeten Stollen. Das sind nur Symptome einer umfassenderen Bedrohung. Das größte Problem für die Kleinschürfer im Kongo besteht darin, dass sich die maßgebenden Akteure in der Kobaltlieferkette weigern, Verantwortung für sie zu übernehmen, obwohl sie alle auf die eine oder andere Weise von ihrer Arbeit profitieren.

Anstatt leere Ankündigungen über Nulltoleranzpolitik und andere hohle PR-Erklärungen zu veröffentlichen, sollten die Unternehmen etwas sehr Einfaches tun, das wirklich helfen würde, nämlich die Kleinschürfer als gleichwertige Mitarbeiter zu behandeln, wie die Menschen, die in den Unternehmenszentralen arbeiten. Wir würden die Kinder von Cupertino nicht zum Kobaltschürfen in giftige Gruben schicken, warum also soll man die Kinder aus dem Kongo dazu zwingen dürfen? Wir würden keine pauschalen Presseerklärungen über den Umgang mit diesen Kindern akzeptieren, ohne diese Behauptungen unabhängig zu überprüfen. Wir würden unsere Heimatstädte nicht wie Giftmüllhalden behandeln, warum also lassen wir das im Kongo zu? Viel wäre schon gewonnen, wenn die großen Technologiefirmen, die Hersteller von Elektrofahrzeugen und die Bergbauunternehmen anerkennen würden, dass die Kleinbergbauern ein integraler Bestandteil ihrer Kobaltlieferketten sind, und sie mit der gleichen Menschlichkeit wie alle anderen Arbeitnehmer behandeln würden. Dann wäre schon viel erreicht, und manche der Katastrophen könnten verhindert werden, von denen die Kleinschürfer derzeit bedroht sind.

Ein typischer »Strohfeuer«-Ansatz bringt jedoch nichts, wenn es um Menschenrechtsverletzungen in globalen Lieferketten geht. Für einen kurzen Zeitraum ist die Aufmerksamkeit groß, Unternehmen und Regierungen kündigen neue Programme an, aber sobald sich die Augen der Welt woandershin wenden, ist alles wieder wie vorher. Die Nutznießer des Kobaltabbaus müssen sich mehr einfallen lassen als oberflächliche PR-Ankündigungen und halbgare Lösungsvorschläge. Bedauerlicherweise haben sie genau das getan mit ihren beiden jüngsten und viel gepriesenen Initiativen zur Verbesserung der Bedingungen für die Kleinschürfer in der Demokratischen Republik Kongo.

Die erste Initiative betraf den Handelsplatz Musompo bei Kolwezi. Unter dem Druck, die Transparenz am unteren Ende der Kobaltlieferkette zu erhöhen, wurde der Plan entwickelt, Musompo als einzigen Ort zu bestimmen, an dem handwerklich gewonnenes Kobalt gehandelt werden darf. Die Preise für die Erzeugnisse des handwerklichen Abbaus sollten standardisiert werden, um die Einkommen der Bergleute zu verbessern, und es sollte ein System eingeführt werden, das von den Verkäufern einen Nachweis verlangt, dass keine Kinderarbeit beim Abbau des Kobalts im Spiel war. Der Bau des neuen Musompo-Handelszentrums begann im August 2019, und für den darauffolgenden Sommer kündigte Gouverneur Muyej die Eröffnung an: »Wir setzen unser Ziel, den Kleinbergbausektor zu reformieren, mit der für Ende August 2020 geplanten Eröffnung des Muompo-Handelszentrums weiter um. […] Mit diesem Handelszentrum werden alle Depots und sonstigen Ankaufstellen geschlossen und zerschlagen, und sämtliche Transaktionen werden ausschließlich dort abgewickelt werden.«[1]

Die Initiative wurde allgemein als ein Gewinn für die Kleinbergbauern gefeiert und als eine Verbesserung der Transparenz der Lieferkette, aber niemand schien das offensichtliche Problem ansprechen zu wollen: Die Kleinbergbauern hatten keine Möglichkeit, Säcke mit Kobalt zum Handelszentrum zu transportieren, ohne dabei die Dienste ausbeuterischer Zwischenhändler in Anspruch nehmen zu müssen, was den Zweck des gesamten Unterfangens zunichtemachte. Vielleicht kann ein Kleinbergbauer aus einer Schürfstelle in der näheren Umgebung einen Sack Kobalt mit dem Fahrrad nach Musompo transportieren, aber wenn das neue Zentrum der einzige Handelsplatz zum Ankauf von handwerklich gewonnenem Kobalt sein soll, wie soll dann ein Schürfer, der kilometerweit entfernt in Kapata, Kambove oder Kipushi arbeitet, sein Kobalt nach Musompo schaffen? Die einzige Möglichkeit bestünde darin, weiterhin Säcke mit Kobalt weit unterhalb des Marktpreises an Zwischenhändler zu verkaufen, die es dann in Musompo absetzen würden. Die Zusicherungen der Zwischenhändler, dass es keine Kinderarbeit gebe, wären bedeutungslos.

Dieser offensichtliche Konstruktionsfehler war nicht einmal das größte Problem des neuen Handelszentrums in Musompo. Das größte Problem bestand vielmehr darin, dass das Handelszentrum bislang nicht in Betrieb genommen wurde. Ich besuchte es am 3. November 2021, und es war eine Geisterstadt. Außer einem einzigen bewaffneten Wachmann, der mich durch den leeren Komplex mit ein paar Dutzend blau gestrichenen Depots führte, war niemand zugegen. Im Ausland hieß es, dass der gesamte Handel mit Kobalt aus dem Kleinbergbau über das neue Musompo-Handelszentrum abgewickelt werden sollte, aber der Ort war verlassen. Von Kollegen in Kolwezi erfuhr ich, dass noch immer nicht abzusehen war, wann das Zentrum seinen Betrieb aufnehmen würde. Sollte es jemals dazu kommen, würden alle Zusicherungen, das Zentrum würde das Einkommen der Bergleute verbessern oder dazu beitragen, Kobalt aus Kinderarbeit aus der Lieferkette zu verbannen, bedeutungslos sein, da wahrscheinlich 99 Prozent der Bergleute nicht in der Lage sein werden, ihre Produktion direkt in diesem Zentrum zu verkaufen.

In der Zwischenzeit florierte der ursprüngliche Musompo-Handelsplatz. Seine Fläche hatte sich seit meinem letzten Besuch im Jahr 2019 fast verdoppelt und erstreckte sich nun über mehr als einen Kilometer entlang der Schnellstraße. Es gab mindestens 80 Depots, die vollgepackt waren mit Motorrädern, Pick-ups, Lastwagen – und Tausenden von Kobaltsäcken. Auch wenn ich an diesem Tag in keinem der Depots Interviews führen konnte, bin ich sicher, dass niemand Fragen zu Kinderarbeit oder anderen Missständen gestellt hat.

Die zweite viel beachtete Initiative kommt von den Glencore-Minen in der Nähe von Kapata. Unter dem Druck von Menschenrechtsvereinigungen, sich mit den Verletzungen und Todesfällen von Bergarbeitern in den eigenen Minen zu befassen, errichtete Glencore einen Grenzzaun über der Grubenwand bei KCC und Mashamba East. Der neue Zaun sollte die Kleinschürfer von der Mine fernhalten und sie vor schweren Unfällen schützen. Als ich am 4. November 2021 das KCC-Gelände besuchte, sah ich Hunderte von Bergleuten, die in zahlreichen Gräben und Stollen tief in der Grubenwand der Mine nach Kobalt schürften. Vor allem aber sah ich zahlreiche Bergleute, die über den Zaun in die KCC-Mine stiegen.

»Diese [Gruben-]Wand zu überwinden, ist der schwierigste Teil«, sagte mir einer der Bergmänner. »Über die Betonwand zu steigen ist einfach.«

Am nächsten Morgen, dem 5. November 2021, erfuhr ich, dass am Vortag ein Stollen in der KCC-Mine eingestürzt war, als ich gerade auf der anderen Seite der Mauer Interviews führte. Es wurde berichtet, dass zahlreiche Bergleute lebendig begraben worden seien. Ich wollte den Vorfall untersuchen, aber die Soldaten hatten den Zugang zur KCC-Mine bereits versperrt, genau wie in Kamilombe. Kontaktleute in Kapata berichteten, dass schließlich fünf Leichen geborgen worden seien und mehr als 20 Personen, darunter auch Kinder, noch vermisst würden. An diesem Abend begegnete mir jener Vertreter der COMAKAT-Genossenschaft, der mich durch Shabara geführt hatte, im Hotel und erzählte, er komme gerade von einem Treffen im Büro des Gouverneurs, bei dem er gebeten worden sei, die Beerdigung der fünf Arbeiter zu organisieren, die beim Einsturz des Stollens verschüttet worden waren.

Einige Wochen vorher hatte ein Kollege des *Panorama*-Teams der BBC (jenes TV-Senders, der 2012 den Bericht über Kinderarbeit in Tilwezembe ausgestrahlt hatte) an einer Geschichte über den Kobaltabbau in der Umgebung von Kolwezi gearbeitet. Glencore versicherte diesem Kollegen, dass es seit dem Bau des Zauns keine Kleinschürfer mehr in der KCC-Mine gebe. Ich erzählte meinem Kollegen von dem Einsturz und den Todesfällen. Er wandte sich an Glencore, und das Unternehmen räumte gegenüber der BBC ein, dass es in der KCC-Konzession einen »Unfall« gegeben habe, an dem Kleinschürfer beteiligt gewesen seien, dass aber nur eine Person gestorben sei. Die Nachricht wurde am 4. Dezember 2021 von *Panorama* ausgestrahlt. Wäre an diesem Tag nicht zufällig ein Außenstehender vor Ort gewesen, hätte man wahrscheinlich nie von diesem Einsturz erfahren, genau wie bei dem Einsturz in Kamilombe. Wie viele andere Stolleneinbrüche und Todesfälle werden nicht gemeldet? Gab es in der Woche vor meinem Besuch einen Einsturz bei KCC? Oder in der Woche danach? Was ist mit Mashamba East, Kasulo, Tilwezembe oder Kamilombe? Niemand wird es je erfahren.

Die Toten hier zählen noch immer nicht.

Eine letzte Stimme ruft aus dem Kongo zu uns. Der größte Freiheitskämpfer und erste Premierminister des Landes, Patrice Lumumba, beschrieb seine Träume für die Zukunft des Landes in seinem letzten Brief an seine Frau Pauline, kurz bevor er ermordet wurde. Man kann sich vorstellen, dass der Brief gleichermaßen an den Kongo selbst gerichtet war. Lumumbas Traum wurde auf tragische Weise von jenen zunichtegemacht, die sich durch nichts von ihrem Gerangel um die Ressourcen des Landes abhalten lassen wollten. Dies ist seit Jahrhunderten der Albtraum des Kongo.

Meine geliebte Gefährtin,
ich schreibe dir diese Worte, ohne zu wissen, ob du sie erhalten wirst, wann du sie erhalten wirst und ob ich noch am Leben sein werde, wenn du sie liest. Während des gesamten Kampfes für die Unabhängigkeit meines Landes habe ich nie auch nur einen Augenblick daran gezweifelt, dass die heilige Sache, der meine Kameraden und ich unser ganzes Leben gewidmet haben, am Ende siegreich sein wird. Aber das, was wir für unser Land wollten – sein Recht auf ein ehrenvolles Leben, auf vollkommene Würde, auf uneingeschränkte Unabhängigkeit –, das wollten der belgische Kolonialismus und seine westlichen Verbündeten nie, und sie fanden direkte und indirekte, absichtliche und unabsichtliche Unterstützung bei einigen hohen Vertretern der Vereinten Nationen, jener Organisation, in die wir all unser Vertrauen setzten, als wir sie um Hilfe baten.
Sie haben einige unserer Landsleute korrumpiert; sie haben andere gekauft; sie haben ihren Teil dazu beigetragen, die Wahrheit zu verdrehen und unsere Unabhängigkeit zu beschmutzen. Was kann ich noch sagen? Ob ich tot oder lebendig bin, frei oder im Gefängnis im Auftrag der Kolonialisten – meine Person ist nicht wichtig. Was zählt, ist der Kongo, unser geschundenes Volk, dessen Unabhängigkeit in einen Käfig verwandelt wurde, mit Menschen, die von außerhalb der Gitterstäbe auf uns schauen, manchmal mit wohltätigem Mitleid, manchmal mit Freude und Vergnügen. Aber mein Glaube ist unerschütterlich. Ich weiß und fühle in meinem Herzen, dass sich mein Volk früher oder später von all seinen Feinden befreien wird, sowohl von den ausländischen als auch den einheimischen, dass es sich gemeinsam erheben wird, um der Schande und der Erniedrigung durch den Kolonialismus ein Ende zu setzen und seine Würde im hellen Licht des Tages wiederzuerlangen.

Wir sind nicht allein. Afrika, Asien und die freien und befreiten Völker in allen Teilen der Welt werden immer an der Seite der Millionen Kongolesen stehen, die den Kampf nicht aufgeben werden, bis zu jenem Tag, an dem es keine Kolonisatoren und keine ihrer Söldner mehr in unserem Land geben wird. Ich möchte, dass meine Kinder, die ich zurücklasse und vielleicht nie wiedersehen werde, erfahren, dass der Kongo eine schöne Zukunft haben wird und dass ihr Land von ihnen wie von allen Kongolesen erwartet, dass sie die heilige Aufgabe erfüllen, unsere Unabhängigkeit, unsere Souveränität wiederherzustellen; denn ohne Recht gibt es keine Würde und ohne Unabhängigkeit gibt es keine freien Menschen.
Weder brutale Übergriffe noch grausame Misshandlungen oder Folter konnten mich dazu bringen, um Gnade zu betteln, denn ich ziehe es vor, erhobenen Hauptes, mit unerschütterlichem Glauben und größtem Vertrauen in das Schicksal meines Landes zu sterben, statt in Sklaverei und unter Missachtung heiliger Prinzipien zu leben. Eines Tages wird sich die Geschichte durchsetzen. Doch es wird nicht die Geschichte sein, die in den Vereinten Nationen, in Washington, Paris oder Brüssel gelehrt wird, sondern die Geschichte, die in jenen Ländern gelehrt wird, die sich vom Kolonialismus und seinen Marionetten befreit haben.
Afrika wird seine eigene Geschichte schreiben, und sowohl nördlich wie auch südlich der Sahara wird es eine Geschichte voller Ruhm und Würde sein.
Weine nicht um mich, meine Gefährtin; ich weiß, dass es meinem Land, das jetzt so sehr leidet, gelingen wird, seine Unabhängigkeit und seinen freien Willen zu verteidigen. Lang lebe der Kongo! Lang lebe Afrika![2]

DANK

Die Menschen, die für dieses Buch am wichtigsten sind und für die meine Dankbarkeit unermesslich ist, können nicht genannt werden, ohne sie und ihre Familien in Gefahr zu bringen. Dieses Buch gäbe es nicht ohne die Hilfe zahlreicher Führer und Übersetzer, die meine Erkundungen tief in den Bergbaugebieten des kongolesischen Kupfergürtels ermöglichten. Ihnen bin ich zu ewigem Dank verpflichtet.

Ich bin auch all jenen Kongolesen zutiefst dankbar, die mir mutig ihre Geschichte erzählt haben – den Kindern, den Vätern, den Witwen, den Waisen und den Müttern, die sich an die Brust schlugen. Ich werde die Versprechen, die ich ihnen gegeben habe, nicht vergessen.

Mein wundervoller Agent, Steve Harris, erkannte die Bedeutung dieses Buches von dem Moment an, als wir erstmals darüber sprachen, und er arbeitete unermüdlich daran, den passenden Rahmen für das Buch zu finden.

Ich hätte mir keinen besseren Lektor als George Witte wünschen können. Ich war sehr erleichtert, als ich erfuhr, dass das Manuskript in seinen Händen liegen würde. Er und der Verlag St. Martin's Press haben mich in jeder Phase dieses Buches ungemein unterstützt. Ich bin zutiefst dankbar für ihr Vertrauen in mich und dafür, dass sie mir geholfen haben, die Stimmen der Bergarbeiter im Kongo in die Welt zu tragen.

Meine liebe Freundin Kate Nace Day gab mir sehr hilfreiches

Feedback zu den Entwürfen dieses Buches. Sie war außerdem immer da, wenn ich ein offenes Ohr brauchte. Sie war sogar dann für mich da, wenn ich es nicht mehr sein konnte, und das waren die Momente, die am wichtigsten waren.

Jennifer Bryson Clark, eine Mitstreiterin im Kampf gegen die Sklaverei, gab mir wichtige Hinweise zur Bearbeitung des Manuskripts.

Meine Kollegin und Freundin Peggy Koenig lieferte entscheidende Kommentare zum Buch. Sie hat mich auch bei meinen Bemühungen im Kongo unterstützt – von der Recherche vor Ort bis zur Hilfe bei der Suche nach meinem Agenten –, und dafür bin ich ihr sehr dankbar.

Murray Hitzman und Kim Shedd halfen mir geduldig dabei, die Geologie von Kobalt und des Kupfergürtels zu verstehen, was keine geringe Leistung war, wenn man bedenkt, dass es sich bei mir um jemanden handelte, der den Unterschied zwischen einem Mineral, einem Gestein und einem Erz bis dahin nicht kannte.

Die mehrmaligen Reisen in die Demokratische Republik Kongo zur Durchführung von Forschungsarbeiten forderten einen hohen finanziellen Tribut von meiner Familie. Glücklicherweise wurde diese Belastung durch die großzügige Unterstützung von Humanity United, der British Academy, der Schooner Foundation sowie von Bruce Korman, Peggy Koenig und John Hayes abgefedert.

In besonderer Schuld stehe ich bei Adam Hochschild. Ich bewunderte ihn schon lange bevor wir uns begegnet waren, und als er freundlicherweise auf eine zufällige E-Mail von mir antwortete, war ich überglücklich, ihn zu treffen. Bei unserem ersten von mehreren Sushi-Lunches in Berkeley überzeugte er mich davon, dass ich dieses Buch schreiben müsse, und er hatte einen Vorschlag, auf welche Weise ich diese Geschichte erzählen sollte. Er ist ein geschätzter Mentor und hat mich bei allen meinen Schritten ermutigt.

Ich empfinde unbeschreibliche Bewunderung für E. D. Morel und Roger Casement. Ihr mutiger und unermüdlicher Kampf für Gerechtigkeit im Kongo war für mich eine beständige Quelle der Inspiration. Ich bin immer noch voll Staunen darüber, was die beiden vor mehr als 120 Jahren in einer Zeit solcher Unwissenheit und Dunkelheit erreicht haben.

Vor allem aber hat meine geliebte Frau Aditi diese schwere Last mit mir getragen und alles, was sie mir angetan hat, selbstlos aufgefangen. Ich war zeitweise untröstlich, wütend und schockiert durch das, was ich im Kongo erlebt habe. Ihre Liebe und Stärke trugen mich bei jeder Etappe dieser Reise. Ohne sie hätte ich nie aus der Dunkelheit herausgefunden.

ANMERKUNGEN

Aus Gründen der Vorsicht wurden Angaben zum Zeitpunkt und den Örtlichkeiten der Interviews mit meinen Informanten weggelassen, um eine Identifikation zu verhindern, was möglicherweise sie, ihre Familien oder meine Recherchen hätte gefährden können.
Die aufgeführten Links wurden letztmals am 4. Mai 2022 aufgerufen.

Einführung

1 Erklärung von Apple verfügbar unter: www.apple.com/supplier-responsibility/pdf/Apple-Conflict-Minerals-Report.pdf.
Deutsche Fassung: www.apple.com/de/supplier-responsibility/.
Erklärung von Samsung, verfügbar unter:
https://images.samsung.com/is/content/samsung/assets/global/our-values/resource/Samsung-Child-Labour-Prohibition-Policy-Ver2.pdf.
Deutsche Fassung: https://images.samsung.com/is/content/samsung/assets/de/sustainability/Grundsatzerklaerung_20231215_2.pdf.
Erklärung von Tesla verfügbar unter: www.tesla.com/sites/default/files/about/legal/2018-conflict-minerals.report.pdf.
Deutsche Fassung: www.tesla.com/de_de/legal/additional-resources#responsible-sourcing-policies.
Erklärung der (ehemals) Daimler AG verfügbar unter: www.daimler.com/sustainability/human-rights/.
Im Dezember 2021 wurde das Geschäftsfeld Daimler Trucks & Buses von der früheren Daimler AG abgespalten. Die Daimler Truck Holding AG, einer der größten Nutzfahrzeughersteller mit globaler Reichweite, ist nun ein eigenständiges börsennotiertes Unternehmen. Die verbliebene Daimler AG wurde zum 01.02.2022 in Mercedes-Benz Group AG umbenannt (Anm. d. Red.). Stellungnahme der Mercedes-Benz Group AG: https://group.mercedes-benz.com/verantwortung/gesellschaft/.
Erklärung aus dem Jahr 2020 von Glencore verfügbar unter: www.glencore.com/dam/jcr:031b5c7d-b69d-4b66-824a-a0d5aff4ec91/2020-Modern-Slavery-Statement.pdf.
Der aktualisierte Bericht aus dem Jahr 2022 verfügbar unter:
www.glencore.com/.rest/api/v1/documents/static/ae275c88-50db-4f93-b0c7-b03fd07270bc/GLEN_2022-Modern-Slavery-Statement.pdf.

2 Siehe dazu: https://globalbattery.org/cobalt-action-partnership/.
3 Daten zum handwerklichen Bergbau sind verfügbar unter: https://delvedatabase.org.
4 »in der Geschichte des menschlichen Bewusstseins«: »Geography and Some Explorers«, Conrad (1926), S. 25; »Grundlage der Verwaltung«: Joseph Conrad, Brief an Roger Casement, 21. Dezember 1903, Conrad (1991), S. 271; »blutsaugerisches Geschöpf«: Grogan (1990), S. 227; »eine wahre Hölle auf Erden«: Casement (1904), S. 110; »Zerstörung menschlichen Lebens«: Morel (1968), S. 4.

1. »Unbeschreiblicher Reichtum«

1 Vgl. Darton Commodities (2022), S. 7, 19; und United States Geological Survey (2022), S. 53.
2 Pakenham (1992), S. 12.
3 Weltbank (2020), S. 103.
4 Die Behörde SAESSCAM (Service d'Assistance et d'Encadrement du Small-Scale Mining) wurde 1999 gegründet, als im Kleinbergbau vor allem nach Coltan, Gold, Kupfer und Diamanten gegraben wurde. Im Jahr 2003 wurde SAESSCAM in eine offizielle Regierungsabteilung innerhalb des Bergbauministeriums umgewandelt, und 2010 begann sich die Behörde verstärkt auf den handwerklichen Abbau von Kupfer und Kobalt in der Provinz Katanga zu konzentrieren. Im April 2017 wurde SAESSCAM in SAEMAPE (Service d'Assistance et d'Encadrement de L'Exploitation Minière Artisanale et à Petite Echelle) umbenannt und mit einem größeren Budget und mehr Befugnissen für die Zusammenarbeit mit den Provinzregierungen bei der Überwachung des Kleinbergbaus im Kupfergürtel ausgestattet.
5 Darton Commodities (2022), S. 14.
6 Ebd., S. 45.
7 United States Geological Survey (2022), S. 53.
8 Die Daten stammen aus: 1.) International Energy Agency (2020) und 2) »Electric cars fend off supply challenges to more than double global sales«, verfügbar unter: www.iea.org/commentaries/electric-cars-fend-off-supply-challenges-to-more-than-double-global-sales?utm_source=SendGrid&utm_medium=Email&utm_campaign=IEA+Newsletters.
9 Die Daten stammen aus: »Battery pack prices fall to an average of $132/kWh, but rising commodity prices start to bite«, verfügbar unter: https://about.bnef.com/blog/battery-pack-prices-fall-to-an-average-of-132-kwh-but-rising-commodity-prices-start-to-bite/.
10 LCO-Batterien bestehen zu 60 Prozent aus Kobalt, L-NMC-Batterien zu sechs bis 20 Prozent und L-NCA-Batterien zu sechs bis neun Prozent.
11 Zu den gebräuchlichsten Zusammensetzungen von L-NMC-Batterien gehören NMC-111, NMC-532, NMC-622 und NMC-811, wobei die Zahlen das Verhältnis von Nickel, Mangan und Kobalt angeben. Es gibt auch mehrere Zusammensetzungen von L-NCA-Batterien, darunter NCA-111, NCA-811 und NCA-622, bei denen die Zahlen für das Verhältnis von Nickel, Kobalt und Aluminium stehen.
12 Morel (1968), S. 42.

2. »Hier sollte man besser nicht geboren sein«

1 Livingstone (1858), S. 357.
2 Arnot (1889), S. 238–239.
3 Pakenham (1992), S. 400, 409–410.
4 Martelli (1962), S. 159.
5 Ebd., S. 194.
6 Ebd., S. 201.
7 Darton Commodities (2022), S. 9.
8 »Biggest African Bank Leak Shows Kabila Allies Looted«, verfügbar unter: www.bloomberg.com/news/features/2021-11-28/africa-s-biggest-data-leak-reveals-china-money-role-in-kabila-s-congo-looting.
9 Als Reaktion auf die Besorgnis über die Bedingungen, unter denen diese Mineralien abgebaut werden, wurde im Dodd-Frank Wall Street Reform and Consumer Protection Act von 2010 auch das Problem der »3TG-Konfliktmineralien« – Tantal, Zinn, Wolfram und Gold – angesprochen. Abschnitt 1502 des Gesetzes verlangt, dass börsennotierte US-Unternehmen ihre Lieferketten überwachen und offenlegen, ob ihre Produkte solche Konfliktmineralien aus der Demokratischen Republik Kongo enthalten. Ist dies der Fall, müssen die Unternehmen zusichern, dass sie sich bemühen, alternative Quellen für diese Mineralien zu finden, um sicherzustellen, dass sie nicht zu Menschenrechtsverletzungen beitragen. Die Nachfrage nach Kobalt war zum Zeitpunkt der Verabschiedung dieses Gesetzes noch nicht so stark gestiegen und wurde deshalb nicht berücksichtigt.
10 Die Holoprosenzephalie ist eine Störung, die dadurch verursacht wird, dass sich das embryonale Vorderhirn nicht ausreichend in die beiden Lappen der Gehirnhälften teilt, was zu schweren Schädel- und Gesichtsdefekten führt. In den meisten Fällen sterben die Babys vor der Geburt. Agnathia otocephalia ist ein tödlicher Geburtsfehler, bei dem das Kind ohne Kiefer, mit unterhalb des Kinns verwachsenen Ohren und manchmal mit nur einem Auge zur Welt kommt.

3. Die Hügel bergen Geheimnisse

1 Achebe (1958), Things Fall Apart; deutsche Übersetzung von Uda Strätling erschienen unter dem Titel *Alles zerfällt*. S. Fischer: Frankfurt am Main 2012.
2 Helmreich (1986), Kap. 2, S. 4.
3 Morel (1968), S. 37.
4 Ebd., S. 58.
5 Morel (1902), S. 347–348.
6 Morel (1968), S. 96.
7 »China Cash Flowed Through Congo Bank to Former President's Cronies«, verfügbar unter: www.bloomberg.com/news/features/2021-11-28/africa-s-biggest-data-leak-reveals-china-money-role-in-kabila-s-congo-looting.
8 »Biggest African Bank Leak Shows Kabila Allies Looted Funds«, verfügbar unter: www.bloomberg.com/news/articles/2021-11-19/biggest-african-bank-leak-shows-ex-congo-president-s-allies-looted-state.

4. Kolonie der Welt

1 Césaire, Discours sur le colonialisme; deutsche Übersetzung von Heribert Becker und Karin Kramer, Alexander Verlag: Berlin 2017 (erstmals 1951).

2 Quellen für »Invasion und Sklavenhandel: 1482–1884«: Franklin (1985); Hochschild (1998); Jeal (2007); Livingstone (1858) und (1866); Meredith (2005); Nzongola-Ntalaja (2002); Pakenham (1992) und Stanley (1862) und (1878).
Quellen für »Die Kolonisierung: 1885–1960«: Casement (1904); CRISP (1961); Hochschild (1998); Inglis (1973); Karl (1983); Meredith (2005); Stanley (1885); Vanthemsche (2018); Van Lierde (1972) und Van Reybrouk (2014).
Quellen für »Die Hoffnung wird geboren und stirbt: 1958 bis Januar 1961«: CRISP (1961); Nzongola-Ntalaja (2002); Van Lierde (1972); Van Reybrouk (2014) und Young (1965). Die Angaben zur Ermordung von Patrice Lumumba in diesem Abschnitt stammen aus De Witte (2003).
Quellen für »Die Hölle auf Erden: 1961–2022«: Kelley (1993); Martelli (1962); Meredith (2005); Nzongola-Ntalaja (2002); Stearns (2011); Vanthemsche (2018); Van Reybrouk (2014) und Young (1965).

3 Die Sklavenhändler hatten auch Verney Lovett Cameron (der von »unbeschreiblichem Reichtum« berichtete, der auf einen »geschäftstüchtigen Kapitalisten« wartet) daran gehindert, Nyangwe 1872 auf dem Lualaba zu passieren.

4 Trotz Casements außergewöhnlichem Einsatz für die Menschenrechte endete seine Geschichte in einer Tragödie. Während des Ersten Weltkriegs unterstützte Casement den Osteraufstand für die irische Unabhängigkeit. Dafür wurde er aufgrund eines undurchsichtigen Hochverratsgesetzes angeklagt und zum Tode verurteilt. Persönlichkeiten wie Woodrow Wilson, der Erzbischof von Canterbury, Oscar Wilde, Arthur Conan Doyle und Joseph Conrad drängten darauf, ihn zu begnadigen. Daraufhin legte die Staatsanwaltschaft Casements Tagebücher vor, aus denen hervorging, dass er schwul war. Homosexualität galt im Vereinigten Königreich als Todsünde, und die öffentliche Meinung wendete sich gegen Casement. Er wurde am 3. August 1916 im Alter von 51 Jahren im Pentonville-Gefängnis gehängt.

5 Van Lierde (1972), S. 220–224.

6 De Witte (2003), S. 16.

5. »Wenn wir nicht graben, haben wir nichts zu essen«

1 Darton Commodities (2022), S. 9.

2 »Chinese Company Removed as Operator of Cobalt Mine in Congo«, verfügbar unter: www.nytimes.com/2022/02/28/world/congo-cobalt-mining-china.html.

3 Daten aus: »Glencore Full Year 2018 Production Report«, S. 10, abrufbar unter: www.glencore.com/.rest/api/v1/documents/0e802d4e39f8bc300f242ed3d45af3c1/GLEN_2018-Q4_ProductionReport–.pdf.

4 Siehe: 1) »Subpoena from United States Department of Justice«, verfügbar unter: www.glencore.com/media-and-insights/news/Subpoena-from-

United-States-Department-of-Justice; 2) »Investigation by the Serious Fraud Office«, verfügbar unter: www.glencore.com/media-and-insights/news/investigation-by-the-serious-fraud-office; und 3) »Investigation by the Office of the Attorney General of Switzerland«, verfügbar unter: www.glencore.com/media-and-insights/news/investigation-by-the-office-of-the-attorney-general-of-switzerland.

5 »Panorama questions over Clencore mines«, verfügbar unter: www.bbc.com/news/17702487.

6 Das Übereinkommen Nr. 29 der Internationalen Arbeitsorganisation (IAO) definiert in Artikel 2 Absatz 1 Zwangsarbeit als »jede Art von Arbeit oder Dienstleistung, die von einer Person unter Androhung irgendeiner Strafe verlangt wird und für die sie sich nicht freiwillig zur Verfügung gestellt hat«.

6. »Wir arbeiten in unseren Gräbern«

1 Daten aus: »Glencore Full Year 2021 Production Report«, S. 11, verfügbar unter: https://www.glencore.com/media-and-insights/news/full-year-2021-production-report.

2 »Lualaba: Richard Muyej destitué de ses fonctions«, abrufbar unter: https://cas-info.ca/lualaba-richard-muyej-destitue-de-ses-fonctions/.

3 Verfügbar unter: https://budget.gouv.cd/wp-content/uploads/budget2021/plf2021/doc1_expose_des_motifs_projet_de_loi-de_finances%202021%20et%20ses%20annexes.pdf.

4 »Announcement Regarding Fatalities of Illegal Artisanal Miners at KCC«, verfügbar unter: www.glencore.com/media-and-insights/news/announcement-regarding-fatalities-of-illegal-artisanal-miners-at-kcc.

5 »The Terrorist's Treasury: How a Bank Linked to Congo's President Enabled Hezbollah Financiers to Bust U.S. Sanctions«, Oktober 2017, abrufbar unter: https://thesentry.org/reports/terrorists-treasury-congo.

6 Darton Commodities (2022), S. 9.

7 Ebd.

Epilog

1 Siehe dazu: »Lualaba: l'inauguration du Centre de négoce de Musompo en août 2020 va mettre fin aux comptoirs clandestins des minerais«, verfügbar unter: https://deskeco.com/2020/07/13/lualaba-linauguration-du-centre-de-negoce-de-musompo-en-aout-2020-va-mettre-fin-aux-comptoirs; sowie »Lualaba: Richard Muyej déterminé à réformer le secteur de l'artisanant minier«, verfügbar unter: https://editeur.cd/newsdetails.php?newsid=41&cat=2&refid=4QZT2VjNt53E8eSIB7yUcvsYHFa0lzCdbMwnKoq9GmJWuifDPRxgp61hOkLrXA.

2 Van Lierde (1972), S. 421–422.

LITERATUR

Arnot, Frederick Stanley (1889), *Garenganze or Seven Years' Pioneer Mission, Work on Central Africa*, James E. Hawkins, London.

Cameron, Verney Lovett (1877), *Across Africa,* 2 Bände, Harper & Brothers Publishers, New York.

Casement, Roger (1904), The Casement Report, in: Peter Singleton-Gates und Maurice Girodias, *The Black Diaries: An Account of Roger Casement's Life and Times with a Collection of his Diaries and Public Writings* (New York: Grove Press, 1959), S. 98–190.

Centre de Recherche et d'Information Socio-Politiques (CRISP) (1961), *Documents Belges et Africains,* Brüssel.

Conrad, Joseph (1991), *Heart of Darkness: An Authoritative Text, Background and Sources,* hrsg. von Robert Kimbrough, Norton Critical Edition, 4. Auflage, W. W. Norton & Co, New York (auf Deutsch erschienen unter dem Titel *Herz der Finsternis,* aus dem Englischen (u. a.) übersetzt von Manfred Allie. S. Fischer, Frankfurt am Main 2007).

– (1926), *The Last Essays,* J. M. Dent & Sons, London.

Darton Commodities, Cobalt Market Review 2022.

De Witte, Ludo (2003), *The Assassination of Lumumba,* Verso Books, Brooklyn, NY.

Franklin, John Hope (1985), *George Washington Williams: A Biography,* University of Chicago Press, Chicago.

Grogan, Ewart S. (1900), *From the Cape to Cairo,* Hurst & Blackett, London.

Helmreich, Jonathan (1986), *Gathering Rare Ores: The Diplomacy of Uranium Acquisition, 1943–1954,* Princeton University Press, Princeton, NJ.

Hitzman, M. W., A. A. Bookstrom, J. F. Slack und M. L. Zientek, (2017), *Cobalt – Styles of Deposits and the Search for Primary Deposits,* U.S. Geological Survey Open-File Report 2017–1155; https://doi.org/10.3133/ofr20171155.

Hochschild, Adam (2006), *Bury the Chains,* Houghton Mifflin. New York (1998).

– *King Leopold's Ghost,* Houghton Mifflin, New York.

Inglis, Brian (1973), *Roger Casement,* Hodder and Stoughton, London.

Internationale Energieagentur (2020), Global EV Outlook 2020, Paris.

Jeal, Tim (2007), *Stanley: The Impossible Life of Africa's Greatest Explorer*, Yale University Press, New Haven, CT.

Karl, Frederick und Laurence Davies, Hrsg. (1983), *The Collected Letters of Joseph Conrad*, Bände I, II und III, Cambridge University Press, Cambridge.

Kelley, Sean (1993), *America's Tyrant: The CIA and Mobutu of Zaire*, American University Press Washington, D. C.

Livingstone, David (1858), *Missionary Travels and Researches in South Africa: Including a Sketch of Sixteen Years' Residence in the Interior of Africa*, Harper & Brothers, New York (auf Deutsch erschienen unter dem Titel *Missionsreisen und Forschungen in Süd-Afrika während eines sechzehnjährigen Aufenthalts im Innern des Continents*. Aus dem Englischen von Dr. Hermann Lotze, Verlag Hermann Costenoble, Leipzig 1858).

Livingstone, David und Charles Livingstone (1866), *Narrative of an Expedition to the Zambesi and Its Tribut; and of the Discovery of the Lakes Shirwa and Nyassa*, Harper & Brothers, New York.

Martelli, George (1962), *Leopold to Lumumba: A History of the Belgian Congo 1877–1960*, Chapman and Hall, London.

Meredith, Martin (2005), *The Fate of Africa: A History of the Continent Since Independence*, Public Affairs, New York.

Morel, E. D. (1902), *Affairs of West Africa*, William Heinemann, London.

– (1968), *E. D. Morel's History of Congo Reform Movement*, hrsg. von William Roger Louis und Jean Stengers, Clarendon Press, Oxford.

Nzongola-Ntalaja, Georges (2002), The Congo: From Léopold to Kabila: A People's History, Zed Books, London.

Pakenham, Thomas (1992), *The Scramble for Africa*, HarperCollins, New York.

Stanley, Henry M. (1885), *The Congo and the Founding of its Free State: A Story of Work and Exploration*, 2 Bände, Harper & Brothers, New York (auf Deutsch erschienen unter dem Titel Der Kongo und die Gründung des Kongostaates. Arbeit und Forschung. Aus dem Englischen von H[ugo] von Wobeser. 2 Bände. F. A. Brockhaus, Leipzig 1885).

– (1872), *How I Found Livingstone; Travels, Adventures and Discoveries in Central Africa; Including Four Months' Residence with Dr. Livingstone*, Sampson Low, Marston, Low, and Searle, London (auf Deutsch erschienen unter den Titel *Wie ich Livingstone fand. Reisen, Abenteuer u. Entdeckungen in Central-Afrika*, Brockhaus / Reclam, Leipzig 1879; Neuausgabe: herausgegeben von Heinrich Pleticha (= *Alte abenteuerliche Reiseberichte*). 3. Auflage, Edition Erdmann, Stuttgart / Wien 1995).

– (1878), *Through the Dark Continent; or The Sources of the Nile Around the Great Lakes of Equatorial Africa and Down the Livingstone River to the Atlantic Ocean*, 2 Bände, neu aufgelegt von Dover Publications, New York (auf Deutsch erschienen unter dem Titel *Durch den dunkeln Welttheil oder die Quellen des Nils, Reisen um die grossen Seen des aequatorialen Afrika und den Livingstone-Fluss abwärts nach dem atlantischen Ocean*, aus dem Englischen von C. Böttger, Leipzig 1878).

Stearns, Jason K. (2011), *Dancing in the Glory of the Monsters*, Public Affairs, New York.

United States Geological Survey (2022), Mineral Commodities Summary 2022, USGS, Reston, VA.
Vanthemsche, Guy (2018), *Belgium and the Congo: 1885–1980,* Cambridge University Press, Cambridge.
Van Lierde, Jean, Hrsg. (1972), *Lumumba Speaks: The Speeches and Writings of Patrice Lumumba, 1968–1961*, Little, Brown & Co., Boston.
Van Reybrouk, David (2014), *Congo: The Epic History of a People,* HarperCollins, New York.
World Bank (2020). Minerals for Climate Action: The Mineral Intensity of the Clean Energy Transition, Washington, D. C.
Young, Crawford (1965), *Politics in the Congo: Decolonization and Independence,* Princeton University Press, Princeton, NJ.